ROLF BERTH · **MARKTMACHT**

ROLF BERTH

MARKTMACHT

Managementerfolg wird berechenbar

ECON

Die Deutsche Bibliothek – CIP-Einheitsaufnahme

Berth, Rolf: Marktmacht: Managementerfolg wird berechenbar/Rolf Berth. – Düsseldorf: ECON, 1996. ISBN 3-430-11437-3.

Gesetzt aus der Century und Frutiger, Linotype. Satz: Formsatz GmbH, Diepholz. Papier: Papierfabrik Schleipen GmbH, Bad Dürkheim. Druck und Bindearbeiten: Bercker Graphischer Betrieb GmbH, Kevelaer. Printed in Germany.
ISBN 3-430-11437-3.

Inhalt

»Noch nie ist etwas Großes geschaffen worden,
ohne daß einer geträumt hätte, es solle so sein,
daß einer geglaubt hätte, es könne so sein,
und einer überzeugt war, es müsse so sein.«

Charles F. Kettering

»Fast zwei Jahrtausende haben wir im Buch der Bücher gelesen. Dann schlugen wir das Buch der Natur auf und befreiten uns so von der Absolutheit des ersteren. Nun wird es hohe Zeit, das Buch der menschlichen Beziehungen und der sozialen Interventionen zu studieren, um neue Freiräume zu gewinnen.«

M. Blumenthal

Kapitel 1

Zusammenfassendes Vorwort für eilige Leser

(Executive Summary)

I. Das Umfeld: Neue Simplizität und soziale Relativität

Wir leben in einer sich schnell verändernden Welt von zunehmender Komplexität. Nichts scheint mir deshalb so wichtig, als daß wir in Gesellschaft, Politik, Wirtschaft, Verwaltung und Wissenschaft den Weg zurückfinden zu *einfachen Strukturen*, die eine *neue Übersichtlichkeit* schaffen. Wir brauchen den Helikopterüberblick, der uns mehr und mehr abhanden kommt, während wir in wahren Fluten von Bestimmungen, in Meeren nicht mehr begreifbarer Detailinformation und in wahren Gießbächen von Computerinformationen, sinnlosen Memos und digitaler Oberflächlichkeit zu versinken drohen.

Unlängst wurde eine vergleichende Studie angestellt zwischen einer Autoschmiede, die zufälligerweise in Stuttgart beheimatet ist, und der koreanischen Firma Hyunday. Man fand heraus, daß, wenn es bei Hyunday eine einzige Regel oder ein einziges Handbuch gibt, die Autoschmiede in Stuttgart davon 37 aufzuweisen hat. Desgleichen, wenn man eine Fabrikhalle in Korea errichten will und man dort für die Hallenkonstruktion eine einzige Gesetzesvorschrift vorfindet, so sind es bei uns 34.

Aber was geschieht, um der Flut zu wehren? Während wir die Unbeweglichkeit unserer Bürokratie allerorten laut beklagen, wächst der Ausstoß unserer Gesetzesmaschinerie tagtäglich, und niemand mistet aus. Die Zahl der Printmedien, der Fernsehsender, der Medien für Fachinformation hat sich in den letzten Jahren vervielfacht.

Zu diesem Dilemma einer Informations- und Instruktionsflut, die uns immer mehr den Durchblick verbaut, gesellt sich die für mich unabweisbare Tatsache – für die ich weiter unten den Nachweis liefern werde –, daß die Wissenschaften im sozialen und Wirtschaftsbereich immer weniger Lösungen für die anstehenden Probleme erarbeiten. In ihrer vornehmsten Aufgabe, nämlich in den Dschungel der Information und Komplexität vermittels guter *Theorie* klare Wege verbesserten Verständnisses zu bahnen, scheinen sie mir auf breiter Front versagt zu haben. Ich vermag nicht eine einzige unter den großen Herausforderungen am Ende des

20. Jahrhunderts zu benennen, wo eine solche Klärung stattgefunden hätte – gleich ob dies die Tragik der ausufernden Arbeitslosigkeit ist, die Hilflosigkeit, mit der wir unsere Standortprobleme angehen, oder die Unfähigkeit, unhaltbare Sozialsysteme zu reformieren.
Dies alles wird noch überschattet von einer zunehmenden Sinnentleerung, während sinngebende Visionäre auszusterben scheinen. Nach einem John F. Kennedy, Martin Luther King oder sei es auch nur nach einem Willy Brandt schaut man heutzutage vergeblich aus. Missionare, die einer Bestimmung leben oder sich einer Botschaft verpflichtet fühlen, sind sehr rar geworden. Wüßten Sie einen einzigen in unserem Bundestag? Dabei zeigt unsere Forschung unabweislich, daß die Menschen – ganz besonders die jüngeren – förmlich nach Vision *hungern*. Viele Jugendliche erleben die Schwierigkeit der Sinnfindung in unseren Tagen drastisch und schmerzlich – ohne daß ihnen eine Antwort zuteil wird.
Vor dem Hintergrund dieser Unsicherheiten, Sinnlosigkeiten und Undurchschaubarkeiten ist dieses Buch geschrieben worden. Es hat sich eine fast tollkühne Aufgabe gestellt. Es will einen Beitrag leisten – und sei er auch noch so bescheiden –, um den Wirrwarr-Dschungel sozialer, wirtschaftlicher und politischer Scheinkonzepte etwas zu lichten. Es wird hierin versucht, das Chaos mittelmäßiger Klischees zu bereinigen und das sozialwirtschaftliche Geschehen auf einige leicht verständliche Formeln zu reduzieren. Es will in das Tollhaus gnadenloser Geschwätzigkeit und Besserwisserei ein Stück *Aufklärung* und *Fortschritt* tragen, wohlwissend, daß beides nicht sonderlich gefragt ist und beide Begriffe fast schon zu Schimpfworten verkommen sind.
Da wir in einer Zeit leben, in der die Geschwindigkeit, mit der sich dramatische Veränderungen vollziehen, stetig zuzunehmen scheint, kann die *neue Simplizität*, der wir uns verschreiben, kaum eine Rückkehr zu den bewährten Annahmen von gestern sein, denn die Wahrscheinlichkeit, daß diese heute schon nicht mehr gelten, ist groß.
Wir haben uns deshalb entschlossen, einen Siebenmeilenschritt nach vorne zu machen. Weil die damit verbundene Notwendigkeit zum Umdenken, zum Beschreiten ungewohnter Denkpfade erheblich ist, muß bei den Vorsichtigen und Konservativen Gegenwehr befürchtet werden. Nur den Flexiblen, der Zukunft Zugewandten, wird die Identifikation mit dem hier vorgetragenen Neuen leichtfallen. Von allen, die lieber das Gestern bewahren, als das Morgen im Sturmangriff zu nehmen, erbitte ich Geduld und die Fairneß einer nachdenklichen Prüfung.
Wesentliche Inhalte dieser Arbeit haben in einer Vorversion bereits den Printmedien *Frankfurter Allgemeine Zeitung, Manager-Magazin, Handelsblatt, Gablers Magazin, VDI-Nachrichten* vorgelegen und sind von ihnen besprochen worden. Die folgenden Firmen haben mit ihren Vorständen oder mit ausgewählten Führungsteams davon Kenntnis be-

kommen und bemühen sich um eine praktische Anwendung: Mercedes-Benz, Volkswagen, Siemens, Bayer AG, Allianz, ABB, Beiersdorf, Gruner & Jahr, GEA, Jacobs Suchard, Kaufring, Falke, PWA, Bauerverlag, Süddeutscher Verlag, Steilmann, Eckes, Amdahl, Staedtler, IKEA, LBS, Schwäbisch Hall, Ytong, Upjohn, Adia, BBDO, Conrad & Burnett und weitere 29 Firmen. Hinzu kommen das Bundeskanzleramt, das Wirtschafts- und das Forschungsministerium und die Landesregierung NRW. Es war tröstlich, daß ein Drittel hiervon nun aktiv mit mir zusammenarbeitet.

Dankbar dafür, daß mir trotz extremen Forderungen nach Umdenken soviel Vertrauen zuteil wurde, fühle ich mich ermutigt, die Suche nach neuen, einfachen und dennoch umfassenden Ordnungen im sozialen Bereich mit Nachdruck weiterzubetreiben. Der Glaube, der mich in diesem Bemühen trägt, leitet sich aus der Überzeugung ab, daß wir – die Menschen, Manager, Konsumenten, Stimmbürger – ein *Teil der Natur* sind. Im Buch der letzteren lesen wir seit rund zweihundert Jahren und finden in der erdrückenden *Komplexität* ebendieser Natur dennoch Zusammenhänge von atemberaubender Simplizität. Ich habe keinen Zweifel daran, daß wir diese *Einfachheit* in den sozialen Netzen entdecken werden, so wir denn mit der Leidenschaft eines Einstein, Planck und Heisenberg darangehen, sie zu suchen.

II. Der Griff nach einem umfassenden Neuansatz

In der Mehrzahl der bisherigen Kritiken wurde richtig erkannt, was der Arbeit als ganz wesentliche Annahme zugrunde liegt: Wir glauben *nicht* mehr daran, daß die Probleme und Herausforderungen unserer Zeit mit *partiellen Vorschlägen* und *isolierten Teillösungen* gemeistert werden können. Wir brauchen *umfassende Ansätze*, komplette Systeme, ja vielleicht sogar etwas wie ein *neues Weltbild*. Wie Chart 1 verdeutlicht, haben wir deshalb nicht davor zurückgeschreckt, Teilerkenntnisse aus sehr unterschiedlichen Bereichen, von der Physik und Philosophie über die Sozialwissenschaften bis hin zur Psychoanalyse, miteinander zu verknüpfen. Daraus ist eine Entdeckungsreise (siehe Chart 1) geworden, die

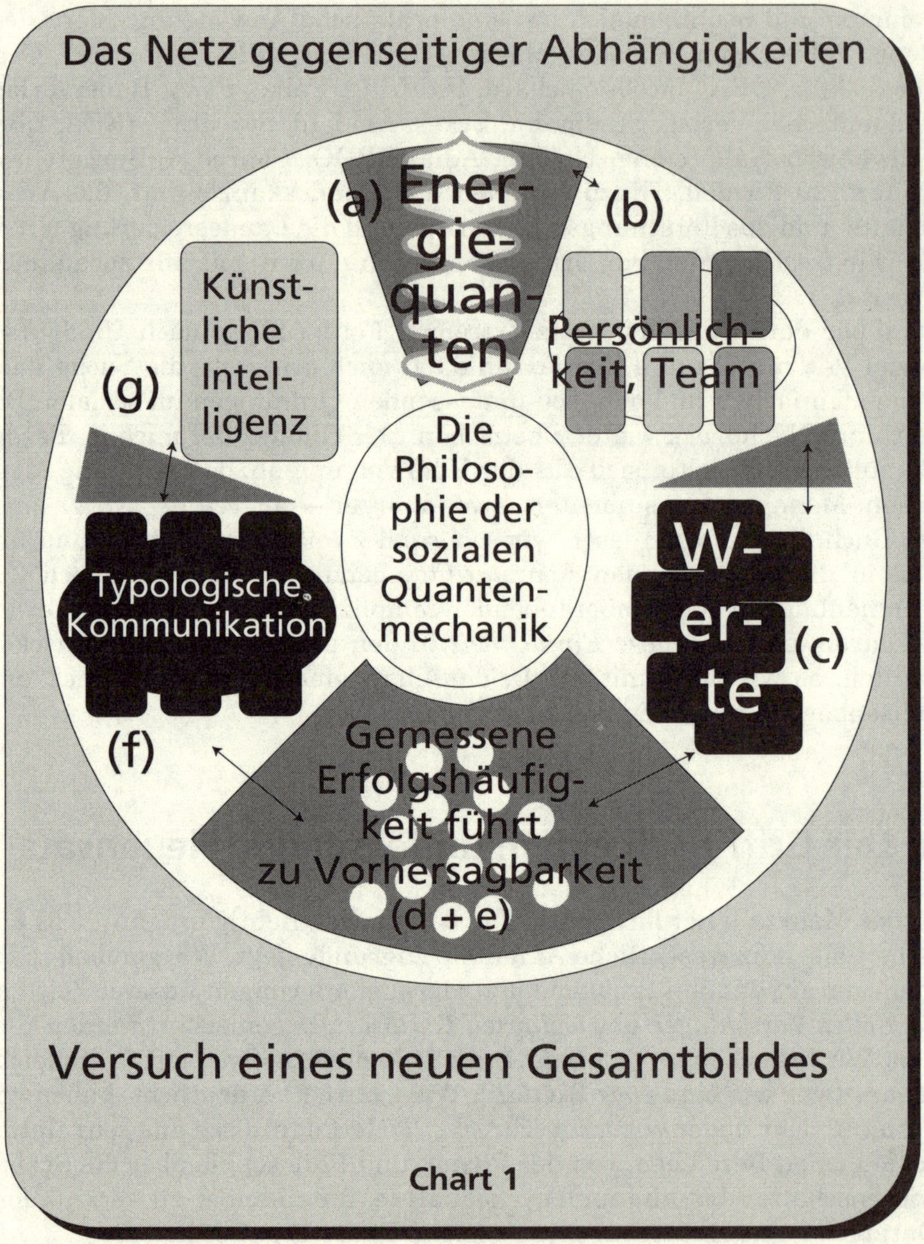

(a) mit dem Problem der psychischen Nachfrageenergie
beginnt, deren Auslösung das zentrale Anliegen allen Marketings, aller Werbung und aller politischen Bemühungen ist. Die einzige Möglichkeit, die Frage nach dem »warum«, »wann«, »bei wem« und »wie stark« dieser Energie zu beantworten, haben wir in einer

(b) typologischen Segmentierung von Kunden, Märkten und Teams
gefunden.
Von hier führte der Weg zur Frage der

(c) Werte der Führungspersönlichkeiten und Marktpartner,
wobei wir in den *Werten* die Chance sehen, die sozialen Prozesse – in viel höherem Maße als bisher möglich – *meßbar* zu machen. Die von der großen PIMS-Untersuchung herrührende Erfahrung, daß es möglich ist,

(d) die Erfolgschancen der Werte exakt zu messen,
haben wir uns zunutze gemacht. Dadurch wurde es möglich, zu einer

(e) Vorhersage menschlichen Verhaltens
zu gelangen. Weiß ich um den Typus, weiß ich um seine Werte. Weiß ich um seine Werte und deren Stärke, so weiß ich um seine Reaktionen auf Kommunikation. Ist mir all dies bekannt, so kann ich *sein Verhalten* innerhalb gewisser Grenzen *vorhersagen*. Auf diese Weise wird *Erfolg planbarer* und *Innovation berechenbarer*. Die bis dahin angestellten Überlegungen führen zu einem

(f) neuen Modell der typologisch orientierten Kommunikation,
die es erlaubt, viele Milliarden unnützer Kommunikationsausgaben *einzusparen* und an anderer Stelle optimaler zu reinvestieren. Daß dieses neue Modell gerade im Bereich der Kommunikation viele lang gehegte Annahmen über Werbung und Marketing ad absurdum führt und nach Korrektur ruft, sei schon einmal vorweggenommen.
Da wir im Rahmen der hier beschriebenen Forschungstätigkeit das Verhalten von 137 strategischen Geschäftseinheiten und 2026 Innovationsprojekten – beide Gruppen über einen Zeitraum von 25 Jahren – beobachtet haben, mündet all dies in

(g) die Bereitstellung »künstlicher Intelligenz« (Expertensysteme) für die Erfolgsvorhersage konkreter Firmenkulturen und bestimmter strategischer Verhaltensweisen. Vor allem aber lassen sich die Ungewißheit und das hohe Risiko von Innovationsvorhaben entscheidend reduzieren.
Soweit eine Tour d'horizon der verschiedenen Schwerpunkte, die in Chart 1 ausgewiesen sind und die weiter unten noch im Detail besprochen werden. Dieser erste Überblick aber wäre unvollkommen, wenn nicht hier bereits erwähnt würde, was diese Ansätze krönen und verbinden soll, nämlich die Reduktion dieser vielfältigen und komplexen Teilgebiete in einige wenige *Formeln*. Vor allem sei hier schon auf die *Universale Grundformel der sozialen Intervention* hingewiesen, die den gemeinsamen Nenner dieses Buches darstellt.

Universalformel
der sozialen
Intervention

$$E = P \times K$$

Dieses Kürzel wird unseren Weg begleiten und spiegelt auf eine sehr stark konzentrierte Art und Weise unsere Botschaft wider, die im übernächsten Kapitel unter der Überschrift »Die zwölf Mind-Profit-Gesetze« zusammengefaßt ist.

III. Zur Situation des Managements

Das hier Vorgetragene erhält seine besondere Dramatik im Zusammenhang mit der Analyse des Denkens und Handelns der von uns befragten 463 Manager, einer immerhin als einigermaßen repräsentativ anzusehenden Stichprobe.
Neben gewichtigen Stärken und Pluspunkten, die keineswegs verschwiegen werden sollen, traten in erheblichem Maße *schwerwiegende Defizite* zutage, die folgendermaßen zusammengefaßt werden können:

① Die Innovationsschwäche,
auf die wir erstmals in der »Kienbaum-Enquete« 1992 aufmerksam gemacht haben, *hat sich noch weiter verstärkt.* Seit nunmehr 25 Jahren sinkt unsere Innovationskraft ständig. Konkret: Der Anteil innovativer, neuer Produkte am Gesamtumsatz der deutschen Industrie geht laufend *zurück*. Wir sägen damit den Ast, auf dem wir derzeit noch einigermaßen komfortabel sitzen, systematisch ab. Wir lassen dies zu, obgleich sich doch alle Welt unisono darüber einig zu sein scheint, daß wir ohne ausreichende Innovationskraft nicht überleben können.

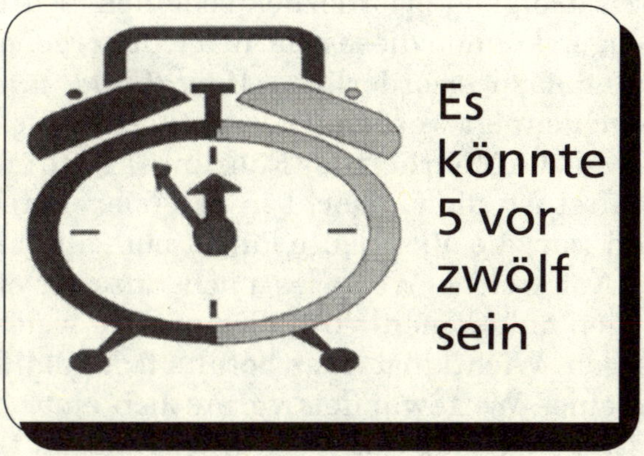

Das Rätsel dieses schwer verständlichen Verhaltens konnte von uns einer *schlüssigen Antwort* entgegengeführt werden. Aber das Problem viel zu geringer innovativer Bemühungen ist damit noch in keiner Weise gelöst. Geschieht nicht schon bald etwas, so muß befürchtet werden, daß wir schon bald von unserem derzeitigen Wohlstand Abschied nehmen müssen. Ohne einen ganz dramatischen Quantensprung in Sachen Innovation wird das deutsche Wirtschaftswunder wie ein Kartenhaus in sich zusammenfallen.

② Das deutsche Management

hat wenig aus der gerade zu Ende gehenden Wirtschaftskrise gelernt. Daß diese mit Sicherheit zu einem erheblichen Teil *selbstverschuldet* war, wurde bis heute nicht verinnerlicht. Schon vor der Krise gab es erhebliche und unerläßliche Bemühungen im Sinne von *Lean Production, Produktionsverlagerung* und *Personalabbau*. Nur wenige haben die totale *Einseitigkeit* gebrandmarkt, die für dieses – im Prinzip ja richtige – Ringen um mehr Effizienz und Ertrag bezeichnend ist. Nur etwa 10 Prozent der Manager erkannten, was sich in unserer Enquete voll bestätigte: Verglichen mit Lean Production, liegen die weitaus *größeren*, noch überhaupt nicht in Angriff genommenen *Reserven* in

(a) einer verbesserten menschlichen Kooperation,
(b) effizienterer Kommunikation,
(c) mehr und phantasievollerer Innovation.

An diesen für eine blühende deutsche Wirtschaft *existenzentscheidenden Reservepotentialen* wird nach wie vor vielfach achtlos vorbeigegangen. Unsere Überlegungen treffen also auf ein Management, bei dem *erheb-*

liche Korrekturen dringend erforderlich scheinen. Mit den hier vorgestellten Werkzeugen können diese relativ leicht vorgenommen werden, vorausgesetzt, der dazu erforderliche *Mentalitäts- und Paradigmenwandel* kann beschleunigt werden. Diese letzte Voraussetzung ist deshalb so wichtig, weil die Mehrheit der Führungskräfte immer noch einer Wertewelt verhaftet ist, die vielleicht in den 60er und 70er Jahren erfolgversprechend war, die aber heute längst zum alten Eisen geworfen werden müßte. Auf welche Werte es nach unseren empirischen Ermittlungen morgen ankommen wird, darauf wird weiter unten detaillierter eingegangen. Wichtig ist, hier bereits festzuhalten, daß der geglückte Vollzug eines Wertewandels vermutlich einer der wichtigsten *Konkurrenzvorteile* überhaupt ist. Von dieser Einsicht trennen die meisten Firmen jedoch noch Lichtjahre.

IV. Die drei neuen Bausteine

Nach einer Begegnung mit Karl Popper im Jahre 1985 setzte in unserem kleinen Forschungsteam ein Lernprozeß ein, der darin seinen Höhepunkt fand, daß wir nach Jahren die Triade neuer Erkenntnismöglichkeiten begriffen, die ich jetzt kurz schildere. Es fiel uns wie Schuppen von den Augen: Endlich war Land in Sicht, und es schien fast so, als ob ein neues Zeitalter angebrochen wäre. Hier die *drei Veränderungen*, die sich uns aufdrängten.

1. Die soziale Relativitätstheorie

In Anlehnung an *Einstein* reden wir einer neuen *sozialwissenschaftlichen Relativitätstheorie* das Wort. Stimmt dieses Konzept, so erzwingt es, daß wir die klassischen Begriffe *Wert, Produkt, Werbeaussage* und *Markt* aufgeben müssen, weil alle vier nur im Spiegel der Persönlichkeit verständlich sind. Wir ersetzen sie zugunsten der relativistischen Begriffe *»Wert in bezug auf P«, »Produkt und Werbung in bezug auf P«* und *»Markt in bezug auf P«*. Hierbei ist *»P«* die typologisch identifizierte, menschliche Persönlichkeit.

Die Realisierung dieses Ansatzes bricht radikal mit zweitausendjährigen Denkgewohnheiten. Es gibt keine Corporate identity, keine Produktkonzeption und keine Werbung, die angesichts dieser Veränderungen *unbesehen so bestehenbleiben könnte, wie sie heute ist.* Sie werden bald merken: Dies sind starke, aber wohlbegründete und keineswegs leichtfertig ausgesprochene Worte.

Von der Neigung zur Persönlichkeit
Nach Leavitt-Lüscher-Berth
Neigung
Konzepte umsetzen und austüfteln
Neigung
Nützlichkeit berechnen. Rechtfertigen
Neigung
Den Kompromiß suchen
Persönlichkeit
#2 Transformator
Persönlichkeit
#3 Analysierer
Persönlichkeit
#4 Moderator
Persönlichkeit
#1 Utopischer Visionär
Persönlichkeit
#6 Robuster Macher
Persönlichkeit
#5 Verläßlichkeitssucher
Neigung
Ideen + Konzepte ersinnen
Neigung
Erfolgreich durchsetzen
Neigung
Sicherheit organisieren

Chart 2

Von Max Planck wird berichtet, wie er über seine Quantentheorie »zutiefst erschrocken« war. Um wieviel mehr müssen wir selber bei so radikalen Aussagen Beklemmung empfinden, wir, die wir doch nur nachvollziehen, was Größere vorgedacht haben, ohne daß wir deren Autorität noch deren Authentizität besitzen. Das meiste des hier vorgetragenen Gedankenguts haben wir ja *nicht selbst erfunden*, sondern lediglich *imitierend* auf neue Anwendungsfelder übertragen. Gerade deshalb haben wir uns in unserem kleinen Team oft die Frage vorgelegt, ob wir gut genug gerüstet sind, um soviel Umdenken verlangen zu dürfen. Dennoch meinen wir, daß das gefundene Material so überwältigend ist, daß es *Verzagtheit* und *Verantwortungslosigkeit* gleichkäme, die gewonnenen Überzeugungen nun nicht mit intellektueller Redlichkeit in ihrer Gänze vorzutragen.
Wieviel Umdenken hier tatsächlich gefordert wird, wird erhellt an zwei Konsequenzen, die wir hier schon einmal – späteren Kapiteln vorausgreifend – andeuten wollen:
(a) Viele heute zu vernehmende Botschaften müssen als *total wirkungs- und sinnlos* erkannt werden, weil sie nicht genügend stark auf die Persönlichkeit P ausgerichtet sind. Hier werden bis zu 80 Prozent der Werbebudgets *verspielt* – um nicht zu sagen: *veruntreut!*
(b) P – der umworbene Mensch – kann zukünftig weit zielgenauer angesprochen und mit einem weitaus geringeren Aufwand erreicht werden. Der Weg zu mehr Marktmacht steht offen!

2. Die paradoxe Unschärfe

Neben der sozialen Relativität stellen wir einen weiteren Denkansatz vor, der sich diesmal nicht an *Einstein*, sondern an *Werner Heisenberg* und an den Amerikaner *Barry Johnson* anlehnt. Es ist die *»soziale Unschärferelation«*, derzufolge unsere Welt weniger von beruhigender Harmonie als vielmehr weitgehend von *alarmierender Gegensätzlichkeit* bestimmt ist.
»Paradoxe Gegensätzlichkeit« ist ein in der neueren Physik breit akzeptiertes Allgemeingut. Ohne die Zulässigkeit des Paradoxen als wissenschaftlichem Axiom wären weder das Licht noch der Laser, weder Einsteins Energieformel noch die Atomphysik oder die neue Fuzzy Logic zu begreifen. In den Gesellschaftswissenschaften müssen wir uns dieses Rüstzeug erst noch mühsam aneignen und erarbeiten.
Es war dieses Konzept paradoxer Unschärfe, das uns zu einem völlig neuen Konzept *menschlicher Werte* und des *Wertemanagements im Unternehmen* geführt hat. Die gleiche Grunderkenntnis hat uns aber auch dazu animiert, die *typologische Orientierung* einzuführen, die sich wie ein roter Faden durch diese ganze Arbeit zieht. Im Gegensatz zu früheren Veröf-

fentlichungen ist dies ein neuer, durch die Quantenvorstellung wesentlich modifizierter und bereicherter Ansatz. Er ist deshalb so bedeutungsvoll, weil sich menschliches Miteinander unter Zugrundelegung von Paradoxie weit besser als je zuvor verstehen läßt und weil auch die Typenbildung wiederum nur aus der Widersprüchlichkeit begreiflich ist.
Dieser *typologische Ansatz* – Chart 2 stellt ihn vor – ist das entscheidende Werkzeug eines »geläuterten« Managements und Marketings. Wir glauben vorhersagen zu können, daß das kommende Jahrhundert von diesem typologischen Denken stark geprägt sein wird, weil darin der Schlüssel zu mehr Flexibilität, Reformfähigkeit und Kreativität – aber auch zu wesentlich vermehrter »Marktmacht« – erblickt werden muß.
Auch hier bereits wieder ein kurzes Streiflicht auf die weitreichenden *Konsequenzen*: Eine derartige Orientierung macht sicherlich 60 Prozent aller Marketingkonzeptionen obsolet. Andererseits eröffnet sie die Chance, menschliches Verhalten recht weitgehend *vorhersagen* zu können.
Über die Typologie erlangen wir die Möglichkeit, *künstliche Intelligenz* (im Sinne von *Expertensystemen*) in einem bisher nicht gekannten Ausmaß für Management- und Innovationsmaßnahmen einzusetzen.

3. Die soziale Quantentheorie

Als drittes und letztes schlagen wir vor, in Anlehnung an die Ansätze von *Max Planck*, Elemente der *Quantenmechanik* in das betriebswirtschaftliche Denken einzuführen. Wir empfehlen daher die Aufgabe des aus der kommunikationswissenschaftlichen Theorie entlehnten Begriffs der »Botschaft« zugunsten eines *nach Energiequanten differenzierten Kommunikationsbegriffs*. Die Nutzung von Typologien – die ja durchaus nichts Neues darstellt – wird *erst dann* wirklich sinnvoll, wenn man sie mit der Quantenmechanik zusammenführt, denn es kommt – neben der Qualität der Botschaft – entscheidend darauf an, mit welchen Energien, also *wie stark* eine Botschaft den Umworbenen beeindruckt. Schließlich macht es einen gewaltigen Unterschied, ob nur ein ganz schwacher Bedürfnisdruck ausgelöst wird oder hieraus eine gefühlsstarke *Sympathie* oder gar *Faszination* entstehen.
Konsequenzen: Die Aufnahme von Kommunikation scheint Gesetzmäßigkeiten zu unterliegen, die bislang nicht bekannt waren. Dies ist von akuter Bedeutung für die Werbewirtschaft, nicht minder jedoch für alle Vertriebsaktivitäten, für die Kommunikation von CI und – last, but not least – für alle pädagogischen Bemühungen, für alle politischen Impulse, für psychologische Interventionen und alle Lernvorgänge. Die jetzt erarbeiteten Gesetze erlauben, Kommunikation kostengünstiger zu gestalten und den Kommunikationsvorgang insgesamt besser zu steuern.

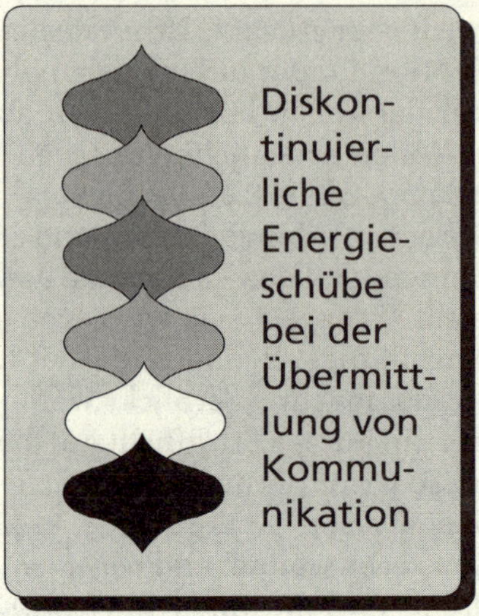

V. Ein neues Weltbild nimmt Konturen an

Das neue, *relativistische »Inbezugsetzen zu P«,* die Notwendigkeit des Umdenkens durch ein *typenbezogenes Marketing* und ein gewandeltes Wertemanagement im Sinne der Unschärfe und ferner die *quantenmechanische Analyse* der Stärke einer Botschaft sind unsere *drei »Bausteine«.* Sie führen zu einem neuen Weltbild des Managements, des Marketings und der Innovation. Versucht man, dieses neue Bild unserer Welt auf eine quasimathematische Art und Weise zusammenzufassen, so ergibt sich die nachstehend wiedergegebene *»Universalformel der sozialen Intervention«.* Nehmen Sie an dieser Stelle bitte das nicht weiter kommentierte Endresultat in Gestalt der Formel zur Kenntnis, auch wenn Erklärung und Herleitung erst später nachfolgen.

Produkt oder Kommunikation = Energiepotential der angesprochenen Werte x Persönlichkeitsorientierung der Kommunikation = Wirksames Quantum der Nachfrageenergie = Erfolg

Übertragen in simple Worte unserer Umgangssprache, bedeutet die Formel: Das real existierende Produkt (also eine Maschine oder ein Markenartikel) kann als *rein physische Erscheinung* interpretiert werden, die ich anfassen, zerstören und verkaufen kann. Diese Sicht ist aber *nur eine* und dazu noch *nicht einmal besonders intelligente* Sehweise. Mindestens ebensogut, ja wahrscheinlich noch zutreffender, läßt sich dieses Produkt als *psychische Energie* deuten und erklären.

Ähnlich wie in der Physik gibt es also auch im gesellschaftlich-ökonomischen Bereich jenen Tatbestand, den für die Naturwissenschaften entdeckt zu haben *Albert Einsteins* großes Verdienst war. Einstein lehrt uns die für unser Alltagsdenken paradoxe *Gleichartigkeit von Materie und Energie*. Daß diese Gleichartigkeit scheinbar paradoxer, gegensätzlicher Erscheinungen auch in anderen Lebensbereichen Gültigkeit besitzt, war bislang nicht bewiesen. Wir dürfen jetzt davon ausgehen. Die Konsequenzen, die sich aus dieser Entdeckung ergeben, sind beträchtlich und werden in den nachfolgenden Kapiteln noch eingehender angesprochen.

Was besagt die Formel nun für die praktische Managementarbeit? In erster Linie bedeutet diese Formel *eine totale Abwendung vom Produkt an sich,* das nur noch in der *Energie des Nachfragers »lebt«. Die physische Beschaffenheit wird zur »quantité negligable«, die Reaktion ist alles.* Produkte und Serviceleistungen werden erst durch *Vorstellungen* existent. Marketing vollzieht sich nicht mehr auf den Marktplätzen, sondern in den Köpfen!

Erfolg – so die obige Formel – kommt zustande, indem die Botschaften, die in dem Produkt und seiner Werbeaura enthalten sind, auf die Werte prallen. Dieser »Zusammenstoß« kann Energie in Form von Zustimmung oder Begeisterung, aber auch Ablehnung freisetzen. Dabei ist der Erfolg abhängig von den *psychischen Reaktionsquanten* (= Nachfrageenergie), die dadurch zustande kommen, daß latente Energiepotentiale qualitativ richtig angesprochen werden.

Erforderliche Messungen, um die Universalformel für *konkrete Angebote* einzusetzen, lassen sich wie folgt gestalten: Der mit der Persönlichkeit identische Faktor *Werte* kann durch Befragung oder Selbstzuordnung bestimmt werden. Den Grad der *qualitativen Annäherung an die Persönlichkeit* kann man ebenfalls befragend ermitteln.

Auch hier möchte ich gleich die Beschreibung von *Konsequenzen* aus diesen Erkenntnissen anschließen. Mit dem durch diese Formel angedeuteten Wissen wird Markterfolg in einem bisher unbekannten Maße *plan- und berechenbar*, denn durch das Messen oder auch nur Abschätzen obiger Elemente bekommt das Marktverhalten eine Art *Zwangsläufigkeit*.

Eine weitere, ganz *entscheidende Konsequenz* ergibt sich für das Management von *Innovationen* und für die Durchführung von Forschung und Entwicklung. Hier resultiert aus der Formel die Forderung, die physische Entwicklung neuer Produkte von Anfang an mit der *parallelen Durchführung einer Werteanalyse* im Sinne der sozialen Quantenmechanik zu verbinden. Denn *kein Produkt dieser Welt* – und sei es auch noch so genial ersonnen – kann auch nur das Geringste bewegen, wenn es nicht starke Werte innerhalb der Zielgruppe anrührt. Das Innovationsmanagement erhält so eine ganz neue, zusätzliche Ausrichtung.

VI. Materielle Konsequenzen

Im ersten Augenblick mag mancher Leser die hier angestellten Überlegungen eher als exotisch und überspannt, bestenfalls als intellektuelle Spielerei ansehen, die für seine tägliche Arbeit nur ganz am Rande bedeutsam ist. Wir werden versuchen, den Beweis dafür anzutreten, daß die eben beschriebene Synthese aus neuem Wertemanagement, Relativität, Typologie und Quantenmechanik *weit mehr* ist als nur eine theoretisch-schöngeistige Übung.

Die hier angeregte Transformation unseres bisherigen Denkens hat vielmehr große praktische Bedeutung. Alle *drei Konzepte* miteinander vereint und universell angewandt, könnten in der Bundesrepublik nach unserer Ansicht Einsparungen in Höhe von 100 bis 200 Milliarden Mark bewirken. (Ja, Sie haben richtig gehört!)

Die konkreten Auswirkungen der hier diskutierten Veränderungen haben folglich langfristig Bedeutung für unsere gesamte Industrie und Verwaltung und sollten im Zusammenhang mit den Problemen der Zukunftssicherung des deutschen Standortes gesehen werden.

Jedes einzelne Unternehmen und jede Organisation können sich von diesen 100 bis 200 Milliarden ein gehöriges Stück abschneiden, und dies gilt nicht nur für große Konzerne, sondern auch und gerade für jeden mittelständischen Kleinunternehmer. *Neben »Lean Production« muß und wird in vorher nicht gekanntem Maße »Lean Communication« treten.* Letztere ist die zentrale Ingredienz des Mind-Profit-Managements, weil der Bereich »Mind« zum Gegenstand revolutionärer Denkveränderungen wird, die sich gleichzeitig im Bereich »Profit« durch erhebliche Einsparungen niederschlagen.

VII. Geistige Erneuerung und Sinnfrage

Es hieße, ein nur sehr *äußerliches* Bild zeichnen, wollte man aus diesen Überlegungen ausklammern, daß sie gleichzeitig einen philosophischen Unterton haben. Die Werkzeuge, die hier zum Einsatz gelangen, lassen auch den Manager selber, *seine Person und sein Leben* nicht ungeschoren davonkommen.

Besonders der Einsatz der typologischen Werkzeuge stellt Sie, den Leser dieser Zeilen, nicht minder vor Fragen, die einer Beantwortung harren. Menschen typologisch zu bestimmen – und sei es auch nur so relativ oberflächlich, wie es hier geschieht – heißt stets, die Frage nach der eigenen Identität, nach den eigenen Gaben stellen, nach deren sinnvollem Einsatz und damit auch nach dem *Sinn unseres Tuns.*

Gerade weil solche Fragen in unserer Zivilisation immer seltener gestellt werden, wollen wir sie hier bewußt aufgreifen.
Mind-Profit-Managements kann man nicht ganz »ungestraft« einsetzen, denn es ist eine Konfrontation mit Menschlich-Allzumenschlichem, mit unseren *Schwächen* und *Abhängigkeiten,* aber auch mit unseren *Fähigkeiten*, also dem Pfund, mit dem wir wuchern können und sollten. Die Ergebnisse dieser unvermeidlichen *Selbstbetrachtung* stimmen durchaus nicht immer mit unseren eigenen Vorstellungen und Eitelkeiten überein. Dieses Mißverhältnis kann durchaus erhebliche Verunsicherung auslösen. Die hier angesprochene Erkenntnis enthält aber immer auch die Chance zur eigenen Besinnung, Neuorientierung und Veränderung.
Eben weil es hier um den Alltag des Managements geht, aber auch um Ihre *persönliche Rolle* und nicht zuletzt um die zukünftige *Wettbewerbsfähigkeit* Deutschlands, richte ich an alle, die Sie Unternehmer sind oder Verantwortung in Verwaltung, Gesellschaft oder Politik tragen, folgende Aufforderung:
Leihen Sie dem Neuen Ihr Ohr! Tun Sie's auch dann, wenn Ihnen das Neue bei der ersten Begegnung recht fremdartig erscheint. Lassen Sie sich aber auch sagen, daß das, was wir hier vorstellen, Sie ganz *persönlich* berühren wird, denn die eingesetzten Techniken stellen die Frage nach dem *Sinn* Ihrer Organisation und letztlich die Frage nach dem Sinn *Ihres persönlichen Beitrages*. Es geht um Ihre Lebensqualität und um Konzept und Ziel, weit mehr aber noch um den *Erfolg*, ausgedrückt in so harten Fakten wie Finanzertrag, Innovationsstärke und Marktmacht.
Schlagen Sie zusammen mit uns, der Akademie Schloß Garath, ein neues Kapitel des Managements, des Marketings, aber auch des *Selbstmanagements* auf.
Unsere »Denkfabrik für Innovation, Unternehmensdesign und Politikgestaltung« will Ihnen hierzu den Weg ebnen und kann Ihnen mit Rat und Tat zur Seite stehen.
Wollen Sie das – was wir Ihnen auf den folgenden Seiten nun vorstellen – gründlich vertiefen und Ihrem Führungsteam nahebringen, dann empfiehlt sich das Ein-, Zwei- oder Dreitagesseminar »Mind-Profit-Management« als schnelle und doch umfassende Einführung.
Treffen Sie die Entscheidung zugunsten eines neuen Markt- und Managerbildes bald und zügig, bevor Ihr Konkurrent es tut!
Bevor Sie aber solche Pläne schmieden, wollen wir Sie im nachfolgenden Kapitel mit dem konfrontieren, was als Ergebnis unseres Forschens in *12 Erfolgsregeln* seinen Niederschlag gefunden hat.
Man hätte diese 12 Mind-Profit-Regeln natürlich ebensogut Stück für Stück erarbeiten können, um sie dann – gleichsam als Krönung – an den Schluß dieser Arbeit zu setzen. Das hätte zugegeben eine gewisse Logik für sich gehabt. Wir haben es dennoch vorgezogen, gleichsam »mit der Tür

ins Haus zu fallen«, um Sie mit der Tragweite dessen, was Sie hier lesen, gleich zu Anfang vertraut zu machen. Wir werden dann diese Gesamtsicht von Grund auf herleiten, so daß Sie Kapitel für Kapitel einen Stein auf den anderen setzen, um so zu dem zusammengefaßten Endresultat des folgenden zweiten Kapitels zu gelangen. Wir servieren Ihnen dieses Endresultat nun schon einmal vorweg, um Ihnen das Maß an angestrebter Veränderung zu verdeutlichen und um Ihren Appetit auf mehr Marktmacht anzuregen.

Kapitel 2

Auf dem Wege zum Mind-Profit-Management

Die 12 Erfolgsgesetze

Für jede der nachfolgenden Regeln konnte der empirische Nachweis ihrer Relevanz und Stichhaltigkeit erbracht werden.

> **1. Die Renditeregel:**
> **Erfolg ist mutige Phantasie**
>
> Nicht materielle Knappheit der Ressourcen noch fehlender Rationalisierungswille, wohl aber die *Unfähigkeit zu träumen* ist die wirkliche Armut des heutigen Menschen. Manager, die nicht mehr träumen können und denen zur visionären Unfähigkeit auch noch der Mut zur Verwirklichung fehlt, verspielen die Zukunft ihres Unternehmens.

Es konnte der empirische Nachweis erbracht werden, daß Firmen, die phantasievoller Erneuerung keinen Raum geben, langfristig *deutlich geringere Renditen* aufweisen als diejenigen, die *innovative Phantasie* als *essentiellen Erfolgsfaktor* erkannt haben. Diese aber gedeiht nicht in den Gefängnissen erstarrter Hierarchien, sondern in Freiräumen.

Wichtige empirische Erkenntnisse:
Die hier und nachfolgend wiedergegebenen Untersuchungsergebnisse basieren auf der Enquete zur »Erneuerungsfähigkeit der deutschen Wirtschaft und Gesellschaft«. Diese Untersuchung wurde erstmals 1994 als »Kienbaum-Studie« vorgestellt und 1995 upgedatet und erweitert. Wir haben 234 Manager befragt, ob sie innerhalb der letzten drei Monate einmal bewußt Abstand von der Tagesarbeit genommen hätten, um distanziert-träumerisch über ihr Geschäft nachzusinnen, sich dem Strom der Gedanken anzuvertrauen und vor dem geistigen Auge Alternativen oder neue Herausforderungen abzutasten. 81 Prozent gaben zu, daß dies *nicht* vorgekommen wäre, und 63 Prozent betonten, daß sie zu so was auch gar keine Zeit hätten. Noch Fragen, Kienzle?

Konsequenzen für Manager:
Das Schaffen von geistigen Freiräumen ist zu einer der Hauptherausforderungen progressiven Führens geworden. Dagegen wenden sich zunehmend einige Kleingeister, die beschwichtigend dafür eintreten, man solle es doch anstelle von Höhenflügen bei »ordentlicher Alltagsarbeit« bewenden lassen. Doch die solche Kleinkariertheit fordern, wissen nicht, was sie tun! Gewollt oder ungewollt verraten sie damit ein fundamentales Element unserer abendländischen Kultur. Deren Größe besteht seit 2000 Jahren darin, das bloß Vernünftige und Nützliche durch die Vision zu *überhöhen* und damit der menschlichen Existenz *Sinn und Ziel* zu geben. Öffnen wir der Phantasie und der missionarischen Leidenschaft die Tür, anstatt sie im Sinne geistiger Verarmung auch noch zuzuschlagen!

Gerade wenn man die Vision will, muß man sich jedoch darüber im klaren sein, daß der bloße gute Wille zu ihr nicht ausreicht. Die Erkenntnisse der nächsten beiden Regeln müssen daher hinzukommen.

2. Die Unschärferegel:

Unser Leben wird vom Paradigma paradoxer Gegensätzlichkeit bestimmt

Die beträchtlichen Möglichkeiten an Effizienzverbesserung und Kostenreduktion, die das Mind-Profit-Management eröffnet, sind nur dem zugänglich, der zu drastischem Umdenken bereit ist und einen neuen, bisher nur den Physikern geläufigen Denkansatz akzeptiert. Er muß das lineare Newtonsche Denken, das die Wirtschafts- und Sozialwissenschaften sowie das gesamte Bildungswesen noch immer beherrscht, völlig hinter sich lassen und sich die Paradigmen der modernen Physik, insbesondere das *Heisenbergsche Unschärfekonzept* mit seiner *Paradoxie,* zu eigen machen. Die Unabdingbarkeit dieses Paradigmenwechsels erscheint uns als eine der dramatischsten Wendepunkte der abendländischen Geschichte. Ihn zu vollziehen, um unserer Wirtschaft und Gesellschaft die hier beschriebenen Effizienzverbesserungen zukommen zu lassen, ist die zentrale Bitte und Botschaft dieser Arbeit.

Bereits der Begriff »Mind-Profit« ist nur unter Heranziehung der Unschärferegel verständlich. »Mind« ist Sinngebung, ist Aufbruch, ist kultiviertes, originelles Marketing, mutige Vision oder phantasievolle Innovation. »Profit« hingegen ist Zahlenfixiertheit, Analyse, Bewahren, Erfolgsnachweis, meist Verwaltung, Bilanz und Kostenrechnung.
Beides ist gleich wichtig. Aber wir werden beides nicht erfolgreich zusammenführen, wenn wir die zwei Denkwelten nicht als *paradoxe Ge-*

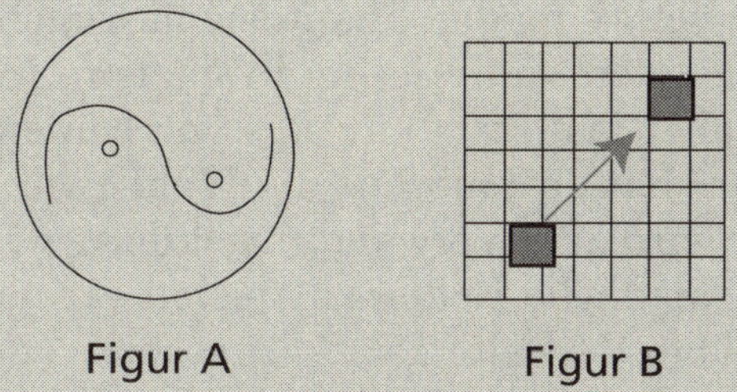

Chart 3: Zwei unterschiedliche Welten

gensätze begreifen. Die Paradoxie ergibt sich dabei aus der *Heisenbergschen Unschärferegel*. Sie sagt uns, daß emotionale Begeisterung zur kreativen Entfaltung einerseits und die analytische Strukturierung andererseits schwer vereinbar sind. Ihnen liegen jeweils ganz unterschiedliche Denkansätze und persönliche Neigungen zugrunde. Sie schließen sich gegenseitig weitgehend aus, so wie sich in der Mikrophysik Zeit und Raum gegenseitig weitgehend ausschließen: Man kann sie *nicht gleichzeitig* beide scharf erkennen und ist dennoch auf beide angewiesen.
Solche Polaritäten beherrschen nicht nur die Physik, wo dies schon lange eine Selbstverständlichkeit ist. Sie bestimmen in noch stärkerem Maße unser gesamtes soziales Leben und haben mit ihrer Gegensätzlichkeit unsere Kultur entscheidend geprägt: Leib/Seele, Individualismus/Teamgeist, apollinisch/asketisch, linkshirnig/rechtshirnig, Emotion/Vernunft und männlich/weiblich sind einige dieser schwer zu vereinbarenden Gegensätze, die alles, was wir tun, *entscheidend mitprägen*. Man kann das Wesen dieser Polaritäten am besten erfassen, wenn man sich in das uralte Symbol der Figur A in Chart 3 hineindenkt. Diese widerspricht bildlich und geistig der Figur B, die das lineare Denken symbolisiert.

Wichtige empirische Erkenntnisse:
Die Überprüfung von 432 Managemententscheidungen durch unsere Akademie ergab, daß mindestens 76 Prozent hiervon durch die typischen Merkmale paradoxer Gegensätzlichkeit gekennzeichnet waren. Auch bei der Herausarbeitung von Erfolgsfaktoren ergab sich, daß keiner davon aufgegriffen werden kann, ohne daß andere, ebenfalls wünschenswerte Erfolgspotentiale dadurch aufgegeben werden müssen.

Konsequenzen für Manager:
Die neuen Führungskräfte müssen zwischen paradoxen Gegensätzen eine Gratwanderung antreten, bei der sie wechselweise in ganz andere, sich

widersprechende Rollen hineinschlüpfen. Sie müssen zum Beispiel in der Lage sein, sich ihrer schweifenden Phantasie hinzugeben, um danach die Rolle des streng rationalen Analysierers zu spielen. Uns einseitigen Menschenkindern liegt aber fast stets nur eins von beidem. Der erfolgreiche Manager von morgen hat deshalb nur die Wahl zwischen zwei Möglichkeiten: Entweder er wird zum Verwandlungskünstler, der wie ein Schauspieler ganz unterschiedliche Rollen zu spielen vermag. Da dies seltene und meist wenig geübte Verhalten sind, ist es sinnvoller, er bleibt seinen Neigungen und seiner Persönlichkeit treu und *ergänzt* sich durch andere Mitarbeiter, die jene Fähigkeiten mitbringen, die ihm selbst fremd sind. Die Unsicherheit, die die Paradoxie für unternehmerisches Handeln schafft, wird nun durch die Ordnungskraft des folgenden Gesetzes zum Teil wieder kompensiert.

3. Die Berechenbarkeitsregel: Soziale Interventionen lassen sich mit einer »sozialen Generalformel« beschreiben: E = P x K

Erfolg ist weitgehend berechenbar, plan- und vorhersagbar, weil wirtschaftlich-soziale Interventionen offensichtlich der Gesetzmäßigkeit einer Universalformel unterliegen.

$E = P \times K$ gilt für den handelnden Manager und Organisator ebenso wie für den Nachfrager oder Einkäufer im Markt, gleich ob im Konsumbereich oder im Industriegeschäft. In dieser Formel ist E die *Energie* (z. B. Nachfrageenergie), die durch jede soziale Intervention (z. B. Werbung, Verkaufsgespräch) ausgelöst werden soll. P ist die *menschliche Persönlichkeit* und K die *Kommunikation*, die auf diese letztere einwirkt. Die Planbarkeit ergibt sich, weil E quantifiziert werden kann: Die Faktoren P und K – aus denen E ja resultiert – sind empirisch meß- und berechenbar.

Ein wichtiges empirisches Ergebnis in diesem Zusammenhang:
Wir haben in den letzten zehn Jahren im Rahmen der Enquete und im Kundenauftrag über 2000 Kommunikationsbotschaften, deren Einwirken auf den Menschen und die daraus entstehende Nachfrageenergie überprüft. In all diesen Fällen wurde $E = P \times K$ eingesetzt und war dabei behilflich, Reaktionen im nachhinein zu erklären bzw. geplante Maßnahmen mit beträchtlicher Sicherheit vorherzusagen.
Der Umgang mit dieser Formel wird später noch genau beschrieben und eingeübt. Ungeachtet dessen schlägt sie ein neues Kapitel praktischen Informationsmanagements auf. Daß sie große Ähnlichkeit mit Einsteins

Energieformel $E = m \times c^2$ besitzt und ohne sein geniales Vorbild nie angedacht worden wäre – dies sei mit gebührendem Respekt vor dem großen Physiker angemerkt.

Konsequenzen für Manager:
Die Formel enthält den entscheidenden Faktor »P«, der für Persönlichkeit steht. Bei der praktischen Arbeit wird *P* durch das Werteprofil »$W_1 + W_2 \ldots + W_n$« ersetzt. Beides, die Persönlichkeit als auch menschliche Werte, sind Dinge, denen der deutsche Durchschnittsmanager oft sehr hilflos gegenübersteht, denn obgleich er täglich mit der Psyche vieler Menschen umgehen muß, hat unser verstaubtes Bildungswesen ihm in der Regel alles Wissenswerte hierüber vorenthalten. 91 Prozent der Manager bezeichnen sich daher selber als psychologische Laien. Aus dieser Situation entsteht ganz offensichtlich ein erheblicher Nachholbedarf, dem nur durch persönliche oder innerbetriebliche Weiterbildung entsprochen werden kann.
Mit den eben bereits gestreiften Werten »$W_1 + W_2 \ldots + W_n$« beschäftigt sich die 4. Mind-Profit-Regel.

4. Die Werteregel:

Erfolg hängt von effizientem Wertemanagement ab. Letzteres beruht auf wertorientierter Kommunikation

Der Schlüssel zum Erfolg ist die Kenntnis der Persönlichkeit. Dieser nähern wir uns über das Werteprofil »$W_1 + W_2 \ldots + W_n$«. Deshalb ist das Wissen um die Werte der Mitarbeiter und Kunden von entscheidender Bedeutung. Nur mit ihm kann Marktmacht erlangt werden.

Die Werte sind der Spiegel der menschlichen Persönlichkeit. Sie sind latente Spannungszustände und Handlungsbereitschaften. Das Wissen um die Werte der potentiellen Nachfrager ermöglicht die optimale Nutzung der Marktmöglichkeiten. Die Kenntnis der Werteprofile der Manager und Mitarbeiter erlaubt die optimale Nutzung der in diesen angelegten Erfolgspotentiale.
Das latente Energiepotential der Werte kann nur über typologisch ausgerichtete Kommunikation (»K« in der Formel) freigesetzt werden. Kommunikation ist nur so effizient, wie es gelingt, diese den Werten der Menschen anzupassen.
Das Maß dieser Anpassung von *K* an *W* ist empirisch über skalierte Fragestellungen meßbar und steht damit einer marktforscherischen Analyse offen.

Wichtige empirische Ergebnisse:
In über 2000 Fällen konnte das Zusammenspiel von Kommunikation und Werten untersucht und damit die Wirkungsweise von Werbung, CI, Verkaufsargumentation und PR ermittelt werden. Die Wirkungslosigkeit von über 80 Prozent aller Werbemaßnahmen geht allein auf Werteunkenntnis zurück. Wichtig und in diesem Ausmaß neu: Auch bei scheinbar vornehmlich rational bedingten Käufen im Investitions- und Zulieferbereich, wo es den Anschein hat, daß außer Technik, meßbarer Qualität und Preis nichts existiert, konnte die oft entscheidende Bedeutung *emotionaler* Werte nachgewiesen werden.

Konsequenzen für Manager:
Sie müssen in erheblichem Maße umlernen, denn das Produkt oder der Service, der bislang Mittelpunkt allen unternehmerischen Handelns war, wird relativiert. Die Eigenschaften des Angebots haben nur dann Bedeutung, wenn es *wertbezogene* Eigenschaften sind. Dies erfordert eine mentale Abkehr vom Produkt und eine verstärkte Hinwendung zum nachfragenden Geschäftspartner und dessen Glaubensbekenntnissen.

5. Die Prognoseregel:

Wertewissen ermöglicht Prognosen von ungeahnter Treffsicherheit

Das Wissen um die Werte beinhaltet die Kenntnis der Erfolgswahrscheinlichkeiten von 13 Erfolgs- und 12 Mißerfolgsfaktoren, die verläßliche Instrumente der Unternehmensführung darstellen und das Verhalten von Kunden und Mitarbeitern (a) im nachhinein verständlich und (b) ex ante vorhersagbar machen.

Die empirisch ermittelte Erfolgswahrscheinlichkeit jedes dieser Werte ist über Zeit sehr stabil. Die wichtigsten Werte und Haltungen in der Rangfolge ihrer Wichtigkeit sind das *»Sinnstiften«*, das *»ergänzende Aufeinanderzugehen«, »Vertrauen anstatt Kontrolle«, »Innovationen von visionärer Einmaligkeit schaffen«*, ein *»Feindbild aufbauen«* und der Wille *»Markt- und / oder Qualitätsführer«* zu werden und die Bereitschaft, *»Mitarbeitern zu dienen«*.

Wichtige empirische Ergebnisse:
Es gelang durch den Einsatz der bereits von der Harvard-Universität weltweit abgesicherten PIMS-Methodik, präzise zu ermitteln, welche langfristigen finanziellen Folgen daraus entstehen, wenn in einer Geschäftseinheit mehrheitlich bestimmte Werte geglaubt und gelebt werden. Die Aus-

wirkungen werden später im Detail beschrieben. Sie sind über alle Erwartungen hinaus von zukunftsentscheidender Bedeutung.

Konsequenzen für Manager:
Man wird sich daran gewöhnen müssen, daß Erfolg nicht das Ergebnis von »Fortune« noch von extrem harter Arbeit ist, sondern das Resultat der Befolgung einer Reihe von 13 »Patentrezepten«. Daß es sich so verhalten könnte und klare Erfolgsrichtlinien existieren könnten, wurde noch 1995 von 76 Prozent aller Manager für unmöglich oder höchst unwahrscheinlich gehalten. Dies deutet an, welch geistige Veränderung erst noch greifen muß.
Ohne das eben Gesagte anzutasten, muß man sich bei der Diskussion der Werte dennoch ergänzend die nachfolgende zweite Sicht zu eigen machen, nämlich die dynamische Betrachtung der Werte über Zeit.

6. Die Paradigmenregel:

Marktmacht ist das Resultat eines erfolgreich vollzogenen Wertewandels

Erfolgs- und Mißerfolgswerte waren in den letzten vier Jahrzehnten Gegenstand einer dramatischen Veränderung. Darum ist Erfolg eine Frage des *vollzogenen Wertewandels*. Von diesem sind wir jedoch noch meilenweit entfernt.

Wichtige empirische Ergebnisse:
Nachdem wir die *Erfolgswerte* ermittelt hatten, forschten wir nach, inwieweit die empirisch als hilfreich erarbeiteten Faktoren denn nun bereits von den Managern akzeptiert sind und angenommen werden. Das Ergebnis: Über 75 Prozent der deutschen Führungskräfte kleben an Wertvorstellungen, ethischen Normen und sozialen Leitlinien, die in den 60er Jahren vermutlich erfolgsträchtig waren, heute aber eigentlich zum »alten Eisen« gehören. Die überholten Mißerfolgswerte erfreuen sich immer noch großen Ansehens, während das, worauf es ankommt, nicht oder noch nicht (weniger als 25 Prozent) angenommen wird. Besonders mit der neuen, so erfolgsträchtigen Rolle des »Sinngebers« können die meisten Führungskräfte noch überhaupt nichts anfangen, obgleich gerade hier der Schlüssel zu mehr Marktmacht liegt.

Konsequenzen für Manager:
Den noch nicht vollzogenen Paradigmenwandel zu beschleunigen ist *die* große Herausforderung dieses Jahrzehnts. Ob er gelingt oder nicht, wird die Zukunft der deutschen Wirtschaft und Gesellschaft mitentscheiden.

Mit der Diskussion der Werte »$W_1 + W_2 \ldots + W_n$« sind wir ins Herz der Persönlichkeit vorgedrungen, die wir als identisch mit dem Werteprofil ansehen. Dies wirft die nächste wichtige Frage auf: Wie gliedern sich diese Persönlichkeiten? Denn wenn ich damit marktstrategisch arbeiten will, bedarf es einer *Ordnung*. Hier gibt Regel 7 die Antwort.

7. Die Typologieregel: Viele ungeklärte Fragen können über eine Typologie beantwortet werden

Die Nutzung eines typologischen Ansatzes war *das* Schlüsselerlebnis unserer Arbeit. Es gibt kaum einen sozioökonomischen Bereich, wo dies nicht zu neuen, frappierenden Einsichten führt. Ganz besonders bedarf die Arbeit mit Werten der *typologischen Gliederung* der handelnden Menschen, weil erst sie die Notwendigkeit und innere Logik der Werte verständlich werden läßt. Chart 2, Seite 17, zeigt die Typologie.

Werte können in ihrer Bedeutung nur verstanden werden, wenn sie in die Gesamtpersönlichkeit eingebettet werden. Wir sind dabei so vorgegangen, daß wir die *Verwandtschaften* eines jeden einzelnen Individuums mit *sechs Prototypen* gemessen haben. Diese abstrakten sechs Typen kommen zwar in der Realität *nicht* vor, ermöglichen aber sinnvolle Zuordnungen. In diesem System hat jede real existierende Persönlichkeit mehrere Verwandtschaften, aber in 97 Prozent der Fälle eine *Hauptzuordnung*, von der wir wissen, daß sie das Verhalten sehr stark prägt. Es geht hier also darum, ein sogenanntes »Kästchendenken« mit simplen Ja-Nein-Zuordnungen zu vermeiden und durch vielseitige Verwandtschaftsmöglichkeiten der Vielfalt der Persönlichkeit gerecht zu werden, ohne sich deshalb in einem Zuviel an Buntheit zu verlieren und damit die Vorzüge einer solchen Zuordnung einzubüßen.

Wichtige empirische Ergebnisse:
Es kann als erwiesen gelten, daß jede typologisch zugeordnete Persönlichkeit bestimmte, sehr *unterschiedliche* Wertepräferenzen besitzt, deren Existenz und innere Logik aus der Typenzugehörigkeit erklärt und verstanden werden können. Marktmacht heißt hier, die Unterschiedlichkeit und Ursächlichkeit der Werteprofile der Menschen zu nutzen.
Erst das Ursachenverständnis der Werte erlaubt die maßgeschneiderte, optimale Kommunikation mit diesen Persönlichkeiten. Hieraus ergeben sich die erheblichen Renditeverbesserungen, die das Mind-Profit-Management eröffnet. Ohne typologisches Verständnis entartet jedes Kom-

munikationsbemühen zu einer *gigantischen Verschwendung* (siehe auch Regel 8).

Konsequenzen für Manager:
Bereits mit geringen Marktforschungsaufwendungen können Einsichten gewonnen werden, die weit über das hinausgehen, was die qualitative Motivforschung bislang ermitteln konnte. Letztere ist in der Mehrzahl der Fälle ja nur eine Anmutungsforschung und keine wirkliche Ursachenanalyse. Wir können heute ein auf den Menschen und seinen Charakter bezogenes »Warum« der Denk- und Verhaltensgründe ermitteln. Ablehnung, Zurückhaltung, Begeisterung liegen oft wie ein offenes Buch vor uns und erlauben einen verantwortungsvollen Umgang mit den Ressourcen für Verkauf, Werbung, PR und CI, darüber hinaus entstehen maßgebliche Konkurrenzvorteile durch ein besseres Marktverständnis.
Es ist wiederum die Werteunkenntnis, welche die nachfolgend geschilderte »Verschwendung« hervorruft. Wir haben lange gezögert, das nachfolgende »Verdikt« in dieser Deutlichkeit auszusprechen, aber nachdem wir über eine Zeitspanne von 10 Jahren mehrere hundert Fälle sorgfältig analysiert haben und immer wieder auf die gleiche Ineffizienz stießen, glauben wir, daß es im wohlverstandenen Interesse der Wirtschaft liegen müssen, hier einmal Klartext zu reden.

8. Die Kommunikationsregel: 80 Prozent aller Kommunikation ist vergeblich

Aufgrund des bereits besprochenen Umstandes, daß sich die Menschen in sechs Grundtypen mit jeweils höchst unterschiedlichen Werteprofilen aufteilen, kann eine klar artikulierte Botschaft *meist nur einen einzigen Typus* erfolgreich ansprechen. Dies kann als eine Art »Naturgesetz« verstanden werden, das aus der Formel $E = P \times K$ ableitbar ist. Es gilt für jegliche Politbotschaft, für alle Werbeanzeigen, TV-Spots, Verkaufsgespräche, firmeninterne Mitteilungen und ganz besonders für PR- und CI-Botschaften.

Daumenregel:
Kommunikation kann normalerweise – Ausnahmen gibt es – nur etwa ein Sechstel der Menschen (= einen Typus) ansprechen. In der Mehrheit der von uns untersuchten Fälle war dieser eine Typus *nicht* mit der intendierten Zielgruppe identisch. Dadurch gehen der Volkswirtschaft jährlich mindestens 200 Milliarden Mark »verloren«, von denen etwa 70 Milliarden durch Mind-Profit-Management »gerettet« werden können. *Empiri-*

sches Ergebnis: 78 Prozent aller getesteten Kommunikationsbemühungen erreichten nicht mehr als ebendieses Sechstel.

Konsequenzen für Manager:
Sich mit den neuen Gesetzen zu befassen, die diese Tatbestände erklären, scheint imperativ.
Nun zeigt das bisherige Szenario der acht Regeln, daß wir über enorme, noch ungenutzte Renditepotentiale verfügen, da wir unsere kommunikativen Möglichkeiten nur zu etwa 25 Prozent nutzen. Im Prinzip ist dies richtig. In diese Aufbruchsstimmung fällt jedoch ein Wermutstropfen, mit dem sich Regel 9 befaßt.

9. Die Gebundenheitsregel: Unsere Wahlfreiheit bei Werten ist typologisch begrenzt

Unsere Wertepräferenz ist durch unsere Persönlichkeit weitgehend festgelegt. Es bestehen hier zwar Freiheitsgrade, aber unsere Wertewahl ist alles in allem recht stark eingeschränkt.

Manager können sich zum Beispiel keineswegs frei – im Sinne einer objektiv-rationalen Abwägung – für eine Strategie entscheiden, sondern werden in der Regel von ihrer Persönlichkeit in bestimmte, womöglich abträgliche Richtungen gelenkt.

Wichtige empirische Ergebnisse:
Die Untersuchung von 432 konkreten Managemententscheidungen ergab, daß die in diesem Zusammenhang gewählten Werte zu etwa 75 Prozent diejenigen waren, für die der jeweilige Persönlichkeitstyp als Grundveranlagung prädestiniert ist. Lediglich ein Viertel der Entscheidungen basierte auf Werteentscheidungen, die bei Kenntnis der Persönlichkeit nicht vorhersehbar waren. Weiterhin konnten wir feststellen, daß von den untersuchten 137 Unternehmen 73 Prozent eine Firmenstrategie verfolgten, die ganz eindeutig von der obersten Führungspersönlichkeit emotional stark geprägt war.

Konsequenzen für Manager:
Es gibt nur die eine, bereits erwähnte Möglichkeit, sich dieser »emotionalen Gefangenschaft« innerhalb der eigenen Persönlichkeit zu entziehen: Entscheider müssen aktiv versuchen, die Spannweite ihrer Persönlichkeit zu verbreitern. Dies gelingt aber nur sehr wenigen. Einfacher ist folgendes: Manager ergänzen sich, indem sie sich bewußt mit

anders strukturierten Persönlichkeiten zusammentun. Die oben beschriebene Einengung kann auf diese Weise gezielt beseitigt oder zumindest verringert werden.
Auch die Regel 10 baut auf der eben beschriebenen multipersonellen Möglichkeit auf.

10. Die Firmen- und Teamkulturregel:

Eine erfolgreiche Firmenkultur ist stets multitypologisch und multikulturell

Auch wenn wir im Zuge von Lean-Management oder Business-Reengineering-Programmen die Produktionsfaktoren immer schlanker gestalten: Der Mensch ist und bleibt der alles entscheidende Produktionsfaktor. Er kann nur dauerhaft an ein Unternehmen gebunden und zu Höchstleistungen motiviert werden, wenn die Geschäftseinheit zuläßt, daß er sein Werteprofil ausleben und sich selbst verwirklichen kann.

Die unter 80 Prozent der Manager weitverbreitete Annahme, daß es dem Unternehmen nütze, wenn ein hoher Gleichklang – also sehr ähnliche Werteprofile – eine Firma kennzeichnet, hat sich empirisch als *definitiv nicht mehr haltbar* erwiesen. Erfolg steigt mit zunehmender Vielfalt der Charaktere und Glaubensbekenntnisse. *Nur Einseitigkeit ist wirklich tödlich!*
Wir hoffen damit das törichte Geschwätz von der Stärke »verschworener Gemeinschaften« ein für alle Male widerlegen zu können. Solche einseitigen, gleichgeschalteten »Weltanschauungsclubs« sind langfristig fast immer erfolglos.

Wichtige empirische Ergebnisse:
Es konnte nachgewiesen werden, daß die Renditen von Firmen und einzelnen Projekten stets etwa drei- bis viermal so hoch waren, wenn das handelnde Team (Vorstand, Taskforce oder Innovationsteam) *typologisch vielfältig* zusammengesetzt war.
Angesichts der Bedeutung der Zusammensetzung von Gremien ist die Geringschätzung der Teamorientierung im deutschen Bildungssystem besonders beklagenswert. Unser Erziehungssystem bildet individualistische Einzelkämpfer heran. Der Schaden, der dadurch tagtäglich angerichtet wird, ist enorm. Die Industrie und alle Verwaltungen stehen hier vor einer dringenden, aber lohnenden Nachholaufgabe.

Konsequenzen für Manager und Aufsichtsräte:
Für alle Teams, gleich ob Aufsichtsrat, oberster Vorstand, Töchter- und Divisionsvorstände, Taskforces oder Innovationsteams, erscheint eine an typologischer Vielfalt orientierte Zusammenstellung dringend geboten. Einseitige Teams zu dulden, stellt eine Vernachlässigung der Führungsverantwortung dar.

11. Die Führungsregel:

Delegation ist ein Irrweg – »Empowerment« die korrekte Antwort

Der weithin akzeptierte Grundsatz moderner Menschenführung heißt: (a) Soviel Entrepreneure wie eben realisierbar und (b) unternehmerisches Handeln auch im mittleren Management ermöglichen. Der Weg dorthin ist seit über einem Jahrzehnt die traditionelle Delegation. Die praktische Erfahrung der Pioniere auf diesem Gebiet ebenso wie unsere Forschung machen jedoch deutlich, daß die klassische Idee der Delegation den unternehmerischen Freiraum nicht wirklich zu schaffen vermag. Empowerment ist die konsequente Weiterentwicklung.

Die weiterreichende Form des gleichen Grundgedankens ist das sogenannte »Empowerment«. Hier gibt der Vorgesetzte die strategische Richtung an (was sich ein Vorgesetzter nie und nimmer entziehen lassen wird), entläßt jedoch die gesamte Taktik völlig aus seiner Verantwortung. Er vergibt einen Auftrag auf Zeit. Währenddessen wird keinerlei Kontrolle ausgeübt. Der »Beauftragte« erhält auf Zeit die uneingeschränkte Autorität des Vorgesetzten.

Wichtige empirische Ergebnisse:
Geschäftseinheiten, in denen »Empowerment« mehrheitlich und als Regelfall angewandt wird, liegen in ihren Renditen rund 200 Prozent über Firmen, wo dies nicht praktiziert oder nur die klassische Delegation durchgeführt wird. Dazu der folgende Vergleich: Geschäftseinheiten, wo die klassische, begrenzte Delegation die Regel ist, sind immer noch besser als autoritär geführte. Sie liegen hierbei in der Rendite jedoch lediglich 57 Prozent vor den autoritären Geschäftseinheiten. Empowerment ist also eindeutig die bessere, effizientere Version der Delegation.

Konsequenzen für Manager:
Es scheint sich zu lohnen, Empowerment zur Alltagspraxis zu machen. Dies erfordert Schulung und etwas Coaching.

12. Die Innovationsregel:

Permanente Innovation ist imperativ und durch nichts ersetzbar

Markterfolg und überdurchschnittliche Renditen sind langfristig ohne starke und vielschichtige Innovationsbemühungen nicht erreichbar. Es genügt nicht, die Innovation halbherzig zu wollen; sie muß vielmehr mit Leidenschaft und persönlicher Freude an Erneuerung betrieben werden. Innovation unterliegt den Gesetzmäßigkeiten der Formel $E = P \times K$.

Wichtige empirische Ergebnisse:
Es konnte ermittelt werden, daß innovative Unternehmen den nichtinnovativen haushoch überlegen sind. Es empfiehlt sich hierbei, zwischen (a) einer vorsichtigen, behutsamen Innovationsneigung (»Innovation mit Augenmaß«) und (b) wirklich kühnen, nach visionärer Veränderung trachtenden Unternehmen zu unterscheiden.
Beide sind den anderen, wenig oder gar nicht innovativen Unternehmungen renditemäßig *stark überlegen*. Aber die Unterschiede zwischen a und b sind beträchtlich: Bei der moderneren »Innovation mit Augenmaß« beträgt die Überlegenheit 128 Prozent. Dahingegen sind die Firmen, die nach kühner *visionärer* Erneuerung streben, *um volle 378 Prozent* ertragreicher!

Konsequenzen für Manager:
Die kühnere Innovation zahlt sich – trotz etwas höheren Risikos und etwas häufigerer Flops – weit besser aus, weil die damit verbundene Einmaligkeit in den meisten Fällen vom Markt *honoriert* wird. Die Alleinstellung durch patentfähige Neuerungen tun das Ihrige. Die goldene Regel sollte somit lauten: *Arbeite an einem Gemisch aus einfacheren Verbesserungen und kühner Erneuerung, aber scheue nicht vor der Vision zurück, denn sie rechnet sich.* Einziges Gegenargument gegen diese Regel sind Schwierigkeiten bei der Beschaffung von Risikokapital.
Wir konnten anhand von 2026 Innovationsfällen ermitteln, daß der Innovationserfolg in der Regel von 15 Faktoren abhängt. Diese können bereits im Frühstadium gemessen und durch das Expertensystem *»Innovationsaudit«* der Akademie Schloß Garath zur Frühprognose einzelner Projekte herangezogen werden. Dies ermöglicht Korrekturen, noch *bevor* erhebliche Investitionen getätigt werden. Die Voraussage des späteren Erfolges kann mit etwa 70prozentiger Sicherheit angestellt werden. Dies beseitigt natürlich keineswegs jegliche Risiken, schränkt sie aber doch erheblich ein.
Die wichtigsten Erfolgsfaktoren für Innovation sind (a) die Existenz eines

1. Renditeregel
Erfolg ist mutige Phantasie
2. Unschärferegel
Unser Leben wird vom Paradigma paradoxer Gegensätzlichkeit bestimmt
3. Berechenbarkeit
Soziale Interventionen lassen sich durch eine Generalformel beschreiben
4. Werteregel
Erfolg hängt von wertorientierter Kommunikation ab
5. Prognoseregel
Wertewissen ermöglicht Prognose
6. Paradigmenregel
Erfolg ist das Resultat vollzogenen Wertewandels
7. Typologieregel
Typologische Gliederung beantwortet viele Fragen
8. Kommunikationsregel
80 Prozent aller Kommunikation ist vergeblich
9. Gebundenheitsregel
Typologische Begrenzung der Wertewahl
10. Die Kulturregel
Erfolgreiche Firmenkultur ist multikulturell
11. Führungsregel
Effiziente Delegation erfordert Empowerment
12. Innovationsregel
Permanente Innovation ist imperativ
Das ganzheitliche System der Mind-Profit-Erfolgsfaktoren. Fast jeder erklärt sich aus allen anderen und hängt von diesen ab

Chart 4

von der Idee fast »besessenen« Champions, (b) ein bestimmtes Werteprofil des Innovationsteams unter Einschluß des Strebens nach Einmaligkeit und nach sinngebender Mission oder gar Vision. Der dritte Erfolgsfaktor ist (c) eine große alternative Vielfalt an Technologien, Produktionsstätten, Vertriebswegen etc. Dem folgt (d) das richtige Verhältnis der F&E-Investitionen zum späteren Gewinn und (e) die Schnelligkeit der Durchführung der Innovation von der ersten Frühkonzeption bis zum Pay-back-Zeitpunkt.

Zwei Nachgedanken zu den 12 Erfolgsregeln

① Wir leben in einer Zivilisation, in der es leider statthaft ist, irgendeinen Faktor isoliert herauszugreifen und über ihn Aussagen zu machen, obgleich wir seit *Vester* wissen, daß fast alles in dieser Welt miteinander *vernetzt* und Wissen in isolierten Bruchstücken nicht mehr als *Pseudoerkenntnis* ist.
Daher gilt: Die vorgestellten 12 Erfolgsfaktoren sind ein *ganzheitlich vernetztes* System (siehe Chart 4). Fast jeder Faktor ist mit allen anderen eng verknüpft. Daher hat es nur als ganzheitliches Orientierungssystem Aussage- und Orientierungskraft.

② Wie ist das hier Vorgetragene mit der Betriebs- und Volkswirtschaftslehre verbunden? Dort gibt es *Macro*-Economics und *Micro*-Economics. Ich habe unlängst in Oxford den Vorschlag gemacht, eine *Triade* zu bilden und darin unseren Beitrag als drittes Element unter dem Namen *Psycho-Economics* aufzunehmen.

Kapitel 3

Dummheit, Faulheit oder Verwirrung?

Diese Arbeit kann nur vor dem Hintergrund eines von Jahr zu Jahr wachsenden Unbehagens verstanden werden. Es ist das Unverständnis dafür, daß die Gemeinschaft derjenigen, die für die Zukunft unserer Gesellschaft Verantwortung tragen, total darin versagt haben, zu den brennenden Problemen von heute brauchbare Lösungen beizusteuern. Hierbei denke ich zuvorderst an die Medien, den kommentierenden Journalismus, die Politiker, die Publizisten, die Staatsdiener – aber sicher in allererster Linie an die Wirtschafts- und Sozialwissenschaften, von denen man eigentlich annehmen müßte, daß sie ihre Aufgabe begriffen hätten.

Ich kann nicht umhin festzustellen, daß dieser so wünschenswerte und so dringend notwendige Beitrag der Wissenschaft auf sich warten läßt, und nichts deutet an, daß wir aus dieser Richtung in näherer Zukunft viel erwarten dürfen.

Mein persönliches Urteil: Wir haben es hier mit einem eklatanten *Versagen* der Verantwortlichen, besonders der Wissenschaft, zu tun. Ich bin mir bewußt, daß dies ein äußerst *hartes* Urteil ist, und da es eine pauschale Verurteilung darstellt, muß diese zwangsläufig in Teilbereichen auch irgendwie *ungerecht* sein. Aber grosso modo halte ich daran fest und werde dieses nachfolgend auch begründen.

Nicht, als ob es bei den Professoren und Wissenschaftlern am guten Willen fehlte. Aber die Ergebnisse sind einfach mager, phantasielos und kontrastieren in eklatanter Weise mit dem, was *andere* Wissenschaftsbereiche geleistet haben – allen voran die Naturwissenschaften und hier wiederum insbesondere die *Physik*.

Kritik dieser Art kann mehr national oder mehr weltweit ansetzen. Sie scheint uns bei globaler Betrachtung nicht abwegig und gerechtfertigt, ganz besonders aber gilt sie den *deutschen* Leistungen, oder besser, dem *deutschen Versagen,* denn mir scheint der deutsche Beitrag ganz besonders schwachbrüstig zu sein. Der Vergleich mit den Vereinigten Staaten, wo ständig neue Konzepte geboren und neue Konfigurationen erdacht werden, fällt sehr zuungunsten Deutschlands aus. Auch wenn von jenseits des Atlantiks nicht nur Substanz kommt und so manche Modetorheit schnell wieder geht, so bewegt sich dort doch wenigstens etwas.

Obgleich die Amerikaner meines Erachtens noch am wenigsten harte Kritik verdienen, ist die Äußerung des bekannten Unternehmensberaters und zeitweisen Dekans der Harvard-Universität, Jacob »Dick« Lynch, vermutlich auf die ganze »Zunft« anwendbar. Er hat einmal gesagt, daß die »Sozialwissenschaften im Vergleich zur modernen Physik und Biologie ›betuliche Tanten‹ sind, die die wichtigsten Großtaten modernen Denkens verschlafen« hätten, und er fährt fort mit der aggressiven Feststellung, daß »sie zu keiner der brennenden Fragen unserer Tage sinnvolle, durchdachte Hilfestellung parat« hätten. Auch wenn dies ein wenig überzeichnet ist, scheint mir der wahre Kern unübersehbar. Es ist diese totale Unfähigkeit der wissenschaftlichen Disziplinen, zu den gegenwärtigen *Schicksalsfragen der Menschheit* auch nur das Geringste beizutragen, die uns beide wohl so ungehalten macht.

Eine vernichtende Auflistung

Angeregt von der Kritik Lynchs, wollen wir die Sozialwissenschaften und mit ihr alle, von denen man Vorschläge und gedankliche Kärrnerarbeit hätte erwarten können, einmal auf den Prüfstein stellen, indem wir die nachfolgend genannten Felder durcharbeiten. Schließlich wollen wir niemanden leichtfertig der Unfähigkeit zeihen, wenn er es nicht verdient hat. Dabei habe ich Ihnen – falls Sie denn mögen – eine aktive Rolle zugedacht, denn nach jedem Punkt wartet auf Sie ein kleines Kästchen, wo Sie eintragen können, wie Sie selbst die Lage sehen. Am Schluß vergleichen wir dann, zu welchen Ergebnissen wir gemeinsam gekommen sind.

① Arbeitslosigkeit
Es gibt kaum einen Sozialbereich, dem wir so absolut hilflos gegenüberstehen, wie dieser Menschheits- und Zivilisationsgeißel. Natürlich ist das eine sehr schwierige Frage, denn wo die Arbeitnehmer noch vor wenigen Jahren »Hosianna!« für jede zusätzliche Freistunde riefen, wird für knappe 15 Prozent der arbeitsuchenden Bevölkerung jeder Gedanke an Freizeit zur quälenden Last.
Was also haben die Professoren und deren Hilfskader, was haben Politiker und Journalisten bislang zu der Schicksalsfrage der Dauerarbeitslosigkeit beigetragen?
Finden Sie selber die Antwort. Sehr tröstlich wird sie kaum ausfallen, denn die Hilfestellung ist gleich Null. Oder täusche ich mich?

Wir haben das Problem Arbeitslosigkeit bestens im Griff. Es wird beherzt angepackt	Viele gute Vorschläge, aber kein politisches Handeln	Keine oder nur ungenügende Ideen. Politische Lethargie	Totale Hilflosigkeit und/oder völlige Verdrängung

② Der Beamtenstaat

Behörden und Staatsunternehmen arbeiten in der Regel ohne genügenden Leistungsdruck, und selbst Insider, die eher vor dramatischen Veränderungen in der Beamtenlandschaft zurückschrecken, sehen – wie etwa der Speyerer Organisationswissenschaftler Hill – gewaltige Reserven in dieser Beamtenwelt, die in einer längst vergangenen Zeit Gestalt annahm und seitdem verkrustet weiterexistiert – ohne Wandel, ohne echte Veränderung und sicher nicht als eine *sich ständig selbst hinterfragende* Organisation.

Hinzu kommt das Ärgernis, daß sie – die im allgemeinen weniger strampeln müssen als der kleine Einzelhändler um die Ecke – vergleichsweise gut abgesichert sind. Sie genießen Privilegien, die diesem besagten Einzelhändler abgehen. Daß sie – die Nichtunternehmer – in geradezu ungeheuerlicher Weise das Parlament dominieren, ist ein weiterer Übelstand unter vielen anderen, über die immer wieder diskutiert wird, ohne daß wirklich etwas Grundsätzliches geschieht.

Natürlich ist es dankenswert, daß etwa ein Minister *Kanther* erste Schritte in Richtung auf eine Beamtenreform eingeleitet hat. Natürlich gibt es Ansätze zu mehr *Privatisierung* von Staatsunternehmen und Staatsaufgaben. Aber diese Tropfen auf den heißen Stein, da wo eigentlich eine kleine Revolution anstünde, können wohl kaum als ausreichend bezeichnet werden.

Wo – so lautet nun unsere Frage – sind nun die Beiträge, die dieses ganz offensichtliche Problemfeld einer dauerhaften Lösung entgegenführen? Geldmangel hat manches in Bewegung gesetzt, aber die Beantwortung dieser Frage sollte nicht das Resultat gestrichener Budgets sein, sondern die bewußte und von den Beamten mitgetragene – keine erzwungene – Neuorientierung. Liegen auf diesem Gebiet gute und zukunftsweisende Entwürfe vor?

Wir haben das Problem einer unternehmerisch handelnden Beamtenschaft und vollständiger Deregulierung gelöst	Viele gute Vorschläge, aber zögerliches Handeln der Politiker	Keine oder nur ungenügende Ideen. Politische Lethargie	Totale Hilflosigkeit und/oder völlige Verdrängung

③ Ausufernder Staatsanteil und Verschuldung

Es ist eine unerträgliche Entwicklung, daß der Staat mittlerweile mehr als 50 Prozent einer jeden im Lande kassierten Mark »abräumt«. Dieser sogenannte »Staatsanteil«, der einmal unter einem Drittel lag, hat sich zu einem *staatlichen Übergewicht* entwickelt, das schlichtweg ungesund ist und schnellstens beseitigt werden muß. Es muß in diesem Zusammenhang aber auch von der *Schuldenlast* gesprochen werden, die nicht immer sehr verantwortungsvolle Staatsdiener in Bund, Land und Kommunen aufgetürmt haben. Rufen wir uns nur ein einziges Faktum in Erinnerung: Entfiele der Schuldendienst, so entfielen mit einemmal 15 Prozent der Steuern, die Sie und ich abführen müssen! Und komme man nun um Himmels willen nicht mit der Ausrede Wiedervereinigung, denn der Übelstand, von dem wir hier sprechen, bestand schon vorher.

Wo sind die Konzepte, die den Mißstand eines geradezu skandalösen Staatsanteils beseitigen, der die Handlungsfreiheit aller Organe lähmt? Wo sind sinnvolle Pläne, um in Sachen Verschuldung und Staatsanteil zumindest das Schlimmste einzudämmen – geschweige denn diesen Schuldenturm völlig abzubauen?

Wir haben das Problem Staatsanteil und -schulden im Griff. Es wird beherzt angepackt ☐	Viele gute Vorschläge, aber kein politisches Handeln ☐	Keine oder nur ungenügende Ideen. Politische Lethargie ☐	Totale Hilflosigkeit und/oder völlige Verdrängung ☐

④ Zunehmende Konzentration

Eine der dramatischsten Entwicklungen – gerade des letzten Jahrzehnts – ist die besorgniserregende *Konzentration* in der Wirtschaft, womit ein langsames Absterben des Mittelstandes einhergeht.

Wir suchen hier nicht Schuldige, und wenn, dann sind sie nicht unter den Unternehmern zu suchen, die unter Sachzwängen und wachsendem Konkurrenzdruck handeln. Und da – wie wir im nächsten Kapitel 4 sehen werden – ihnen die phantasievollen Lösungen im Sinne der Innovation nicht sonderlich zu liegen scheinen, suchen sie – meist im wohlverstandenen Interesse der ihnen anvertrauten Firmen – den *relativ einfachen*, in seinem Risiko meist einigermaßen berechenbaren Weg des Zusammenschlusses. Mittelständler und Familienunternehmen, die das Handtuch werfen, machen es dabei all denjenigen leicht, die nach Umsatzerweiterung durch Zukauf trachten.

Nicht überall, aber eben doch vielerorts hat die Konzentration Machtzusammenballungen geschaffen, die alle diejenigen, die noch an die freie Marktwirtschaft eines *Ludwig Erhard* glauben, nicht mehr ruhig schla-

fen lassen. Wer die konzentrationsbedingten, oft ruinösen Preisdiktate mancher Einkäufer schon einmal am eigenen Leibe miterlebt hat, der kann darüber nicht so ohne weiteres zur Tagesordnung übergehen. Hier herrschen Willkür und Diktatur in einer unserer Demokratie unwürdigen Weise.
Aber selbst wenn es laut Konzentrationsenquete auch *nur ein Teil* der Wirtschaft ist, in dem die Konzentration für ein partnerschaftliches Marktverhältnis keinen Raum mehr läßt, so sollte doch gelten, daß eine derart drastische Veränderung unserer sozioökonomischen Landschaft wohl kaum so einfach mit dem Hinweis und der Ausrede auf »Sachzwänge« hingenommen werden kann. Sie muß Gegenstand einer *rationalen Entscheidung über das gesamtwirtschaftlich Zweckmäßige* sein.
Es kommt hinzu, daß die vorliegende Forschung auf diesem Gebiet – einschließlich unserer eigenen – darauf hinweisen, daß Mammutunternehmen nirgendwo in den vergangenen 40 Jahren den Nachweis erbringen konnten, daß *Größe* und *Erfolg* in irgendeiner Form zusammenhängen. Viele »Riesen« – darunter die renommiertesten Namen der deutschen Industrie – haben gottserbärmliche Renditen, ihre Innovationskraft ist – gemessen an ihren Ressourcen – ausgesprochen gering, und sie *engen die Entfaltung und Selbstverwirklichung der Mitarbeiter* erheblich mehr ein als Unternehmen der mittleren Größenordnung. Ihre Stärke scheint die Produktion duckmäuserischer Anpasser, im Gegensatz zur Ausbildung kühner, wagemutiger Unternehmer.
Wollen wir dies alles sich plan- und zügellos weiterentwickeln lassen? Wollen wir den Wettbewerb langsam vor die Hunde gehen lassen, oder wollen wir den Mittelstand retten, bevor dieser in der »Monsterwelt« der Giganten untergegangen ist?

Wir haben die Erhaltung des Mittelstandes und die Vermeidung unsinniger Konzentration im Griff ☐	Viele gute Vorschläge, aber kein politisches Handeln ☐	Keine oder nur ungenügende Ideen. Politische Lethargie ☐	Totale Hilflosigkeit und/oder völlige Verdrängung ☐

⑤ Die Machtfrage
Die Frage der *Legitimation wirtschaftlicher Macht* ist eine der Grundfragen einer freiwirtschaftlichen Demokratie. Leider haben die Väter unserer Verfassung es unterlassen, dieses fundamentale Anliegen der Demokratie – das ebenso wichtig ist wie die Volkssouveränität und freie Wahlen – in ebendiese Verfassung klar zu regeln. Die *Balance der Macht* und die Verhinderung der Machthäufung waren vermutlich für das Zustandekommen der Demokratie *noch weit wichtiger* als Wahlrechte und Parteien, die historisch erst an zweiter Stelle kamen.

Wachsamkeit ist in dieser Frage geboten, und jedem Verdacht muß nachgegangen werden. Aber wer will es sich schon mit den Mächtigen verderben?
Ein erschreckender Verdacht ist schon oft geäußert worden: Ein kleiner, geschlossener Zirkel sicherlich sehr tüchtiger und erfahrener Leute mit fast unerträglicher Mandatshäufung beaufsichtigt sich gegenseitig, womit der Gedanke einer wahrhaftigen Kontrolle ad absurdum geführt und eine saubere Gewaltenteilung verhindert wird.
Nichts muß einer konsequenten Demokratie so heilig sein wie die peinlich korrekte Teilung der Gewalten. Auch im politischen Bereich ist sie keineswegs lupenrein, aber doch im Prinzip weitgehend realisiert. Müßte sie nicht auch in der Wirtschaft eine unabdingbare Notwendigkeit sein?
Wo hören wir von Plänen und Ideen, die als brauchbare Antworten auf diese Frage interpretiert werden könnten?

Ämterhäufung und schädliche Machtzusammenballungen sind bei uns unmöglich ☐	Viele gute Vorschläge, aber kein politisches Handeln ☐	Keine oder nur ungenügende Ideen. Politische Lethargie ☐	Totale Hilflosigkeit und/oder völlige Verdrängung ☐

⑥ Partizipation – die Weiterentwicklung der Demokratie

Es war immerhin ein so bewahrender Geist wie der des *General de Gaulle*, der die Idee von mehr Partizipation schon vor langer Zeit in den Ring warf und – daran scheiterte. Wenn also selbst so konservativ gesonnene Soldaten wie der frühere Präsident der Grand Nation über Partizipation nachzudenken wagen, so müßten liberale Demokraten eigentlich Überfluß an Vorschlägen haben, wie die Demokratie *weiterzuentwickeln* ist. Vor allem, wie man den Bürger aus seiner der heutigen Zeit nun weiß Gott nicht mehr angemessenen »reinen Stimmviehrolle« herausholen könnte, um ihn *zeitgemäßen Formen einer Teilnahme* an den Entscheidungen des öffentlichen Lebens behutsam entgegenzuführen.
Überall in der Wirtschaft werden – das darf ich als Spezialberater für dieses Gebiet vermutlich feststellen – vielhundertfach partizipatorische Modelle ausprobiert. Teilweise sind sie von geradezu *revolutionärer Sprengkraft und Effizienzsteigerung.* Produktivitätssteigerungen von über 50 Prozent sind hierdurch bereits häufiger erreicht worden. Nur im Politischen fehlt jeglicher Mut, hier einmal Experimente zu wagen und neue Modelle auszuprobieren.
Theorie und Praxis der *Partizipation* in Betrieb und Politik sind Fragen, von denen es abhängen wird, ob weiter Politikverdrossenheit herrschen wird oder ob der Wille zur Mitgestaltung endlich dazu führt, daß neue, *zeitgemäße Formen der Demokratie* nicht nur deklamiert, sondern in ehr-

lichem Bemühen gefunden und eingeführt werden. Ein System wie das unsere ein halbes Jahrhundert im Prinzip *unverändert* zu lassen ist entweder der Ausdruck von unbeschreiblicher *Verschlafenheit* oder purer *Ignoranz* dafür, daß die Menschen von 1945 nicht mehr die von 1996 sind. Die Frage der Partizipation scheint mir für das Überleben demokratischer Kultur von entscheidender Bedeutung. Für jeden Sensiblen ist es *die* entscheidende Frage des kommenden Jahrhunderts, denn das Maß an politischer Enttäuschung, an Skepsis und Null-Bock-Stimmung ist groß. Viele Jugendliche wenden sich daher von der Demokratie ab.
Sind wir uns überhaupt der Tatsache bewußt, daß es da ein Nachbarland – genannt Schweiz – gibt, das uns in Sachen Partizipation um 100 Jahre *voraus* ist? Vielleicht sollten wir weniger deren Berge und deren Käse bewundern, sondern uns lieber einmal deren Demokratieverständnis anschauen. Dann würde uns bewußt werden, daß Demokratie doch wohl nicht etwas Statisches sein kann, das 1948 festgeklopft wurde und seitdem in starrer Unveränderlichkeit vor sich hin dümpelt.
Welche kühnen Entwürfe zu dieser Frage einer weiterentwickelten Demokratie liegen seitens engagierter Akademiker und interessierter Bürger vor? Sehen diese überhaupt die Erstarrung, die sich bleiern über unsere in vielen Bereichen mittlerweile zur Pseudodemokratie degenerierten Gesellschaft gelegt hat? Und öffnen die Professoren – das Wort soll angeblich von »Bekenner« kommen – ihren Studenten eigentlich darüber die Augen?

Die Demokratie wird kontinuierlich weiterentwickelt, der Bürger zu engagierter Teilnahme hingeführt ☐	Viele gute Vorschläge, aber kein politisches Handeln ☐	Keine oder nur ungenügende Ideen. Politische Lethargie ☐	Totale Hilflosigkeit und/oder völlige Verdrängung ☐

⑦ Bildung – ein Notstand

Wenn es einen Bereich gibt, wo ich mich meines Vaterlandes schäme, dann ist es der des *Bildungssystems* und des *Bildungsmanagements*. Ein Land, das in Sachen Bildung einmal *Weltmaßstäbe* setzte, dessen vorbildliches System nach den Humboldtschen Reformen einmal nachweislich von 32 Nationen kopiert wurde, weil es damals einmalig gut war, dieses Land schwimmt im Strom der Mittelmäßigkeit und Ideenlosigkeit mit. Die Möglichkeit, durch *weitgehende Privatisierung* endlich frische Luft in diesen Augiasstall behördlicher Mittelmäßigkeit zu bringen, wurde vertan. Aus den Beispielen von Witten-Herdecke und anderen wurde nichts gelernt. Die Rolle, die unser Land einst als angesehenes Vorbild spielte, ist dahin. Der Bildungsbonus, mit dem die Betroffenen in freier Entscheidung dorthin gehen, wo die bessere Leistung geboten wird, und damit endlich Demokratie in diesem Bereich einziehen zu lassen, wurde von um ihren Einfluß bangenden Beamten unter den Tisch gekehrt.

Ein weltfremdes Corps von Erziehern scheint nicht einmal willens, sich die Frage nach den Erfordernissen des 21. Jahrhunderts überhaupt nur ansatzweise zu stellen, geschweige denn heute dafür zu sorgen, daß unsere Söhne und Töchter das vor uns liegende Jahrhundert gut vorbereitet betreten. Der Ehrgeiz, daß Deutsche einmal wieder dem Rest der Welt zeigen, wie gute Erziehung aussieht, regt sich nirgendwo. Im vermeintlichen Lande der Dichter, Denker und Erfinder ist dies tief beschämend.

Wo sind die neuen von Humboldts oder doch wenigstens Ideen und Konzepte, die dieser großen Tradition würdig wären?

In unserem Bildungswesen weht ein frischer Wind. Faulenzer sind eliminiert, nur Tüchtigkeit regiert, und unser Land setzt weltweit Maßstäbe ☐	Viele gute Vorschläge, aber kein politisches Handeln ☐	Keine oder nur ungenügende Ideen. Politische Lethargie ☐	Totale Hilflosigkeit und/oder völlige Verdrängung ☐

⑧ Sozialorganisation richtig managen

Das effizienzorientierte Management der nicht auf Gewinnmaximierung ausgerichteten *Sozialorganisationen* ist eine weitere, völlig ungelöste Frage. Wir denken hier an die vielen Institutionen, wie etwa Krankenhäuser, die wichtige soziale Errungenschaften darstellen und gleichzeitig sehr viel Geld kosten.

Die Frage der Steuerung und des Managements dieser Sozialorganisationen ist völlig ungelöst. Irgendwo zwischen Gewinnstreben und karitativer Verantwortung liegen sie in einer Grauzone des Nicht-wissen-wohin. Wie viele zu Recht erkennen – allen voran Peter Drucker –, ist dieser Problembereich zu einer *Schicksalsfrage* westlicher Nationen geworden.

Wer führt uns hier? Die Herren Blüm und Seehofer? Sicherlich nicht die Schlechtesten. Aber die Frage ist so bedeutungsvoll, rührt so fundamental an die Grundfesten einer sozial orientierten Marktwirtschaft, daß wir doch wohl mehr brauchen als tumbe Sparappelle und Lösungen, die einmal mehr darauf abzielen, den Mangel noch bürokratischer zu verwalten!

Ein vernünftiges System sozialer Sicherheit, das wir uns leisten können, ist gefunden. Konsens und Wille zur Leistung haben gesiegt! ☐	Viele gute Vorschläge, aber kein politisches Handeln ☐	Keine oder nur ungenügende Ideen. Politische Lethargie ☐	Totale Hilflosigkeit und/oder völlige Verdrängung ☐

⑨ Der Standort

Auch dies ist ein Problemfeld, wo Anleitung und Klärung, Hilfe und Heilung sich nicht einstellen. Der Standort Deutschland ist mehr denn je in Gefahr. Jeden Tag werden Arbeitsplätze ins kostengünstigere Ausland verlegt. Und dies wird mit tödlicher Sicherheit so weitergehen, ja es wird jetzt erst so richtig in Schwung kommen.

Was aber hören wir? Dummes Geschwätz über »Arbeitsplatzkiller«, als ob diese Auswanderung der Arbeit für die Unternehmer eine reine Freude wäre! Wo bleiben Konstruktionen der Wissenschaft, die dieses Problem auch nur ein wenig erhellen, seinen Fortgang einschätzbar und seine Tragweite berechenbar und sinnvolle Reaktionen erfolgversprechend machen?

Das schwierigste aller Probleme, die Standortfrage, hat eine Lösung gefunden. Es ist kein Zuckerschlecken, aber wir wissen, wie's geht! ☐	Viele gute Vorschläge, aber kein politisches Handeln ☐	Keine oder nur ungenügende Ideen. Politische Lethargie ☐	Totale Hilflosigkeit und/oder völlige Verdrängung ☐

Ich vermute, daß die Auswertung der neun Fragen bei Ihnen auch nicht viel erfreulicher ausfällt als bei mir. Wo man nur hinschaut, fehlt es an Lösungen – eine traurige Bilanz.

Kapitel 4
Innovationsverweigerung

Verzeihen Sie dem Autor, wenn er noch nicht bereit ist, das »Absingen von Klageliedern« zu beenden. Eines muß ich noch anstimmen, bevor wir uns konstruktiv den Alternativen und neuen Denkansätzen zuwenden.
Dieser letzte und wichtigste Punkt meiner Anklage ist dieser: Wir beobachten seit 20 Jahren einen höchst beunruhigenden Tatbestand, der mehr als alles andere Anlaß zur Sorge gibt. Alle bis hierher aufgeführten Defizite und Schicksalsprobleme verlangen allesamt eines: neue Konzepte, Flexibilität, Umdenken. Darüber sind sich alle einig. Aber gerade daran hapert's.

I. Das Zustandsbild

Wenn wir im Geistesleben ebenso wie in der Wirtschaft dringend mehr innovative Ideen brauchen, dann stellt sich die Frage, wie es denn generell um Innovation steht. Ich denke hier vor allem an neue, zukunftsweisende Produkte der Industrie. Nehmen sie rasant zu? Oder nehmen sie ständig ab? Damit wollen wir uns nun auseinandersetzen. »Wie innovativ sind wir eigentlich, und wie hat sich dies verändert?« – so lautet unsere Frage.
Die Innovationskraft eines Landes, seiner Gesellschaft und seiner Wirtschaft zu messen ist natürlich nicht ganz einfach. Wie – zum Beispiel – wollen Sie das Maß der Kreativität Ihres städtischen Opernhauses messen? Auch in der Wirtschaft ist eine solche Messung schwierig, aber sie ist dort immer noch eher möglich als im Geistesleben, weil Unternehmer etwas tun müssen, um das sich alle andern mehr oder weniger herumdrücken, nämlich am Jahresende einen Gewinn ausweisen.
Sie – die Unternehmer – sind die einzigen in unserer Gesellschaft, deren Tätigkeit alljährlich jener großen Prüfung unterzogen wird, die man im allgemeinen mit dem Wort Bilanz umschreibt. Diese eröffnet durch ihre Gewinn-und-Verlust-Rechnung die Möglichkeit, auf eine Art und Weise, über die gesellschaftlicher Konsens besteht, den Erfolg zu messen. Weil solche Meßmöglichkeiten sonst nirgends bestehen, ist jegliche Innovati-

onsforschung – so sie denn nicht reines Blabla ist – auf die Unternehmer angewiesen und muß *dort* nachmessen, wo man überhaupt so etwas wie eine Meßlatte für Erfolg anlegen kann.
Wir haben uns also von den Problemen nicht schrecken lassen und haben die Innovationskraft der Wirtschaft über viele Jahre gemessen. Was war das Ergebnis? Die Charts 5 bis 8 geben die Antwort. Basis ist das Chart 5, und die hierin präsentierten Daten werden dann in den folgenden Graphiken aus verschiedenen Perspektiven heraus dargestellt. Selbst bei milder Beurteilung und sehr wohlwollender Betrachtung kann man wohl nicht umhin festzustellen, daß *die deutsche Wirtschaft in Sachen Innovation versagt hat. Dabei jedoch nicht nur partiell, sondern total mit Pauken und Trompeten und ohne Einschränkung.*
Gibt es irgendeinen Tatbestand auf dieser Welt, der diese Ungeheuerlichkeit erklärlich macht? Könnte es sein, daß hier falsche Paradigmen den Blick verstellen, daß wir alle mehr Opfer unserer falschen Weltsicht sind und somit nicht voll und ganz zur Rechenschaft gezogen werden können, also letztlich Unschuldige sind?
Bevor wir dies weiter erörtern, lassen Sie uns erst noch einen etwas genaueren Blick auf die Fakten werfen. Chart 5 zeigt den prozentualen Anteil, den jede Produkt- bzw. Innovationsart am Gesamtumsatz der Industrie besitzt. Die »Summe aller obigen Innovationen« ist eine Zwischensumme, die sich aus folgenden Innovationsformen zusammensetzt, nämlich den Bagatellinnovationen, den Verbesserungen und den Durchbruchsinnovationen. Der Gesamtsumme der Innovationen stehen die nicht oder nicht mehr innovativen Altprodukte gegenüber. Altprodukte waren natürlich alle irgendwann einmal Innovationen. Da sie es nicht ewig bleiben können, dulden wir als Innovationen nur solche Produkte, die weniger als sieben Jahre am Markt sind. Danach werden sie automatisch den Altprodukten zugerechnet.
Ergänzend sei angemerkt, daß die Kurve der beiden wichtigsten Innovationstypen – wenn man sie vereint – äußerst gut mit den *Patentanmeldungen korreliert.* Mit Recht haben deshalb die Präsidenten der Patentämter immer wieder auf die schwindende Zahl der Patentanmeldungen in Deutschland hingewiesen. Diese Kurve – die wir hier aus Platzgründen nicht abbilden – bestätigt also gleichsam die schlimmsten Vermutungen.
Der Anteil *veralteter* Produkte *nimmt dauernd zu,* und unter den Innovationen wachsen *nur die Bagatellinnovationen,* bei denen man ohnehin Zweifel haben kann, ob sie den »Ehrentitel« Innovation überhaupt verdienen. Sie auszuweisen ist aber deshalb so interessant, weil daran deutlich wird, wie die *Innovationsqualität insgesamt absinkt.* Es sind die epochemachenden Durchbruchsinnovationen, denen entscheidende Bedeutung zukommt, und es sind die *wichtigen* Verbesserungsinnovationen, die zählen. Bei *beiden* geht es jedoch mit *minus 31 Prozent* respektive sogar *minus 50 Prozent* steil und *jäh bergab!*

	1971 –74	1975 –78	1979 –82	1983 –86	1987 –90	1991 –94	1995 Schätzung	o.k. Veränderung
Bagatellinnovationen	15	16	17	16	18	17	20	+ 33 %
Verbesserungsinnovationen	13	12	11	12	10	11	9	– 31 %
Durchbruchsinnovationen	8	7	6	7	5	4	4	– 50 %
Summe aller obigen Innovationen	36	35	34	35	33	32	33	– 8
Altprodukte	64	65	66	65	67	68	67	+ 5 %
(weniger als 7 Jahre am Markt)								
Summe Innovationen + Altprodukte	100	100	100	100	100	100	100	

Chart 5: Die Entwicklung deutscher Innovationstätigkeit

Die aufgezeigte Entwicklung wird durch die Darstellungen in den Charts 6, 7 und 8 noch überschaubarer. Hier wird noch einmal graphisch aufgezeigt, wie sich die drei Teilbereiche innovativer Produkte in den letzten zwei Jahrzehnten entwickelt haben. Wir werden erneut feststellen müssen, daß das drastische Absinken der Durchbruchsinnovationen mit minus 50 Prozent, wenn man die erste Periode 1972–74 mit 1995 vergleicht, unerträglich ist und daß man auch mit einem Absinken der Verbesserungsinnovationen um minus 31 Prozent nicht gerade viel Staat machen kann. Während Chart 6 die drei Innovationstypen vergleicht, wird in Chart 7 der jeweilige gesamte Innovationsanteil in seiner Entwicklung geschildert. Chart 8 konzentriert sich auf die für eine prosperierende Wirtschaft so entscheidenden Durchbruchsinnovationen und verdeutlicht deren dramatisches Absinken.
Die hier aufgezeigte Entwicklung ist unserem Wirtschaftsleben sehr abträglich und unserer Nation unwürdig.

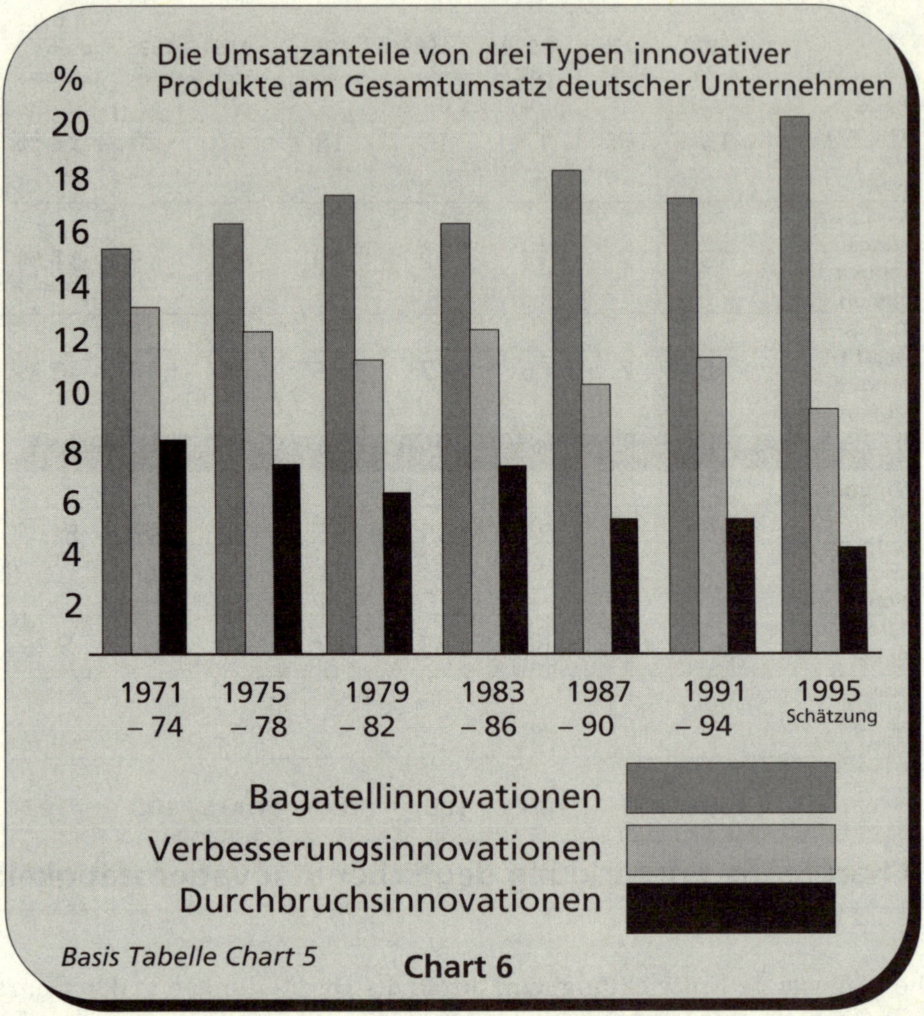

Basis Tabelle Chart 5

Chart 6

Wir haben im vorhergehenden Kapitel die desolate Weise geschildert, in der wir die neun wichtigsten Herausforderungen angehen. Wir kommen wohl nicht umhin, diesen neun Punkten als zehnten nun auch noch das totale innovative Versagen hinzuzuschlagen, damit sich ein Gesamtbild ergibt, das uns zu folgender Schlußfolgerung führt:
Wir stehen vor einem schwer erklärlichen *Scherbenhaufen. Unsere Zukunft ist in Gefahr*. Bald werden wir den hier zum Ausdruck kommenden Mangel an Innovationsfähigkeit nicht mehr wettmachen können. *Viel Terrain ist bereits jetzt verloren*. Die Fehlentwicklungen sind so gravierend, daß wir einmal (a) *nach schnell wirkenden Gegenmaßnahmen* suchen müssen, gleichzeitig (b) *nach Erklärungen* fahnden sollten, die die aufgezeigte Entwicklung *verständlich* machen.

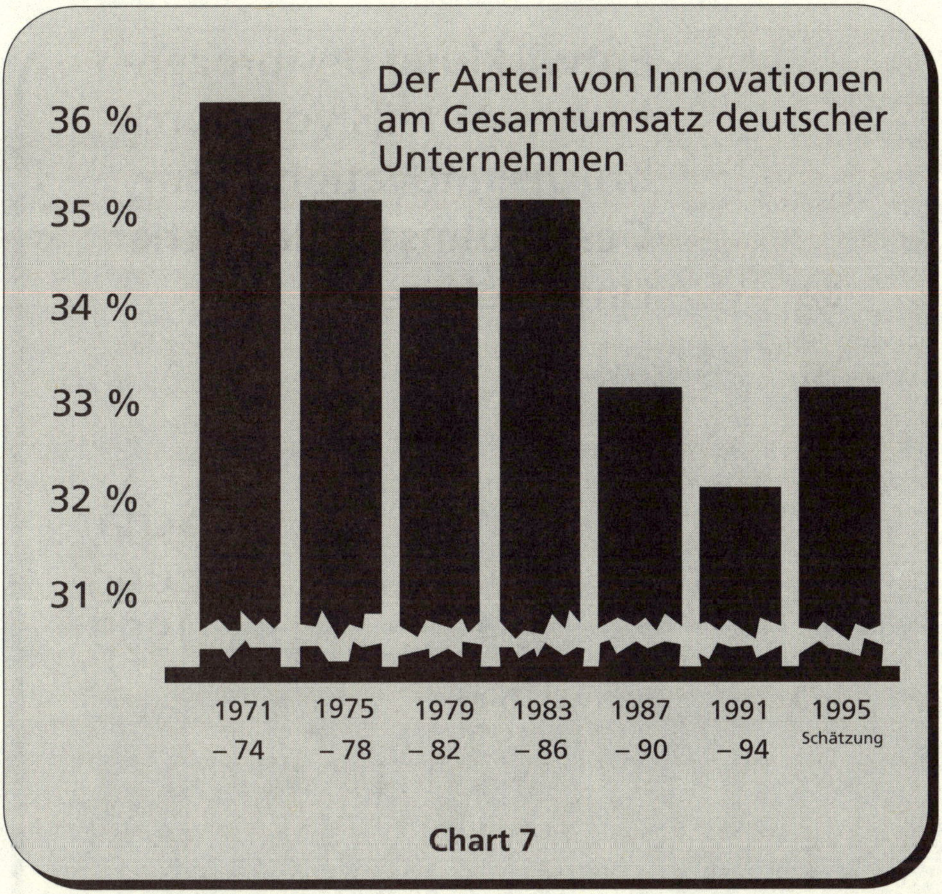

Chart 7

II. Es muß etwas geschehen

Angesichts dieser Situation wird es schon fast zur patriotischen Aufgabe, schnell die Mittel für ein Forschungsprogramm zusammenzubringen, das dazu verhilft, folgende Fragen – wenn möglich, gleich auf europäischer Basis – zu klären:

(a) Was ist Innovation, wie kommt sie zustande, was sind ihre Gesetze, Widerstände?
(b) Was sind die Gründe dafür, daß wir immer mittelmäßiger, immer einfallsloser werden?
(c) Was sind die Merkmale von Firmen, die starke und erfolgreiche Innovationen in großer Zahl hervorbringen, und was sind die Merkmale, die Innovationsversager charakterisieren und brandmarken?

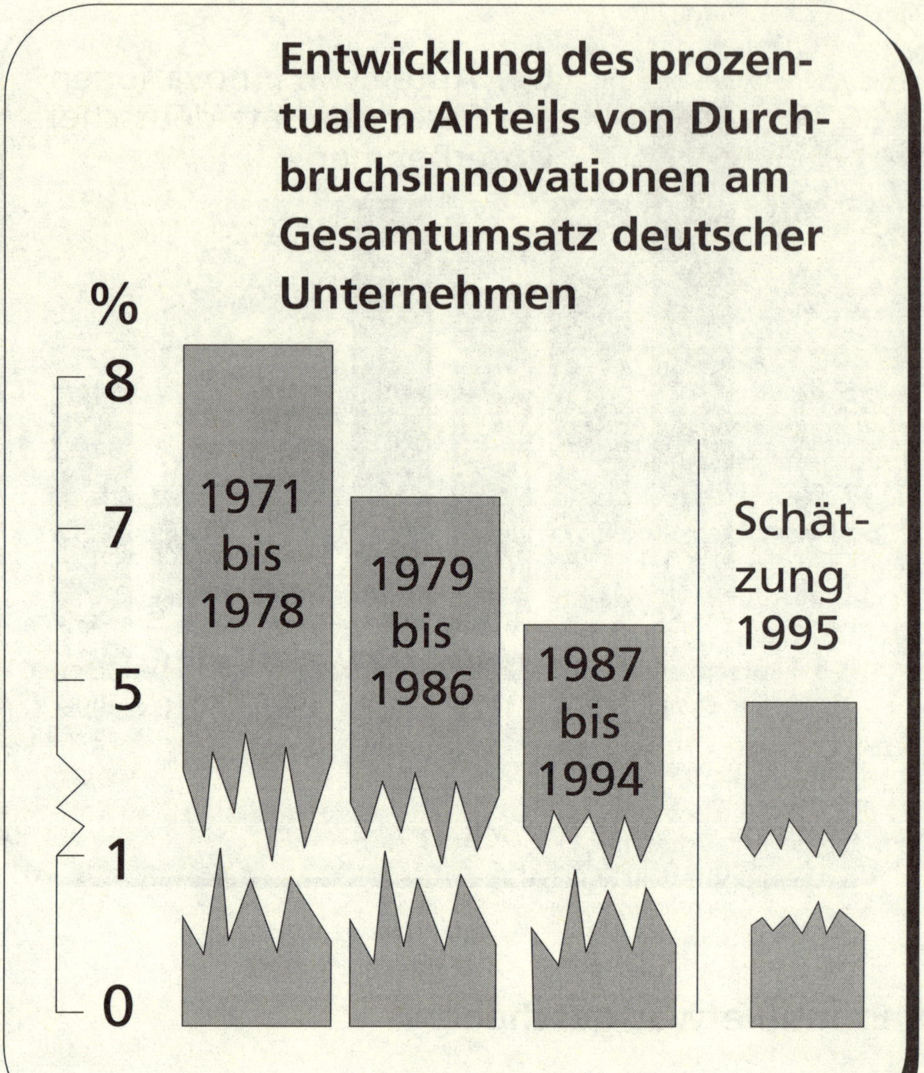

Chart 8

(d) Es wäre allerhöchste Zeit, künstliche Intelligenz zum Einsatz zu bringen, und zwar dergestalt, daß mit ihrer Hilfe eine große Zahl von sowohl erfolgreichen als auch erfolglosen Innovationen untersucht wird, um festzustellen, welches die Merkmale von später erfolgreichen Erneuerungen sind und welches die Kainsmale späterer Verlierer *im Frühstadium* sind.

Dies alles ist bislang *nicht* erfolgt. Staat und Gesellschaft haben es bis zur Stunde versäumt, diese so entscheidenden Tatbestände wirklich gründlich zu erforschen. Darum haben wir mit relativ unzulänglichen Mitteln versucht, die Lücke zu schließen. Auch wenn dies nicht mit dem Aufwand geschehen konnte, der eigentlich für die Beantwortung dieser wichtigen Fragen erforderlich und gerechtfertigt wäre, so schien uns das Handeln wichtiger als das Warten auf den potenten Geldgeber.

III. Der Wissensstand

Gerade im Bereich der Innovation erscheint das oben skizzierte Forschungsprogramm besonders dringlich, weil das Wissen erschreckend gering ist. Die Faktenkenntnis ist in vielfacher Hinsicht ergänzungsbedürftig, und Regeln, Systematiken und Verhaltensmaximen sind fast nicht vorhanden.
Läppische Haltungen wie die, daß man eben »ein Händchen für Innovation« haben müsse, ersetzen nur allzuoft solide Kenntnisse.
Auf die Frage, was denn die *drei wichtigsten Regeln* für Innovationsmanagement seien, konnten 73 Prozent der befragten Geschäftsführer nicht einmal eine einzige Regel nennen. Bei denjenigen, die sich vollberuflich mit Innovation befassen (beispielsweise Forschungs- und Entwicklungsmanager), waren es nicht mehr als 16 Prozent, die auf Anhieb drei wichtige Grundsätze aufzählen und überzeugend vorbringen konnten! Befragt, wie lange denn eine Innovation in Deutschland brauche, bis sie den Markt erreicht, unterschätzte die Mehrzahl der Manager die tatsächlich bei uns übliche durchschnittliche Entwicklungszeit von über sechs Jahren um mehr als 50 Prozent. Mit anderen Worten: Es dauert alles in der Realität doppelt so lange wie in ihren »rosaroten« Vorstellungen. Weiter danach gefragt, wieviel Zeit es denn im Durchschnitt erfordere, bis eine Innovation Geld abwirft (Break-even-point), *unterschätzten* die Manager die tatsächlich erschreckend lange Zeit von *über 10 Jahren* um weit über 60 Prozent.
Fazit: Die realen Verhältnisse werden von den meisten nicht gesehen, und diese Hoffnung, dieses Unwissen zu beseitigen, ist derzeit gering.
Dies wird doppelt unverständlich, wenn man sich die folgende Frage vorlegt: Was ist denn die einzige Chance Deutschlands mit seinen hohen Löhnen, seinen selbstzerstörerischen Sozialkosten und seiner sozialen Unbeweglichkeit? Sie liegt in der Innovation und damit in dem, was uns über viele Jahrzehnte eine Spitzenstellung bescherte. *Nur Innovation kann unser Überleben sichern.*
Ist dies richtig, dann scheint alles so verfahren, daß etwas ganz *Grundsätzliches, Fundamentales* in Unordnung geraten sein muß. Daß es nicht kleine

Petitessen sein können, die die Situation zu wenden vermögen, scheint ziemlich klar. Wenn eine Nation wie die unsere, die gerade in Durchbruchsinnovationen auf eine grandiose Tradition zurückschauen kann, wenn also eine solche Nation sich wie die Lemminge ins Verderben stürzt, dann ist nicht eigentlich Schelte angebracht, sondern es stellt sich die Frage nach einer *grundsätzlichen Neuorientierung*.

Aus diesem Grund und aus der eben geschilderten Situation heraus haben wir nach dem so weit entfernten Gebiet der Physik gegriffen, weil sich im näheren, vertrauten Umfeld *keine sinnvollen Anknüpfungspunkte* herauskristallisierten, um das Desaster zu erklären und einen Neuanfang zu machen.

Kapitel 5

Begegnung am See

Die Anregungen Karl Poppers

Es war ein Tag fast wie jeder andere. Der Genfer See lag in seiner Postkartenschönheit vor uns. Die Sonne schickte sich zum Untergang an, und Berg und Baum warfen die langen Schatten, die eine Seelandschaft stimmungsvoll machen und die Ufer bedeutungsvoll aussehen lassen.
Ein Frühlingstag ging zu Ende. Er war warm, aber noch nicht von sommerlicher Hitze, so daß man entspannt dem heraufkommenden Abend entgegensah. Es sollte eine bedeutungsvolle Nacht werden: die Begegnung mit einer der wenigen Persönlichkeiten, die ich in meinem Leben wirklich verehrt habe, und zwar verehrt in zweierlei Weise: einmal in dem Sinne des Respektes vor der Größe seiner Gedanken, vor der Brillanz seiner Überlegungen und vor der Schlichtheit, mit der er sie ausdrückte; zum anderen aber – und dies ist mir mindestens so wichtig – im Sinne der Achtung vor der Bescheidenheit und der menschlichen Aufrichtigkeit.
Ich spreche von *Karl Popper*.
Nicht eben wenige haben ihn als den herausragendsten Denker unseres Jahrhunderts bezeichnet. Aus drei Gründen schließe ich mich dem an: Es gibt unter den Philosophen unserer Tage kaum jemanden, der so viel gesellschaftliche Verantwortung zeigte und dies vereinte mit einer ganz ungewöhnlichen Universalität seines Denkens. Es gibt kaum eine Disziplin, ganz besonders die Naturwissenschaften, wo er nicht professionell mitreden konnte. Dies alles aber wurde gekrönt durch die Lauterkeit des Streiters und Kämpfers für die Idee einer aufgeklärten Demokratie. Er tat dies dabei stets auf eine mitteilende, kommunikative Art. Er »verkündete« nie, sondern näherte sich den Menschen – die er liebte – fast wie ein moderner Sokrates: eher um den Dialog bittend, als ihn gebieterisch zu verlangen.
Aber nun zurück in die mittachtziger Jahre und an den Genfer See.
Karl Popper einmal als Persönlichkeit aus der Nähe zu erleben war mir lange ein nie ausgesprochener, aber gerade deshalb um so mehr ersehnter Wunsch gewesen. Ich hatte zweimal längere Reisen unternommen, um ihn »live« zu erleben, aber es hatte sich nie die Möglichkeit ergeben, nach seinem Vortrag auch nur ein einziges Wort mit ihm wechseln zu können; zu umlagert war der Gesuchte.
Nun aber hatte es sich fast zufällig ergeben, daß ich ausersehen war, für einen Tag Poppers Betreuer zu sein, ja, daß ich einen ganzen Abend

während des Dinners an seiner Seite sitzen durfte. Um so gespannter war ich, als der Zug, von Bern kommend, endlich eintraf und wir den Gast zum Hotel geleiten konnten.
Dann war es endlich soweit, man ging zu Tisch. Es ist ein ganz eigenartiges Gefühl, neben einem Mann zu sitzen, von dem man sagen kann, daß er sein Jahrhundert geprägt hat. Das verschlägt einem etwas den Atem, und man sucht nach den richtigen Worten.[1]
Ich hatte Glück, denn der Gastgeber, ein prominenter Bankier aus der Züricher Bahnhofsstrasse, der an seiner anderen Seite Platz genommen hatte, erwies sich als ein beflissener Businessman, der über ein wenig »Small talk« nicht hinauskam – also nicht gerade das, was einem Philosophen besondere Freude bereitet.
»Sie haben mir schon auf dem Weg zum Hotel angedeutet«, sprach mich der hohe Gast dann schließlich an, »daß Sie mitten in einem Forschungsprojekt stehen, das ein wenig – ich gebrauche jetzt einmal Ihre eigenen Worte – in die Sackgasse geraten ist. Sozial- und Wirtschaftsforschung ist – wie Sie sich denken können – zwar nicht mein zentrales Anliegen, aber ich verfolge diesen Bereich deshalb mit Interesse, weil das Kommerzielle sich auf den ersten Blick als etwas Unphilosophisches darbietet, und dennoch verwirklichen sich dort ideologische Träume – wie etwa die Idee des Kapitalismus, in denen zwar viel Ideologie, aber eben auch ein Stück Philosophie steckt.«
Es war besser gekommen als erwartet. Ich hatte im stillen so sehr darauf gehofft, und nun wurde ich von ihm angesprochen, konnte ihm von den Irrungen und Wirrungen unserer Arbeit berichten.
Also erzählte ich: von den Problemen unserer Arbeit, von dem unentwirrbaren Puzzle, dem sich unser kleines Team beim Thema *Management* gegenübersah, von der Hilflosigkeit, mit der wir vor dem Phänomen der *Innovation* standen, zu der wir damals noch keinerlei systematischen Zugang besaßen, aber von der wir wußten, daß es damit in der deutschen Industrie immer *weniger* wurde. Ich sprach mit ihm von den Unerklärlichkeiten der *Kommunikation*, von deren *geringer Trefferquote*, über die uns zwar schon Ergebnisse vorlagen, die uns aber auch zu keiner Antwort führten. Wir konnten damals schon nachweisen, daß ganz offensichtlich nicht eine gute Argumentation, sondern vielmehr *Leidenschaft* und *Begeisterung* etwas im Markt und in der Politik auszurichten vermögen, aber uns fehlte noch der Schlüssel, wie solche Emotionen ausgelöst werden konnten.
Popper erwies sich einmal mehr als einer der wenigen, die wirklich zuhören können.

1 Das nachstehende Gespräch ist aus der Erinnerung wiedergegeben. Ich kann nicht dafür garantieren, daß jedes Wort authentisch ist, aber da es für mich große Bedeutung hatte, glaube ich, seine Äußerungen ziemlich wortgetreu wiedergeben zu können.

»Ich bin mir nicht sicher« – so war eine seiner ersten Entgegnungen –, »ob Ihnen mein Schema von den drei Welten[2] weiterhelfen kann. Sie haben es in der Ökonomie mit einem Produkt zu tun, das ganz sicher unter die Artefakte der Welt 3 zählt. Erst wenn es zum Gegenstand der Nachfrage wird, löst es psychische Vorgänge in der Welt 2 aus. Aber es hat eine Vorgeschichte, denn ein gestaltetes Produkt ist ein Stück Theorie, das der Marketingmann konstruiert. Es ist eine Hypothese, die gleichsam durch die Einführung in den Markt verifiziert werden kann. Mir scheint, daß die Wirtschaftswissenschaften weiterkämen, wenn sie die von mir vorgeschlagene Teilung in drei Welten aufgreifen würden, um die Zusammenhänge zwischen den verschiedenen Welten in Regeln zu fassen.«
»Gibt es«, so fragte ich zurück, »Beispiele für einen solchen Brückenschlag und die Festlegung von Gesetzen zwischen den Welten?«
»Was ich Ihnen jetzt sage, geschieht mit etwas Zögern, und Sie sollten es nur als eine Analogie verwenden, denn es ist ein nur bedingt zulässiger Vergleich: *Einstein* hat mit seiner Energieformel $E = m \times c^2$ einen großartigen Brückenschlag zwischen zwei Welten vollzogen, nämlich den zwischen der Welt der Materie und der der Energie. c^2 ist die Brücke, und man könnte sagen, daß aufgrund dieser genialen Konstruktion Materie und Energie das gleiche sind – allerdings nur in der Welt der mathematischen Formeln. Für unser Wahrnehmungsvermögen sind es zwei widersprüchliche, paradoxe Welten.«
»Könnten Sie sich vorstellen, daß es zwischen der Welt der Produkte und der psychischen Energie, die ja überhaupt erst so etwas wie Markt zustande kommen läßt, ebenfalls eine solch einfache Beziehung bestehen könnte?« hakte ich nach.
Und Popper entgegnete hierauf: »Wenn man so reduzierte und konzentrierte Formeln wie die von Einstein ins Auge faßt, dann wäre deren Entdeckung ein Jahrhundertwerk. Aber auch wenn der Schwierigkeitsgrad hoch ist, sollte Sie das keinesfalls entmutigen. Ich würde es nicht für sicher, aber auch für nicht undenkbar halten, daß zwischen einigen meiner drei unterschiedlichen Welten solche Beziehungen von ähnlicher Strenge wie bei Einstein bestehen. Ist dies zutreffend, dann wäre es einer starken Bemühung wert.
Versuchen Sie's! Und lesen Sie die großen Physiker, denn deren Denken kann hier vermutlich viel Anregung geben – so wie auch ich jetzt Ihre Frage mit einem Umweg über die Physik beantwortet habe.«
»Verstehe ich es recht, daß Sie zwischen Energie und Materie eine Art paradoxen Widerspruch erkennen? Ich frage das, weil meine Untersuchungen ergeben haben, daß fast alles, was Manager tun, aus Entscheidungen

2 In der Drei-Welten-Lehre von Popper besteht die Welt 1 aus den *Gegenständen der Natur*: Steine, Pflanzen, Rohstoffe, aber auch die Nervenbahnen unseres Gehirns. Die Welt 2 ist die der *Psyche*, der Empfindungen. Welt 3 ist die der *menschlichen Artefakte* und der Theorien.

zwischen paradoxen Gegensätzen bestehen. Sie müssen zwischen Individualismus und Teamgeist entscheiden, zwischen Gründlichkeit und Schnelligkeit, zwischen Quantität und Qualität ...«
Popper unterbrach mich und sagte: »Da kann ich Ihnen vielleicht ein wenig weiterhelfen, denn ich habe mich mit dem Leib-Seele-Problem auseinandergesetzt. Wenn Sie es in der Sprache Heisenbergs ausdrücken wollen, dann könnte man von einer *Unschärfe im Sinne einer Paradoxie* sprechen, denn je gründlicher ich mich mit dem Leib beschäftige, desto unschärfer wird mein Verständnis der Seele und umgekehrt.«
»Sehe ich es richtig«, warf ich ein, »daß solche polaren Gegensätze oder – wie Sie es sagen – in zwei Welten beheimatete, aber doch miteinander verbundene Paradoxien wie Leib und Seele von gewaltiger Tragweite sind und eigentlich die zentralen Herausforderungen sowohl an den Denker wie an den Naturwissenschaftler?«
»Das sehe ich genauso. Ich halte Konfigurationen wie Leib – Seele, Quantität – Qualität, physisch – psychisch für Grundfragen der Philosophie. Es beinhaltet die Frage der Freiheit, der Stellung des Menschen in der physischen Welt und vieles mehr. Ich glaube, daß man weiterkommt, wenn man beides als eine Polarität der *Wechselwirkungen* versteht, die zwischen der Welt 1 und 2 ablaufen. Es ist unsinnig, im Sog des Behaviorismus nur den Leib zuzulassen oder im Sinne des reinen Psychismus die Existenz der realen Welt 1 abzuleugnen. Aber die *Wechselwirkung* ist es, die wir erforschen müssen. Und wenn ich nun zu Ihren Problemen des materiellen Produktes einerseits und der psychischen Nachfrageenergie, der Energie von Produktimages, zurückkommen darf, so würde ich sagen: Machen Sie diese Wechselwirkung und ihre Regeln zu Ihrem Programm.«
Unser Gespräch wurde hier jäh unterbrochen. Ein Schweizer Würdenträger sollte Popper vorgestellt werden, und da dieser nun den Philosophen ganz mit Beschlag belegte, endete unser Dialog an diesem Punkt.
Die Anregungen aber haben mich seit diesem Gespräch verfolgt. Um der Wahrheit die Ehre zu geben, sie wurden für Jahre zum Programm der Arbeit unseres Teams. Wenn Sie nun weiterlesen, werden Sie merken, wieviel Wegweisung dieses Gespräch enthielt. Es war für mich ein wirkliches Schlüsselerlebnis.
»Lassen Sie mich wissen, wenn Sie Fortschritte gemacht haben« waren seine Abschiedsworte, als ich ihn am nächsten Tag zum Wagen geleitete. Kurz bevor ich 1994 sein freundliches Anerbieten annehmen wollte, erreichte mich die Nachricht von seinem Tode. Die Begegnung am See aber blieb lebendig. Danke, Karl Popper.

Kapitel 6

Warum die Physik zum Vorbild nehmen?

Daß die Natur *keine Sprünge* macht, war das Glaubensbekenntnis unserer Großväter: Natura non fecit saltum. Leider scheint es auch noch heute das Credo vieler Manager zu sein, daß Quantensprünge und damit natürlich auch große atemberaubende Vorwärtsentwicklungen eher ins Reich der Phantasie und der Science-fiction gehören. In der strategischen Zukunftsplanung und im täglichen Gestalten des Geschäfts gibt man ihnen daher kaum den Raum, den sie einnehmen sollten.
Wir wollen dem etwas genauer nachgehen.

I. Die Verzagten

Die Erwartungshaltung gegenüber größeren Fortschritten ist deprimierend niedrig, wie die nachfolgende Tabelle von Chart 9 ausweist.

Zukunftserwartungen von 437 Managern	Prozent dafür
Ist es wahrscheinlich, daß wir in nächster oder mittlerer Zukunft große Quantensprünge nach vorn machen ...	
... in den Naturwissenschaften?	26
... in den Wirtschafts- und Sozialwissenschaften?	17
... in den Techniken des Managements?	14
Findet Fortschritt im allgemeinen eher in kleinen Minischritten statt oder eher in größeren Sprüngen?	Eher in kleinen Minischritten 89

Chart 9

Es ist ein trauriger Zustand, der schon beinahe demoralisierend wirkt, wenn diejenigen, in deren Händen ein gut Teil unseres möglichen *Fortschritts* liegt, diesen für eher *unwahrscheinlich* halten bzw. sich ihn nur in unscheinbaren Minihäppchen vorstellen können. Wie anders war da die Haltung, die die großen Geister der ersten Hälfte dieses Jahrhunderts an den Tag legten. Lesen Sie einmal die Tagebücher eines *Max Planck*, eines *Rudolf Diesel*, eines *Robert Röntgen*, eines *Werner Heisenberg* und vieler anderer großer Forscher oder Erfinder! Sie waren in der *Erwartung großer Umwälzungen*. Ich fürchte, der Schluß ist erlaubt, daß derjenige, der keine Quantensprünge und keine Revolutionen *erwartet*, sie vermutlich auch nicht hervorrufen kann. *Die Mutlosigkeit ist noch nie ein Vorbote großer Siege gewesen.*
Aber wir wollen diesen Gedanken hier nicht weiterverfolgen, obgleich er sich aufdrängt. Wir wollen vielmehr fragen, was uns denn an der Physik und hier wiederum besonders an drei Gestalten so fasziniert hat, daß wir sie derart nachdrücklich in Anspruch genommen haben.

II. Sprung ohne Netz und doppelten Boden

Seit *Heisenberg, Einstein* und *Max Planck* wissen wir zweierlei – und beides ist von höchster Bedeutung: *Wir wissen, daß die Natur* – ganz im Gegensatz zu den Auffassungen früherer Jahrhunderte – *sehr sprunghaft und voller Paradoxien ist*. Ja, man könnte sagen, daß die Vorstellung einer nicht kontinuierlichen, vielmehr stufenweisen, sprunghaft »gequantelten« Veränderung der Welt (Heisenberg) geradezu eine *Grundkonstruktion oder universale Grundbefindlichkeit* darstellt, ohne die man die neuere Naturwissenschaft – und sehr wahrscheinlich eben auch unsere *soziale* Welt – *überhaupt nicht* begreifen, geschweige denn deren Potentiale nutzen kann.
Wir wissen noch ein Zweites über die Physik, die offenbar anderen Bereichen in ihrer Wandlungsfähigkeit und Aufnahmebereitschaft neuer Ideen vorausgeprescht ist: *In keinem anderen Wissenszweig ist die Entwicklung so revolutionär und atemberaubend verlaufen wie dort*. Und dies haben die erregenden Entdeckerjahrzehnte gezeigt: Ohne eine *große Erwartungshaltung*, ohne die innere Bereitschaft, mit weit geöffneten Armen den Wandel willkommen zu heißen, die Mühe des Umdenkens in Kauf zu nehmen – *ohne* diesen Willen findet Fortschritt *nicht statt*. Wenn dies richtig ist, dann kann einem angesichts der oben präsentierten Tabelle schon ein wenig bange werden.
Diesem Zustand der Verzagtheit entgegenzuwirken, scheint mir von höchster Wichtigkeit. Ich habe es zur Mission meiner kleinen *Denkfabrik auf*

Schloß Garath gemacht, von dieser deprimierenden Langweiligkeit wegzukommen.
Will man dies, dann ist gerade die Physik ein Musterbeispiel dafür, wie beherzte Denker plötzlich große Potentiale erkannten – und deren Nutzen erfolgreich in die Scheuern einfahren konnten. Die Physik in der ersten Hälfte unseres Jahrhunderts war eine Wissenschaft, in der sich alles geradezu über Nacht um 180 Grad drehte. So ähnlich müssen sich Manager, Berater, Verwalter und Politiker um 180 Grad drehen, wenn wir aus unseren zahllosen Sackgassen herauswollen, die wir weiter oben angedeutet haben.
Es ist faszinierend – und wie ich meine, nachahmenswert –, wie die Physik, die ursprünglich einzig und allein der *Kontinuität* verpflichtet war und an die *Genauigkeit* fast wie an einen Fetisch glaubte, sich plötzlich der Diskontinuität und der Unschärfe verschrieb. Und wie sicher war sie gewesen, Gesetze entdecken zu können, die von Ewigkeit zu Ewigkeit Gültigkeit haben sollten – und nun mußten sie reihenweise umgeschrieben werden! Diese eher statische Wissenschaft praktizierte nun ein geradezu einmaliges, atemberaubendes und ungeheuer mutiges *Management of Change*. Man muß sich das einmal in einer ruhigen Minute durch den Kopf gehen lassen: Exaktheit war das Glaubensbekenntnis vieler Physikergenerationen gewesen, und da kommt ein gewisser Herr Heisenberg und entdeckt ein *Gesetz der Ungenauigkeit*. Und ausgerechnet dieses Gesetz der Unschärfe wird zum wichtigsten Meilenstein dieses Jahrhunderts! Diskontinuität, paradoxe Widersprüche, schwindelerregende Relativität und begrenzte Wahrheitsmöglichkeit traten an die Stelle von Sicherheit und Unerschütterlichkeit.
Wir meinen nun, daß viele Konzepte der modernen Physik, obgleich ihre Autoren *nur zum Teil* an eine Möglichkeit der Übertragbarkeit dachten, gewaltige neue Perspektiven im Bereich der Wirtschafts- und Sozialwissenschaften eröffnen. Diese neuen Denkansätze zunächst einmal in ihrem naturwissenschaftlichen »Heimatbereich« zu verstehen und sie dann auf die Erscheinungen der sozialen Welt zu übertragen, kann unser Denken über soziale Problemstellungen stark *bereichern*.
Aber nicht nur das – wir gehen noch einen Schritt weiter: Diese Konzepte erscheinen uns als eine der wenigen wirklich vielversprechenden Möglichkeiten, den stark erlahmten, derzeit wenig kreativen WISO-Wissenschaften auf die Sprünge zu helfen.
Genug der Klagen! Lauschen wir jetzt den Botschaften der Physik.

III. Gegenseitige Befruchtung

Der berühmte Sir *Isaac Newton* war es, der der Menschheit die mathematisch orientierte Physik bescherte und damit das Tor zur Neuzeit aufstieß. Seine Theorien und Gedankengebäude hinterließen den Eindruck von etwas *weitgehend Zuendegedachtem*, das vielleicht zukünftig noch ein wenig verfeinert werden würde, in seinen Grundzügen aber nicht in Frage gestellt zu werden brauchte. »Es ist erreicht«, hätte man gut und gerne über das Selbstverständnis der Physik zum Ausgang des letzten Jahrhunderts schreiben können. Es kam aber dann ganz anders.

Wie und warum der Weg der weiteren Entwicklung der Physik dann einen sehr überraschenden Verlauf nahm, kann man sich sehr schön klarmachen, wenn man sich vor Augen führt, wie man nach den 30er Jahren über Materie dachte und wie sich dieses neue Denken von den früheren Konzepten des 19. Jahrhunderts unterschied.

Bei »Altmeister« *Newton* ist die Materie gleichsam »tot« und nicht viel mehr als eine *leblose Masse*. Ihre herausragendste Eigenschaft besteht darin, daß sie ziemlich »tumb« in der Weltgeschichte herumliegt und gerade mal ein wenig Anziehungskraft entwickelt. Damit hat sich's dann aber auch schon.

Die moderne Physik lehrt uns dahingegen, daß diese tot erscheinende Masse ein *»Höllenofen«* (Victor Weisskopf) ist, voller dynamischer Kräfte. Zwar entziehen sich diese Kräfte unseren Blicken, und ein anschauliches Begreifen ist daher nicht möglich. Dennoch müssen wir Einsteins Formel von der Identität von Masse und Energie wohl oder übel akzeptieren. Daraus aber geht hervor, daß der vor uns liegende, anscheinend tote Steinklumpen gewaltige Energien in sich birgt. »Schon eine Tonne davon würde – könnte man die Energie vollständig aus dem Stein ›herausdestillieren‹ – dazu ausreichen, um den Planeten Erde aus seiner Bahn zu katapultieren.« (Heisenberg)

IV. Die Revolution der neueren Physik

Die neuere Physik – das wird selbst schon an diesem einen Standardbeispiel klar – ist etwas außerordentlich *Revolutionäres, Umstürzlerisches*. Daß man diese Konzepte – die so unermeßlichen Fortschritt geschaffen haben – einmal auf ihre Tauglichkeit für die Sozialwissenschaften überprüfen sollte, liegt nahe. Dies um so mehr, als doch der Bereich WISO der Newtonschen Grundkonzeption der Physik unendlich viel verdankt.

Manchen ist das heute gar nicht mehr so bewußt, weil sich die Sozialwissenschaften natürlich mittlerweile von ihrer heimlichen Mutter abgena-

belt haben. Gerade darum ist der Blick auf die Ursprünge wichtig: Etwa um die Jahrhundertwende machten die erblühenden Sozialwissenschaften eine gewaltige *geistige Anleihe* bei Newton.
Und von da an ging's bergauf. Das ist etwas in Vergessenheit geraten, aber deshalb ist es gerade so bedeutsam, sich diese Zusammenhänge *jetzt* noch einmal bewußtzumachen.
Die gesamten *Gleichgewichtsvorstellungen*, die die Psychologie und Soziologie, allen voran aber die Wirtschaftswissenschaften und hier wieder vornehmlich die Markt- und Preistheorie geprägt haben, sind im Grunde genommen nichts weiter als *Transfers aus dem Reiche Newtons*. Die geistige Befruchtung im Sinne einer damals ja in den drei Disziplinen weitgehend fehlenden, numerisch-geometrischen Modellvorstellung sind *Leihgaben Newtons* und seiner Physikergeneration. Die vielen geometrischen Kurven in den Büchern der Wirtschaftstheorie sind Kinder des großen Angelsachsen und verdanken fast ausschließlich ihm ihre Existenz.
Wie stark alles und jedes in der damaligen Zeit um die Jahrhundertwende von *Newton* angeregt wurde, wird einem klar, wenn man weiß, daß selbst ein von der Physik so weit entfernter Geist wie *Sigmund Freud* nach nichts mehr trachtete als nach einer *Mechanik der Seele!* Und in der Tat ist die ganze Freudsche Nomenklatur von mechanistischen Vorstellungen wie Gleichgewicht, Spannung, Antriebskraft etc. nur so durchzogen. Man könnte mühelos weitere dreißig bis vierzig bekannte Forscher aus allen nur denkbaren Bereichen anführen, die alle in ähnlicher Weise an den geistigen Wohltaten und Konzepten Newtons partizipierten.
Die Frage, die sich uns angesichts dieser historischen Tatsache stellt, ist diese: Täten wir nicht gut daran, eine solche geistige Befruchtung der Sozialwissenschaften durch die Physik bewußt und gezielt *noch einmal* anzustreben?
Auf also zu den Quellen der Physik, die bereits früher so reichlich sprudelten! Aber das ist leichter gesagt als getan. Karl Poppers Empfehlung, der Physik etwas abzulauschen, ist gar nicht so einfach umzusetzen.

V. Das Zeitalter der Experten

Einer erneuten Orientierung an der Physik – darüber muß man sich im klaren sein – steht ein gewaltiges Hindernis im Wege. Wie ich bereits in meinem Buch »Aufbruch zur Überlegenheit« festgestellt habe, ist es die *Tragik* der gesamten modernen Physik, daß sie nur von einer *winzigen Minderheit* verstanden und nachvollzogen werden kann. Diese Minderheit dürfte sich auf nicht mehr als *0,001 Prozent der Menschheit* beziffern, so vermutet es jedenfalls die OECD.

Früher war das einfacher: Der Mechanik *Newtons* konnte »Otto Normalverbraucher« – sagen wir einmal mit Mittelschulbildung – auch bei geringerer Intelligenz durchaus folgen. Die moderne Physik eines Stephen Hawkins etwa erschließt sich jedoch nicht so leicht.

Unter den von uns befragten 463 Managern der drei obersten Hierarchiestufen (zu 93 Prozent Akademiker) konnten wir *ganze neun* Manager ermitteln, die uns ungefähr sagen konnten, was Heisenbergs Unschärferelation – immerhin eines der wichtigsten physikalischen Gesetze der Neuzeit – denn eigentlich besagt.

Der Grund für dieses Unwissen liegt dabei vor allem in der *fehlenden Anschaulichkeit* der modernen Physik, die nur über Formeln voll verständlich wird, die meilenweit über das Mathematikwissen eines Abiturienten hinausgehen.

Dies macht deutlich, daß wir bei praktisch niemandem – außer den Leuten vom Fach – unterstellen dürfen, daß er die wichtigsten Erkenntnisse der neueren Physik voll beherrscht. Dabei sprechen wir hier gar nicht vom Allerneuesten, sondern von Entdeckungen und Theorien, die etwa in den 30er Jahren dieses Jahrhunderts gemacht wurden und seit den 50er Jahren als allgemein akzeptiert gelten können.

Einerseits wollen wir also die gleiche *Rückbesinnung auf die Physik*, wie sie schon einmal stattfand, vollziehen. Andererseits sprechen wir für die meisten von »böhmischen Dörfern«. Wie läßt sich dies nun überhaupt konstruktiv vereinen? Wir hätten diese Arbeit nicht geschrieben, wären wir nicht überzeugt, daß es *Auswege* gibt. Prüfen Sie nun kritisch, ob wir einen Weg gefunden haben, der die beiden Welten der Physik und der Sozialwissenschaften zusammenführt. Sollte es uns *nicht* gelingen, Ihnen die neuen Räume zu erschließen, und sollten Sie sich wie vor einer verschlossenen Türe fühlen, dann ist unser Vorsatz gescheitert. Lassen Sie uns jedoch jetzt erst einmal mit dem Versuch beginnen!

Kapitel 7

Was sich vor 50 Jahren in der Physik ereignete

Hier berichtet ein Laie für Laien. Und er sagt nichts Neues. Daß die wirklichen Fachleute aus dem Bereich der Physik dieses Kapitel *überschlagen*, das hoffe ich inständig, denn mit ihnen kann ich es nicht aufnehmen, und für sie ist Nachstehendes eher zum »alten Eisen« und zum »Schnee von gestern« zu zählen. Dahingegen ist mir nicht bange, daß die Sozio- und die Psychologen und die ökonomieorientierten Manager den folgenden, laienhaften »Aufguß« moderner Physik spannend und als »taufrische« Botschaften empfinden werden.

I. Ein vertracktes Experiment

Zunächst begann alles mit einem Experiment, das 1888 von *Wilhelm Hallwachs* durchgeführt wurde und von *Joachim Blublath* in seinem Buch »Das neue Bild der Welt« folgendermaßen beschrieben wird:
»Es ist möglich, mit Licht Elektronen aus einer Metallplatte herauszulösen. Um dies zu bewerkstelligen, wird eine Zinkplatte mit ultraviolettem Licht bestrahlt. Stellt man sich zur Erklärung dieses Effektes Licht als *Welle* vor – was bis dahin seit Newton die gültige Vorstellung war –, so sollten sich eigentlich bei jeder *beliebigen* Wellenlänge Elektronen aus dem Metall lösen können. Die Idee dabei ist, daß mit der Lichtwelle langsam soviel Energie auf das Elektron und seine Umgebung gestrahlt wird, bis sie schließlich ausreicht, um es *herauszulösen*. Ein kontinuierlicher Vorgang, der auch unabhängig von der Wellenlänge funktionieren müßte. Aber das Experiment zeigte *ganz andere* Ergebnisse.
Die Elektronen wurden *nur* bei Bestrahlung mit *kurzweiligem* Licht herausgeschlagen. Weitere Überraschung: Wird die Intensität der ultravioletten Strahlung erniedrigt, so springen die Elektronen nicht etwa mit einer geringeren Energie hinaus, sondern man registriert weniger Elektronen, die aber alle dieselbe Energie besitzen! *Eine überzeugende Erklärung gab es nicht.*«
Siebzehn Jahre später – man schrieb mittlerweile das Jahr 1905 – bemühte sich *Albert Einstein* um eine Erklärung, um eine Theorie, die den gefun-

denen experimentellen Daten gerecht werden könnte. Sein Ergebnis: *Licht muß als ein Strom von Teilchen verstanden werden*.
Die jahrzehntelang im Schatten des großen *Newton* vertretene Idee des Lichtes in Gestalt der *Welle* half nicht weiter. Nur wenn man sich Licht als einen Strom von *Energiepaketen* vorstellte, gelang eine sinnvolle Deutung. Damit aber nicht genug: Es begann mehr und mehr die Einsicht um sich zu greifen, daß man *beides* brauchte, nämlich *sowohl* die »alte« Wellentheorie und *zusätzlich* die sogenannte Korpuskel- oder Materietheorie. Ich glaube, daß dies der große Wendepunkt zur modernen Physik war, denn das schier Unglaubliche wurde nun Realität: Der Mensch lernte zum ersten Mal in der Kulturgeschichte des Abendlandes, daß er zur Erklärung unserer Welt nicht immer nur nach *einer einzigen* Theorie Ausschau halten sollte (wie es Newton vorschrieb). Vielmehr wird er oft eine alleinige Brücke zum Verständnis nicht finden können und muß es deshalb akzeptieren, daß er mit *mehreren Theorien gleichzeitig* arbeiten muß.
Aber nicht genug damit, denn es kommt noch viel »verrückter«: Die Wellenvorstellung und die Materievorstellung des Lichtes *widersprechen* sich nämlich total. Stimmt die eine, dann kann die andere nicht wahr sein, und trifft die andere zu, dann ist die eine falsch! Dies war die Geburtsstunde der *Paradoxie* als einer ernstzunehmenden Grundbefindlichkeit unseres Lebens.
Wohlgemerkt, wir sprechen hier nicht von den Geisteswissenschaften, in denen Skurriles und Paradoxes immer schon zu Hause war. Nein, wir sprechen von der *exaktesten* aller Wissenschaften, der präzisen Physik, in die die *Paradoxie* nun mit einemmal triumphalen Einzug hielt.

II. Sprunghaftigkeit wird zum Naturgesetz

Aber lauschen wir noch einen Moment Blublath, der nach obiger Schilderung wie folgt fortfährt und damit einen sehr wichtigen Zusammenhang herausstellt:
»Zu dieser revolutionären Entdeckung kommt noch eine zweite Erkenntnis hinzu: In der Natur läuft nicht alles kontinuierlich ab. Die Energie zum Beispiel kann im Reich der Atome bei der Wechselwirkung zwischen Licht und Materie offenbar nur *sprunghaft* übertragen werden. Die vom Elektron aufgenommene Energie wird nicht kontinuierlich langsam aufgesammelt, sondern in einem Stoßprozeß *schlagartig* als Ganzes übertragen. Die Energie zeigt nicht kontinuierlich sämtliche möglichen Werte, sondern bietet diskrete Beträge – *Energieportionen* – an.
Unser Weltbild wird plötzlich umgestoßen: Statt einer stetigen Aneinanderreihung der Werte der physikalischen Größen, die in einer kontinu-

ierlichen Welt ineinanderfließen, entpuppt sich die Umwelt als ›körnig‹, sprunghaft aufgebaut. Energie kann portionsweise auftreten – in Quanten. Damit war der Grundstein der Quantenphysik gelegt.«
Dies ist nun das Entscheidende: Energie wird anders übertragen, als man gedacht hatte, und zwar in *Sprüngen*. Dies war in unserer sichtbaren Makrowelt nicht aufgefallen, weil es sich um sehr kleine Energiebeträge handelt, die nur in der Mikrowelt der Atome vorkommen. Obgleich die von *Max Planck* entdeckte *Quantelung* der Energie allüberall ihre Gültigkeit besitzt, mußte die Physik bis zum Vordringen in die geheimnisvolle Welt der Moleküle und Teilchen warten, ehe diese neuen Zusammenhänge deutlich wurden.
Wenn es nun richtig ist, daß man *sich einander widersprechende* Theorien braucht, um die Realität verstehen zu können, so erfährt die Rolle und Bedeutung des theoretischen Modells eine *fundamentale Veränderung*. Wenn Denkmodelle bislang für absolute Wahrheit standen, so werden sie nun mehr und mehr zu *Hilfskonstruktionen*. Modelle werden als Mittel zum Zweck erkannt. Es ist nicht mehr die fundamentale Richtigkeit, die wir suchen. Wir bekommen eine ernüchternde, weniger pathetische Auffassung von Theorie, die sich – und das scheint mir nun ebenso interessant wie tröstlich – den Ideen des meines Erachtens größten Philosophen dieses Jahrhunderts, *Karl Popper,* sehr annähert.
Popper hatte verkündet, daß es *keine absolute Wahrheit* gibt, daß wir uns von Theorie zu Theorie weiterbewegen, und zwar mehr im Sinne eines fortschreitenden, nie ganz befriedigenden und *nie ganz abgeschlossenen* Erkenntnisprozesses. Dieses Konzept ist meilenweit entfernt von einer definitiven, von Ewigkeit zu Ewigkeit gültigen Einsicht in die Wahrheit – wie sie den Wissenschaftlern des letzten Jahrhunderts noch als klare Zielsetzung vor Augen gestanden hat.
Gerade für das, was wir hier zu erarbeiten suchen, möchte ich dieses neue Konzept von Wahrheit und Beweiskraft in Anspruch nehmen: Vermutlich ist das, was wir hier vorstellen, ebenfalls weit von endgültiger Wahrheit entfernt. Im besten Falle ist es eine *begrüßenswerte Zwischenstation*. Es geht also gerade nicht um endgültige Wahrheiten, sondern darum, daß zur Weiterentwicklung des Denkens ein bescheidener Beitrag angeboten wird.
Diese bewußt vorgetragene Selbstbescheidung schließt natürlich nicht aus, daß unser Beitrag ungewöhnlich ist und deshalb Skepsis und Ablehnung, ja geharnischten Protest und Verunglimpfung auslösen kann, denn viele Elemente nagen an den Grundfesten eines alten Weltbildes und rufen nach einem Paradigmenwechsel, zu dem nicht jeder bereit sein wird.
Diese fehlende Bereitschaft macht auch vor den Prominentesten nicht halt: Als der große Physiker *de Broglie* in seiner Doktorarbeit als erster die These vertrat, daß bei den Elektronen der gleiche *Dualismus* existiert, wie

wir ihn beim Licht besprochen haben – das heißt, *mal treten sie als Welle, mal als Materie auf* –, wäre seine Arbeit beinahe abgelehnt worden, hätte sich das damals schon leidlich anerkannte Genie *Einstein* nicht für die Annahme persönlich eingesetzt. Diese Beinaheablehnung der heute eindeutig als höchst brauchbar erkannten These signalisiert zweierlei: Revolutionen im Denken sind noch nie mit offenen Armen aufgenommen worden. Selbst *Einstein* hat Jahrzehnte um seine Anerkennung ringen müssen. Des weiteren darf man wohl vermuten, daß, wenn damals selbst die ausgefuchsten Fachleute solche richtigen, fortschrittlichen – und immerhin aus dem *eigenen Fachgebiet* stammenden – grandiosen Ideen nur mit Skepsis und Widerstand aufnahmen, daß dann *unser eigener* Versuch mit mehr Ablehnung als Zustimmung rechnen muß. Haben wir doch in unserem Falle gleich *zwei* Klippen zu nehmen: Einmal die des (a) ungewohnten physikalischen Denkens, dann aber auch noch zusätzlich die der (b) Übertragbarkeit ebendieses Denkens auf die Sozialwissenschaften. Sie sehen also: Leicht wird's nicht werden.

III. Ungenauigkeit – nicht Präzision – wird zum Prinzip

Man muß sich dies einmal so richtig auf der Zunge zergehen lassen: Jene Wissenschaft, die seit jeher eigentlich der *Inbegriff* von Präzision und Exaktheit ist, schreibt die *Ungenauigkeit* auf ihre Fahnen und ehrt den mit dem Nobelpreis, der das Nicht-exakt-sein-Können bewiesen hatte! Gerade an dieser Kehrtwendung um 180 Grad wird deutlich, wieviel sich in dieser Disziplin im Denken *bewegt* hat – im Gegensatz zur Verschlafenheit der Sozialwissenschaften. Als dann noch Poppers Ermutigung hinzukam, konnte ich einfach nicht anders, als diesen Denkapparat und diese Modelle auf ihre Tauglichkeit im sozialen und ökonomischen Bereich zu überprüfen. Aber bevor wir hierzu übergehen, erst noch ein paar Gedanken zum *Unschärfegesetz* des Werner Heisenberg.

Bei *Newton* im allgemeinen und ganz besonders bei der Anwendung seiner berühmten Formel betreffs Kraft, Masse und Beschleunigung war es ein *absolutes Muß*, Ort und Zeit ganz genau zu vermessen. Ja, dies war nicht nur Pflichtübung, nein, fast alle seine Gesetze beruhten eben *gerade darauf*, daß man den *Ort* und die *Zeit* sorgsam und vor allem *gleichzeitig* vermaß, denn nur dadurch gelangte man zu jenen aufregenden neuen Formeln, mit deren Hilfe man mit einigen wenigen Buchstaben und Zahlen die zu messenden Zusammenhänge wiedergeben konnte. Noch heute ist die Auseinandersetzung mit Newton aufregend; wie eine Offenbarung muß sie auf seine Zeitgenossen gewirkt haben. Die Genietat dieser knappen,

ästhetisch schönen, eleganten Formeln prägte die Physik. Sie war ohne die Exaktheit des Messens und ohne die Unterstellung einer weitgehenden Präzision gar nicht vorstellbar.
Und nun geschieht das kaum Faßbare: Die Ungenauigkeit, die Unschärfe, die Einseitigkeit der Komplementarität – extrem formuliert also *eher Unwissen*[1] als Wissen – wird zum wichtigsten Gesetz erhoben. Die Ehrfurcht, mit der wir uns alle vor dem Genie Heisenbergs verneigen, ist die Ehrfurcht vor einem Manne, der uns Unsicherheit und Unvermögen beschrieben und philosophisch gedeutet hat. Nicht etwa Ordnung, nicht Klarheit, nicht Unbeschwertheit, sondern *Einschränkung* war seine Botschaft.
Was hat es nun mit dieser geheimnisvollen Gesetzmäßigkeit der Unschärfe auf sich? Was bedeutet sie? Was hat sich durch diese Entdeckung für Sie und mich als Manager verändert?
Machen wir es uns klar: Wir befinden uns im Mikrokosmos; das ist die Welt der Atome, die in etwa im Bereich 10^{-10} Meter anzutreffen ist, also in einer fast unvorstellbar kleinen Welt. Dort zeigen alle Experimente, gleich welcher Art, daß bei *gleichzeitiger Bestimmung von Ort und Zeit* – was bei *Newton*, wie bereits erwähnt, Grundvoraussetzung all seiner Arbeiten ist – eine Unschärfe in der Bestimmung des Ortes oder eine Unschärfe in der Bestimmung des Impulses oder der Geschwindigkeit auftritt. Je genauer man in dieser Miniwelt die *eine* Größe bestimmt – sagen wir den Ort –, desto ungenauer wird die Bestimmung des Impulses, also der anderen Größe. Und ebenso gilt das spiegelbildliche Gegenteil: Je genauer ich die Geschwindigkeit ermittle, desto unschärfer wird die Ortsangabe. Dieses Verhältnis drückt sich formelhaft durch die folgende Beziehung aus:

$$\Delta x \leq \frac{h}{\Delta p}$$

Das Symbol Δx zeigt die Ungenauigkeit an, im Falle von x das *räumliche* Intervall, um den die Meßwerte um den »wahren« Wert x streuen, und im Falle von Δp das *zeitliche* Intervall, innerhalb dessen die Angaben ungenau bleiben. h ist das Plancksche Wirkungsquantum, das jene Gesetzmäßigkeit widerspiegelt, die wir weiter oben damit beschrieben haben, daß wir feststellten, daß die Natur mit Energie auf eine ganz besondere Art und Weise umgeht: Sie gibt sie nicht kontinuierlich, sondern portionsweise, sozusagen in »Häppchen« ab. Schöner und in der Sprache der Physik ausgedrückt, würde

1 Daß letztlich diese Unschärfe auch wiederum ein Stück *neue Ordnung* darstellt, soll natürlich nicht verschwiegen werden. Bei der Chaostheorie ist es nicht viel anders: Sie sucht ja letztlich hinter der Chaotik *neue* Ordnungen, so daß es eigentlich nur eine *scheinbare* Chaotik ist, die da beschrieben wird. Ein Gleiches gilt für die neue *Fuzzy Logic*, bei der die Unschärfe eine entscheidende Rolle spielt und durch das Zurücknehmen von stringenter Präzision neue Konfigurationen mit erhöhter Kenntnis schafft. Obgleich die Unschärfe bei Heisenberg etwas anderes meint als die Unschärfe von Fuzzy Logic, so darf man beide dennoch in dem Sinne zusammenfassen, daß man folgendes feststellt: Beide wollen *loslassen*, zielen darauf ab zu *entlernen*. Indem sie dieses »Bauernopfer« des Genauigkeitsverzichtes brachten, konnten sie neue Erkenntnisräume betreten.

man sagen: Dieser Energieaustausch erfolgt »gequantelt«, das heißt in Quantensprüngen und eben nicht kontinuierlich, wie *Newton* es fest geglaubt hatte.

IV. Eine Analogie: Das Ganze und seine Teile

Da die Unschärferelation ein Denkschema ist, das für die meisten Menschen *kein* Gegenstück in unseren »normalen« Überlegungen hat und unseren alltäglichen Auffassungen eben gerade *nicht* entspricht, sei hier eine Analogie vorgestellt, die das Phänomen der Unschärfe ein wenig deutlicher, es vielleicht für denjenigen eingängiger macht, der zum ersten Male davon hört.
Vorweg sei ein Hinweis erlaubt, der vielleicht vor Mißverständnissen bewahren kann: Die Unschärferelation ist *nicht* Ausdruck einer *Gegensätzlichkeit*. Sie ist bei weitem *mehr*. Gegensätzlichkeit ist ja nichts Außergewöhnliches. Seitdem die Bibel verfaßt und so drastisch zwischen gut und böse, gerecht und ungerecht unterschied, sind Gegensätze vieltausendfach beschrieben worden. Solche Gegensätzlichkeit war nicht selten der Vorwurf zu Werken der ernsten und der heiteren Theaterkultur. Man denke da nur an »elegant – vulgär«, an »ethisch – unsittlich«, an »egoistisch – altruistisch« usw.
Die Unschärfe im Sinne Heisenbergs und in dem Sinne, in dem wir sie hier auf die Sozialwissenschaften übertragen wollen, ist eine ganz *besondere*, sehr eigenartige *Gegensätzlichkeit*, deren Charakteristika sich mit der folgenden Analogie etwas verdeutlichen lassen. Wir sprechen vom *Ganzen* und seinen Teilen.
Die hier angesprochene Thematik ist bedeutsam, weil sie sich durch die ganze neuere Philosophie zieht. Kein moderner Philosoph überschlägt die wechselseitige Betrachtung des *Ganzen* und seiner *Teile*. Sie hat ebenfalls innerhalb der Psychologie unter dem Namen »Gestaltpsychologie« oder »Ganzheitspsychologie« lange Zeit die Szene mitgeprägt.
Früher – sagen wir im Jahrhundert Newtons – scheint es eine *mehrheitliche Präferenz* für die Analyse der *Teile* gegeben zu haben: Man glaubte, das *Ganze* fest im Griff zu haben, und erhoffte sich Aufschlüsse über dieses Ganze, indem man es in seine Bausteine *zerlegte*. In vielen Bereichen bewährte sich dieser Ansatz; sicherlich besonders eindrucksvoll in der Chemie. Die Möglichkeit, damit in die Irre zu gehen, wurde wenig gesehen. *Analyse* war das Zauberwort, das das 19. Jahrhundert beherrschte wie kein anderes.
Dann aber kamen *Zweifel* auf: In der Psychologie meinte der Vater der Gestaltpsychologie, *Kurt Levin*, daß man gut daran täte, das *Ganze* nicht vor

lauter Analysiererei aus dem Auge zu verlieren. Er hat – wie alle neueren Denker, die sich mit dem Gegensatz von Ganzheit und Teil auseinandersetzten – den Nachweis geführt, daß das Ganze *mehr* ist als nur die Summe seiner Teile. Deshalb sind Worte wie »Ganzheitliche Sicht« heute so populär, weil wir gelernt haben, die Möglichkeiten der Analyse nicht zu überschätzen. Während fröhlichen Sinnes mehr und mehr *sezierendes Auseinandertrennen* praktiziert wird, könnte man – so die neue Befürchtung – möglicherweise das Ganze, seine Bedeutung, sein Wesen aus dem Auge verlieren und falsch deuten.

Genug der Philosophie! Es geht uns hier ja nur darum, eine *Analogie* aufzuzeigen, die uns das Unschärfephänomen besser verstehen läßt.

Auch der Gegensatz zwischen dem Ganzen und seinen Teilen ist kein Gegensatz der traditionellen, klassischen Art, sondern einer im Sinne der Unschärfe: *Ich kann nicht gleichzeitig das Ganze im Auge haben und mich auf dessen Teile konzentrieren.*

Wenn ich Rembrandts *Nachtwache* mit seinen wunderbaren Licht-Schatten-Effekten auf mich wirken lasse, so erlebe ich das Bild ganzheitlich. Untersuche ich einen kleinen Winkel, um vielleicht herauszufinden, mit welchen Farben er eine bestimmte Gestalt gegen den Hintergrund abgehoben hat, so betrachte und versenke ich mich in ein Detail. Es würde meine menschlichen Fähigkeiten und die meiner Sinne ganz einfach übersteigen, wenn ich *beides zugleich* wahrnehmen wollte. Also muß ich mich für eines von beidem entscheiden. Dabei verdeckt die *ganzheitliche* Sicht ganz gewiß *viele interessante Einzelheiten.* Andererseits wird mich die Detailuntersuchung vom Eindruck der Gesamtheit entfremden und entfernen. *Das eine bedingt demnach naturgesetzlich den Verlust des anderen!*

Sehen Sie die Parallele zu Raum und Zeit? Wie stets im Rahmen der Unschärfeproblematik will ich beides, brauche oft sogar mit großer Dringlichkeit *beides*, aber *nur eines* kann ich in Perfektion haben, das andere wird gleichsam »Opfer« der Unschärfe. Heidegger hätte vielleicht formuliert: Der Mensch ist in die Unschärfe »geworfen«. *Sie ist sein Schicksal.*

V. Einsteins Chaos

Soweit haben wir einige Essentials von *Unschärfe* und *Quantensprung* aufgezeigt. Unserem Versuch, die bedeutsamen Veränderungen im Reich der Physik darzulegen, fehlt jetzt nur noch als krönender Abschluß die *Relativität* und die *Äquivalenz von Materie und Energie*, die wir beide mit dem Namen *Einstein* verbinden.

Auch bei der Relativität und der Äquivalenz fing alles mit einem vertrackten Experiment an. Lassen wir noch einmal *Joachim Blublath* zu Worte kommen.

»Daß die Masse (Materie) etwas mit Energie zu tun haben könnte, dafür gab es schon recht früh Anzeichen. Vor mehr als hundert Jahren versuchte man, die Ladung der Elektronen experimentell zu bestimmen. Heraus kam, daß der bei solchen Experimenten gemessene Wert der elektronischen Ladung des Elektrons geteilt durch seine Masse offensichtlich von der Geschwindigkeit der eingeschlossenen Elektronen abhängig ist! Die elektronische Ladung wiederum konnte auf anderen Wegen bestimmt werden – sie erwies sich als konstant. *Also mußte die Masse des Elektrons mit wachsender Geschwindigkeit größer werden!* Je näher die Geschwindigkeit des Elektrons der Lichtgeschwindigkeit kam, um so mehr vergrößerte sich seine Masse.«

Soweit Blublath. Ist Ihnen das zu kompliziert? Ich gestehe Ihnen offen: Beim ersten Lesen hatte ich es auch nicht verstanden. Machen wir's uns also einfacher und vergegenwärtigen uns folgendes simples Beispiel: *Der Tennisball, den Sie mit Ihrem Schläger in Bewegung setzen, hat ein klein wenig mehr Masse als der Tennisball, der eben noch ruhig auf dem Boden lag.*

Das ist schon eine ungeheuer verrückte Botschaft. Sie ist genauso umwerfend wie die Tatsache, daß der Raum und die Zeit, Welle und Korpuskel, Energie und Masse relativistisch gesehen werden müssen, also nicht als absolute, unverrückbare Facts, an denen man sich festhalten kann wie das Kind am Schürzenzipfel seiner Mutter. Wir haben es vielmehr mit Erscheinungen und Begriffen zu tun, die sich – gemessen am klassischen physikalischen Denken – atemberaubend *verändern*, ineinander übergehen, sich gegenseitig ausschließen und doch auch wieder gegenseitig bedingen. Dies ist *Einsteins Chaos!* Es ist das *Chaos der modernen Physik*.

Natürlich haben uns diese großen Physiker nicht wirklich Chaos beschert, sondern eine *neue Ordnung* hinterlassen, aber alles, was wir vorher für richtig hielten, ist in diesen Strudel der Umorientierung geraten, der sich – gemessen am Alten – zumindest auf den ersten Blick wie ein Chaos ausnimmt. Mit sehr komplizierten Gedanken, noch komplizierteren Formeln ziehen sie uns dann nach und nach aus diesem Chaos-Sumpf und kommen zu neuen Koordinaten. Was bleibt, ist aber eine Situation der Verunsicherung.

Wer glaubt, der Ausweg aus dieser Verunsicherung müsse doch eigentlich gelingen, dem sei aus unserer Kienbaum-Enquete folgendes berichtet: Unter den befragten 437 Managern waren 43 diplomierte Physiker. Danach befragt, ob sie die Relativitätstheorie völlig verstanden hätten, gaben nach eindringlicher Befragung 29 zu, daß dies bei ihnen *nicht* der Fall wäre. Aber es kommt noch besser: Befragt, ob sie den Inhalt der Relativitätstheorie einem größeren Auditorium vortragen könnten, blieben nur

noch sieben übrig, die bereit waren, dies zu tun. 35 also gaben auf. Wenn Sie, verehrte Leserin, verehrter Leser, einige Schwierigkeiten haben, *Einstein* zu folgen, so sollten Sie sich nicht grämen, denn wenn selbst die Profis damit Probleme haben, dann braucht sich kein Laie zu schämen, falls er dies alles nicht auf Anhieb verarbeiten kann.
Versuchen wir's dennoch. Hier zwei von Einsteins wichtigsten Grundgedanken.
Der erste: *Zeit, Raum und Materie verändern sich*. Das dürfte die entscheidendste seiner Einsichten sein. Man kann eines der drei Elemente jeweils nur *in bezug* auf das andere begreifen. Wenn Denker wie Capra und Vester so viel vom *Netzwerk der Dinge* und deren Interdependenz sprechen, dann korrespondiert dies perfekt mit Einsteins Relativität. *Raum, Zeit und Materie sind nur in Abhängigkeit voneinander zu verstehen*: Einsteins berühmteste Formel

$$E = m \times c^2$$

spiegelt genau dies wider, denn E ist die Energie, m die Masse oder Materie und c die Lichtgeschwindigkeit. Sie sind keine unabhängigen Konstanten, sondern sie sind mit- und ineinander verwoben.
Wenn schon ein harmloser Tennisball durch Energie an Masse zunimmt, dann kann man dem klassischen Energie- und dem Massebegriff offensichtlich kaum noch »trauen«. Zum »Festhalten« taugt allein die Lichtgeschwindigkeit, denn sie ist und bleibt *konstant*. Nicht aber Energie und Masse und schon gar nicht die Zeit, denn sie kann *schrumpfen* oder *expandieren*. Keine beruhigenden Nachrichten für die Uhrenindustrie, aber glücklicherweise können wir dieses Schrumpfen und Expandieren für den Hausgebrauch vernachlässigen.

1. Wenn Raum und Zeit nachgeben müssen

Wir können hier natürlich nicht die vielen Aspekte der Einsteinschen Relativitätstheorie erörtern, aber es sei doch das Paradebeispiel kurz vorgeführt, das in keinem für den Nichtphysiker gedachten Lehrbuch fehlt, weil es die Zusammenhänge besonders schön veranschaulicht.
Es geht um das berühmte und vielzitierte Raumschiff, das mit großer Geschwindigkeit auf die Erde zurast. Schon von weitem sendet das Raumschiff ein Lichtzeichen aus, um seine Annäherung zu melden, denn es will möglicherweise auf der Erde landen. Die Frage ist nun, mit welcher Geschwindigkeit diese Lichtzeichen die Erde erreichen. Sagen Sie nun bitte nicht, daß Ihnen dies völlig Wurst ist, denn Sie stehen an der Wiege des vermutlich wichtigsten Gedankens der Neuzeit.

Das klassische Vorgehen, um diese Geschwindigkeit zu ermitteln, wäre logischerweise, daß wir die Geschwindigkeit des Lichts und die des Raumschiffs *addieren*. So machen wir es ja auch, wenn wir berechnen, wie schnell ein Pfeil fliegt, der von einem fahrenden Zug aus abgeschossen wird. Wir würden also vermuten, daß das Lichtsignal – das sich natürlich auf der ruhenden Erde mit der für Licht typischen Geschwindigkeit ausbreitet – durch die Geschwindigkeit des Raumschiffes gleichsam einen »Extraklaps«, einen zusätzlichen Push zu der Geschwindigkeit des Lichtes, hinzubekommt. Es müßte also aus der Lichtquelle *mehr* als die übliche Lichtgeschwindigkeit austreten. Man müßte glauben, daß es sich ein wenig *schneller* zur Erde hin ausbreitet, als das der Fall wäre, wenn das Raumschiff unbewegt an einer Stelle stünde.[2]
Nun hat uns *Einstein* aber mühevoll beigebracht, daß es diesen »Extraklaps« *nicht gibt*. Licht hat die immer und stets *gleichbleibende* Geschwindigkeit von etwa 300 000 km/sec. Während ein Stein, den ein Radfahrer vom bewegten Rad aus wirft, nicht nur die Geschwindigkeit des Wurfs hat, sondern *zusätzlich* die Geschwindigkeit des Rades, findet diese Addition bei Licht eben gerade *nicht* statt.
Was also geschieht mit dem »Extraklaps«? Wir werden gleich versuchen, dies mit einigen Formeln zu beantworten, aber erlauben Sie erst mal ein ganz saloppes, völlig unwissenschaftliches Statement: Irgendwohin muß er ja nun, der *nicht zugelassene Extraklaps*. Die Antwort Einsteins lautet: Er verändert den *Raum* oder die *Zeit* – vor lauter Verzweiflung, denn das Raumschiff hat ihn ja nun einmal in die Welt gesetzt.
Nun werden Sie mit Recht sagen: Was soll denn dieser Unfug mit einer Zeit, die schrumpft, oder einem Raum, der expandiert! Sie werden mit Recht darauf aufmerksam machen, daß Ihr persönlicher Wecker doch die eine, gültige Normzeit anzeigt. Vielleicht nicht ganz so genau wie die Bahnhofsuhr, aber doch die gleiche Zeit. Selbst im supertüchtigen Japan laufen die Uhren doch nicht schneller! Oder? Und Raum ist doch Raum. Ein Zentimeter ist überall ein Zentimeter. Selbst bei den geizigen Schotten ist er nicht kürzer als bei uns.
Schauen wir zunächst einmal auf die Formeln. Sie sind nicht besonders kompliziert. Vielleicht erschließt sich Ihnen dann, wohin der Extra-Push denn nun hingeht, denn irgendwie muß er ja verpuffen.
In Formeln ausgedrückt stellt sich dies so dar: Geschwindigkeit läßt sich dadurch beschreiben, daß ein Weg in der Zeit zurückgelegt wird. Etwas bewegt sich von x_1 nach x_2. Die Differenz $x_2 - x_1$ ist dann die zurückgelegte Strecke. Vereinfacht kann man auch Δx schreiben. Um nun von der Wegstrecke zur Geschwindigkeit zu gelangen, teile ich den Weg durch die ver-

2 Die Erde wird in diesem Beispiel als ruhender Pol betrachtet, was natürlich im Prinzip falsch ist. Es macht aber die Dinge um einiges weniger kompliziert, wenn wir diese kleine Unkorrektheit begehen. Es zeigt sich: Wir können – wenn wir uns etwas *anschaulich* verdeutlichen wollen – nur schwer von der Fiktion eines ruhenden Pols ablassen, weil wir Gefangene unseres Denkapparates sind.

strichene Zeit. Ist t_1 der Startpunkt und t_2 das Ende der Bewegung, dann gibt die Differenz $t_2 - t_1$ diese abgelaufene Zeit an, die ich natürlich auch durch den Differenzbegriff Δt ausdrücken kann.

Für die Geschwindigkeit v gilt also immer $v = \frac{\Delta x}{\Delta t}$

Nun haben wir es in unserem Beispiel des an der Erde vorbeisausenden oder auf sie zurasenden Raumschiffs mit *zwei Systemen* zu tun, einmal mit dem System *»e«*, nämlich dem der Erde, und mit *»r«*, dem System des Raumschiffs. Für jedes gilt die obige Formel, und wir schreiben deshalb und setzen nebeneinander einmal für die Erde c^* und zum anderen für das Raumschiff c^{**}.

$$c^* = \frac{\Delta x^*}{\Delta t^*} \text{ und } c^{**} = \frac{\Delta x^{**}}{\Delta t^{**}}$$

Nun wird es sehr spannend, denn die Geschwindigkeit darf – falls *Einstein* sich nicht irrte – *in beiden Systemen auf keinen Fall unterschiedlich sein*. 300 000 km in der Sekunde muß in beiden Fällen herauskommen, obgleich die Meßwerte *unterschiedlich* sind. Da bleibt denn der Zeit nichts anderes übrig, als zu schrumpfen oder zu expandieren, und der gute alte Raum »krümmt« sich, damit in beiden Systemen *c* immer *konstant* bleibt. Wir erleben also, wie es unterschiedliche Längen und unterschiedliche Zeiten in unterschiedlichen Systemen gibt. Wir wollen das aber noch etwas spezifizieren, um ein Mißverständnis zu vermeiden: Das Längenmaß 1 Meter, das sich auf der Erde – also im System *e* – befindet, unterscheidet sich *nicht* von dem Längenmaß von 1 Meter, das der Astronaut in Kopie in seinem Raumschiff mitführt. Auch zwei Wecker, wovon der eine auf der Erde bleibt und der andere ins Raumschiff mitgenommen wird, gehen gleich.
Nur wenn der Astronaut von seinem Gefährt aus die Erde betrachtet, also aus dem sich stark bewegenden System auf das annähernd ruhende der Erde schaut, dann – und nur dann – *erscheinen* ihm die Zeit und der Raum *verschieden*. Gleiches gilt umgekehrt. Auf der Erde bleibt das Längenmaß unverändert, und der Wecker läuft auch nicht anders, aber für den Beobachter von der annähernd ruhenden Erde erscheint die Zeit im Raumschiff, das sich schnell von der Erde wegbewegt, verändert. Das führt dann dazu, daß der Raumreisende – wie in zahllosen Science-fiction-Filmen dargestellt – als junger Mann losreist, und wenn er dann zurückkommt, geschieht das fast nicht Faßbare: Er findet seinen an sich gleichaltrigen Bruder bei der Rückkehr als Greis vor.

2. Eine mögliche Beweisführung

Daß diese eigenartigen Vorstellungen – ganz besonders die vom gekrümmten Raum – nicht purer Schabernack sind, sondern eine sehr ernsthafte Neuinterpretation unserer Welt darstellen, wird an folgendem Ereignis deutlich.

Am 29. Mai 1919 gab es eine große Sonnenfinsternis. Man nutzte sie, um für die Zeit-Raum-Krümmung endlich einen empirischen Beweis zu liefern. Bis dahin war die allgemeine Auffassung die, daß sich Licht *gradlinig* ausbreitet. Nach *Einstein* sind aber große Massen – wie etwa die Sonne – dazu in der Lage, die besagte Krümmung auszulösen. Lichtstrahlen, die dicht an der Sonne vorbei unsere Erde erreichen, müßten *Einstein* zufolge von der riesigen Masse der Sonne abgelenkt und gekrümmt werden. In der Tat ergaben die Messungen, daß das Licht, das von mehreren Fixsternen zu uns kommt, kurz *nach* und kurz *vor* der Sonnenfinsternis *gekrümmt* wurde, was sich auf der Erde in einer *scheinbaren Stellungsänderung dieser Fixsterne* bemerkbar machte.

Soweit einer von vielen »Versuchen« des empirischen Nachweises. Wichtiger ist das Grundsätzliche: Was da in den letzten Jahrzehnten immer mehr mit Experimenten als Realität nachgewiesen wurde, ist mehr als nur ein gewisser »Zugewinn« an Erkenntnis. Es geht um eine *Revolution*, denn über Jahrhunderte war es als unabwendbar und sakrosankt angesehen worden, daß Raum und Zeit konstant sind, daß an ihnen nicht gerüttelt werden darf. Die gesamte Physik *Newtons* beruht auf diesem Glaubenssatz, der nun plötzlich nicht mehr gilt.

VI. Fazit

Wir haben uns mit den drei großen Neuerungen der modernen Physik auseinandergesetzt, als da sind die (a) neue Auffassung von der Energie, die in Quanten abgegeben und aufgenommen wird. Zweitens beschäftigten wir uns mit der (b) Unschärfe, und drittens haben wir versucht, uns an die (c) Äquivalenz (Gleichheit) von Masse und Energie heranzutasten. Schließlich warfen wir zum Schluß noch einen kleinen, wenn auch unvollkommenen Blick hinter die (d) Geheimnisse der Relativität.

Sie alle sind von revolutionärem Zuschnitt. In den Geisteswissenschaften, der Ökonomie, der Psychologie und der Soziologie suchen wir derartig dramatische Neuerung ganz und gar *vergeblich*. Allein der bereits angesprochene Paradigmenwechsel und Poppers Einsicht, daß endgültige Wahrheit grundsätzlich nicht möglich ist, scheinen uns den Physikern das Wasser zu reichen.

Und was noch viel bedenklicher stimmen muß ist, daß viele der sozial orientierten Wissenschaften immer noch sehr stark an die *Mechanik Newtons* angelehnt sind, die ja eigentlich als überwunden angesehen werden kann. Von daher kam die Fragestellung, die dieses Buch charakterisiert und sein eigentlicher Wert ist: Können wir vom neuen Denken der Physik in den Sozialwissenschaften profitieren? Lassen sich diese Ansätze ganz oder teilweise oder auch nur im Sinne von Analogien für die Sozialwissenschaften nutzen, die so erschreckend hilflos vor den großen Problemen unserer Tage stehen und dort doch ganz offensichtlich festgefahren sind?
Dies hat uns zu unserem Credo geführt: So wie die vier Bereiche (a), (b), (c) und (d) der modernen Physik mittlerweile unerläßlich sind, um unsere technische Welt zu verstehen (etwa die Abläufe der Elektronik in Halbleitern, Transistoren und Dioden, im Laser, bei der Atomkraft und in der Teilchenphysik), so glauben wir, daß wir die soziale Welt besser verstehen lernen werden, wenn wir uns des Reichtums bedienen, der dort bei den Physikern fast ungenutzt angehäuft liegt und nur darauf wartet, um im sozialen Bereich eingesetzt zu werden. Diese Forderung kommt einem *Paradigmenwechsel* gleich – und ebendiese Überlegung führt uns zum nächsten Abschnitt.

VII. Der zweite Paradigmenwechsel

Es war *Fritjof Capra*, der uns wie kein anderer darauf aufmerksam gemacht hat, daß sich mit unseren *Paradigmen* – man könnte ebensogut und weniger aufwendig vom *Weltbild* sprechen – etwas Dramatisches verändert habe bzw. daß wir gut daran täten, unser Weltbild an bestimmte neue Entwicklungen anzupassen. Der von ihm geforderte Wechsel geht dabei in folgende *drei* Richtungen:

- eine neue Sicht der *Ganzheitlichkeit*, wobei die *Analyse der Teile* – lange der wichtigste wissenschaftliche Denkansatz – zugunsten der *ganzheitlichen* Betrachtung an Bedeutung verlieren sollte.
- Die *Struktur* von Dingen – über Jahrhunderte das vornehmste Ziel der Forschung – tritt zugunsten des *Prozesses* zurück.
- An die Stelle »fundamentaler« Erkenntnis tritt ein relativiertes Begreifen von *Netzwerken*, wobei der Interdependenz der Teilerkenntnisse besondere Bedeutung zukommt.

Was wir fordern, ist die *Weiterführung* dieser drei Konzepte und die Hinzunahme eines vierten. Wir glauben, nicht umhinzukönnen, die oben bereits besprochenen Ansätze aus der modernen Physik in die Sozialwissenschaften und die Philosophie einführen zu müssen. Wir erblicken in ihnen eine *Erweiterung und Vertiefung* dessen, was *Capra* so überzeugend vorgetragen hat.

VIII. Vier Forderungen

1. Die Relativität (a)

Wir meinen, daß der Gedanke des Netzwerkes noch nicht voll zu Ende gedacht ist und der Ergänzung durch die *totale Relativität* bedarf, die in ihren Konsequenzen bei weitem radikaler ist. Der Gedanke des Netzwerkes gibt den Teilen immer noch eine gewisse *Selbständigkeit*, die einer *totalen Abhängigkeit* weichen sollte. So wie die Physik längst erkannt hat, daß Beobachter und beobachtetes Objekt nicht getrennt (19. Jahrhundert), sondern als miteinander verflochtene Einheit (20. Jahrhundert) begriffen werden sollten, so müssen wir *Mensch und Konsumgut, Mensch und Botschaft als eine Einheit* verstehen. Wir werden dann erkennen, daß es kein *Ding an sich* mehr gibt, sondern nur noch Gegenstände im Spiegel der jeweiligen menschlichen *Persönlichkeit*. Ein *typologischer Marktansatz* ist die Folge, und ein völlig neues Marketing wird die Konsequenz sein.

2. Die Quantelung (b)

Die Hinwendung von der Struktur zum Prozeß möchten wir durch unsere Entdeckung der *sozialen Quantenmechanik* ergänzen. Hier geht es – ganz im Sinne *Capras* – nicht um die Feststellung der Struktur und dessen, was jetzt *ist*, sondern es geht um das, was *vor sich geht*. Die werbliche und politische *Kommunikation* und deren Aufnahme werden wir als stufenförmig und in Energiequanten zerteilt erkennen. Daraus werden wir *klare Gesetze ihrer Wirksamkeit* ableiten können.

3. Die Paradoxie und Unschärfe (c)

Drittens sollten die klugen und richtigen Gedanken zum Thema »Teil und Ganzheitlichkeit« durch Heisenbergs Konzept der *Paradoxie und Unschärfe* erweitert werden. Unsere Entdeckung, daß die *Heisenbergsche* Paradoxie in fast allen *Managemententscheidungen* (aber auch in allen privaten persönlichen Entscheidungen) eine tragende Rolle spielt, kann hier einfließen und macht Management berechen- und erklärbarer.

4. Die Äquivalenz von Produkt und Energie (d)

Wir schlagen vor, von *Einsteins* Jahrhundertentdeckung der Äquivalenz (Gleichartigkeit) von Masse und Energie zu lernen. Er hat uns vor Augen geführt, daß es Erscheinungen gibt – wie Masse und Energie –, die wir mit unserem sinnhaften Erleben nicht miteinander in Einklang bringen können und die dennoch eine Art Einheit, zumindest eine enges Abhängigkeitsverhältnis bilden.

Diese Bereitschaft wird es uns erleichtern, die zwei sinnlich nicht zu vereinbarenden Elemente

(1) *physische Produkte* und

(2) *Nachfrageenergie*

analog zu der oben dargestellten Äquivalenz als eine *Einheit* zu erkennen. Dies wird uns zu einem völlig neuen Markt- und Menschenbild führen.

Es ist also ein *Paradigmenwechsel* angesagt! Er trägt all die »Kainsmale«, die bereits für den von *Capra* propagierten Wechsel des Weltbildes bezeichnend waren:

- Der *Spießer* haßt ihn und bekämpft ihn offen, denn er raubt ihm die Gemütsruhe.
- Der *Rationale* und *Vernünftige* weiß, daß das bessere Argument darüber entscheidet, ob das alte oder das neue Denken Sieger bleibt. Aber da er im Grunde seines Herzens *konservativ* ist, arbeitet seine ganze Psyche verzweifelt daran, unwiderlegbare Killerfragen und tödliche Gegenargumente zu erfinden, die ihn vor der *Schmerzlichkeit des Umdenkens* bewahren.
- Der *Visionär* aber wird – weil ihn wie immer das Neue und Revolutionäre fasziniert – so viel unverholene *Begeisterung* zeigen, daß er alle etwas Langsameren in seiner Vehemenz vor den Kopf stößt.

Die einzig starke Hoffnung, die ich trotz aller Abwehrreaktionen für die erfolgreiche Durchsetzung der hier vorgetragenen Gedanken habe, ist der Umstand, daß wir hier nicht nur über Gedankliches und Theoretisches sprechen, sondern über Ökonomisches, nämlich über sehr viel Geld im Sinne erhöhter Effizienz und verringerter Kosten. Fragen der Effizienzsteigerung oder der Kostenverringerung werden uns Deutsche für die nächsten zwanzig Jahre kaum mehr loslassen. In diesem besonderen Zusammenhang ist das ja vielleicht auch gar nicht so übel. Da uns Kostenfragen mit unserem sich immer weiter verschlechternden Standort ständig begleiten werden, rechne ich damit, daß die neue Quantenmechanik des Managements relativ schnell und zügig aufgegriffen werden wird, denn man wird es sich überhaupt nicht mehr leisten können, dieses gigantische Reservepotential unbesehen links liegenzulassen.
Mit dieser Feststellung wollen wir nun die Theorie hinter uns lassen. Wir hoffen, daß Sie das Nachfolgende für die Mühe des etwas »trockenen« Beginns reichlich entschädigt. Wir werden uns also nun daranmachen, die neuen Einsichten aus der Physik in unser Markt- und Sozialdenken zu übertragen. Oder – wie man an Rhein und Ruhr sagen würde: »Jetzt kommt Butter bei die Fische!«

Kapitel 8
Transformation und Aufbruch

Es geht also jetzt darum, aus den in der Physik beheimateten Denkansätzen brauchbare Instrumente der Orientierung im sozialen Bereich zu machen. Dabei ist uns natürlich bewußt, daß wir Anleihen bei einer Wissenschaft machen, die sich darum bemüht, mikrophysikalische Erscheinungen und Objekte zu beschreiben und deren Mechanismen zu erklären. Das ist – auf den ersten Blick – Lichtjahre von dem Gegenstand entfernt, der uns letztendlich am Herzen liegt: Uns geht es um Management, Organisation, Märkte, Markenartikel, Werbung und Strategie. Ist die Distanz nicht viel zu groß?
Um den Abstand zwischen der Welt der Atome und Teilchen auf der einen und der des Managements und der Kommunikation auf der anderen Seite etwas zu verringern, wollen wir uns zunächst die folgenden Fragen stellen.

I. Können Analogien weiterhelfen?

Die Vorgänge in der Mikrowelt sind *nicht anschaulich*, wie etwa die Newtonsche Mechanik, die wir uns anhand von Experimenten relativ leicht verdeutlichen können. Aber nicht nur, daß es in der Mikrowelt an Anschaulichkeit fehlt. Weit schlimmer: Eine exakte Darstellung der Zusammenhänge ist hier zumeist nur über mathematische Formeln machbar, deren Anspruchsniveau die Mathematikkenntnisse eines Abiturienten weit übersteigt.
Was also nutzt uns dann das ganze Gerede von »Anleihen bei der Physik«, wenn uns diese Welt doch verschlossen bleiben muß?
Nun wollen wir aber gar nicht die Formeln und Gesetze übernehmen, sondern lediglich die *Kraft der Analogie* nutzen. Eine große Zahl sehr bedeutender Erfindungen und Entdeckungen wurde nach dem Erlebnis einer Analogie realisiert.
Hierzu zwei berühmte Beispiele: *Kekulés* Benzolring war eine grundlegende Entdeckung, ohne die es heute keine Petroindustrie geben würde. Er entdeckte diese bis dahin unbekannte Ringform, nachdem er von einer

Schlange geträumt hatte, die sich kreisförmig ringelte und ihm damit die Ringanalogie anbot, die der Schlüssel für die Benzolformel war. Oder noch deutlicher: *Gutenbergs* Erfahrungen bei der Weinlese, wo er die Weinpresse erlebte, die ihn dann zur Erfindung der Druckerpresse anregte.
Die Analogie ist die Waffe der Intuition. Letztere entdecken wir jetzt wieder. Etwa ein Dutzend Bücher sind in den letzten zwei Jahren über Intuition erschienen. Wir tun gut daran, sie zu pflegen. Auch diese Arbeit lebt von der intuitiven Analogie. Wir knüpfen damit an eine große Tradition an.

Fazit:
Neben dem mathematischen Begreifen ist ein *sinnliches Verstehen* über die *Analogie* möglich. Damit wollen wir die drängenden und ungelösten Probleme der Sozialwissenschaften und des Managements angehen – und zwar ohne daß wir dazu das ganze mathematische Rüstzeug transferieren müssen. Wie wir sehen werden, können mathematische Formeln selber Analogiecharakter besitzen.

II. Die Frage des neutralen Urteils

Können wir noch streng zwischen beobachtendem Subjekt und analysiertem Objekt unterscheiden?
Die Quantenphysik wendet sich entschieden von der alten Vorstellung ab, man könne *objektiv* und völlig frei von der Subjektivität des Beobachters die Natur analysieren. Sie rückt damit von der klassischen Vorstellung ab, es existiere eine *objektive Wirklichkeit*, die völlig frei von den Gegebenheiten und Problemen des Beobachters betrachtet werden kann. Indem die moderne Physik die Newtonsche Zweiteilung in Subjekt hier und Objekt dort überwindet, nähert sie sich den Geisteswissenschaften an. Die Psychoanalyse oder die Literaturinterpretation beispielsweise sind Felder, wo der Beobachter und das zu Beobachtende völlig miteinander *verschmelzen,* und dennoch ist dort Wissenschaftlichkeit möglich.
Akzeptieren wir also Heisenbergs Nachweis, daß Subjekt und Objekt miteinander verschmelzen und daß wir aufgrund dessen beide *ganzheitlich* sehen müssen.
Könnte dies, wenn diese Einsichten richtig sind, auch für uns Marketingleute Auswirkungen haben?
Für uns stellt sich die Frage, ob es auch weiterhin möglich und sinnvoll ist, über ein Produkt, eine Werbekampagne, eine Corporate identity als

ein unabhängig existierendes »Etwas« zu sprechen, oder ob ein beworbenes Produkt nicht *erst in der Hand des umworbenen Nachfragers* »zum Leben« erweckt wird. Oder gehen wir noch einen Schritt weiter: Wenn Sie als Marketingfachmann ein Produkt oder die Werbung hierfür beurteilen, kann dieses Urteil dann allein im Raum stehen, oder muß es nicht als ein Zusammenkommen Ihrer Persönlichkeit mit dem Produkt interpretiert werden?

Ein Beispiel: Mit den Augen des Produktionsleiters gesehen, ist eine Flasche Coca-Cola *ein einziges* Objekt. In den Augen der Marketingfrau oder das Marketingmannes – also eines Kommunikationsspezialisten – muß dies höchst fraglich erscheinen. Eine Coke ist keinesfalls etwas Monolithisches, das nur aus sich selbst existiert. Der Typ #5 unserer Typologie, der sogenannte »Sicherheitssucher«[1], sieht in einer Coke ein eher *exotisches* Getränk, das für ihn fast immer mit allerlei *Gefahren* und *Bedrohungen* verbunden ist. »Man hat doch immer wieder gehört, daß da Ingredienzen drin sind, die dem Magen nicht gut bekommen, ja sogar die Magenschleimhäute heftig angreifen« (Hausfrau, 42, Typ Sicherheitssucherin). Sehen *alle* Konsumenten das so? Gewiß nicht, denn sonst müßte die Coca-Cola Company schon bald ihre Tore schließen!

Der tatenfrohe Typus des #6 »Machers« sieht die Dinge *ganz und gar anders:* Er sieht in einer Coke in erster Linie das Erfrischende und den zur Action aufpeppenden *Coffeineffekt*. Für ihn ist – ganz im Gegensatz zur Bedrohung des Sicherheitsapostels – die Cola der große *Anreger*.

Ganz anders wiederum der sozial etwas schwache und ungeschickte Typ #2 »Problemlöser«. Für ihn ist die Coke ein *soziales Bindemittel,* das ihm den Kontakt in geselliger Runde erleichtert und die Zunge löst.

Hier begegnen wir also *drei* Eigenschaften der Coke, die von entscheidender Bedeutung für den jeweiligen Käufer sind – und natürlich auch für die um ihren Absatz besorgte Cola Corporation. Dabei ist es in diesem Falle so – und das macht alles so kompliziert –, daß die Anmutung, die der *eine* Käufer erlebt und die für ihn *kaufentscheidend* ist, von den anderen überhaupt nicht nachempfunden werden kann. Sie merken schon: Da lugt ein Problem um die Ecke. Damit wollen wir uns aber erst später befassen. Aber zurück zu den drei Eindrücken der drei unterschiedlichen Typen. Sind das nun Eigenschaften des Markenartikels Coke?

Die Antwort lautet: Ja und nein!

Diese Attribute entzünden sich an dem physisch greifbaren Produkt Coke und seiner Werbeaura, aber sie sind nur für *bestimmte* Menschentypen relevant. Für andere existieren diese Eigenschaften gar nicht. Verstehen kann man dies alles nur aus dem Wechselspiel zwischen Persönlichkeit und Produkt. Hier also wird das Verschmelzen von Beobachter (potenti-

1 Wir besprechen diese Typen weiter unten noch sehr ausführlich.

eller Käufer) und Objekt (Cola) real existierende Wirklichkeit. Mit ihr werden wir rechnen müssen.

Fazit:
Die Physik hat seit Heisenberg und Einstein den Beobachter mit in die Betrachtung einbezogen. Dies werden wir übernehmen, denn man kann Verhalten, Werte und Prinzipien im Managementbereich, aber auch in allen Lebenslagen des Alltags nur dann verstehen, wenn man den Schauplatz des scheinbar neutralen Beobachters verläßt und das urteilende Subjekt ebenso intensiv studiert wie die »scheinbar« objektiven Gegebenheiten. Erst aus dem *Wechselspiel* von Produkteigenschaften und Persönlichkeit erwächst aus dem rein physischen ein Marktprodukt, ein Gegenstand, der begehrt, geliebt oder zurückgewiesen wird.

III. Das Rätsel der Energie

Könnte es zur Quantelung von Energieaufnahme und -abgabe eine Parallele im sozialen Bereich geben?
Die Quantentheorie weist die *»diskrete«*[2], *quantenhafte* Natur aller mikrophysikalischen Vorgänge nach. In unserer Alltagssprache scheint es mir sinnvoller, hier von *stufenähnlichen Energiehäufungen* zu sprechen, weil die Worte »diskret« und »Quant« in unserer Umgangssprache heute wenig gebräuchlich sind und auch nicht allzuviel Aussagekraft besitzen. Unsere bildliche Darstellung des Charts von Seite 199 im zwölften Kapitel zeigt symbolisch die Sprunghaftigkeit und Wellenförmigkeit an, wobei die unterschiedlichen Schattierungen die unterschiedlichen von Stufe zu Stufe wechselnden Befindlichkeiten darstellen.
Ist es wahrscheinlich, daß sich dieses Muster im sozialen und wirtschaftlichen Bereich wiederholt? Gibt es dort etwas Ähnliches, Verwandtes?
Denken wir nur an die Marktforschung. Wo immer wir sie einsetzen, begegnen wir unterschiedlichen Spannungszuständen. Auch dort ist uns die *Ablehnung {-n}* bekannt. Wir beobachten dort ebenfalls einen *neutralen Ruhezustand {n1}* (Gleichgültigkeit). Dieser kann dann zu *milder Sympathie {n2}* ansteigen, sich zur *Überzeugung {n4}* steigern und über die *Begeisterung {n8}* bis hin zur leidenschaftlichen Zustimmung im Sinne einer weitgehenden *Selbstaufgabe {n16}* reichen.
Die Annahme, daß dies die Realität sein könnte, ist also gar nicht so ab-

2 Dieses Wort war von Anfang an etwas unglücklich gewählt. Mit unserem Begriff »Diskretion« hat es überhaupt nichts zu tun. Man könnte es auch mit »häppchenweise« oder »in Sprüngen« übersetzen.

wegig und würde sich in ihrem stufenartigen Aufbau in der vermuteten Parallelität zur Physik befinden.
Unterstellen wir einfach einmal, daß das Reaktionsschema des Menschen auf Produkte und Werbung nichtkontinuierlich wäre. Die Erregungszustände würden in Sprüngen erreicht. Wäre jede der zuvor angesprochenen Spannungsstufen darüber hinaus gut definiert und die dort stattfindenden Prozesse klar herausgearbeitet, so könnte sehr wahrscheinlich die für eine Beeinflussung erforderliche Kommunikation *besser* und *gezielter* konzipiert werden.
Aber die Parallelität könnte noch weiter gehen: Um Materie aus einem niedrigen Quantenzustand in einen höheren zu versetzen, bedarf es in der Physik in zunehmendem Maße *stärkerer* Energiebeträge. Leichte Angeregtheit – im Sinne der Physik – benötigt *schwächere* Impulse als die Transformation von im Ruhezustand befindlicher Materie hin zur Kernschmelze, wo selbst wir Laien wissen, daß *ungeheuer starke* Energien aufgewendet werden müssen. Es spricht eigentlich alles dafür, daß ich vermutlich immer dann, wenn ich eine starke, lang anhaltende Bindung an ein Produkt erreichen möchte, *hohe* Energiebeträge freimachen muß, während eine lose, kurzfristige Bindung sehr wahrscheinlich *weniger* Energie benötigt.
Sicherlich müßte zu der Information über die quantitativ benötigte Energie noch das qualitative Wissen hinzukommen, auf welche Art und Weise mehr Energie zugeführt oder freigeschaufelt werden muß. Noch besser wären wir dran, wenn wir exakt wüßten, wie das Stadium der Ruhe und *Gleichgültigkeit {n1}* zu überwinden ist und wie man zu einer gewissen *Sympathie {n2}* gelangt. Oder wenn wir abschätzen oder gar messen könnten, was erforderlich ist, um zu echter *Begeisterung {n8}* zu gelangen oder sogar *frenetischer Zustimmung {n16}* im Sinne einer fast willenlosen Hingabe an eine Sache auszulösen.

Fazit:
Es erscheint sinnvoll, im sozialen Bereich danach zu suchen, ob für den Menschen als (a) aktiv handelnder Marktpartner, aber auch als (b) rezeptiv aufnehmender Kommunikationsempfänger deutlich voneinander abhebbare Stufen unterschiedlichen Energieniveaus existieren. Sollte es sich ähnlich verhalten wie in der Physik, daß nämlich von einer Ruheposition aus deutliche Stufen zunehmenden Energiebedarfs bis hin zu Zuständen sehr hoher Angeregtheit führen, so würde dies der Marktbearbeitung und Verhaltensbeeinflussung völlig neue Dimensionen erschließen.

IV. Unschärfe und Doppeldeutigkeit

Sind Unschärfe und Doppeldeutigkeit Grundbefindlichkeiten des Managementalltags?
Als viertes Element der für eine Übernahme in die Sozialwissenschaften zu besprechenden Erscheinungen betrachten wir die *paradoxe Doppeldeutigkeit*, die in der *»Unschärferelation« Heisenbergs* ihren Niederschlag gefunden hat. Daß die Theorie der Unschärfe ein sozialpsychologisches Gegenstück besitzt, haben der amerikanische Unternehmensberater Barry Johnson[3] und ich fast gleichzeitig entdeckt und mit nur wenigen Wochen Abstand unabhängig voneinander veröffentlicht und ausführlich beschrieben. Hier lag offenbar etwas »in der Luft«, das reif war, endlich entdeckt zu werden.
Die Unschärferelation, die uns hier Ansporn und Analogie zugleich ist, stellt das Fundament der modernen Physik dar. Sie gehört zu den atemberaubendsten und kühnsten Entdeckungen unseres Kulturkreises. Es ist eine Aussage über eine strukturelle Beschaffenheit der Natur, die schon *Heisenberg* darüber sinnieren ließ, ob es sich vielleicht nicht doch um weit mehr als eine Regel für den Mikrokosmos handeln könnte. Er fragte sich, ob hier nicht so etwas wie *ein Grundgesetz* für alles Lebendige vorliegen könnte. Diese Überlegungen haben bislang in den Geisteswissenschaften nur begrenzte Beachtung gefunden. Wir selbst meinen nachweisen zu können, daß wir hier auf etwas gestoßen sind, das uns alle nicht mehr loslassen wird und dazu in der Lage ist, den Sozialwissenschaften völlig neue, vielversprechende Wege zu weisen.

> Fazit:
> Wir sehen in der Unschärfe oder – wie Nils Bohr es ausdrückte – im *Gesetz der Komplementarität* deshalb eine so große Sprengkraft, weil sie eine fundamentale Umwertung – zumindest eine starke Korrektur – aller bisherigen Werte beinhaltet. Es geht um ein neues oder zumindest sehr stark verändertes Weltbild! Nicht mehr – aber auch nicht weniger!

V. Die »Sprachen« bei Heisenberg

Die Unschärferelation besagt für den Mikrokosmos, daß ich Raum und Zeit nicht gleichzeitig präzise analysieren kann. Wenn ich den Ort klar ermittelt habe, entgleitet mir die Zeit und umgekehrt. *»Die Sprache des*

3 Barry Johnson, Polarity Management, 1992, HRD Press, Amherst, Mass.

Raumes und die Sprache der Zeit lassen sich nicht miteinander auf einen Nenner bringen«, hat Heisenberg einmal gesagt. Allein daß er von »Sprache« redet, verdeutlicht, daß er mehr oder weniger stark an Kommunikation gedacht hat. Und in der Tat, wenn ich im Falle des Lichts einmal den »Dolmetscher« Korpuskeltheorie benötige und dann wieder den »Dolmetscher« Wellentheorie und beide sich total widersprechen und gegenseitig eigentlich ausschließen, dann gelangt man an die Grenzen menschlicher Verständigung. *Widersprüchlichkeit* ist im klassischen Denken Newtons ein *Makel*. In der Sicht der modernen Physik und im Sinne der daraus abgeleiteten sozialen Unschärfemechanik wird aus dem vermeintlichen Makel ein *neues Weltverständnis*.

Das Nebeneinander einer widersprüchlichen Parallelität hat Heisenberg in die fast prophetischen Worte gekleidet, daß wir uns von jetzt an daran gewöhnen müssen, »mit der Unsicherheit des Widerspruchs zu leben«. Akzeptiert man den Widerspruch und lernt damit zu leben, dann versteht man vieles, was vorher total unverständlich war. Man begreift plötzlich die Mechanik des Kundenverhaltens, den geringen Respons auf millionenschwere Werbekampagnen und das völlig unbefriedigende Echo auf die meisten CI-Konzeptionen. Aber davon später mehr.

Wir glauben diese Mehr- oder Vielsprachigkeit ganz besonders in unserer *Typologie* wiederzuerkennen. Die tiefen und fast unüberbrückbaren Unterschiede und Gräben zwischen den Menschen versteht man besser, wenn man sich mit dem Konzept paradoxer Widersprüche vertraut gemacht hat. Geht man vom Denkansatz der Mehrsprachigkeit aus und unterstellt, daß jeder der sechs Typen seine eigene, für den anderen nur zum Teil verständliche Sprache spricht, dann erschließt sich einem unsere Typologie weit besser. Vor allem wird die *Sprachlosigkeit* klarer, die zwischen Menschen unterschiedlichen Typs entsteht und dann all die Konflikte heraufbeschwört, die uns das Leben schwermachen.

Noch viel überzeugender war der Heisenbergsche Unschärfeansatz, als wir die Frage der Werte und Erfolgsfaktoren angingen, wo wir feststellten, daß alle Werte, Maximen, Glaubensbekenntnisse und Regeln *paradoxe* Erscheinungen sind, die stets von ihren eigenen Widersprüchlichkeiten, ihren eigenen Gegenpolen begleitet werden. Bei den Werten ist es fast so wie in der Teilchenphysik, wo zu Materie stets Gegen- bzw. Antimaterie gehört.

Man begreift diese Zusammenhänge und den Nutzen des Unschärfekonzeptes, wenn man sich den konkreten Fall einer Entscheidung zwischen *Individualität* und *Teamgeist* klarmacht. Hier ist keine optimale Entscheidung im Newtonschen Sinne möglich. Wenn ich mich für *Teamgeist* entscheide, *verbaue* oder *vernichte* ich mir zwangsläufig das Potential, das nun einmal in Individualismus, Freiheitsgraden und Unternehmertum verborgen liegt. Entscheide ich mich hingegen für *Individualität*, verbaue ich mir die segensreichen Potentiale, die in einem »Ziehen am gleichen Strang«, in Einordnung in eine gemeinsame Sache und im Corpsgeist liegen. Daraus folgert, daß es grundsätzlich *keine optimalen Entscheidungen* geben kann, wenn stets und überall Unschärfe vorliegt.

Das ist deshalb nicht möglich, weil ich selbst dann, wenn ich beispielsweise dem Teamgeist eindeutig den Vorzug gebe – was etwa in einer Krisensituation viel Sinn machen würde –, stets etwas einbüße. Ob ich es mag oder nicht, ich richte ein »Zerstörungswerk« dadurch an, daß ich auf den Individualismus verzichte. Dieses »Zerstörungswerk« kann ich nicht gegen die Vorteile des Teamgeistes aufrechnen. Dieses Aufrechnen ist aber die Logik des Optimierens, die sehr stark mit dem Newtonschen Denken verbunden ist und die wir jetzt endgültig hinter uns lassen sollten.

Noch ein Beispiel, das wir oben schon bildlich dargestellt haben: Selbst wenn wir es in der Hand hätten zu wählen, ob wir Männlein oder Weiblein sein wollen, so könnte man sich zwar eine Entscheidung zugunsten eines der beiden Geschlechter vorstellen, aber es wäre sicher keine Optimierung, denn die Wahl für eines von beiden zerstört gleichzeitig alle Möglichkeiten, die dem jeweils anderen Geschlecht offenstehen. Wie ich auch wähle, es bleibt immer ein Stück »verbrannte Erde« zurück.

Unser Problem ist, daß wir uns in unserer Phantasie vorstellen können, individuellen Teamgeist oder teamorientierten Individualismus zu erreichen, so wie wir uns als Mann – wenn auch nur unvollkommen – in die Rolle einer Frau oder umgekehrt hineinversetzen können, aber eben nur in Gedanken, nicht in der Realität, wo wir mit einem von beiden vorliebnehmen müssen, weil sich beides eben *ausschließt*, weil männlich – weiblich ebenso wie individualistisch – teamorientiert *Paradoxien* sind. Im Prinzip ergeht es uns also nicht anders als dem Physiker, der sich zwischen Raum und Zeit entscheiden muß, wo doch beides zugleich zu kontrollieren eine so schöne Lösung wäre.

Fazit:

Im sozialen Bereich empfiehlt sich die Unterstellung, daß wir in sehr hohem Maß von paradoxen Erscheinungen umgeben sind. Liegt eine solche im Sinne eines Wertekonfliktes bei einer Entscheidung vor, so steht uns zwar eine freie Wahlentscheidung offen. Jede Wahl ist dann aber stets ein Pyrrhussieg: Während wir die Vorteile oder die moralische Rechtfertigung des einen Wertes nutzen, müssen wir – wohl oder übel – die Möglichkeiten des anderen, paradoxen Gegenwertes in den Wind schießen lassen. Ein Gegeneinanderaufrechnen erscheint schlecht möglich. Ich kann die Trauer um einen lieben Verwandten nicht mit der dadurch mir zufallenden Erbschaft verrechnen.

VI. Einsteins Äquivalenz von Materie und Energie – nur eine rein physikalische Erscheinung?

Als vorletztes werfen wir eine Frage auf, die *Einsteins* berühmte Energieformel $E = m \times c^2$ zum Gegenstand hat. Wie sehr die wesentlichen Basisentdeckungen der modernen Physik zusammenhängen, wird gerade an diesem Fall deutlich: Diese Äquivalenz von Energie und Materie ist nämlich selbst wiederum ein Beispiel für die Unschärferelation. Es begegnet uns nämlich erneut die paradoxe Situation *zweier Sprachen* im Sinne *Heisenbergs*, denn in unserem Alltagssprachgebrauch sind Energie und Materie zwei grundverschiedene Dinge, die eigentlich nichts gemein haben. Mit Energie und Masse verhält es sich nicht so sehr viel anders wie mit der Korpuskel- bzw. der Wellentheorie bei der Erklärung des Lichtes: Es geht letztlich um das gleiche Licht, das ich untersuchen möchte, aber da der direkte Zugang bislang verwehrt ist, bediene ich mich zweier paradox-gegensätzlicher Sprachen. Unter Zuhilfenahme der zwei Sprachen (eine einzige wäre ideal!) gelingt mir dann ein gewisses, wenn auch nicht voll befriedigendes Verständnis.

Ähnlich verhält es sich mit Energie und Materie, die ja laut *Einstein* absolut das *gleiche* sind, also eigentlich mit einer *einzigen* Sprache erklärt werden müßten – was über den Weg der Mathematik auch möglich ist. Wir armen Menschen, die wir aber diese einheitliche Sprache eben nur mühevoll zustande kriegen, sind deshalb gezwungen, auch weiterhin von Materie einerseits und Energie andererseits zu sprechen, denn die Vereinheitlichung beider Konstrukte ist auf anschaulichem Wege nicht denkbar.

Wir wollen hier nicht philosophisch werden, aber es ist schon eine reizvolle Frage der Erkenntniswissenschaften, welches nun die Wahrheit ist: Ist die mathematisch bewiesene Identität von Energie und Masse (oder Materie) die wahre Einsicht, oder hat unser etwas primitiveres Verständnis von zwei getrennten Dingen, hier Energie, dort Masse, auch einen Wahrheitsgehalt, eine Berechtigung?

Für die Beantwortung dieser Frage sind wir durch den letzten Abschnitt gut gerüstet, denn auch hier können wir uns wieder von der Persönlichkeit des Beobachters nicht gänzlich freimachen. In unserem naiven Denksystem müssen wir mit *zwei getrennten* Ansätzen arbeiten. Haben wir jedoch die lichten Höhen Einsteinscher Intellektualität erklommen – wozu die hohe Mathematik hilfreich ist –, dann können wir uns an der Sonne einer einheitlichen Energie-Materie-Identität wärmen. Der Januskopf einer widersprüchlichen Paradoxie bleibt so oder so.

Verharren wir noch einen Augenblick bei *Einstein* und fragen wir uns, was seine Entdeckung denn eigentlich besagt.

Materie ist demzufolge nichts »Totes«, wie es bei *Newton* noch schien, son-

dern sie existiert als Energie. Und ebenso wie die Materie nicht ohne Energie denkbar ist, so ist Energie gleichzeitig nicht ohne Masse denkbar. Das führte zu der neuen Einsicht, daß auch Licht eine Masse besitzt.
Während es *Heisenberg* nicht gelang, eine Beziehungsformel zwischen Raum und Zeit zu schaffen (seinen Nachfolgern bis heute auch noch nicht), hat *Einstein* diesen gewaltigen Schritt bei Energie und Masse vollzogen. Das Beeindruckendste an dieser Geistestat ist die geradezu spartanische *Simplizität* und *Einfachheit* und die geradezu überwältigende *Eleganz* der Formel $E = m \times c^2$. Schließlich handelt es sich hier um die schwierigsten Zusammenhänge überhaupt. Trotz des Dschungels an Komplexität ist das Ergebnis von beeindruckender Schlichtheit.
Kommen wir damit zur Gretchenfrage: Dürfen wir – seitdem uns *Einstein* sein $\mathrm{E} = \mathrm{m} \times \mathrm{c}^2$ beschert hat – nun auch im sozialen, ökonomischen, politischen Bereich hoffen, daß wir dort etwas von dieser Äquivalenz wiederfinden?
Es liegt außerordentlich nahe, hierüber einmal nachzudenken. Haben wir es denn nicht hier wie dort mit Energie und Materie zu tun? Und noch mehr der Parallelität: Zeigen sich nicht beide hier wie dort in einem ganz und gar verschiedenartigen »Gewande«? Wir denken da automatisch sofort an die »Materie« des Marktes, das sind die *Produkte*. Sie sind der materielle Teil des Marktprozesses. Auf diese trifft nun die *Energie* des nachfragenden, vom Bedürfnisdruck getriebenen Marktpartners, sei es im Falle des industriellen Nachfragers in Gestalt des Einkäufers oder im Falle des privaten Konsums in Gestalt des nachfragenden Verbrauchers.
Hätte es eigentlich nicht schon längst nahegelegen, diese Parallelität zu sehen und zu nutzen?
Aber setzen wir unsere Analyse gleich mit der Frage fort: Dürfen wir unterstellen, daß wir es auch in der sozialen Welt mit zwei Größen zu tun haben, die sich *wechselseitig erklären*? Sich vielleicht wechselseitig bedingen und – was der Gipfel wäre – vielleicht sogar das *gleiche* sind. Könnte es sein, daß wir es ebenfalls wieder mit *zwei Sprachen* zu tun haben? Könnte auch hier die Zweisprachigkeit nur Ausdruck unseres Unvermögens sein, die Dinge korrekt als Einheit zu sehen?
Der Gedanke liegt so nahe, denn wir haben es ja in der Tat mit einem Dualismus zu tun. Einmal begegnet uns die *psychische Handlungsenergie*, wenn ein Mensch ein Produkt nachfragt und schließlich kauft. Dem steht ein *materielles Gut* gegenüber. Die Brücke zwischen beidem zu schlagen ist eines der *Kernprobleme der Markt- und Marketingtheorie*. Dabei sagt uns schon die reine Überlegung, daß es erst die nachfragende Energie ist, die das materielle Gut zum Leben als Marktgut »erweckt«. Andererseits ist die Nachfrageenergie relativ sinnlos, wenn sie sich nicht an ein materielles Produkt »anhängen« kann, oder eher tiefenpsychologisch ausgedrückt: Ein Produkt wird psychisch »besetzt«.

Wären diese Überlegungen richtig, dann müßte die Frage gestellt werden, ob es uns vielleicht gelingen könnte, eine *Markt- und Managementformel* – ähnlich der Einsteinschen – zu formulieren, die beides auf eine mathematische oder quasimathematische Art und Weise zusammenführt. Daß dies der Marketingtheorie ganz neue Wege weisen würde, braucht hier vermutlich gar nicht groß betont zu werden.

Fazit:
Allein reines Nachdenken – auch bereits ohne ausgiebige empirische Prüfungen – legt es nahe, die Äquivalenz von Nachfrageenergie und physischem Produkt zu prüfen. Genau dies werden wir im nächsten Kapitel erfolgreich bewältigen.

VII. Die Relativität – auch ein Gesetz im sozialen Raum?

Beginnen wir bei einer der schlimmsten Leerformeln, die derzeit im Umlauf sind, nämlich mit der in so vielen Firmenleitsätzen festgehaltenen Behauptung: »Bei uns steht der Mensch im Mittelpunkt.« Daß er dort mehr im Wege steht, haben Scherzbolde dann schon immer hinzugefügt, weil sie wohl auch empfanden, daß diese Behauptung allzuoft leichtfertig mißbraucht wird. Hätte die menschliche Persönlichkeit wirklich dieses Gewicht, so müßten wir viele Dinge ganz anders sehen – auch und gerade im Marketing. Dort herrscht – wenn man den Dingen ehrlich auf den Grund geht – ein Denken, über das man lieber schreiben sollte: »Bei uns steht das Produkt im Mittelpunkt«, und wir sind erst mühsam dabei, erste Schritte der Abkehr vom rein Materiellen zu vollziehen.
Nur zwei ganz kurze Beispiele, um zu verdeutlichen, wie schwer der Schritt zum Persönlichkeitsdenken ist:

(a) Wenn Marketingleute, Produktmanager und Entwickler über ein Produkt sprechen, so sagen sie: »Diese Kaffeepackung schaut elegant aus« oder: »Dies ist eine sehr handliche Maschine, denn alles liegt griffgünstig«, oder sie stellen fest: »Der Duft dieses Eau de toilette für den Mann ist nicht herb genug und zu feminin.«
Daran ist – so scheint es beim ersten Betrachten – eigentlich nichts falsch, und dennoch: Wenn wir wirklich glauben, daß der Mensch im Mittelpunkt steht, dann sind solche Feststellungen wie die eben zitierten eine glatte *Ungeheuerlichkeit*. Warum?
Nehmen wir ein zweites Beispiel. Es sind die gleichen drei Produkte wie

vorher, nämlich Kaffee, eine Maschine und ein Eau de toilette. Die Äußerungen, die jetzt folgen, haben die Enge des physischen Produktdenkens bereits etwas hinter sich gelassen.

(b) In diesem Fall sagen die Marketingleute: »Diese Kaffeepackung trifft das Geschmacksempfinden Gebildeter« oder: »Für Bastler und Vielverwender, wo es auf Griffgünstigkeit ankommt, ist dies die ideale Maschine« oder: »Der Duft dieses Eau de toilette für Herren ist mehr für Männer, die solche Sachen selten benutzen.«
Merken Sie den Unterschied zwischen (a) und (b)? Die Äußerungen der Gruppe (a) sind deshalb so unerträglich, weil der Produktmanager hier selbstherrlich Feststellungen macht, die eigentlich doch nur *sein* Urteil und *seine* Einstellung wiedergeben. Die Äußerungen (b) sind schon ein Stückchen besser, denn sie unterstellen einen *Menschen als Marktpartner*, auf dessen Umfeld und auf dessen Charakteristika man einzugehen versucht: Die Kaffeepackung wird mit dem Bildungsumfeld in Verbindung gebracht, und es wird unterstellt, daß der Kunde – vorausgesetzt, er verfügt über eine gewisse Bildung – die Packung möglicherweise mit anderen Augen sieht. Oder man versetzt sich in die Rolle des Dauerverwenders eines bestimmten Gerätes, oder man denkt an einen nur gelegentlichen Duftverwender.

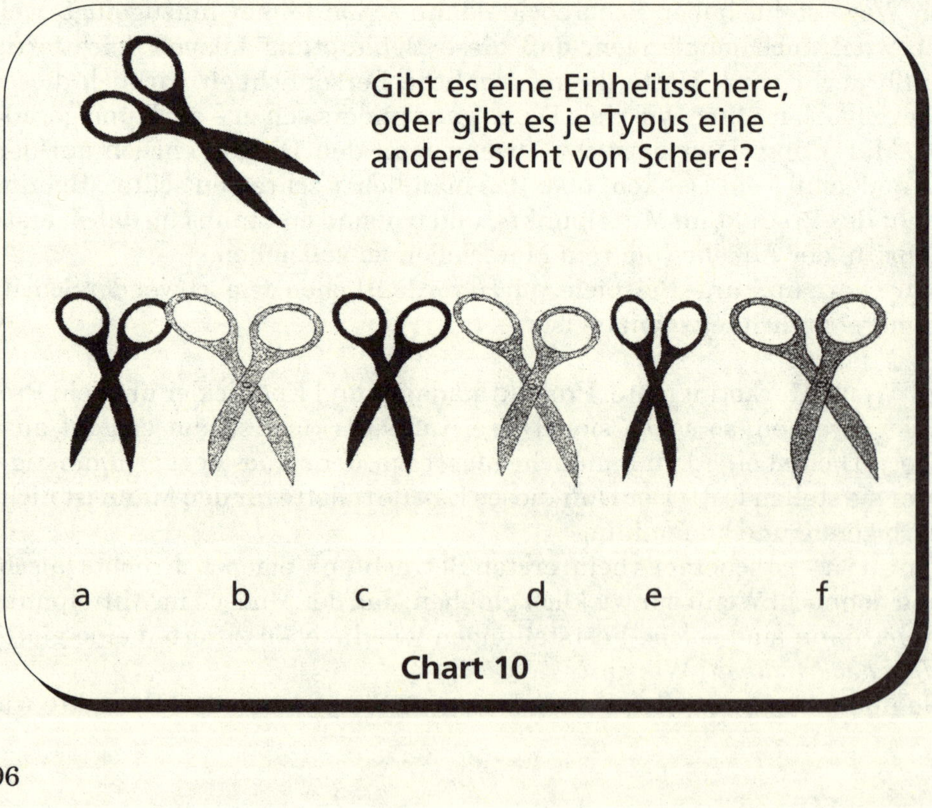

Chart 10

Was auch immer – es läßt das Bemühen erkennen, sich in den anderen hineinzuversetzen, etwas aus seiner Situation heraus zu beurteilen.
Doch genügt das?
Der Verdacht geht dahin, daß dies in der Tat noch *nicht* genügt. Wenn es richtig ist, was später noch nachzuweisen ist, daß nämlich die unterschiedlichen menschlichen Typen die Welt mit ihren Augen sehr unterschiedlich sehen – und zwar so unterschiedlich, daß völlig andere Welt- und Marktbilder dabei herauskommen –, dann müssen wir uns in der Tat einen wesentlichen Schritt weiter in Richtung Nachfrager bewegen.
Das Abenteuer der Kommunikation ist das Abenteuer der Ausrichtung auf die besonderen Bedürfnisse der sechs Typen. Um es unter Zuhilfenahme des Charts mit den Scheren zu sagen: Die eine »Einheitsschere« gibt es nur in der Produktion oder im Einkauf. Dort genügt es, das Produkt als Unikat zu sehen. Wenn aber ein Erzeugnis die Bühne des Marktes betritt, dann verwandelt es sich in *sechs* Scheren, und wir werden später nachweisen, daß im Marketing nur diese sechsfache Optik legitim sein kann. Dies ist Ausdruck Einsteinschen Relativitätsdenkens: Nur die relative Sicht »in bezug auf einen so oder so gearteten Menschen« ist statthaft.

Übersicht über die besprochenen Faktoren

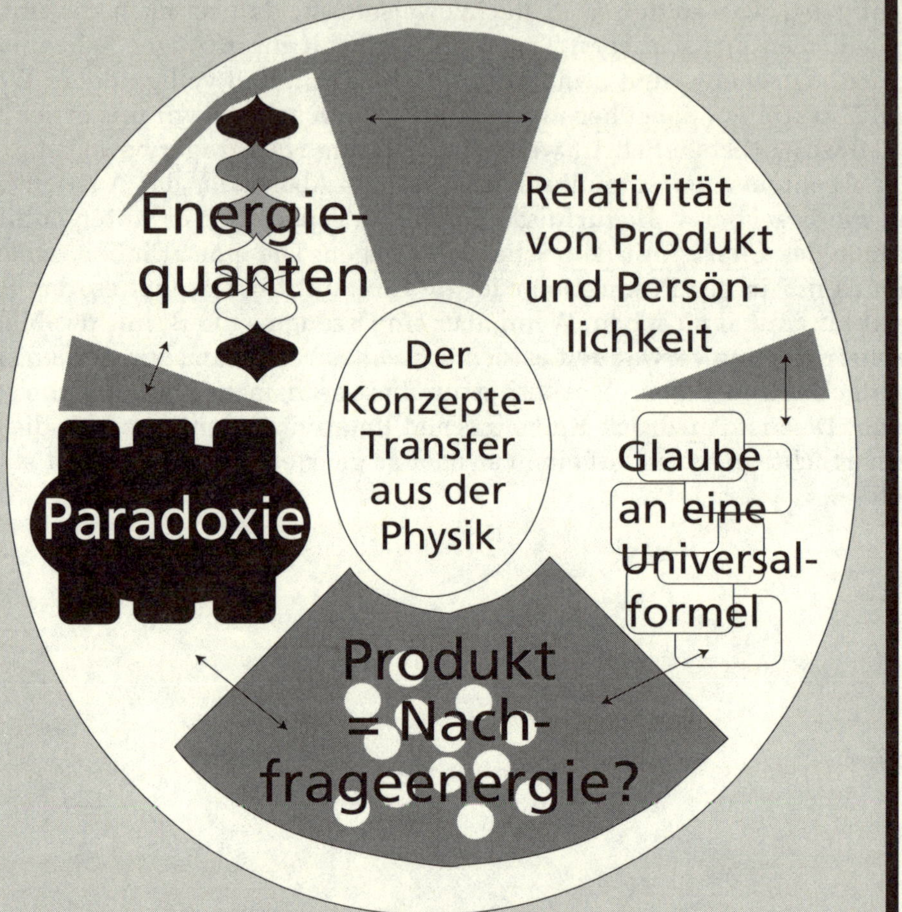

Das Netz gegenseitiger Abhängig-
keiten bei den aus der Physik
entliehenen Ideen

Chart 11

Fazit:
Wir treten also für eine zu Ende gedachte, völlige und totale Relativität ein, die jedes Produkt, das die Szene von Markt und Kommunikation betritt, in ein Objekt verwandelt, das nur aus der Sicht des jeweiligen Menschentyps verstanden werden kann. Daß die Alltagspraxis von Marketing und Management diesen Grad der Persönlichkeitsorientierung immer noch relativ selten erreicht, ist ihr schwerwiegender Fehler. Genau hier liegt die Ursache für jene gigantische Verschwendung von mindestens 200 Milliarden Mark Jahr für Jahr.

Damit können wir die vorbereitenden Überlegungen abschließen und werden uns nun an die erste und wichtigste Aufgabe heranwagen, nämlich die Fülle des Marketinggeschehens und des Managements in einer einzigen Formel zusammenzufassen. Damit wir uns im Sinne eines großen Überblicks in Erinnerung rufen können, wo wir geistig herkommen, soll das Schema von Chart 11 eine Orientierungshilfe geben, indem dort die Zusammenhänge der besprochenen Faktoren noch einmal bildhaft nachgezeichnet werden.

Kapitel 9

Die Schlüsselformel der sozialen Intervention

Der Anregung Poppers folgend, stellt diese Arbeit den Versuch dar, eine höchst vielfältige und komplexe Realität auf drei Buchstaben zu konzentrieren: **E**, **P** und **K**. Wenn diese Reduktion gelungen sein sollte, dann stellt sich uns die Aufgabe, diese ominösen Lettern optimal zu erklären. Um so mehr, als wir trotz der Kürze dieser Formel davon überzeugt sind, die für das Management, die Firmenkultur und für das Marktgeschehen maßgeblichen Faktoren damit umfassend und vollständig bestimmt zu haben. Diese Faktoren darzustellen, verständlich und für die Praxis verwendbar zu machen, das ist unser Ziel. Dabei dreht sich alles um die Werte der menschlichen Persönlichkeit, um die Auslösung von psychischer Energie und um Kommunikation, die solche Energien freisetzt.
Wir gehen aber noch einen Schritt weiter: Wir wollen diesen Dreiklang aus **E**, **P** und **W** als das *entscheidende Grundelement* unserer Kultur begreifen. Wir sprechen also über weit mehr als nur eine Wirtschaftsformel, vielmehr beschäftigen wir uns mit Grundbefindlichkeiten des Lebens. Deshalb besitzen unsere Überlegungen Relevanz für Politik, Kulturmanagement, Bildung und Erziehung, die Medien und für alle sozialen Beziehungen, seien es Ehe, Familie, Betrieb, Team oder Gruppe.

I. Zivilisation ist Regel und Formel

Der zivilisatorische Fortschritt in unserer Kultur drückt sich zu einem erheblichen Teil darin aus, daß wir in komplexen Zusammenhängen *Regeln* erkennen und diese – so möglich – in *Formeln* ausdrücken. Auf diesem Wege haben die Naturwissenschaften Erfolg an Erfolg gereiht. Einige dieser Formeln – man denke an Einsteins $E = m \times c^2$ – spiegeln auf engstem Raum ein ganzes Weltbild wider.
Die Sozialwissenschaften sind nur sehr vereinzelt zu solch strenger Regelhaftigkeit vorgestoßen. Nicht zuletzt deshalb ist der Fortschritt dort äußerst gering, mißt man ihn am unaufhaltsamen Vorwärtsstürmen der Naturwissenschaften, besonders der Physik. Für den Bereich des Sozialen gilt, daß man glaubt, die genial einfachen Strukturen vieler Formeln

der Physik dort *nicht* erreichen zu können. Die wenigen Fälle, in denen dieses im WISO-Bereich dennoch gelang – etwa die Angebots-Nachfrage-Gleichung der Nationalökonomen –, waren scheinbar jedoch nicht Ansporn genug, vermehrte Anstrengungen zu unternehmen, um eben doch zu ähnlich universalen Gesetzmäßigkeiten vorzudringen.
Im Gegensatz zu dieser kleinmütigen Verzagtheit sind wir der Auffassung, daß wer nicht den kühnen Wurf wagt, auch nicht fündig wird. Solche Vorstöße werden allerdings, wie bereits zuvor erwähnt, vom linearen Denken *Newtons* Abstand nehmen müssen, das den sozialen Bereich immer noch penetrant beherrscht, obgleich *Newton* nun bereits seit einem ganzen Jahrhundert als überwunden angesehen werden darf.
Mutlosigkeit, fehlende neue Denkansätze und ein weitgehend überholtes Weltbild Newtonscher Linearität erscheinen uns als Ursache dafür, daß die Sozialwissenschaften weitgehend darin versagt haben, die wichtigsten Sozialprobleme unserer Zeit wegweisend zu analysieren und zu ihrer Lösung machbare Vorschläge zu unterbreiten. Wie sonst wäre es begreiflich, daß den Wissenschaftlern von der Frage der Massenarbeitslosigkeit über die Standortfrage bis hin zur sozialen Sicherung bei steigender Überalterung der Bevölkerung, von der Weiterentwicklung der Demokratie über die Bildungsmisere bis hin zur Entbürokratisierung *kaum Brauchbares* eingefallen ist.

Dabei gibt es für den fehlenden Elan eigentlich kaum objektive Gründe. Im Gegenteil, die nachfolgenden Einsichten deuten eher darauf hin, daß wir die wichtigsten sozialwissenschaftlichen Entdeckungen wohl noch vor uns haben. Der Mensch und damit auch seine sozialen Netzwerke sind ein Teil der Natur. In letzterer haben wir ein erstaunlich *hohes* Maß an Regelwerk und Formeln entdeckt. Wir haben deshalb allen Grund zu der Annahme, daß es keinerlei überzeugende Begründung gibt, daß die Sozialwissenschaften hinter der Physik einherhinken müssen. Dies um so mehr, als der Mensch, der ja selbst ein wenn wohl auch besonders kompliziertes Teil der Natur ist, in zunehmendem Maße enträtselt wird. Im Zuge dieser Forschung (man denke an die Genetik) hat sich zwar die Notwendigkeit *neuer Denkansätze* gezeigt, andererseits ist es ermutigend, daß wir keinesfalls das blanke Chaos oder die bloße Zufälligkeit gefunden haben, sondern nachvollziehbare Strukturen.
Weiterhin dürfte Voltaires berühmte Vermutung noch heute gelten: »Wenn wir in einem Teil der Natur eine bestimmte Struktur erkannt haben, spricht alles dafür, daß wir sie in einem anderen Winkel des Lebens wiederfinden werden.« Wir glauben deshalb: Die Physik, die Genforschung, die sehr erfolgreiche Hirnforschung, sie haben allesamt

mit zunehmendem Wissen auch zunehmend mehr Regeln und Ordnung entdeckt. Insofern scheint uns die Wahrscheinlichkeit sehr groß, daß wir mit durch neue Ansätze anwachsendem Wissen bald entdecken werden, daß die sozialen Beziehungen ebenfalls nach heute noch unentschlüsselten Gesetzmäßigkeiten ablaufen, so daß sie – innerhalb gewisser Grenzen – *plan-, vorherseh- und berechenbar* sind oder es doch bald sein werden.
Hier – wie auf vielen anderen Gebieten – herrscht Kleingläubigkeit, und man gibt sich tausendfach mit einem dümmlichen »Es kommt drauf an ...« zufrieden. Es bedarf allerdings der Aufbruchstimmung und der Bereitschaft, sich noch Ungedachtem zu öffnen. Das Nachfolgende ist ein Versuch in diese Richtung.
Was nun steckt genau hinter der Formel, der wir bereits so hohe Loblieder gesungen haben?

II. Die Elemente der Formel E = P x K

»E« ist die Energie, die eine soziale Intervention auslösen soll. Sie ist also das eigentliche *Ziel* des Handelns. Eine Intervention, die eine solche Energiefreisetzung *nicht* beabsichtigt, ist keine. *E* ist psychische Kraft. Es ist das, was unsere soziale Welt in Bewegung hält. Statt »Intervention« könnten wir auch sagen: Eingriff, Beeinflussung, Verkaufsangebot, Wahlversammlung, Appell etc.

»P« steht für die menschliche Persönlichkeit. Da diese in ihrer Gesamtheit uns keine direkte, meßbare Zugangsmöglichkeit eröffnet, gehen wir die Persönlichkeit über die Werte »W« an. Genauer: Wir definieren die Persönlichkeit als *die Summe aller Werte* $W_1 + W_2 + W_3 \ldots + W_n$.
Wir modifizieren also unsere Formel und schreiben $E = (W_1 + W_2 + W_3 \ldots + W_n) \times K$ oder auch etwas vereinfacht $E = W \times K$.
Was nun sind diese Werte?
Wir verstehen darunter alle nach Ausgleich, Harmonie oder Befriedigung strebenden Spannungszustände physischer, psychischer oder moralisch-sittlicher Art.
Dies geht weit über den in der Nationalökonomie gern verwendeten Begriff des »Bedürfnisses« hinaus, denn »Werte« schließen beispielsweise ethische Grundeinstellungen, soziale Ziele, Visionen und Missionen ein, während der Termimus Bedürfnis doch vornehmlich der *Nützlichkeit* verhaftet ist. In unserer modifizierten Schlüsselformel:

$$E = (W_1 + W_2 + W_3 \ldots + W_n) \times K$$

fehlt uns jetzt nur noch »K«.

»K« bezeichnet die Kommunikation. Dies sind alle Reize, die im Zusammenhang mit der Intervention auf die Persönlichkeit einwirken.
Im Falle des Vertriebs von Konsumgütern nimmt *K* häufig die Form der Werbung an. *K* schließt stets die vergangenen Eindrücke und Erfahrungen mit ein. Um im Beispiel der Konsumgüter zu verbleiben: Die »Aura« oder das generelle Image des beworbenen Produktes und des Herstellers sind – über die gerade wirksame Werbung hinaus – stets mit von der Partie.
K kann ein Verkaufsgespräch, eine Wahlveranstaltung oder die Anweisung eines Vorgesetzten, aber auch eine Liebeserklärung sein.
Im Industriebereich wird die Rolle von *K* oft von Fach- oder Verkaufsgesprächen und Prospektmaterial übernommen. Dort fließt regelmäßig die Corporate identity (CI) der Herstellerfirma mit ein, die häufig in Form bereits früher erlebter Imageimpulse stark auf die gegenwärtig laufende Intervention Einfluß nimmt.
Im wirtschaftlichen Bereich bezieht sich die Kommunikation fast immer auf ein Produkt oder eine Dienstleistung. Der Begriff der Kommunikation geht aber weit über den rein wirtschaftlichen Raum hinaus; insofern kann *K* ebensogut die politische Aussage einer Partei, die Strategie eines Unternehmens, ein Kunstwerk, die Verfassung oder einen CI-Auftritt bezeichnen.
Wir haben in der bisherigen Betrachtung ausschließlich positive, *anziehende* Werte besprochen. Dies geschah, um die Einführung in diese neue Denkweise nicht ungebührlich zu überfrachten, aber dieses Vorgehen ist nicht ganz korrekt, denn natürlich gibt es auch *abstoßende* Negativ-Werte. Zum Beispiel stößt die Sportlichkeit, die man dem BMW nachsagt, zwar bei dessen Anhängern auf große Gegenliebe, aber die ängstlichen #5 »Verläßlichkeitssucher« stößt diese Sportlichkeit ab. Sie setzen lieber auf Nummer Sicher. Deshalb jetzt eine leichte Korrektur unserer Formel.
Haben wir bisher die positiven Werte $W_1 + W_2 \ldots + W_n$ aufaddiert, so behandeln wir die negativen Werte logischerweise umgekehrt, nämlich indem wir sie *abziehen*. Negativ-Werte kennzeichnen wir mit dem Symbol NW und numerieren sie fortlaufend.

Beispiel 1:
$W_1 + W_2 - NW_3$ entsprechen den Zahlenwerten $8 + 14 - 12 = 10$.
Das bedeutet, daß wir in unserer Energieformel $E = W \times K$ die Kommunikation mit 10 multiplizieren. Es findet also eine *Verstärkung* der Energie statt, wenn positive Werte, und eine *Abschwächung*, wenn negative Werte angesprochen wurden.

Beispiel 2:
$W_1 + W_2 - NW_3 - NW_4$ entsprechen den Zahlenwerten $3 + 14 - 12 - 5 = 0$.
Das hieße, daß sich die positiven, anziehenden und die negativen, ab-

stoßenden Werte *gegenseitig aufheben.* Die Kommunikation wird zur Wirkungslosigkeit verurteilt, denn wenn ich etwas mit »0« multipliziere, kommt 0 heraus.

Beispiel 3:
$W_1 - NW_2 - NW_3$ entsprechen den Zahlenwerten 8 – 14 – 7 = –13. Das besagt nun, daß es dem Werbenden nicht geglückt ist, genügend positive Werte zu aktivieren. Es wird dem beworbenen Produkt ein Bärendienst erwiesen, denn es entsteht anstatt Zuneigung oder gar Begeisterung eine deutliche *Ablehnung*.
Hinweis: Die Ablehnung ist leider der bei weitem häufigere Fall. Dies wird vor allem durch die Charts 31 und 33 auf den Seiten 203 und 206 bestätigt.

Wir haben damit unsere ursprüngliche Formel erweitert und sie näher an die Realität herangeführt.

III. Das Entscheidende

Im Zentrum unserer Formel steht die Multiplikation von *W* mit *K*. Was bedeutet dies? Warum ist es keine Addition oder eine Potenzierung?
Die Tatsache, daß wir es mit einer Multiplikation zu tun haben, besagt, daß der Gesamtwert *E*, der sich ja aus der Multiplikation ergibt, mit gleichzeitig größer werdendem *W* und *K* ungemein stark zunimmt. W = 2 und K = 2 ergibt als Energiewert 4. Verdoppeln sich *W* und *K* auf jeweils 4, so vervierfacht sich *E* und ergibt 16. Wächst nun *K* noch etwas, also sagen wir um 50 Prozent auf 6, so schnellt *E* gleich auf 24 hoch. Anders ausgedrückt: Je stärker *W* und *K* sind, desto erheblicher sind die Auswirkungen schon geringfügiger weiterer Steigerungen von *W* oder *K*. Man könnte sagen: *W* und *K* schaukeln sich bei starkem W oder K gegenseitig hoch. Das wäre bei einer Addition (also W + K) nicht möglich.
Man kann übrigens den Beweis führen, daß es eine Multiplikation sein *muß* und keine Addition sein kann. Wenn nämlich die Kraft, die hinter einem Wert W_1 steckt, gleich 0 ist, dann muß jede Angebotsdimension – auch wenn sie ihr Angebot noch so trefflich und geschickt vorträgt – in der Multiplikation ebenfalls 0 ergeben. Anders ausgedrückt: Werbung kann sich noch so abstrampeln – ihre Wirkung muß 0 sein, wenn sie kein Bedürfnis anspricht.
Hier ein Beispiel: Wenn jemand, der von modernem Design absolut gar nichts hält, bei dem folglich die Werteenergie 0 beträgt, wenn also dieser auf ein Produkt mit ganz überzeugendem modernen Design trifft, dann darf es nicht zur Nachfrageenergie kommen. Bei einer Addition wäre dies

eben gerade nicht so. Das besondere Wesen der Multiplikation, daß eine 0 sie gleichsam zunichte macht, ist hier absolut erforderlich, denn wenn ich etwas nicht mag, dann darf es mich nicht »heiß« machen, wie gut es für *andere* auch sein mag.

Da die Multiplikation ein so wichtiges Element unserer Formel ist, werden wir sie weiter unten durch einige Analogien noch weiter zu beleuchten und verständlich zu machen versuchen.

IV. Die Quantifizierung

Wir würden von dieser Formel $E = W \times K$ kein so großes Aufheben machen, könnte man diese Formel nicht mit konkreten Zahlen füllen und mit ihrer Hilfe nicht höchst interessante Vergleiche anstellen, die beispielsweise etwas über die Marktmacht von miteinander in Konkurrenz stehenden Produkten aussagen.

Der erkenntnistheoretisch interessierte Leser sei darauf hingewiesen, daß mit diesem Konzept des Vergleichens die Relativität Einzug hält: Die Formel bekommt ihre *Existenzberechtigung* erst durch eine vergleichende Betrachtung mehrerer Energiemessungen für *verschiedene* Produkte oder Dienstleistungen.

Wenn E für nur ein einziges Produkt isoliert gemessen wird, besagt dies überhaupt nichts. Aber wenn uns ein *Angebot A* und ein *Angebot B* vorliegen, dann werden sich $\mathbf{E_a}$ und $\mathbf{E_b}$ vergleichend messen. Beträgt das Energiekonto von $\mathbf{E_a}$ 8 Punkte und von $\mathbf{E_b}$ 22 Punkte, dann ist das eine ganz handfeste Aussage, denn $\mathbf{E_b}$ ist dann das überlegenere Produkt, das im Konkurrenzkampf mit großer Wahrscheinlichkeit den Sieg davontragen wird.

Es ist also lediglich eine *relative* und keine *absolute* Erkenntnis möglich. Hierbei kommt uns nun zugute, daß es mehr und mehr zur Überzeugung führender Denker wurde, daß absolute Erkenntnis grundsätzlich unmöglich ist und wir uns mit relativen Einsichten begnügen müssen. Absolute Einsicht ist nicht zu haben, aber aus dem Vergleich (in unserem Falle E_a mit E_b) erschließen sich uns wichtige Teilerkenntnisse, die meist auch völlig ausreichen.

Aber kehren wir aus dem Reich der Philosophie nun wieder in das Reich der Marktforschung zurück, wo uns jetzt die Quantifizierung unserer Formel beschäftigen wird.

V. Swatch und Junghans – Analyse und Vergleich

Wir wollen jetzt ein jedermann bekanntes Erzeugnis der Uhrenindustrie als Beispielfall heranziehen: die *Swatch-Uhr*, den vermutlich erfolgreichsten Konsumartikel des letzten Jahrzehntes. Ihm sei die *Junghans-Funkuhr* gegenübergestellt.
Damit wir Mißverständnissen vorbeugen, erst noch einmal eine Produktdefinition: Es geht um die Swatch-Standarduhr, also nicht um die phantasievollen, nicht immer ganz erfolgreichen Anschlußprodukte mit erweiterten Produktfunktionen, sondern um die einfache Uhr mit zwei Zeigern, einem modischen Zifferblattdesign und einem einfachen Armband.
Diese Standardswatch wird verglichen mit der Junghans-Funkuhr, die über Funksignale gesteuert wird (wie eine Bahnhofsuhr). Auch hier gab es spätere Erweiterungsprodukte, um die es hier gerade *nicht* gehen soll (Piepser etc.).

(a) Die Problemstellung

Mit welchen Fragen und aus welcher Position heraus wollen wir den Vergleich der beiden Uhrenmarken nun angehen?
Wir versetzen uns zunächst in die Rolle der SMH, der Herstellerfirma der Swatch. Diese interessiert sich natürlich besonders für *potentielle* Swatchkäufer. Um deren Charakteristika zu ermitteln, sucht sich der Marktforscher 200 potentielle Nachfrager aus, die von sich behaupten: »Ja, die Swatch ist eine interessante Uhr und käme für mich durchaus in Betracht.«
Die nachste Frage ist dann die: Wie sieht das *Werteprofil* dieser Gruppe aus? Da jede Gruppe aus einzelnen Individuen besteht, schildern wir das Vorgehen zunächst an einer einzelnen Versuchsperson (VP). Was also ist deren persönliches Werteprofil?
Wir beantworten die Frage, indem wir der Einzelperson (später allen anderen der Gruppe) eine Liste mit 40 Werten vorlegen.

Liste mit 40 Wertvorstellungen

1. ______	2. ______	3. ______	4. ______	5. ______
6. ______	7. ______	8. ______	9. ______	10. ______
11. ______	12. ______	13. ______	14. ______	15. ______
16. ______	17. ______	18. ______	19. ______	etc. etc.

Für jeden Wert erfragen wir die persönliche Bedeutung für die VP. Eine dieser Neigungen und Werte sei die »Freude am Sammeln«. Diese Neigung untersuchen wir nun auf dem Wege der Befragung, deren Vorgehensweise im folgenden aufgezeigt wird.

(b) Intensitätsbestimmung durch in der Marktforschung übliche Skalenfragen

Interviewer: Manche Leute haben Freude daran, *Dinge zu sammeln.* Sagen Sie bitte anhand dieser Bewertungsskala, ob und inwieweit das auch auf Sie zutrifft.

0	1	2	3	4	5	6	7
überhaupt nicht	fast nicht	ganz gering	etwas	ziemlich	stark	sehr stark	über alle Maßen

Die Versuchsperson entscheidet sich für die Position »sehr stark«, die in unserer Skala mit 6 Punkten bewertet wird.
Der Interviewer kann nun weiterfragen: »Hat Sammeln oder die Freude am Sammeln etwas mit der Swatch zu tun?«
Die Versuchsperson bejaht dies.
Was ist geschehen? Wir haben aus einer Fülle von Werten einen bestimmten ermittelt, der offensichtlich für die VP von Relevanz ist. Wir wissen nun, daß dieser hohe Bedeutung für sie hat.

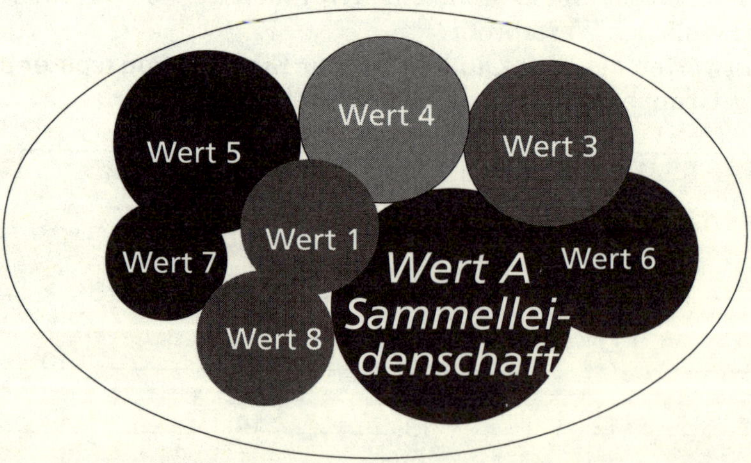

Die Gretchenfrage ist nun diese: Entspricht die Swatch dieser starken Wertschätzung der VP?

Bevor wir diese Frage beantworten, bleiben wir noch einen Moment bei den Werten.
Obgleich wir weitaus mehr Werte abgefragt haben als in der Abbildung wiedergegeben, so wollen wir uns hier – der Einfachheit halber – auf nur acht Werte beschränken. Einen davon, nämlich den zweiten Wert – den wir jetzt in *Wert A* umbenennen –, haben wir als bedeutsam erkannt.
Nun sagt uns der gesunde Menschenverstand, daß es vermutlich äußerst selten ist, daß nur ein *einziger* Wert über den Kauf entscheidet. Wir gehen deshalb *weitere* Werte durch, stellen ihre Stärke fest und ermitteln dann, ob sie für den Kauf einer Swatch relevant sind.
Die folgenden Abbildungen beruhen auf authentischen Daten. Wir haben eine real befragte Person vor uns, bei der wir drei *relevante Werte* zu erkennen glauben. (Wir nehmen einmal vorweg, was wir aufgrund unserer Untersuchungen wissen: Diese drei Werte sind nicht nur für diese eine Person, sondern für die Mehrzahl aller potentiellen Swatchkäufer wichtig.)

(c) Von den allgemeinen zu den relevanten Werten
Die zwei nachfolgenden Rangordnungen schildern die Situation.

Alle Werte

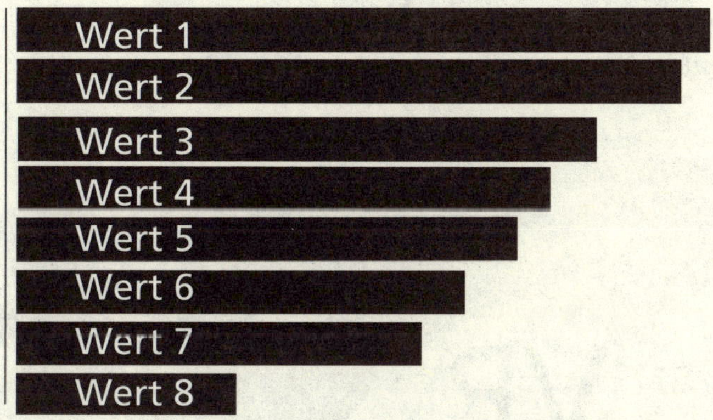

Nur die relevanten Werte zählen

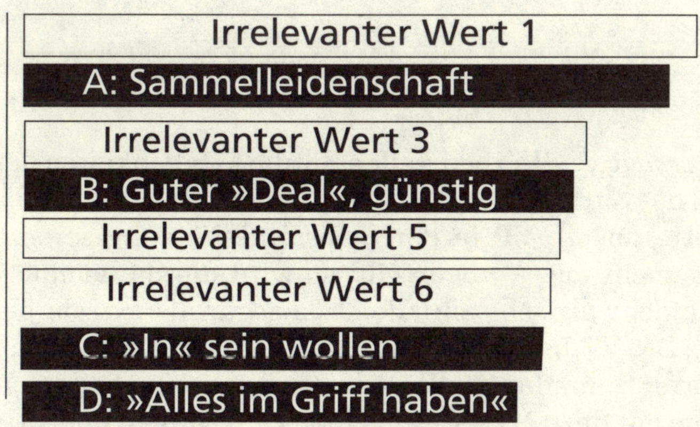

Wir haben nun also vier relevante Werte empirisch ermittelt und damit den für das Swatchgeschäft entscheidenden Teil der Persönlichkeit analysiert. Es handelt sich – neben der bereits angesprochenen Sammelleidenschaft (A) – um den Wunsch nach einem »guten Deal«, das heißt also nach einem günstigen Geschäft, nach einem »Schnäppchen«. Ferner spielt »in« sein zu wollen (C) eine, wenn auch geringfügigere Rolle. Noch schwächer stellt sich Wert D dar, der Wunsch, »alles im Griff« haben zu wollen.

(d) Die Konfrontation

Diese Werte W_A, W_B, W_C und W_D sind eine latente, aber derzeit noch schlummernde, noch nicht aktivierte Energiequelle.

Was geschieht nun weiter? Wir wenden uns in unserer Formel jetzt von *W* ab und der Kommunikation *K* zu. Damit *Kaufenergie* ausgelöst wird, muß es zu einer Begegnung zwischen *W* und *K* kommen.

In den Wahrnehmungskreis des Individuums (VP) tritt nun das Angebot Swatch, wie wir es symbolisch durch die nachfolgende Zeichnung dargestellt haben. Um auch hier zu quantitativ meßbaren Reaktionen zu kommen, wird unser Befragungsteilnehmer nach den Qualitäten befragt, die das Angebot seiner Ansicht nach in Bezug zu den vier relevanten Werten besitzt. Beginnen wir mit dem Wert A.

Interviewer: »Wie beurteilen Sie die Möglichkeiten der Swatch im Hinblick auf das Sammeln? Bitte geben Sie Ihre Meinung anhand dieser Skala ab.« Hatte unsere VP in der Selbsteinschätzung seine eigene Neigung zum Sammeln mit »6« beurteilt, so wird die Sammelmöglichkeit der Swatch nunmehr als sehr einladend, ja sogar als extrem herausfordernd bewertet. Die VP hat sich daher für 7 Punkte entschieden. Ein ziemlich begeisterter Sammler ist also auf etwas gestoßen, das sich in seinen Augen extrem gut dazu eignet, sein Hobby auszuüben und zu realisieren. Die nachfolgende Skala zeigt die Reaktion von VP auf die Kommunikation »Sammelmöglichkeit« an.

0	1	2	3	4	5	6	7
überhaupt nicht	fast nicht	ganz gering	etwas	ziemlich	stark	sehr stark	über alle Maßen

(e) Das Ausmultiplizieren von W und K

Wir multiplizieren nun also die Werte-Punkte »6« mit »7« und erhalten »42« als Ergebnis. Wir behaupten nun, daß die Begegnung der VP mit der Swatch ein *Energiewertepotential* von 42 auslöst. Dies war möglich, weil das Angebot Swatch zu signalisieren vermochte, daß VP ihren Wert, ihre Neigung, ihr Hobby vermittels der Swatch *»ausleben«* kann. Es entsteht ein Energiefeld, gleichsam eine psychophysische »Aufladung«.

(f) Mehrere Werte begegnen mehreren Botschaften

Wir haben weiter oben bereits darauf hingewiesen, daß bei der Begegnung des Menschen mit einem Angebot stets *mehrere* Werte und *mehrere* Angebotsdimensionen berührt werden. In diesem Falle konnten wir *vier* Werte ermitteln und haben dementsprechend das Angebot daraufhin überprüft, ob es Botschaften enthält, die glaubwürdig versprechen, daß die Swatch diesen vier Werten entgegenkommt, also die darin enthaltenen Bedürfnisse befriedigt und sich harmonisch in das *Wertenetz gleichsam einbettet.*

(g) Das Energie-Gesamtbild von Chart 12

Wir stellen die vier Werte und ihre Entsprechung im Angebot der Swatch jetzt auf der Seite 113 dadurch bildhaft dar, daß wir das jeweilige Votum der VP anhand der Skalen wiedergeben. Die drei Energiezahlen pro Wert zählen wir dann zur Gewinnung der Gesamt-Energiezahl zusammen. Dabei ist die Summe aus E_A, E_B, E_C und E_D das Entscheidende.

VI. Mögliche Analogien

Man kann sich die Begegnung der beiden Systeme *W* und *K* mit einem einfachen Bild verdeutlichen: Es ist wie bei einem leeren Gummischlauch, der schlaff am Boden liegt. Obgleich in ihm die spätere Form eines aufgeblasenen Reifens bereits vorweggenommen ist, muß erst jemand mit der

Luftpumpe kommen, damit der Reifen brauchbar und einsatzfähig wird. Der luftleere Schlauch »an sich« ist nichts wert. Die Luft »an sich« auch nicht. Aber wenn beides zusammenkommt, macht es Sinn.

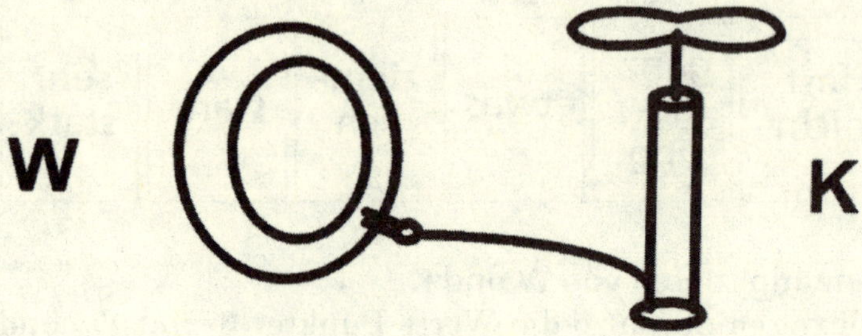

Auch Werte werden erst durch die Kommunikation zum Leben erweckt. Und auch die Kommunikation erhält erst dann einen Sinn, wenn sie vom wertorientierten Menschen aufgegriffen wird.

Wert A: Sammelleidenschaft

	0	1	2	3	4	5	6	7	
Bedeutung des Wertes	überhaupt nicht	fast nicht	ganz gering	etwas	ziemlich	viel	**sehr viel**	über alle Maßen	X
Bedeutung des Angebotes	überhaupt nicht	fast nicht	ganz gering	etwas	ziemlich	stark	sehr stark	**über alle Maßen**	= 42

Wert B: Der günstige »Deal«

	0	1	2	3	4	5	6	7	
Bedeutung des Wertes	überhaupt nicht	fast nicht	ganz gering	etwas	ziemlich	**viel**	sehr viel	über alle Maßen	X
Bedeutung des Angebotes	überhaupt nicht	fast nicht	ganz gering	etwas	ziemlich	**stark**	sehr stark	über alle Maßen	= 25

Wert C: »In« sein wollen

	0	1	2	3	4	5	6	7	
Bedeutung des Wertes	überhaupt nicht	fast nicht	ganz gering	etwas	ziemlich	**viel**	sehr viel	über alle Maßen	X
Bedeutung des Angebotes	überhaupt nicht	fast nicht	ganz gering	etwas	ziemlich	**stark**	sehr stark	über alle Maßen	= 20

Wert D: Alles im Griff haben

	0	1	2	3	4	5	6	7	
Bedeutung des Wertes	überhaupt nicht	fast nicht	ganz gering	**etwas**	ziemlich	viel	sehr viel	über alle Maßen	X
Bedeutung des Angebotes	überhaupt nicht	fast nicht	ganz gering	etwas	**ziemlich**	stark	sehr stark	über alle Maßen	= 12

Gesamtenergie Swatchangebot **Summe 99**

Chart 12: Energiesumme Swatch

VII. Die »dritte Dimension« als weiteres Analogiebeispiel

Man kann sich das Wesen der Multiplikation W x K auch noch an einer geometrischen Figur klarmachen: Die Werte sind durch die Fläche *W* – das Wertefeld – dargestellt. Nehmen wir an, daß diese Fläche der Werte 5 mal 5 Zentimeter groß ist. Eine Fläche ist eine rein mathematische Konstruktion. In der Natur gibt es keine Flächen, denn nur ein dreidimensionaler Raum ist greifbar. Durch die Multiplikation erhält die mathematisch vorstellbare Fläche von 25 cm^2 gleichsam eine dritte Dimension und wird damit faßbar, vorstellbar, ja erlebbar.
Da wir bei unserer Konfrontation von *W* mit *K* ja ebenfalls meßbare Größen vor uns haben, können wir die Multiplikation bildhaft graphisch oder auch nur rein zahlenmäßig vornehmen.

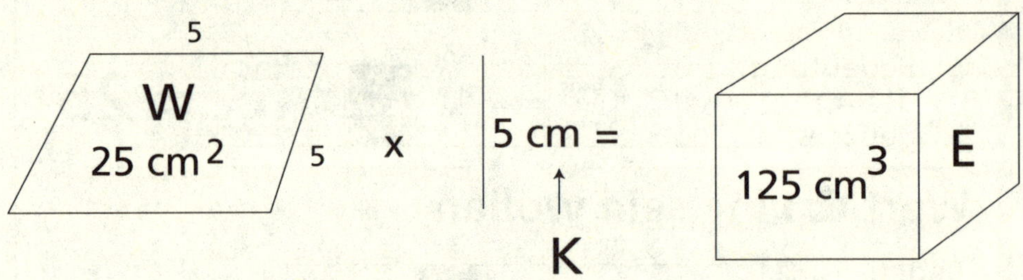

VIII. Der Vergleich mit Junghans

Wir wenden uns nun einer anderen Uhr zu, die ihr Entstehen nicht minder kreativen Überlegungen verdankt, auch wenn diese in eine andere Richtung gehen als im Falle der Swatch. Die Firma Junghans wollte nicht die Umwertung aller Werte, wollte nicht aus dem in Ehren zu haltenden »Konfirmations-Chronographen« eine poppige Modeuhr machen, sondern lediglich einen wichtigen Aspekt der Zeitmesser dramatisch verbessern, nämlich den der *Genauigkeit*.
Die Grundidee stammt von den Bahnhofs- und Normaluhren, die über Funk gesteuert werden und deshalb so verläßlich sind. Nun bedurfte es natürlich schon sehr kreativer Techniker, um den Schritt von der großräumigen Bahnhofsuhr zu dem kleinen Juwel einer ferngesteuerten Junghans-Uhr zu realisieren. Diese Uhren sind ein klein wenig größer als andere, aber es gelang – ohne daß es störend wäre –, die komplexe Technik in dem Gehäuse unterzubringen.
Diese interessante Uhr, die ebenfalls eine neue Generation von Zeitmessern einläutete, ist natürlich in allem und jedem etwas *anderes* als die

Swatch. Diese Andersartigkeit soll nun dargestellt werden. Dabei machen wir es uns einfach und befragen nun *noch einmal die gleiche Gruppe* von Swatchfreunden aus dem vorhergehenden Kapitel. Damit erfährt die Junghans keine volle Gerechtigkeit, denn die Zielgruppe der Junghans ist natürlich eine andere. Da es uns aber hier nur um einen *Vergleich* geht, wird die Beurteilung der Junghans durch die Swatchfans genügen, um der ersten Messung eine vergleichende zweite gegenüberzustellen. (Es muß hier sicherlich nicht unterstrichen werden, daß eine umfassende, professionelle Markterkundung sich natürlich damit nicht zufriedengeben würde – es sei denn, das Forschungziel sei, die Zugkraft der Junghans auf Leute, die der Swatch nahestehen, zu erkunden.)

(a) Wertemessungen

Die Energiesummendarstellung für die Junghans wiederholt, was wir bereits für die Swatch abgefragt hatten, nur gelangen wir nun natürlich mit den gleichen Fragestellungen, aber bezogen auf die Junghans, zu anderen Produktbewertungen und damit automatisch zu einer anderen Energiesumme.

Vermittels Chart 13 können Sie diese zweite Übung mühelos nachvollziehen. Die Junghans – die ganz generell und erst recht für ihre Interessenten – eine hoch originelle und sehr erfolgreiche Uhr ist, muß natürlich zwangsläufig bei den Swatchinteressenten anders und vermutlich *schlechter* abschneiden.

Im Spiegel der Werteskala von Swatchfreunden ist sie weit weniger zum Sammeln geeignet. Sie ist auch kein »Schnäppchen« (was keinesfalls besagt, daß sie überteuert ist), denn bei der Junghans ist die Preisgünstigkeit kein herausragendes Thema, wie es bei der Swatch von Beginn ihrer Lancierung an war. Die Junghans ist ziemlich »in«, weil sie mit dem Funkmechanismus ja eine ganz neue Uhrengeneration darstellt. Wo die Junghans aber ganz extrem stark ist, nämlich im Angebot einer ganz ungewöhnlichen Genauigkeit, da steht dieser herausragenden Leistung bei dem Swatchfreund *kein* nachhaltiger Antrieb gegenüber. Auf der Dimension »Alles im Griff haben« (Ausdruck eines ausgeprägten Genauigkeits- und Ordnungsstrebens) ist unsere VP sozusagen »unterbelichtet«. Es bedeutet ihr nicht viel.

Das zahlenmäßige Vergleichsergebnis zeigt: Die Swatch schnitt bei dieser Versuchsperson mit 99 Punkten dramatisch besser ab als die Junghans, die nur 60 Punkte erreichte – wohlgemerkt nicht bei ihren eigenen, sondern bei Swatchanhängern. Sollte es bei diesen – und *nur* bei diesen – zum Uhrenkauf kommen, so dürfte man für unseren Freund VP guten Gewissens vorhersagen, daß er die Swatch kaufen würde – und wohl kaum eine Junghans.

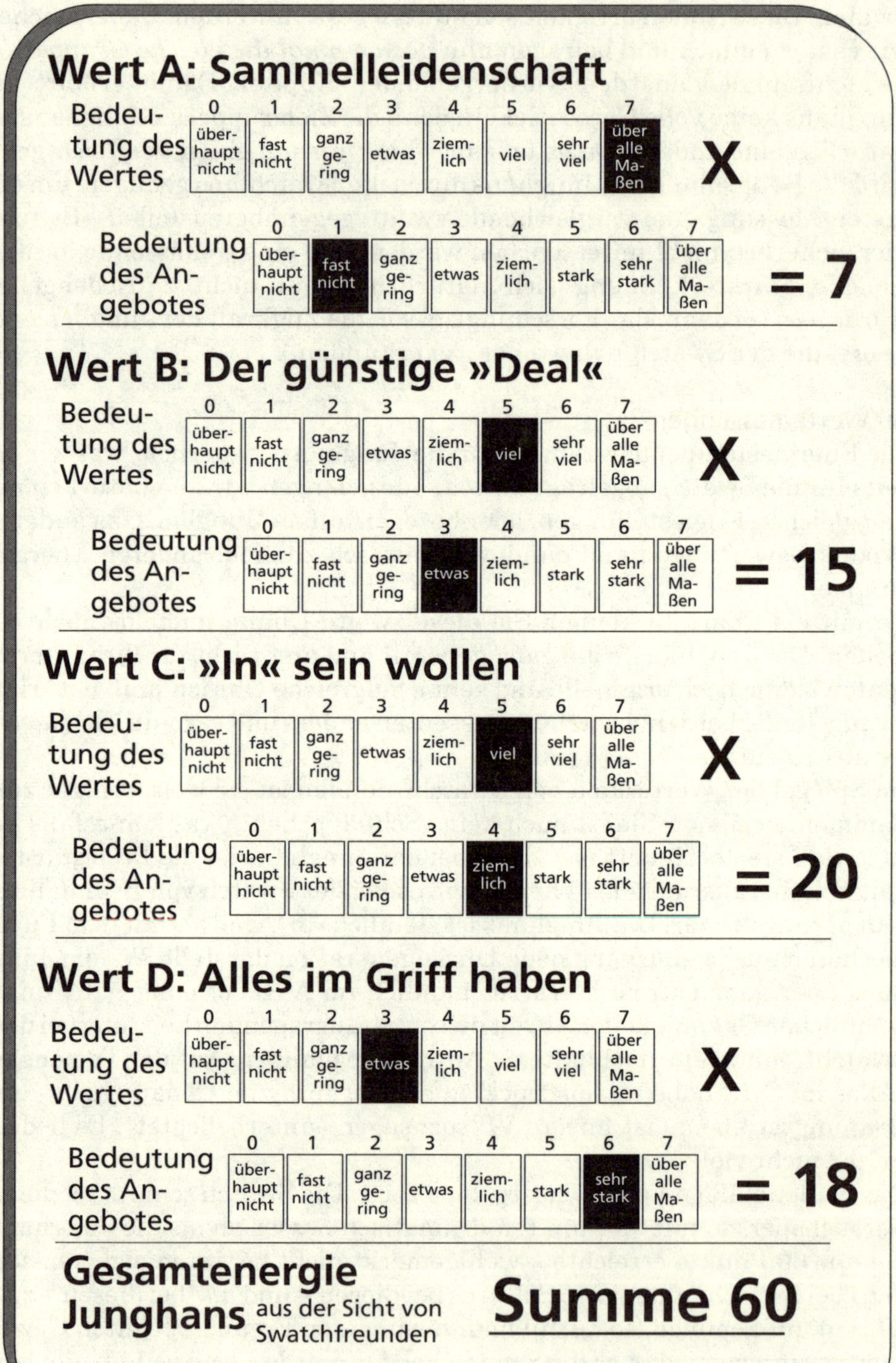

Chart 13: Energiesumme Junghans

(b) Von der Einzelbetrachtung zur Marktgesamtheit

Wir haben damit unsere Formel und ihre Anwendung im Prinzip aufgezeigt – wenigstens an einer Einzelperson. Logischerweise müssen wir nun die Brücke zur Großgruppe der Nachfrager bauen.

Der Übergang von einer einzelnen Versuchsperson zum Markt gestaltet sich relativ einfach, denn anstelle *eines* Befragten haben wir es jetzt mit einer großen Zahl von Interessenten zu tun. Im Falle von sogenannter »Qualitativer Marktforschung« sind es meistens etwa 50 bis 100 gut ausgewählte Personen, im Falle der »Repräsentativen Marktforschung« sind es 500 bis zu 3000. Da man das hier eingesetzte Instrumentarium sowohl in der qualitativen als auch in der repräsentativen Forschung einsetzen kann, gelingt es hierdurch, sehr zuverlässige Resultate zu bekommen. In der Praxis reichen kleine Stichproben meist aus, weil die qualitativen Erkenntnisse meist wichtiger sind als deren exakte Verteilung.

Je nachdem, ob man eine Einzelperson befragt oder ein großes Sample, so stehen sich gegenüber:

Einzelwertemessung Einzelbeurteilung des Angebotes	*Durchschnittsmessung* Durchschnittsbeurteilung des Angebotes

Simple Durchschnittsbildung eröffnet also den Weg zur makroökonomischen Betrachtungsweise ganzer Märkte. Alle anderen Vorgehensschritte bleiben dabei gleich.

IX. Deutscher Durchschnitt

Wir möchten im Anschluß hieran dem Leser die Möglichkeit geben, an einem Beispiel der eigenen Praxis eine Produktbeurteilung durchzuführen. Hierzu ist es sinnvoll, daß wir nachfolgend darstellen, was durchschnittlich bei unserer Enquete und bei vielen individuellen Firmenuntersuchungen herausgekommen ist.

Chart 14 zeigt das Durchschnittsergebnis aus allen uns bisher vorliegenden Fällen. Es ist ein hilfreicher Maßstab, an dem Sie Ihr eigenes Ergebnis – falls Sie mitmachen wollen – messen und etwas besser beurteilen können.

Im Durchschnitt sind bei den von uns überprüften Objekten beschämend geringe Werte herausgekommen.

Bedenkt man bei der Beurteilung dieser Zahlen, daß es sich hierbei immer um »potentielle Interessenten« handelte, also doch positiv aufgeladene Kunden, dann sind die erzielten Energiewerte E äußerst dürftig.

Wert A, wie auch immer er heißt

	0	1	2	3	4	5	6	7	
Bedeutung des Wertes	überhaupt nicht	fast nicht	ganz gering	etwas	ziemlich	viel	**sehr viel**	**über alle Maßen**	X
Bedeutung des Angebotes	überhaupt nicht	fast nicht	**ganz gering**	**etwas**	**ziemlich**	**stark**	sehr stark	über alle Maßen	= 24 Durchschnitt

Wert B, wie auch immer er heißt

	0	1	2	3	4	5	6	7	
Bedeutung des Wertes	überhaupt nicht	fast nicht	ganz gering	etwas	ziemlich	**viel**	**sehr viel**	über alle Maßen	X
Bedeutung des Angebotes	überhaupt nicht	fast nicht	ganz gering	**etwas**	**ziemlich**	stark	sehr stark	über alle Maßen	= 19 Durchschnitt

Wert C, wie auch immer er heißt

	0	1	2	3	4	5	6	7	
Bedeutung des Wertes	überhaupt nicht	fast nicht	ganz gering	etwas	**ziemlich**	**viel**	sehr viel	über alle Maßen	X
Bedeutung des Angebotes	überhaupt nicht	fast nicht	**ganz gering**	**etwas**	ziemlich	stark	sehr stark	über alle Maßen	= 11 Durchschnitt

Wert D, wie auch immer er heißt

	0	1	2	3	4	5	6	7	
Bedeutung des Wertes	überhaupt nicht	fast nicht	ganz gering	**etwas**	**ziemlich**	viel	sehr viel	über alle Maßen	X
Bedeutung des Angebotes	überhaupt nicht	**fast nicht**	ganz gering	etwas	ziemlich	stark	sehr stark	über alle Maßen	= 3,4 Durchschnitt

Durchschn. Energiesumme **57,4**

Chart 14: Energiesumme Durchschnitt

- Von den Kommunikationsbotschaften aller getesteten Angebote wurden durchschnittlich nicht mehr als lediglich 4 Werte angesprochen.
- Dabei zeigten diese Werte die in der Abbildung angegebenen Reaktionszahlen. Diese machen deutlich, daß die getesteten Kommunikationen nicht gerade durchschlagend genannt werden können. Während Spitzenprodukte mit Spitzenwerbung durchaus Energiewerte von 300 Punkten erreichten, verblieb das Gros in der von uns ausgewiesenen »Gegend« um 57,4 Punkte.
- Es ist schon deprimierend, daß die durchschnittliche Kommunikationsstärke regelmäßig unter den Zahlen der Werte selbst liegt. Mit anderen Worten, es gelingt der Werbung und Verkaufsförderung *nicht*, das vorhandene Interessenpotential auch nur einigermaßen befriedigend zu nutzen.

X. Abschließender Test Ihres eigenen Falles mit Chart 15

Denken Sie im folgenden bitte an irgendein Produkt oder Innovationsprojekt Ihrer Wahl. Sie spielen nun den Marktforscher und möchten die Energiesumme E ermitteln. Wenn Sie sehr viel Geld haben, können Sie so weit gehen, die Fragen durch ein Marktforschungsinstitut repräsentativ beantworten zu lassen. Sie können aber ebensogut zwei, drei Freunde oder Mitarbeiter befragen oder auch nur ganz einfach persönlich schätzen, wie es sich in Ihrem konkreten Fall verhalten *könnte*.
Ermitteln Sie als erstes die vermutlichen Werte, die die Interessenten Ihres Produktes bewegen und motivieren könnten. Wenn Sie die Werte definiert haben, so erfragen oder schätzen Sie, wie gut Ihr Fallbeispiel eines konkreten Angebotes diesen Werten entspricht.
Errechnen Sie abschließend eine Gesamtenergiesumme. Führen Sie dann die gleiche Übung noch einmal für ein Konkurrenzprodukt oder eine andere Innovation, die Sie in Ihrem Hause planen, durch. Der Vergleich ist es, der etwas aussagt. Darüber hinaus hilft Ihnen Chart 14 bei der Beurteilung der Zahlenwerte.

Ihre Übung: Energiesumme von ______

Befragen Sie – errechnen Sie – schätzen Sie

Wert A: ______

	0	1	2	3	4	5	6	7	
Bedeutung des Wertes	überhaupt nicht	fast nicht	ganz gering	etwas	ziemlich	viel	sehr viel	über alle Maßen	X

	0	1	2	3	4	5	6	7	
Bedeutung des Angebotes	überhaupt nicht	fast nicht	ganz gering	etwas	ziemlich	stark	sehr stark	über alle Maßen	= ______

Wert B: ______

	0	1	2	3	4	5	6	7	
Bedeutung des Wertes	überhaupt nicht	fast nicht	ganz gering	etwas	ziemlich	viel	sehr viel	über alle Maßen	X

	0	1	2	3	4	5	6	7	
Bedeutung des Angebotes	überhaupt nicht	fast nicht	ganz gering	etwas	ziemlich	stark	sehr stark	über alle Maßen	= ______

Wert C: ______

	0	1	2	3	4	5	6	7	
Bedeutung des Wertes	überhaupt nicht	fast nicht	ganz gering	etwas	ziemlich	viel	sehr viel	über alle Maßen	X

	0	1	2	3	4	5	6	7	
Bedeutung des Angebotes	überhaupt nicht	fast nicht	ganz gering	etwas	ziemlich	stark	sehr stark	über alle Maßen	= ______

Wert D: ______

	0	1	2	3	4	5	6	7	
Bedeutung des Wertes	überhaupt nicht	fast nicht	ganz gering	etwas	ziemlich	viel	sehr viel	über alle Maßen	X

	0	1	2	3	4	5	6	7	
Bedeutung des Angebotes	überhaupt nicht	fast nicht	ganz gering	etwas	ziemlich	stark	sehr stark	über alle Maßen	= ______

Durchschn. Energiesumme ______

Chart 15

Fazit

Zunächst hoffe ich, daß wir Sie mit den Tabellen und der Rechnerei weder gelangweilt noch verwirrt haben, so daß Sie gar nicht mehr in Erinnerung haben, um was es uns ging: Gewiß nicht um die Probleme der Firma Swatch noch um die des Hauses Junghans. Aber diese Beispiele sollten deutlich machen, daß die vorgestellte Schlüsselformel der *sozialen Intervention* kein theoretisch-abstraktes Gebilde ist, sondern ein durchaus anwendbares Instrumentarium.

Was sie besagt ist, daß man die ganze Komplexität des Marketings, des Verkaufens, des Beeinflussens, des Werbens und Überzeugens auf *drei Buchstaben*, sprich *drei Faktoren*, zurückführen kann. Wir haben es also bei der sozialen Intervention – trotz aller Komplexität – mit etwas im Prinzip recht Einfachem zu tun. Dies läßt hoffen, daß wir dadurch in der professionellen Beherrschung und Vorhersagbarkeit solcher Interventionen weiterkommen.

Die Formel besagt aber auch, daß wir uns viel stärker um den Menschen und seine *Werte* kümmern müssen, als wir das bisher getan haben. Noch wichtiger aber ist es, daß wir besser lernen, wertkonforme Kommunikation zu gestalten, anstatt Milliarden dadurch zu verschleudern, daß wir an den Werten und damit am Menschen vorbei-werben, vorbei-beeinflussen und vorbei-überzeugen.

Ausblick

Alles, was nun weiter folgt, will die drei Faktoren vertiefen und ausloten. Von diesem Wissen hängt ab, ob wir mehr oder weniger Marktmacht gewinnen können.

Die Formel, die Sie jetzt kennengelernt haben, ist äußerst »fruchtbar«, denn man kann aus ihr gleichsam eine *Universalformel des Managements* ableiten. Dies wird uns im folgenden zehnten Kapitel beschäftigen. Es sei aber auch hier bereits angedeutet, daß man nicht nur eine Generalformel des Managements, sondern auch eine der *Innovation* ableiten kann. Diese ist jedoch Gegenstand eines späteren Buches.

Kapitel 10
Die allgemeine Managementformel

Ausgangspunkt ist die uns bereits hinreichend vertraute Basisformel

$$E = W \times K,$$

wobei wir für W das ausführlichere W_1, W_2, W_3 ... W_n setzen können, was nach unserer Definition der Persönlichkeit P entspricht.

Vielleicht ist an dieser Stelle eine kurze Anmerkung für Nationalökonomen klassischer Schule angebracht. Da für diese der *Preis* eine besondere Bedeutung besitzt, sei darauf hingewiesen, daß der Preis durchaus Eingang in unsere Betrachtung findet. Wenn der Preis bedeutsam ist – allerdings nur dann –, treten meist die Werte »Kostengünstigkeit« oder »Freude am vorteilhaften Deal« auf. Diese Haltungen – wenn sie durch eine entsprechende Kommunikation »bedient« werden – tragen dann je nach Energiestärke entscheidend zum Kaufakt bei. Der Preis wird aber nicht – wie in der herkömmlichen Ökonomielehre – dem Gut gleichsam »gegenübergestellt«, vielmehr ist er einer unter vielen Imagefaktoren.

I. Die Universalformel für das Management

Die bisher benutzte Formel muß natürlich verändert werden, wenn wir es nicht nur mit einem bestimmten Markt – wie im vorhergehenden Kapitel –, sondern parallel dazu mit einem *innerbetrieblichen Managementprozeß* zu tun haben. Trotzdem wird beides von den gleichen Grundfaktoren der *Werte* und der *Kommunikation* beherrscht.

Wir haben es bei der gemeinsamen Betrachtung von Markt und Management mit *zwei Ebenen* zu tun. Einmal ist es die innerbetriebliche des Managens, dann die Ebene des Marktes und seiner Interdependenzen.

Beiden Ebenen ist gemeinsam, daß wir es mit Menschen zu tun haben, die in beiden Fällen auf ein bestimmtes Ziel hingelenkt werden sollen, einmal auf den betrieblichen Output, zum andern auf den Kaufakt.

Somit begegnen wir zwangsläufig den Werten – als Ausdruck der Persönlichkeit – (a) in Gestalt der Mitarbeiterwerte und -neigungen und (b) in Gestalt der Werte der Marktpartner, mit denen wir uns bereits auseinandergesetzt haben. Wir werden also die Grundformel *zweimal* einsetzen, und zwar einmal für den *betrieblichen Teil*

Betriebliche
Formel 1 $\mathbf{E}_{\text{innerbetrieblich}} = \mathbf{W}_{\text{Mitarbeiter}} \times \mathbf{K}_{\text{innerbetrieblich}}$

und zweitens für den *Marktbereich*

Markt-
formel 2 $\mathbf{E}_{\text{Nachfrage}} = \mathbf{W}_{\text{Kunden}} \times \mathbf{K}_{\text{für das Angebot}}$

Unsere nächste Aufgabe besteht nun darin, die beiden Welten *zusammenzuführen* und sinnvoll miteinander zu verknüpfen. Dabei müssen wir uns darüber im klaren sein, daß die Energie, die am Markt entfaltet wird, eine sehr reale Sache ist. Am Kaufakt wird ja unwiderleglich manifest, daß hier Energie auftritt, denn anders würden sich die Nachfrager ja wohl kaum zum Kaufakt bequemen. Irgend etwas muß hier den Anstoß geben, und das ist unsere Nachfragekraft *E*.

Bei der innerbetrieblichen Arbeit ist das alles ein wenig komplizierter. Natürlich gibt es da Kommunikationen, also etwa Anweisung von oben, ein bestimmtes Projekt voranzutreiben, oder die Meldung von unten, daß dieses laut Marktforschung eine glänzende Chance hat. All diese Impulse müssen auf Akzeptanz oder Zuneigung stoßen. Im besten Falle lösen sie innerbetriebliche Begeisterung aus, im schlimmsten Falle sprechen sie den Wert des »Gehorchens« an, und man folgt nolens volens dem Gebot von oben.

Soweit ähnelt dies sehr dem, was im Markt vor sich geht. Nur in einem *einzigen* Punkt ist alles anders: Wie wollen wir die ausgelöste Energie des internen Prozesses *exakt messen*? Auf der Marktseite ist das – wie wir sahen – gut möglich, aber das Ergebnis der internen Arbeit fördert nichts zutage, was man so ohne weiteres messen kann. Wie wollen Sie zum Beispiel die Energie eines neuen Produktes, einer neuen Werbekampagne oder einer cleveren Verkaufsförderung energiemäßig abprüfen?

Später, wenn es sich im Markt befindet – ja sicher, dann muß es seine Feuerprobe bestehen, aber soweit sind wir noch nicht. Hier hilft uns weiter, wenn wir uns einmal fragen, welchen Output die innerbetriebliche Arbeit eigentlich erbringt, was ist das Endresultat? Die Antwort fällt leicht: Es sind Produkte, Preise, Werbung, Argumente – also das, was wir mit Blick auf das Marktgeschehen mit der »Kommunikation *K* des Anbieters« zusammengefaßt haben.

Von daher scheint es statthaft, nun die folgende Rechenoperation vorzunehmen: Wir schreiben die obige »Betriebliche Formel 1« ein wenig anders, indem wir E innerbetrieblich durch K für den Markt ersetzen. Die »Betriebliche Formel 3« schreibt sich dann folgendermaßen:

Betriebliche
Formel 3 $W_{\text{Mitarbeiter}} \times K_{\text{innerbetrieblich}} = K_{\text{für den Markt}}$

Das ist richtig, weil $K_{\text{für den Markt}}$, wie wir gesehen haben, ja das Endresultat der innerbetrieblichen Arbeit ist. Erst im Spannungsfeld des Marktes kann und muß sich diese Arbeit bewähren, indem sie ihrerseits nun wieder Energie in den Nachfragern auslöst. Hinter diesem Vorgehen steht das Grundgesetz der Notwendigkeit der Marktbezogenheit. So wie der Mond das Licht von der Sonne erhält, erhält alle innerbetriebliche Arbeit erst ihren Sinn und Wert durch die Reaktion des Marktes, die diese Anstrengungen »belohnt« oder – im Falle zu geringer Energiefreisetzung – durch fehlende Marktakzeptanz »bestraft«.
Wir setzen jetzt *Formel 3* in *Formel 2* ein und erhalten dadurch die *Schlüsselformel für Management und Marketing:*

General-
formel 4 $E_{\text{Nachfrage}} = W_{\text{Kunden}} \times (W_{\text{Mitarbeiter}} \times K_{\text{innerbetrieblich}})$

II. Die Konkurrenzsituation

Das Phänomen der Konkurrenz beherrscht das Marktgeschehen in einer freien Marktwirtschaft und sollte deshalb in einer Formel mit universalem Anspruch nicht verlorengehen, sondern sich darin wiederfinden. Mit dieser Intention erweitern wir nun unsere Formel. Dabei gehen wir davon aus, daß sich zwei Angebote A und B im Markt gegenüberstehen. Was muß nun verändert werden? Die Menschen und damit die Werte? Warum sollten sich P oder W wandeln? Nein, denn die Persönlichkeit P mit ihren Werten W ist ja gerade das stabile Element im Marktgeschehen. Wo aber etwas in Bewegung gerät und wo wir die Formel ausbauen und erweitern, das ist die Kommunikation. Dazu müssen wir uns zunächst einmal fragen, worauf es im Konkurrenzkampf überhaupt ankommt. Im Sinne unserer Formel könnte man sagen: Es kommt darauf an, daß *meine* Kommunikation mehr Energie aus dem Werteprofil der Nachfrager herauslöst als die meines Konkurrenten.
Es geht also wieder einmal *nicht* um Absolutes, sondern um Relatives: Nur mein *Energievorteil*, mein Mehr an Energie, das ich über meinen Konkurrenten hinaus erzeuge, das ist es, worauf es ankommt.
Um dies vermittels der Formel darzustellen, führen wir an dieser Stelle den Begriff EV = Energievorteil ein, was man bei zwei Angeboten A und B natürlich auch als $E_A - E_B = EV_{A-B}$ schreiben könnte.

Wir formulieren somit:

$$EV = (W \times K)_{\text{Angebot A}} - (W \times K)_{\text{Angebot B}}$$

Wir vergleichen hierbei die Energie, die das eigene Angebot A bei den Werten auslöst, mit der Energie des nächststärkeren Fremdproduktes B. Ist dieses »kräftiger«, vermag es mehr Zustimmung und Begeisterung zu erwecken, dann bleibt ein Minusbetrag übrig, der besagt, daß das Konkurrenzangebot den Sieg davongetragen hat (E ist negativ, weil $E_B > E_A$). Ist die Energie des eigenen Produktes A hingegen stärker als die von B, so ist *EV* positiv, weil A > B.

III. Schlußfolgerungen

Was besagt nun diese ominöse Neuschöpfung? Was können wir damit anfangen? Wissen wir jetzt mehr über Markt und Management, wenn wir

$$E_{\text{Nachfrage}} = W_{\text{Kunden}} \times (W_{\text{Mitarbeiter}} \times K_{\text{innerbetrieblich}})$$

formulieren?

Ja, wir glauben, daß diese Formel ein Schritt nach vorn ist, denn der praktische Umgang damit – den wir an über 1000 Fällen geprobt haben – zeigt folgendes: Einmal konnten wir alles, was von Belang ist, mühelos in dieser Formel unterbringen! Viel wichtiger noch ist aber dies: Wir vermögen den marketingorientierten Managementvorgang zu *berechnen*, ja mehr noch, wir können ihn in die Harmonie eines großen Gesamtzusammenhanges, in ein System einbetten. Folgende *Konsequenzen* ergeben sich demnach aus der Formel:

① Innerbetriebliches Geschehen und Marktgeschehen sind zutiefst miteinander verflochten. Dabei unterliegen beide – wie wir noch später mit größerer Deutlichkeit sehen werden – den Gesetzen paradoxer Unschärfe: Je mehr ich mich dem einen zuwende, desto mehr entgleitet mir das andere. Trotzdem hängen beide »wie Kletten« zusammen und sind nur in dieser Abhängigkeit zu begreifen.

② Erst das Marktgeschehen gibt der innerbetrieblichen Arbeit ihren Sinn. Alle Energie kommt vom Markt.

③ Management und Marketing leben aus der Erkenntnis der Werte und Neigungen der beteiligten Menschen. Das Studium der Werte – qualitativ und quantitativ – muß zum A und O der Betriebswirtschafts- und der Marketinglehre werden.

④ Die Art der innerbetrieblichen Kommunikation, ihr Klima, ihre Organisation und ihre Marktbezogenheit wirken sich auf den Markterfolg aus. Firmenkultur ist ein Marktfaktor!

⑤ Markterfolg kann auf dreierlei Weise gesteigert werden:
(a) durch besseres Erkennen und Ansprechen der Kundenwerte,
(b) durch Verbesserung der Firmenkultur im Sinne des besseren Eingehens und Verstehens der Werte der Mitarbeiter,
(c) durch Verbesserung der Firmenkultur im Sinne stärker wertorientierter Kommunikation.

Diese 5 Punkte sind das Credo dieses Buches und der Schlüssel zu mehr Marktmacht.

Kapitel 11

Wertemanagement – der sichere Weg zum Erfolg

Formelorientierung

Zur Erinnerung: Unsere Schlüsselformel des Managements lautete

$$\mathbf{E = W_{Kunden} \times (W_{Mitarbeiter} \times K_{Intern})}$$

Das Element der Formel, über das wir in diesem Kapitel in erster Linie sprechen wollen, ist

$$\mathbf{W_{Mitarbeiter}}$$

Nun sind aber die Werte eines Menschen unabhängig davon, ob es um seine Rolle im Unternehmen oder um seine Rolle als Käufer geht. Darum reden wir automatisch auch über

$$\mathbf{W_{Kunden}}$$

also die Kunden, Abnehmer und Konsumenten.

Die Frage nach den Werten und ihrer Bedeutung für die handelnden Personen des Markt- und Politgeschehens, aber auch im weiteren Sinne für die Gesellschaft als Ganzes, sind Grundfragen, denen ich in meinen vergangenen Arbeiten »Erfolg« und »Aufbruch zur Überlegenheit« breiten Raum gewidmet habe. Ich gestehe gleich hier am Anfang, daß ich meine früheren Überlegungen und Schlußfolgerungen angesichts neuer Einsichten, vor allem in die *sozialen Unschärfegesetze,* aber auch in die *Relativität* der Produkte und die *Quantenverteilung* der Nachfrageenergie, *neu überdenken* und in mancher Hinsicht *revidieren mußte.*

I. Erfolg ist machbar

Lediglich in einer Hinsicht – und dies ist zweifellos der wichtigste Punkt – habe ich kein Jota hinzuzufügen oder zurückzunehmen: Die Kenntnis der Werte und ihr richtiges Management sind der sicherste und planbarste Weg zum Firmenerfolg, zum Teamerfolg und zum persönlichen Reüssieren.

Natürlich kann niemand die Zukunft vorhersehen. Trotz dieser Binsenweisheit bleibt es dabei: Das *Befolgen* der »richtigen« Werteregeln und das *Meiden* der »gefährlichen« Pseudo- oder Mißerfolgswerte ist ein Weg, der die Wahrscheinlichkeit des Erfolges in weitaus höherem Maße plan- und berechenbar macht, als wir das je angenommen haben.

Zunächst sei ein selbstkritischer Blick zurück erlaubt.

II. Früherer Ausgangspunkt

In meinen bisherigen Arbeiten habe ich mich mit einem eher *naiven* Ansatz mit den Werten beschäftigt. Dabei begriffen wir die Werte als etwas Erstrebenswertes, als anspruchsvolle Ziele oder Verhaltensformen, von denen positive Wirkungen ausgehen.

Nehmen wir hier als Beispiel einmal die *intellektuelle Redlichkeit*. Es kann eigentlich »nur gut« sein, wenn man ihr nachstrebt. Kaum denkbar, daß sich jemand *gegen* dieses kostbare Gut wenden könnte.

Oder denken wir an einen Wert wie *Menschlichkeit.* Wer will schon aufstehen und etwas *gegen humanes Verhalten* ins Feld führen?

Solche Werte, wie Menschlichkeit und intellektuelle Redlichkeit, wo man eigentlich gar nichts anders als »Ja« zu sagen kann, sind aber relativ *selten*. Sie sind keinesfalls die Regel.

III. Unverbindliche Pseudowerte

Bevor wir untersuchen, was denn der »Normalzustand« bei Werten ist, wollen wir noch etwas bei diesen *unanfechtbaren, untadeligen* Werten bleiben, für die wir Menschlichkeit und intellektuelle Redlichkeit als Beispiele genannt haben.

Diese Werte gehören zum Hochkarätigsten unserer Kultur. Sie zu »leben« ist vorbildhaft. Und dennoch: Sich dazu zu bekennen heißt kaum, ein nennenswertes Risiko eingehen.

Daß der »Mensch bei uns stets im Mittelpunkt steht«, ist ein Statement von

Klassische Werteskala

ermittelt bei 437 Managern in 116 Firmen

Wert	% besser	% akzeptiert
In Erkenntnis der eigenen Schwächen auf den andern zugehen, um sich mit ihm zu ergänzen	347	5
Vertrauensorganisation mit wenig Kontrolle	286	7
Visionäre Einmaligkeit erstreben	238	9
Definiertes Feindbild	209	16
Dem Mitarbeiter dienen und ihn fördern	181	11
Regelmäßige Verbesserungsinnovationen	180	59
Selbstbestimmte Leistungsmentalität	177	23
Negativ-Werte		
Ordnung regiert die Welt ist wichtigster oder zweitwichtigster Wert	– 68	88
Bei uns herrscht ein gesundes Mißtrauen	– 78	89

Chart 16

ähnlichem Kaliber: In jeder Sonntagsrede von Politikern oder Managern klingt das gut. Es ist so unverfänglich, wie wenn man vor dem Mauerfall lauthals für die Wiedervereinigung eintrat. Aber all diese wohlfeilen Bekenntnisse zu Menschlichkeit, Kampf gegen die Armut und intellektuelle Redlichkeit sind im Grunde meist nicht mehr als »leeres Geschwätz«. Die Unverbindlichkeit und der sichere Beifall entwerten sie. Ja, wenn man es bei Licht besieht, ist das Kennzeichen dieser Bekenntnisse, daß sie eben *gerade keine* sind. Von solchen und wohlfeilen Allgemeinplätzen wegzukommen und ein *realistisches Wertebild* zu zeichnen ist das Ziel unseres weiter unten dargestellten, neuen Ansatzes.

IV. Werte im Widerspruch

Es ist eine Einsicht neueren Datums, daß der »Normalzustand« der Werte ein ganz anderer ist, als man bislang annahm. Sie kommen in der Regel nicht allein und isoliert daher, sondern es ist bei weitem häufiger, daß ihnen ein *Gegenwert* beigegeben ist.
Werte unterliegen den Unschärferegeln, und sie sind nicht wohlfeil für geringe Münze und schmalen Einsatz zu haben, sondern sind das Ergebnis einer schwierigen und konfliktreichen Auseinandersetzung. Zu einem Entschluß kann man sich meist nur durch ein *Bekenntnis* durchringen. Dieses Bekenntnis hat mit einer mechanistischen Optimierung rein gar nichts zu tun. Was ist anders gegenüber dem ursprünglichen, naiven Ansatz?
Bevor wir zu diesem *neuen* Wertekonzept vorstoßen, um es drastisch gegen das bisherige abzuheben, wollen wir darstellen, was wir bisher geglaubt und in den beiden bereits vorliegenden Büchern ausgeführt haben.
Chart 16 stellt unser bisheriges Credo (Kienbaum-Studie, 1992) dar. Es waren – und dies war der Irrtum – *Einbahnstraßen des Erfolgs*. Es waren ziemlich unumstrittene Werte. Wir hatten noch nicht entdeckt, daß Werte fast immer auch eine *Kehrseite* haben, ohne die man sie wohl auch kaum richtig verstehen kann. Sie sind viel kontroverser, als wir ahnten.

V. Erste Zweifel: Die Polarität der sozialen Unschärfe

Schon bald nach der Veröffentlichung[1] unserer Überlegungen entstanden Zweifel am gedanklichen Konzept und an der Philosophie im Hintergrund. Diese eher erkenntnistheoretischen Bedenken führten uns zu der Frage, ob man die Dinge so – wie bisher kommuniziert – im Raume stehenlassen dürfe. Auch wenn keiner meiner bisherigen Kritiker dies je ins Feld geführt hat, so beschlichen uns erhebliche Bedenken hinsichtlich der *Linearität* und *Simplizität*, die unsere Art der Ermittlung und der Aussage kennzeichneten.

1 Kienbaum-Innovationsstudie (Kienbaum und Partner), »Erfolg«, »Aufbruch zur Überlegenheit« (die beiden letzteren erschienen im ECON Verlag)

Je mehr wir uns mit den Werten beschäftigten, sie bei Firmen und deren Führungsteams untersuchten, um so mehr wurden wir der Tatsache gewahr, daß es eher naiv ist, die Werte in der Reihenfolge aufzulisten, wie wir dies in Chart 16 getan haben. Gewiß, auch dies ist bereits aussagestark und war in meinem Seminarangebot der bisher am meisten nachgefragte und hinterfragte Teil meiner Forschung, aber wir gelangten doch zu der Überzeugung, daß hier noch ganz wesentliche Gesichtspunkte *fehlten*.
Es fehlte die Erkenntnis der *Polarität,* wie sie in den Charts auf den Seiten 139 bis 144 zum Ausdruck kommt.

VI. Paradoxie: Zwischen Scylla und Charybdis

Die Zahlen machten es absolut klar: Hinter jedem Wert, wie er den Charts der Seiten 139 bis 143 jeweils auf der *linken* Seite dargestellt ist, steht ein *Gegenwert* auf der *rechten* Seite.
Und dies nun die wichtige Erkenntnis: Diese Polarität unterliegt der *Unschärferegel*! Dies bedeutet, daß ich im Falle eines Entscheids für *einen* der beiden dann die Vorzüge des *anderen* vergessen muß. Die alte Problematik des Lichtes, der Bestimmung von Raum und Zeit und die bereits ausführlich besprochene Problematik der Entscheidung zwischen Teamgeist und Individualität – sie alle holen uns hier wieder ein und drücken der Wertediskussion ganz nachdrücklich ihren Stempel auf.
Bevor wir die Werte im einzelnen durchsprechen, müssen wir noch ein wesentliches Faktum herausarbeiten, ohne das der Sinn dieser ganzen Diskussion nicht begriffen werden kann.

VII. Jeder Persönlichkeitstyp hat »seine« Werteskala

Es geht jetzt um die Frage nach der Beziehung zwischen *Persönlichkeit* einerseits und *Werteskala* andererseits. Dabei wird man bedenken müssen, daß im Alltag des Geschäftslebens und im Konkurrenzkampf oftmals nicht so sehr zählt, was einer denkt, sondern sicherlich weit mehr, mit welcher Kraft er auftritt, mit welcher Vehemenz er eine Meinung oder Lebenshaltung vorträgt oder ihr folgt. Werte an sich sind etwas Blasses. Irgendwie müssen sie zum Leben erweckt werden. Der Wert »Vertrauensorganisation« etwa ist sicherlich schön und gut und sehr sympathisch, aber bewirken kann er erst etwas, wenn ein Mensch von einem solchen Wert gleichsam *getrieben* wird, wenn er so stark ist, daß sein Handeln dadurch

geprägt wird, daß sich diese Wertehaltung immer wieder in seinen Handlungen niederschlägt und widerspiegelt.
Wie nun sieht die Beziehung der gelebten Werte zum Persönlichkeitstypus aus?
Das Ergebnis zeigt Chart 22 auf der Seite 144. Wir greifen dabei ein wenig vor, denn die Typologie werden wir erst weiter unten ausführlich besprechen. Dennoch kann hier folgendes festgehalten werden:

① Jeder der sechs Persönlichkeitstypen hat eine *eigene, nur für ihn typische* Präferenzskala. Dies gilt zumindest dann, wenn man sich beschränkt und auf die Ermittlung der 5 bis 6 *wichtigsten* Werte abstellt, die die Personen für sich auswählen. Geht man solchermaßen vor, so ergibt sich eine *tiefe Kluft* zwischen den sechs Typen.
Konkret: Die wichtigsten 5 bis 6 Werte bei der Persönlichkeit #1 finden sich überhaupt nicht[2] unter den vier wichtigsten Werten der Typen #2, #3, #4, #5 und #6. Schauen wir uns den zweiten Typ #2 an, so hat auch dieser wiederum eine Präferenzskala, deren Werte sich unter den wichtigsten Werten der Andersgearteten (also bei #1, #3, #4, #5 und #6) *nicht* finden. Und so weiter und so fort.
Wir bitten darum, diese empirischen Feststellungen tiefgreifender Unterschiedlichkeit an dieser Stelle so erst einmal hinzunehmen. Eine Beweisführung für dieses keineswegs selbstverständliche und dem Denken vieler Menschen zuwiderlaufende Forschungsergebnis werden wir weiter unten antreten.

② Die Werte, die wir im Chart auf Seite 144 ausweisen, wurden nicht einfach abgefragt, sondern durch Auskünfte Dritter hinterfragt, so daß wir einigermaßen sicher sein durften, nicht einer möglichen Vordergründigkeit zu erliegen. Diese jeweils 5 bis 6 Werte sind also solche, deren Realisierung und Nachdrücklichkeit geprüft wurde.

③ Die solchermaßen ermittelte Werteskala – so eines unserer wichtigsten Ergebnisse für das Wertemanagement – sind »Exklusivskalen«. Jede Persönlichkeit ist dabei durch einen *nur für sie* typischen Set von Präferenzwerten charakterisiert. Man könnte daher durchaus die Regel aufstellen: Sage mir deine Werte, und ich definiere dir deine Persönlichkeit. Jeder der weiter unten zu besprechenden Werte hat demnach eine ganz bestimmte Persönlichkeitsaffinität.

④ Und dies ist die entscheidende Schlußfolgerung: *Menschen haben keine freie Wertewahl.* Natürlich haben sie eine gewisse Entscheidungsfrei-

2 Mathematisch ausgedrückt: Es finden sich nichttypische Werte nur zu 6,3 Prozent bei den jeweils anderen Typen. Diese Zahl berechtigt zu der Aussage »überhaupt nicht«

heit, aber ihre Persönlichkeit grenzt diese stark ein. Daß heißt natürlich auch und gerade, daß man ihr Verhalten nur relativ unwesentlich beeinflussen kann, denn ihre Werte – und damit die Leitlinie ihres Verhaltens – sind weitestgehend *geprägt, fixiert* und *ausgeformt*.

Wenn wir nun darangehen, die Werte durchzusprechen, die in den Charts 17 bis 21 aufgelistet sind, finden Sie jeweils in den Wertefeldern den Typus angegeben, für den der jeweilige Faktor ein Präferenzwert ist. Wenn Sie dort etwa »#3« finden, dann besagt dies, daß der Typus #3, also der »Analysierer«, eine besondere Präferenz für diesen Wert hat. Er mag ihn instinktiv und ohne viel zu überlegen.
Heißt das, daß sonst niemand für diesen Wert eintritt? Nein, mit Sicherheit nicht! Allein schon deshalb nicht, weil jeder Mensch zwar in der Regel eine typologische Hauptpräferenz hat, aber er ist fast immer in zweiter Linie dann noch Typ x und in dritter Linie noch etwas Typ y. Von daher ist die Wertezuordnung zu bestimmten Persönlichkeiten keine absolute, wohl aber eine tendenzielle. Dennoch gilt: Die Hauptaffinität entscheidet maßgeblich das tatsächliche Verhalten!

VIII. Die Liste der Erfolgsfaktoren richtig lesen

In den Charts 17 bis 21 (S. 139–143) werden vierzehn Erfolgsfaktoren aufgeführt, und zwar stets auf der *linken* Seite einer jeden Abbildung. Rechts daneben finden Sie Werte oder Operationsprinzipien, die dem linken Faktor jeweils entgegengesetzt sind. Links erkennen Sie also, was – nach unseren Messungen – dem Geschäftserfolg *nützlich* ist. Rechts ist zu lesen, was dem Erfolg *abträglich* ist, ihm also *schadet*.

❶ Bipolarität

Hinter diesen *bipolaren Gegensätzen* steht – wir haben es schon weiter oben angedeutet – die Philosophie der Heisenbergschen Unschärfe. Diese Gegensätze sind paradoxer Art. Will sagen: Wenn ich das eine tun will, muß ich das andere lassen. Oder noch deutlicher: Wenn ich etwa in Chart 21 den positiven Faktor 13 herausnehme und mich dafür entscheide, unbedingt *selbstbestimmt meinen eigenen Weg* zu gehen, dann kann ich nicht gleichzeitig die Meinung des Gegenwertes teilen, nämlich daß ich fremdbestimmt den realen Interessen meines Umfeldes die Priorität gebe. Hinter dem links aufgeführten Erfolgsfaktor steht der Entscheid für ein selbstbewußtes Handeln, das aus mir selber kommt. Der negative Faktor rechts ist die Unterordnung unter die sogenannten, oft auch nur vermeintlichen Sachzwänge. Links ist dabei vorteilhafter, denn wer so handelt, steht sich 89 Prozent besser als diejenigen, die dem rechten Negativ-Wert anhängen; denn ihre Renditen fallen 14 Prozent schlechter aus.

❷ Was ist an diesen Gegensätzen paradox?

Bleiben wir noch einen Moment bei dem 13. Faktor. Durch ihn werde ich richtig angeleitet, dem eigenen, selbstbestimmten Handeln den Vorrang zu geben. Und dennoch! Man sollte sich gewiß auch nicht immer den realen Interessen der andern verschließen. Wenn ich diese Interessen ganz und gar mißachte, kann ich mich ebenfalls in die Nesseln setzen. Auch wenn ich das Richtige tue – und das ist offensichtlich die Selbstbestimmung –, gehe ich dennoch ein gewisses Risiko ein. Es gibt also *keine Optimierung*, sondern – wie immer ich mich auch entscheide – stets gebe ich einige Vorzüge des Gegenwertes preis. Darin liegt die Paradoxie.
Diese *paradoxe Polarität* der Gegensätze zieht sich durch alle Charts auf den Seiten 139 bis 143 und ist Charakteristikum aller Werte und Erfolgsfaktoren. Man kann noch weiter gehen und sollte sich vielleicht vergegenwärtigen, daß eine derartige paradoxe Polarität oder Unschärfe mit großer Wahrscheinlichkeit Grundbefindlichkeit unseres Lebens darstellt. Unsere Kultur und unsere Zivilisation sind von solchen unscharfen Gegensätzen bestimmt, und die Mehrheit aller Konflikte hat damit zu tun. Um nur einige zu nennen:

Leib/Seele,
Individualismus/Teamgeist,
apollinisch/asketisch,
linkshirnig/rechtshirnig,
Emotion/Vernunft,
Betriebsorientierung/Marktorientierung
das Ganze und seine Teile und
männlich/weiblich

sind Beispiele dieser Polaritäten. Typisch ist, daß man sie nie alle beide *zugleich* haben kann. Je schärfer ich eines davon in den Griff bekomme, desto verschwommener und unschärfer wird der jeweilige Gegensatz. Oder noch etwas anders ausgedrückt: Je entschiedener ich der Maxime des einen Wertes folge, desto weniger kann ich den Forderungen des Gegenwertes entsprechen.
Wir wollen nun klären, was jeder der 14 Doppelfaktoren an Information beisteuert.

❸ Die Chart-Informationen richtig lesen

Jedes der abgerundeten Kästchen enthält ein »Statement«. In den meisten Fällen hat es in genau gleichem Wortlaut den Managern vorgelegen, die wir befragt haben.
Es ging immer darum festzustellen, ob sich die Befragten mit diesem Statement *identifizieren* konnten und ob – ihrer Meinung zufolge – die Mehrheit der Menschen innerhalb der jeweils zur Debatte stehenden Geschäftseinheit ebenso dachte.
Bei jedem einzelnen Erfolgsfaktor steht jeweils auf der linken Seite unterhalb des Kästchens eine Zahl. Sie könnte zum Beispiel »+ 50 %« lauten. Diese Zahl besagt, um wieviel die Geschäftseinheiten, die von Anhängern[3] des jeweiligen Wertes gemanagt werden, *bessere Renditen erwirtschafteten* als die Geschäftseinheiten, wo das Führungsteam diese Werte, diese Vorgehensweisen und Glaubensbekenntnisse *nicht* akzeptiert hat.
Es ging also um die Frage: Welcher Zusammenhang besteht zwischen bestimmten Werten und Verhaltensweisen und der Rendite der von den Anhängern dieser Werte geführten Geschäftseinheiten?
Der jeweilige Erfolgsfaktor mußte mehrheitlich akzeptiert sein. Die gemessene Rendite war in fast allen Fällen die Durchschnittsrendite über die vergangenen 15 Jahre. Durch die Länge dieses Zeitraums wurde vermieden, daß zufällige Trends, kurzfristige Marktzwänge etc. zu sehr Einfluß nehmen konnten.

Was genau ist mit »Rendite« gemeint?

Auf amerikanischen Vorbildern aufbauend, hat es sich als sinnvoll erwiesen, die Rentabilität auf folgende Art und Weise zu messen: Es wird jeweils die Kapitalrendite *und* die Umsatzrendite gemessen. Aus beidem wird sodann der *Mittelwert* gebildet. Als Gewinn, den ich ja für beide Prozentzahlen (Kapital- *und* Umsatzrendite) benötige, wird der jeweilige Gewinn vor Steuern angesetzt.
Der Grund dafür, daß man das Mittel aus beiden Werten nimmt und nicht – wie traditionell üblich – nur auf die Kapitalrendite abstellt, hat damit zu tun, daß in einigen Industriezweigen die Kapitalrendite hoch, in anderen hingegen traditionell tiefer liegt. Dies verhält sich meist umgekehrt proportional zu den Umsatzrenditen. Man bekommt unseres Erachtens ein besseres Gefühl für den finanziellen Erfolg eines Unternehmens oder einer Geschäftseinheit, wenn man *beides* berücksichtigt. Wenn beispielsweise die Kapitalrendite nicht sehr hoch ist, dahingegen aber eine sehr gute Umsatzrendite anfällt, mag das für das kreditge-

3 Anhänger sind diejenigen, die innerhalb des relevanten Managementteams arbeiteten und den betreffenden Wert akzeptieren, an ihn glauben, aber – ihn auch wirklich *lebten*.

bende Bankinstitut zwar nicht so wichtig sein, wohl aber für den Manager, der sich um Einkommens-, Gewinn- und Cashströme kümmern muß.

Was drückt die rechte Minuszahl aus?

Soweit die Erklärung zu der Zahl, die sich unten links befindet. Sie finden aber in den Tabellen weiterhin noch eine *zweite* Zahl. Sie ist immer negativ. Sie könnte also zum Beispiel »– 33 %« lauten.
Diese Zahl ist sozusagen das »Spiegelbild« des ersten bereits besprochenen, positiven Wertes unten links. Sie besagt, um wieviel die Geschäftseinheiten, die von Anhängern eines bestimmten Negativ-Wertes gemanagt werden, *schlechtere Renditen erwirtschafteten* als die Geschäftseinheiten, in denen diese Negativ-Werte *abgelehnt* werden.
Anders ausgedrückt, ging es um die Frage: Welcher Zusammenhang besteht zwischen bestimmten Negativ-Werten und Negativ-Verhaltensweisen und der Rendite, der in diesem Sinne falsch gemanagten Geschäftseinheiten?
Diese Zahl, die Auskunft über die *Schädlichkeit* des betreffenden Negativ-Wertes oder Mißerfolgsfaktors gibt, findet sich immer oberhalb des rechten Kästchens. Die Zahl muß negativ sein und hat deshalb immer ein Minuszeichen, weil wir ja darstellen wollen, um wieviel *schlechter* diejenigen sind, die sich einen solchen »schädlichen« Wert zu eigen machen.

Die Rolle der Beschönigung bei den Negativ-Werten

Die Negativ-Werte auf der rechten Seite der fünf Charts sind insofern etwas Besonderes, da man sich selten direkt und unverblümt mit ihnen identifiziert, sondern meist nur über eine beschönigende »Entschuldigung« oder Rechtfertigung. Dies gilt zwar nicht für alle, aber doch für die Mehrzahl der Negativ-Werte.
Vermutlich dämmert es jetzt schon vielen, daß der elfte Negativ-Wert »Am Bewährten in Treue festhalten« kein eindeutiger Positiv-Wert sein kann. Zuviel wurde in letzter Zeit über zementierte Strukturen und fehlende Flexibilität diskutiert. Um aber dennoch bei ihrem konservativen Verhalten bleiben zu können, bedienen sich die Anhänger mehrerer Negativ-Werte einer Entschuldigung: In diesem Falle heißt diese: »Vorsicht bei Innovation: Am Zeitgeist und an modischem Firlefanz ist schon mancher gescheitert.« Es ist natürlich eine etwas »faule« Entschuldigung, und Sie denken jetzt vermutlich genauso wie ich: Nachtigall, ich hör' dir trapsen!

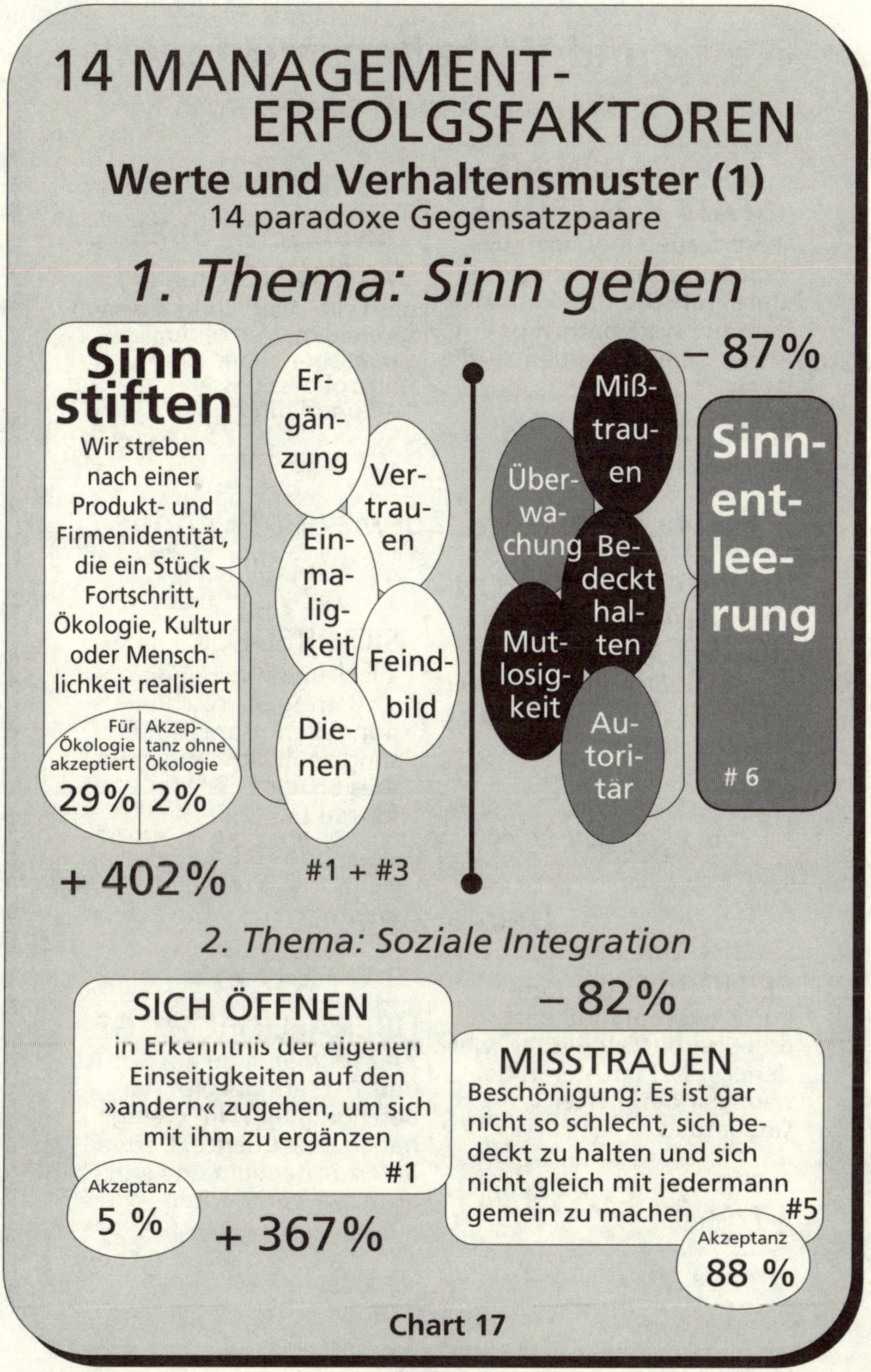
14 MANAGEMENT-
ERFOLGSFAKTOREN
Werte und Verhaltensmuster (1)
14 paradoxe Gegensatzpaare
1. Thema: Sinn geben
Sinn stiften
Wir streben nach einer Produkt- und Firmenidentität, die ein Stück Fortschritt, Ökologie, Kultur oder Menschlichkeit realisiert
Für Ökologie akzeptiert
29%
Akzeptanz ohne Ökologie
2%
+ 402%
Ergänzung
Vertrauen
Einmaligkeit
Feindbild
Dienen
#1 + #3
– 87%
Mißtrauen
Überwachung
Bedeckt halten
Mutlosigkeit
Autoritär
Sinnentleerung
6
2. Thema: Soziale Integration
SICH ÖFFNEN
in Erkenntnis der eigenen Einseitigkeiten auf den »andern« zugehen, um sich mit ihm zu ergänzen
#1
Akzeptanz
5 %
+ 367%
– 82%
MISSTRAUEN
Beschönigung: Es ist gar nicht so schlecht, sich bedeckt zu halten und sich nicht gleich mit jedermann gemein zu machen
#5
Akzeptanz
88 %
Chart 17

Werte und Verhaltensmuster (2)

3. Thema: Soziale Steuerung

VERTRAUEN ANSTATT KONTROLLE Vertrauen muß man bedingungslos verschenken. Bürokratische Überkontrolle muß systematisch bekämpft werden #4

Akzeptanz 7 %

+ 311%

– 79%

VERBISSENE ÜBERWACHUNG Ordnung regiert die Welt – und das muß so bleiben, Vertrauen ist zwar schön, aber strenge Kontrolle ist besser und unerläßlich #3

Akzeptanz 91 %

4. Thema: Management of Change

INNOVATIONEN VON VISIONÄRER EINMALIGKEIT Mutige Erneuerung hat höchsten Stellenwert, wobei wir meist das grundsätzliche »andere« suchen #1

Akzeptanz 11 %

+ 278%

– 69%

SICH BEDECKT HALTEN und nur keinen Anstoß erregen. Beschönigung: Behutsame Anpassung zahlt sich immer aus. Wes Brot ich ess', des Wort ich red'! #2 + #5

Akzeptanz 81 %

5. Thema: Aggression

FEINDBILD Der Konkurrenzkampf muß hart und unerbittlich geführt werden. Dies ist leichter mit einem klar definierten Gegnerbild #6

Akzeptanz 17 %

+ 239%

– 68%

ÜBERALL DROHT GEFAHR Man muß auf Schritt und Tritt auf der Hut sein. Beschönigung: Nur wenige haben eine Chance. Darum defensiv handeln und sich auch mal verkriechen #5

Akzeptanz 69 %

Chart 18

Werte und Verhaltensmuster (3)

6. Thema: Steuerungsmodus

EMPOWERMENT Leistungsmentalität, viel Autonomie für Unterstellte und die Delegation der Taktikfindung – sind der Dreiklang erfolgreicher Menschenführung #1

Akzeptanz 23 %

+ 207 %

– 52 %

STRATEGIE + TAKTIK müssen von oben vorgegeben und überwacht werden. Beschönigung: Anders herrscht Chaos! Nur wenige sollten eingeweiht sein #3

Akzeptanz 68 %

7. Thema: Markt

SPITZE SEIN WOLLEN ist unsere Devise. Dabei sind Markt- und Qualitätsführerschaft besonders sichere Wege zu finanziellem Erfolg #3 + #6

Akzeptanz 37 %

+ 180 %

– 43 %

Erfolg ist die Konsequenz aus sehr viel Erfahrung und daß man ein HÄNDCHEN für die Dinge hat und keine theoretischen »Patentregeln« #6

Akzeptanz 72 %

8. Thema: Humane Integration

MITARBEITERN DIENEN Mitarbeiter fördern und an ihnen richtiges Kundenverhalten einüben #4

Akzeptanz 11 %

+ 173 %

– 79 %

AUTORITÄRES FÜHREN Exekution, aber kein Infragestellen erwartet. Beschönigung: Man muß den Leuten sagen, wo's langgeht. Anders funktioniert es leider nicht #6

Akzeptanz 88 %

Chart 19

Werte und Verhaltensmuster (4)

9. Thema: Strategie

SCHRIFTLICHE STRATEGIE über mindestens 3 Jahre liegt vor. Erreichbarkeit ist breit diskutiert worden und wird detailliert begründet #2 + #5

Akzeptanz 23 %

+ 177 %

– 34 %

Man muß sich strategische UNGEBUNDENHEIT für intuitives Handeln bewahren #4

Akzeptanz 68 %

10. Thema: Aktivitätsmuster

MENTALE VERÄNDERUNG Reengineering und Veränderung dürfen nie Selbstzweck sein. Erst eine neue, geistige Standortbestimmung bringt den Erfolg #2

Akzeptanz 32 %

+ 143 %

– 36 %

GSCHAFTELHUBERN Man muß den Mut haben, dauernd Veränderungen vorzunehmen. Hauptsache: Es bewegt sich was! #6

Akzeptanz 64 %

11. Thema: Erneuerung der kleinen Schritte

INNOVATION MIT AUGENMASS Stetig verbessern und austüfteln, aber ganz ohne visionäre Ambitionen #2 + #4

Akzeptanz 37 %

+ 128 %

– 63 %

AM BEWÄHRTEN IN TREUE FESTHALTEN Beschönigung: Vorsicht bei Innovation: Am Zeitgeist und an modischem Firlefanz ist schon mancher gescheitert #3

Akzeptanz 61 %

Chart 20

Werte und Verhaltensmuster (5)

12. Thema: Lernhaltung

LERNWERKSTATT #4
Man darf nie mit Lernen aufhören. Das ist geistiger Tod. Lernen heißt immer neue Zusammenhänge sehen
Akzeptanz 29 %

+ 113 %

– 22 %

WISSEN IST MACHT
Man muß Know-how richtig einsetzen, kontrollieren und geschickt hinzukaufen und nicht immer wieder bei Null anfangen #3
Akzeptanz 83 %

13. Thema: Sachzwänge

UNBEIRRT DEN EIGENEN WEG GEHEN
und nicht auf hunderterlei Interessen Rücksicht nehmen #1
Akzeptanz 11 %

+ 89 %

– 14 %

DIE REALEN INTERESSEN MÜSSEN UNBEDINGT ZUM AUSGLEICH GEBRACHT WERDEN #4
Akzeptanz 88 %

14. Thema: Intro- oder extravertierte Lebenshaltung

HOPPLA – JETZT KOMM' ICH Wir sind unbändig stolz auf unsere Leistungen und glauben, daß jeder Tüchtige seine Konkurrenz erfolgreich in die Schranken fordern kann #6
Akzeptanz 51 %

+ 13 %

– 31 %

ASKESE Sparsamkeit, Selbstbescheidung und ökologisches Bewußtsein – dies sind die Erfordernisse von heute
#2 + #5
Akzeptanz 39 %

Chart 21

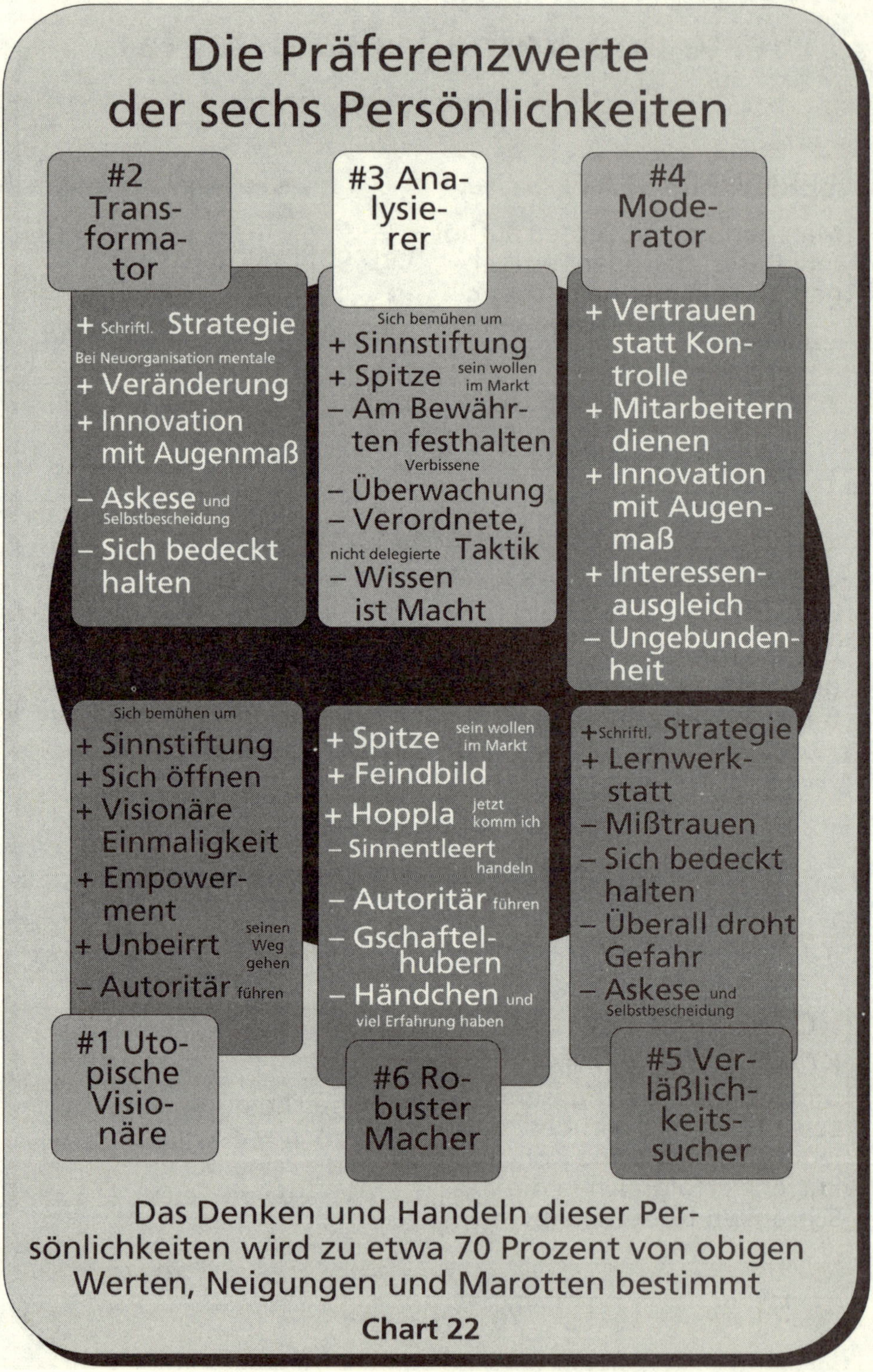
Die Präferenzwerte der sechs Persönlichkeiten
#2 Transformator
+ Schriftl. Strategie
Bei Neuorganisation mentale
+ Veränderung
+ Innovation mit Augenmaß
– Askese und Selbstbescheidung
– Sich bedeckt halten
#3 Analysierer
Sich bemühen um
+ Sinnstiftung
+ Spitze sein wollen im Markt
– Am Bewährten festhalten
Verbissene
– Überwachung
– Verordnete, nicht delegierte Taktik
– Wissen ist Macht
#4 Moderator
+ Vertrauen statt Kontrolle
+ Mitarbeitern dienen
+ Innovation mit Augenmaß
+ Interessenausgleich
– Ungebundenheit
Sich bemühen um
+ Sinnstiftung
+ Sich öffnen
+ Visionäre Einmaligkeit
+ Empowerment
+ Unbeirrt seinen Weg gehen
– Autoritär führen
#1 Utopische Visionäre
+ Spitze sein wollen im Markt
+ Feindbild
+ Hoppla jetzt komm ich
– Sinnentleert handeln
– Autoritär führen
– Gschaftelhubern
– Händchen und viel Erfahrung haben
#6 Robuster Macher
+ Schriftl. Strategie
+ Lernwerkstatt
– Mißtrauen
– Sich bedeckt halten
– Überall droht Gefahr
– Askese und Selbstbescheidung
#5 Verläßlichkeitssucher
Das Denken und Handeln dieser Persönlichkeiten wird zu etwa 70 Prozent von obigen Werten, Neigungen und Marotten bestimmt

Chart 22

Ohne die jeweilige Beschönigung oder Entschuldigung hätte man viele der Negativ-Werte gar nicht abfragen können.
Daß diese Beschönigungen nichts anderes als Pseudorechtfertigungen sind, wird daran deutlich, daß die Renditezahlen hier ihrerseits eine ganz klare Sprache sprechen. Trotzdem erfreuen sich viele Negativ-Werte großen Ansehens. Die Beschönigung macht es vielen leichter, daran festzuhalten.
Neben den geschönten Negativ-Werten gibt es auch solche, wo eine Rechtfertigung nicht erforderlich ist, weil die Anhänger sich im Brustton der Überzeugung zu ihnen bekennen. So wird etwa der neunte Negativ-Wert von seinen Anhängern als wirklich positiv und über alle Zweifel erhaben eingestuft: »Man muß sich strategische Ungebundenheit für intuitives Handeln bewahren!« Zwar übersehen sie dabei, daß es offenbar weitaus vorteilhafter ist (+ 117 Prozent!), sich strategisch auf schriftliche Weise festzulegen, aber – wie bei allen paradoxen Gegenwerten – ein kleines Körnchen Wahrheit trifft natürlich schon auf die im Negativ-Wert geforderte Flexibilität zu. Die Anhänger dieser Idee der Ungebundenheit benötigen jedenfalls keine beschönigende Entschuldigung, denn sie sind sich ihrer Sache absolut sicher.

❹ Die Methodik: Wie sind wir zu den Faktoren gekommen? Wem verdanken wir sie?

Wir beschreiben jetzt, welche Bemühungen und methodischen Verfahren den Ergebnissen der Charts 17–21 zugrunde liegen:

1. Aus einer Liste von über 80 möglichen Werten und Erfolgsfaktoren, die wir aus Praxis und Literatur zusammengestellt hatten, destillierten wir *28 Verhaltensmaximen* heraus. Davon waren *14* sogenannte *Negativ*-Werte, deren Befolgung wir in den Vortests als abträglich erkannten, und *14 Positiv*-Werte, deren Befolgung die Erfolgswahrscheinlichkeit erhöhte.
2. Es wurde bei den Befragten nicht nur die Akzeptanz der Werte ermittelt, sondern auch, ob die Befragten den zur Debatte stehenden Wert in der Praxis *lebten*, also ihr *Verhalten* danach ausrichteten. Reine Lippenbekenntnisse zählten also definitiv *nicht*.
3. Die Fragen nach den Werten wurden an insgesamt 463 Managern herangetragen.
4. Die in den Charts 17–21 dargestellte Situation basiert auf der Korrelation des *Verhaltens* einerseits mit dem *meßbaren Erfolg* der Geschäftseinheit über 15 Jahre andererseits. Die Korrelation wurde immer dann vorgenommen, wenn das Führungsteam mehrheitlich zu einem der 28

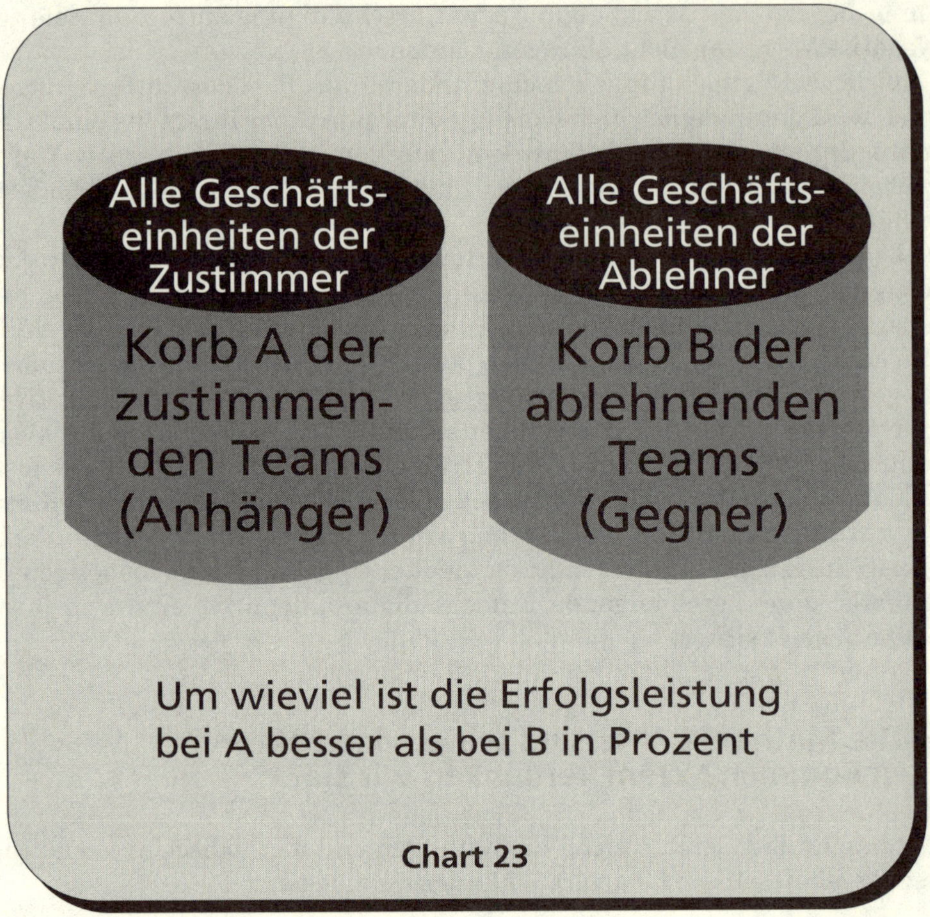

Werte tendierte, diesem Wert dabei eben nicht nur deklamatorisch wohlfeile Anerkennung zollte, sondern diese Maximen auch durch die Tat und konkrete Maßnahmen realisierte.

❺ Erfolgskennzeichen

Wir prüften die folgenden Erfolgs-Indizien
(a) die Umsatzrendite vor Steuern,
(b) die Kapitalrendite vor Steuern,
(c) die Liquidität nach der Formel des sogenannten »dynamischen Verschuldungsgrades«,
(d) die Innovationsgeschwindigkeit,
(e) die durchschnittliche Innovationsrendite im Jahr 5 nach der Lancierung,

(f) den Anteil neuer Produkte am Gesamtumsatz,
(g) die Floprate und schlußendlich
(h) die Rate der Innovationsinvestitionen am gesamten Investitionsvolumen.

Aus diesen acht Daten wurde ein Index errechnet. Dieser Index entsprach weitgehend dem Mischwert aus der halben Umsatzrendite plus der halben Kapitalrendite. Man kann also bei allen folgenden Darstellungen des gemessenen Erfolges vereinfachend vom Renditeerfolg sprechen, auch wenn in der Tat weit mehr als nur dies gemessen wurde.

❻ Der Vergleich

Der Kern und das Wesentliche der ganzen Übung bestand darin, daß wir eine Gegenüberstellung vornahmen, bei der wir die Anhänger eines Wertes in den Korb A, die Gegner in den Korb B legten. Dann wurde – wie Chart 23 verdeutlicht – die durchschnittliche Rendite der von Anhängern gemanagten Geschäftseinheiten gemessen und den Renditen der Gegner gegenübergestellt.

❼ Unerklärliches

Die linken Erfolgswerte und die rechten Negativfaktoren sind unabhängig voneinander erhoben worden. Deshalb sagt die linke Zahl nur und ausschließlich etwas über den linken Faktor aus, und das gleiche gilt für die rechte Zahl. Es war eines der erstaunlichsten Ergebnisse dieser Enquete, daß – als wir die 28 wichtigsten Faktoren ausgesondert hatten – wir sozusagen zwei »Chromosomensätze« à 14 zurückbehielten, wobei es dann ein leichtes war, jeweils eine Paarung herzustellen, d.h. also jedem Positivfaktor einen negativen gegenüberzustellen.
Eine Erklärung für diese Geometrie haben wir nicht, es sei denn, man begreift die bereits angedeutete paradoxe Polarität der jeweiligen Paare als eine Grundbefindlichkeit aller Entscheidungsbildung.

❽ Der Rechenvorgang

Der letzte Schritt, der hier beschrieben werden muß, ist das rechnerische Vorgehen. Wie Chart 24 zeigt, wurden zwei Mengen gebildet. Die eine Menge ist der Korb A. Hier sind alle Führungsteams zusammengefaßt, bei

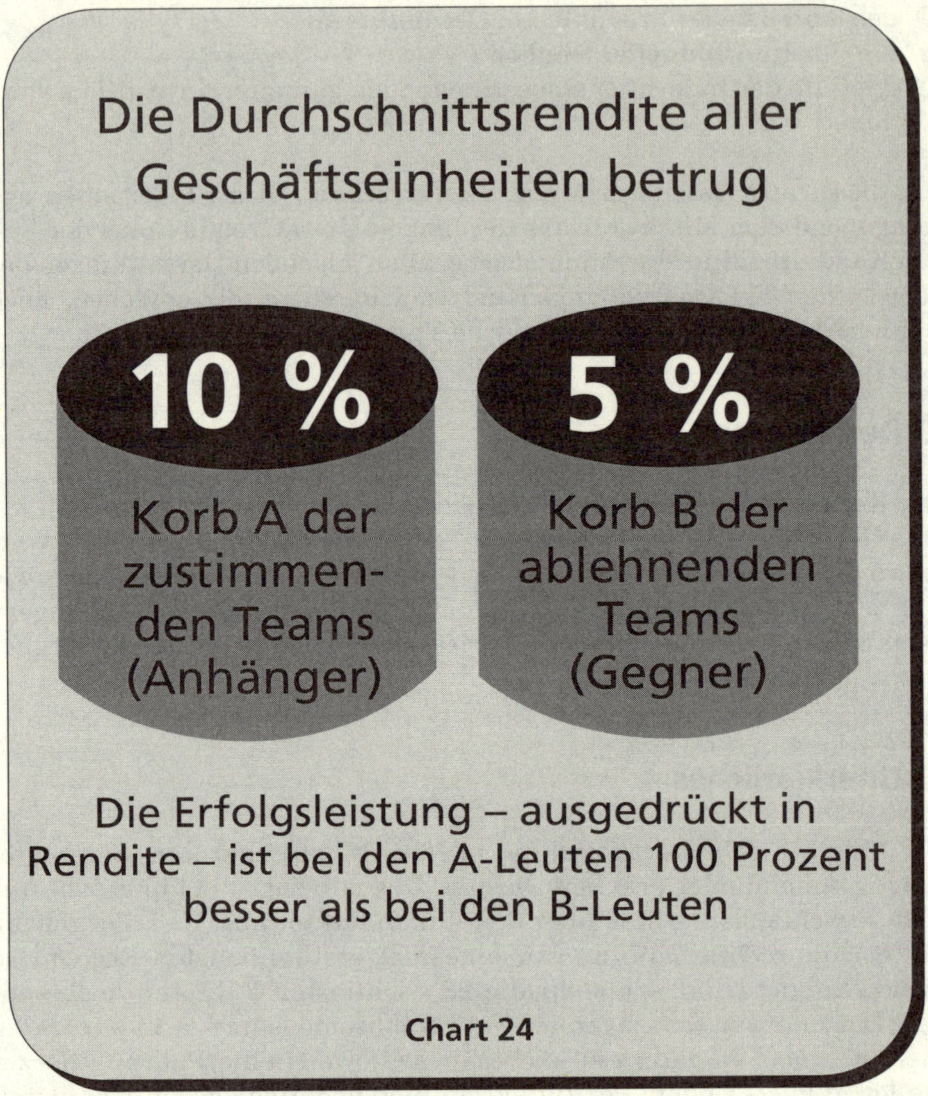

denen mehrheitlich ein bestimmter Wert positiv akzeptiert ist. Dies kann ein Erfolgs- oder aber ebensogut ein Mißerfolgswert sein.

Nun »schütten« wir alle Geschäftseinheiten, die von A-Leuten geleitet werden, in den Korb A. Das gleiche wurde dann für die Wertgegner mit dem Korb B angestellt.

Bleiben wir im Beispiel von Chart 24: Die Durchschnittsrendite der A-Geschäftseinheiten (= Zustimmer) ist in diesem Falle 10 Prozent. Die der B-Geschäftseinheiten (= Gegner) beläuft sich auf nur 5 Prozent.

Damit kommen wir zur abschließenden Bewertung: Diese besagt, daß die Geschäftseinheiten der A-Leute 100 Prozent besser (= renditeträchtiger) sind als diejenigen der B-Leute. Das ist die Prozentzahl, die Sie jeweils neben den Wertekästchen finden.

❾ Der Abstand

Die jeweilige Prozentzahl hinter jedem einzelnen Wert beschreibt also die »Kluft«, die Distanz, die sich zwischen Zustimmern und Ablehnern ergibt. Je größer diese Distanz, desto *wichtiger* muß der Faktor sein. Ist er gering – d.h. also trennt Anhänger und Gegner nur wenig –, dann kann er logischerweise nicht allzu bedeutsam sein.
Die Kluft besteht – etwas vereinfacht ausgedrückt – aus besseren oder schlechteren Renditen. Wie bereits dargelegt, können wir aber in der Kluft auch die acht Erfolgskennzeichen sehen, weil die Distanzen zwischen Anhängern und Gegnern – gleich ob wir auf Rendite oder die acht Faktoren abstellten – fast identisch ausfielen.

❿ Gliederung

Die 14 Doppelfaktoren sind nach der Stärke der jeweils linken Erfolgsfaktoren geordnet. Ganz oben steht derjenige Erfolgsfaktor, der sich als der entscheidendste herausgestellt hat. Dann folgen die minder bedeutsamen. Der jeweils rechte Mißerfolgsfaktor wurde aus inhaltlichen Überlegungen dem linken Erfolgsfaktor gegenübergestellt.
Fazit aus der jeweiligen Prozentzahl: Wenn die Anhänger des Wertes x um 100 Prozent besser als die Ablehner abschneiden, dann spricht alles dafür, daß dieser Wert eine Erfolgsbedeutung besitzt. Dies kann nicht im Sinne eines unumstößlichen Beweises[4], wohl aber im Sinne einer sehr wahrscheinlichen Beziehung begriffen werden.
Das Ergebnis: Ja, es gibt anscheinend Managementerfolgsrezepte! Die Anhänger bestimmter Werte sind so dramatisch den Ablehnern überlegen, daß man diese Fakten wohl kaum anders interpretieren kann.

⓫ Der Grad der Akzeptanz

Jetzt wollen wir noch eine zusätzliche Information geben, die wir bewußt – um nicht zu verwirren – bislang unterschlagen haben. Es ist die Pro-

4 Korrelationen dieser Art können nie definitive Beweise sein. Sie besitzen lediglich hohe Wahrscheinlichkeit. Da wir aber im Leben fast alle unsere Handlungen auf solche Wahrscheinlichkeiten stützen – lt. Popper auch gar keine andere Möglichkeit haben –, sollte uns die Tatsache »bloßer« Wahrscheinlichkeit nicht weiter beunruhigen.

zentzahl, die sowohl bei den positiven wie negativen Werten auftaucht und die innerhalb einer Ellipse dargestellt wird. Diese hat mit den zwei Erfolgs- bzw. Mißerfolgs-Prozentzahlen überhaupt nichts zu tun und beschreibt einen völlig andersartigen Zusammenhang.
Die Zahl, von der wir jetzt sprechen, ist stets, wie nachstehend abgebildet, von einer Ellipse umgeben.

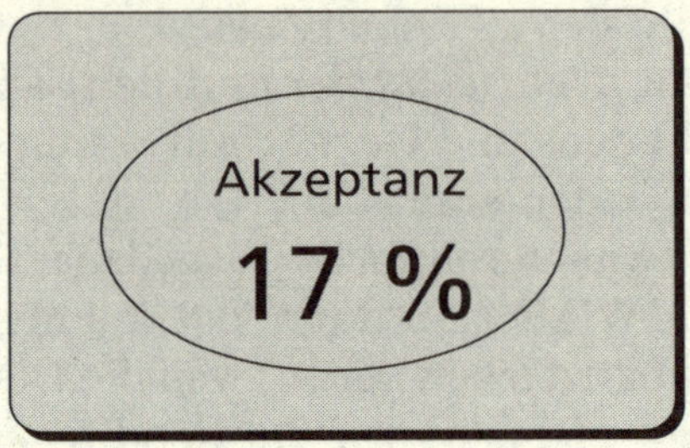

Wenn dort 17 % steht, dann besagt dies, daß nur 17 Prozent der deutschen Manager das Statement als richtig und beachtenswert akzeptieren.
Hier interessierte uns, ob z. B. dann, wenn ein Wert als besonders ausschlaggebend herauskam, auch die Manager mehrheitlich diesen als wichtig erkennen oder ob etwas, das bei uns als bedeutsam erscheint, womöglich von den Managern mehrheitlich als unwichtig, vielleicht sogar als Unsinn abgelehnt wird.
(Gelegentlich wird auch dargestellt, wieviel Prozent innerhalb der Stichprobe das im Kasten angezeigte Ergebnis erreichen konnten. Dies etwa bei dem Thema Schnelligkeit.)
Das Resultat der Ermittlung des Interesses und der Akzeptanz unserer Erfolgsfaktoren ist bestürzend und bestätigt das bereits früher Ermittelte: Alle *entscheidend wichtigen* Werte wurden nur von kleinen Minderheiten geschätzt und als hilfreich erkannt. Mit anderen Worten: Das Wissen um den Managementerfolg, das wir hier darzulegen versuchen, ist *weit davon entfernt*, bereits akzeptiert zu sein.
Dies mag man beklagen, es ist für uns aber gleichzeitig eine große und schöne Herausforderung, die gute Botschaft von erhöhter Erfolgssicherheit bekanntzumachen und für deren Berücksichtigung zu werben.
Während etwa 15 Prozent der Manager sich der neuen Werteordnung voll geöffnet haben, hat die Mehrheit diesen Wandel nicht oder noch nicht vollzogen. Im Gegenteil: *Über 80 Prozent* identifizieren sich immer noch mit Werten aus den 50er und 60er Jahren, die vermutlich damals mit Recht hoch im Kurs standen, heute aber doch wohl als *überlebt* angesehen werden sollten.
Wer die Bedeutung dieser Ausführungen anzweifelt, dem sei die nachfolgende Tabelle ans Herz gelegt.

Addiert nicht auf 100	Erfolgsunternehmen (die besten 30 unter 116)	Versagerfirmen (47 unter 116)
% der Manager, die die wichtigsten neun Werte voll akzeptieren	73 %	13 %
% der Manager, die die wichtigsten neun Werte ablehnten	8 %	78 %

⓬ Präferenzwerte und Persönlichkeit

Noch eine letzte Information. Es besteht ein enger Zusammenhang zwischen Wertewahl und Persönlichkeitstypus. Darum finden Sie in oder an jedem Wertekästchen auf den Seiten 139 bis 143 jeweils die Persönlichkeitstypen angezeigt (z. B. #3 für den Analysierer, #6 für den Macher), für welche der jeweilige Erfolgsfaktor einen Präferenzwert darstellt.

IX. Werte, Gegenpole, Aktionen

In der nachfolgenden Besprechung halten wir die Reihenfolge der Charts der Seiten 139 bis 143 strikt ein. Was nun jedes einzelne Wertepaar angeht, so wird dies nach einem geordneten Schema analysiert: (a) Wir beschreiben das *Wesen* und den *Inhalt* des Wertes, (b) zeigen dann kurz auf, um wieviel die *Anhänger* und Befolger dieses Wertes »besser« sind als diejenigen, die ihn ablehnen und nicht befolgen. Das »Bessersein« wird durch die Erfolgsmeßwerte nachgewiesen. Dann kommt etwas Neues, das meine früheren Leser noch nicht kennen, nämlich (c) die Diskussion des negativen *Gegenwertes*, der aufgegeben werden muß, damit der positive zum Tragen kommen kann. Für beide wird dann (d) die Affinität zu bestimmten Persönlichkeitstypen beleuchtet, denn jeder Wert wird von Menschen einer bestimmten Charakterformation besonders geschätzt bzw. von anderen Typen stark abgelehnt. Schließlich beenden wir die Besprechung jeden Wertes mit (e) Maßnahmen, die besonders geeignet sind, diesen Wert zu fördern und ihm im Hause zu mehr Ansehen zu verhelfen. Dies wird den Managementpraktiker und den Personalchef besonders interessieren. Die Charts 25–27 der Seiten 191 bis 193 fassen den Maßnahmenkatalog zur Förderung eines jeden Wertes übersichtlich zusammen.

1. Der Megawert des Sinnstiftens

Unsere Forschung hat ergeben, daß unsere Gesellschaft in allen ihren Facetten nach Ziel und Sinn förmlich *hungert*. Es scheint dort so etwas wie ein Vakuum zu bestehen. Ein Produkt, eine Dienstleistung oder das Image einer Firma, die Sinn zu stiften vermögen, sind allen anderen haushoch *überlegen*, die zur Sinnstiftung nichts beitragen bzw. sogar Ausdruck einer gewissen *Sinnentleerung* sind.

Wir hatten diesen wichtigsten aller Werte in früheren Arbeiten schlicht und einfach übersehen. Um so wichtiger ist es jetzt, ihn – der ganz eindeutig an der Spitze steht – hier nachzutragen. Es ist sicherlich eine Aussage in sich selber, daß wir ihn bisher nicht erkannt hatten. Wahrscheinlich haben wir den Wald vor lauter Bäumen nicht gesehen.

Dem Leben, der Karriere, einer Ehe oder Lebensgemeinschaft, einem Programm, einem Unternehmen, einer Handlung einen echten Sinn zu geben, gehört zu den ultimativen, durch nichts mehr zu überbietenden Anliegen unserer abendländischen Kultur und Zivilisation. Die Erfüllung, die aus Sinngebung kommt, gehört zum Kostbarsten, was Menschen erleben können. Wer dahingegen in seinem persönlichen und kommerziellen Handel keinen Sinn und kein Ziel erblicken kann, wird am Leben verzweifeln. Sinnlosigkeit ist fast so etwas wie ein Fluch.

Was hat nun dieses kostbare Gut des Sinnfindens mit Kommerz, Management und Marketing zu tun?

Lesen wir die Formulierung im ersten Kasten: *Wir streben nach einer Produkt- und Firmenidentität, die ein Stück Fortschritt, Ökologie, Kultur oder Menschlichkeit realisiert.*

Es geht also um etwas, das über die Alltagsnormalität weit hinausreicht. Wir könnten sagen, daß wir von einem *Zusatznutzen* sprechen, von einem *Überbau*. Nicht von einer absoluten Notwendigkeit, wohl aber von einer faszinierenden *Möglichkeit*, die sich bietet, weil es immer schwieriger wird, im Leben und Tun einen befriedigenden Sinn zu finden.

Früher vermochte die Religion, vermochten Ideologien, Fortschrittsglaube, Philosophie und Vaterlandsliebe vielen Menschen ein Gefühl zu geben, das man mit Geborgenheit und Erfüllung bezeichnen könnte. Früher stellte sich die Sinnfrage nicht allzu vielen Menschen – von Intellektuellen einmal abgesehen. Heute ist sie in aller Munde. Das Gefühl ist weit verbreitet, daß man auf der Suche nach einer Antwort ist. Leider aber bleiben die Institutionen der Kirchen, der Schule, bleiben die Lehrer, die Philosophen, die Publizisten und erst recht die Politiker diese Antwort schuldig.

(a) DAS WESEN DES FAKTORS »SINNSTIFTUNG«

Was könnte denn konkret einen Sinn geben? Wie könnte ein sinngebendes Angebot aussehen?

Wenn eine Innovation einen deutlichen Beitrag zum Fortschritt der Menschen erbringt, wenn eine Maschine komplizierte, nur schwer zu lösende Probleme plötzlich kinderleicht macht, dann liegt in so einem *Siebenmeilenschritt nach vorn* für manche Menschen ein Stück Sinn. Es stellt sich beim Autor oder Erfinder das Gefühl ein, einen Beitrag geleistet zu haben. Das ist eine ganz und gar *subjektive* Feststellung. Wie überhaupt Sinnhaftigkeit eigentlich objektiv nicht feststellbar ist. Es sei denn in dem Sinne, in dem *wir* sie gemessen haben: Wir haben die Firmen, in denen mehrheitlich nach ebensolcher Sinngebung gestrebt wird, in ihren Resultaten – vor allem den Renditen – den vielen Firmen gegenübergestellt, die nach solcher Sinngebung überhaupt nicht streben – und das waren immerhin 98 Prozent aller Befragten.
Bei den wenigen 2 Prozent jedoch, die die Chance der Sinngebung begriffen haben, waren die Zahlen einfach *überwältigend*. Diese wenigen lagen 402 Prozent *über* den Renditen der anderen. Es bleibt dabei: *Sinngebung ist eine ganz und gar subjektive Angelegenheit, aber wir können sie dennoch in ihrem Wirkungsgrad objektiv messen. Dann aber erkennen wir sofort ihre gesellschaftliche Relevanz und Brisanz!*
Aber bleiben wir noch einen Moment bei den konkreten Realisierungen von Sinngebung. »Einen Beitrag zum Fortschritt leisten«, das war unser erstes Thema. Nun sind wir alle nicht mehr so fortschrittsgläubig wie unsere Großeltern um die Jahrhundertwende. Dennoch glaube ich, daß wir uns bei vielen Dingen schnell darüber einig wären, daß es sich um einen Fortschritt handelt. Wenn etwas Lebenswichtiges, das vorher für die meisten fast unerschwinglich war, nun zum Pfennigartikel wird, dann werden wir dies im allgemeinen als einen Fortschritt zu würdigen wissen. Trotz allem Gerede über fehlenden Fortschrittsglauben sind Nobelpreisträger auch heute immer noch die angesehensten Menschen der Welt – und dieser Preis wird in den meisten Disziplinen ja eben gerade mit dem Blick auf Fortschritt und Weiterentwicklung vergeben.
Aber neben dem Fortschritt gibt es noch viele andere Betätigungsfelder, wenn man nach Sinngebung trachtet. Wenn es einem Unternehmen – wie etwa Hewlett Packard – gelingt, sich den Ruf zu verschaffen, daß Menschlichkeit im Umgang mit den Mitarbeitern bei HP eine bei weitem höhere Rolle spielt als in der Mehrheit anderer Unternehmen, dann ist das ebenfalls ein Stück Sinngebung.
Oder: Ich habe einer der Firmen meiner Klientel den Rat gegeben, eine Akademie zu eröffnen, die auf dem Gebiet, wo sich dieses Unternehmen betätigt, eine Spitzenstellung des Informationsaustausches und der Forschung einnehmen wird. Diese Initiative hat meines Erachtens eine gute Chance, dieser Firma ein Stück Sinn einzuhauchen. Es ist nichts Weltbewegendes, aber ein Stück *akademische Überhöhung*.
Ganz sicher sind wir uns darüber, daß wir es mit einer Form der Sinn-

stiftung zu tun haben, wenn es eine Firma oder ein Produkt fertigbringt, *Not zu lindern, Leidenden Erleichterung zu geben, Krankheit auf eine erschwingliche Weise zu heilen, Benachteiligten zu ihrem Recht zu verhelfen.* Dann empfinden wir dank unserer abendländischen Humankultur ein gewisses Hochgefühl, weil die humanitäre oder christliche Zuwendung jede Bemühung aus der Alltäglichkeit heraushebt. Natürlich wird man mit der Botschaft des Nazareners, den Nächsten zu lieben, sehr vorsichtig und behutsam umgehen, aber wenn solche Hilfestellung gelingt, dann sind wir uns ganz und gar einig: Dies gibt Sinn, und man darf Freude dabei empfinden, gleichzeitig auch Stolz, wenn man der Erfinder oder Initiator ist.

Natürlich denkt man da sofort an die pharmazeutische Industrie, der es allerdings nur selten gelingt, den humanen Aspekt glaubwürdig und wirklich sinngebend ins Spiel zu bringen. Den Bayers, Hoechsts und BASFs sei's ins Stammbuch geschrieben: Ihr vertut gewaltige Möglichkeiten!

Ein Gebiet darf natürlich bei der Diskussion über Sinnfindung nicht fehlen: die *Ökologie.*

Auch wenn nicht alle »grün« denken und empfinden, so darf man wohl doch feststellen, daß ökologische Beiträge heute allüberall eine gewisse Rolle spielen, und zwischen »ganz entscheidend wichtig« und »hilfreich-positiv« wird ihnen eine breite Wertschätzung zuteil: Das ökologischere Produkt ist im Zweifelsfall das bessere. Der ökologische Bereich – vermutlich weil er eben »in Mode« ist – stellt denn auch den einzigen Sektor dar, wo sich eine größere Zahl von Managern – immerhin 29 Prozent – in Richtung Sinnfindung engagiert. Dabei soll das Ergebnis einer vertraulichen Untersuchung nicht verschwiegen werden, daß nämlich das Thema Ökologie einen wachsenden Kreis von Verbrauchern zu langweilen beginnt. Für eine zunehmende Anzahl ist das Thema »abgedroschen«, »ermüdend«, »zu oft gehört«. Diese Aversion kann natürlich nicht darüber hinwegtäuschen, daß die ökologische Frage jetzt und vermutlich noch das ganze vor uns liegende Jahrhundert als ungeklärtes Weltproblem im Raum stehen wird.

(b) DAS ERFOLGSPOTENTIAL: DIE GESPALTENE AKZEPTANZ

Wie steht es nun mit der Akzeptanz der Thematik Sinnfindung? Wer fühlt sich von diesem Gedanken angezogen? Wir müssen hier eine wichtige Unterscheidung treffen, die im Chart 17 ihren Niederschlag findet: Sinnfindung über das Thema Ökologie scheint bei etwa einem Drittel der Manager gut anzukommen. Denn die Zahl für Akzeptanz – begrenzt auf das Thema Ökologie – liegt mit 29 Prozent recht hoch. In der Bevölkerung kann man damit rechnen, daß etwa 22 Prozent von ökologischem Gedankengut stark angezogen werden. Ergänzend muß angemerkt werden, daß die Glaubwürdigkeit dieser Thematik gering ist, wenn es sich nur um eine Hinwendung im Sinne einer zeitgemäßen Anpassung (nolens volens) an einen Trend handelt.

Verlassen wir dieses »Sonderthema« und kehren wir zur Frage geeigneter Themen für eine Sinnfindung auf anderen Sektoren als dem der Ökologie zurück, so geht die Akzeptanz im Chart S. 139 auf 2 Prozent zurück. Das »Gesamtpaket« Sinnfindung ist also unter Kaufleuten wenig populär. Daß man gut daran tut, zwischen Sinnfindung im allgemeinen und ökologischer Sinnfindung im besonderen zu unterscheiden, wird auch am Ergebnis deutlich. Sinnfindung ist mit + 402 Prozent der *stärkste aller Erfolgsfaktoren*. Begrenzt auf Ökologie (im Chart 17 *nicht* dargestellt), macht er die Anhänger aber »nur« um 294 Prozent besser. Das ist auch eine ganze Menge, aber das Herausragende liegt eben gerade darin, Sinnfindung auch *außerhalb* der Ökologie zu suchen, was aber sehr selten getan wird. Wer aber diese Möglichkeit – im breiten Sinne und nicht nur begrenzt auf ökologische Themen – verstanden hat, dem stehen goldene Zeiten bevor, denn wenn sich irgend etwas in steigenden Renditen niederschlägt, dann ist es Sinnstiftung.
Der Faktor Sinnfindung, den wir so lange sträflich außer acht gelassen hatten, unterscheidet sich von den 13 anderen Erfolgs- und Mißerfolgsfaktoren dadurch, daß er zum Teil in den später zu besprechenden Faktoren enthalten ist. Darum finden Sie in Chart 17 hinter dem Kästchen mehrere Begriffe, die für die später zu besprechenden Faktoren stehen. Im »ergänzenden Aufeinanderzugehen« mit seinem humanistischen Grundgedanken findet sich ein Stück Sinn. Auch die entschiedene Suche nach »Einmaligkeit« kann Sinn stiften, weil es die Suche nach dem Ungewöhnlichen ist, die über die Alltäglichkeit hinausreicht. »Vertrauen statt Kontrolle« ist ebenfalls ein Erfolgsfaktor, in dem ein großes menschliches Kapital steckt. Seine Verwirklichung schafft eine positivere, erfreulichere Gesellschaft. Für den Gedanken »dem Mitarbeiter zu dienen« trifft ein Gleiches zu. Und letztlich empfinden manche auch bei dem Gedanken eines »Feindbildes« ein Stück Sinn, weil eine Art verschworene Gemeinschaft damit ins Leben gerufen wird.

(c) DER PARADOXE GEGENWERT

Kein vernünftiger Mensch strebt bewußt nach Sinnentleerung (rechte Seite von Chart 17). Es wird also eher unbewußt geschehen und ohne sich über den Punkt Rechenschaft abzulegen, daß Manager zu »Quasianhängern« dieses Wertes werden. Wer Sinnfindung für »Firlefanz« und »Philosophengeschwätz« hält, erwirtschaftet 87 Prozent schlechtere Renditen als diejenigen, die *für* Sinnfindung eintreten.

(d) PERSÖNLICHE NEIGUNG

Es sind die »Visionäre« und die »Analysierer«, die den Mangel an Sinn besonders deutlich empfinden, und sie sind deshalb diejenigen, die sich am ehesten die Mühe machen, nach Möglichkeiten des Sinnstiftens zu suchen.

Der Typ des #6 »Machers« leidet am wenigsten unter dem Mangel an Sinn – vermutlich, weil ihm sein Aktionismus ausreicht.

(e) MASSNAHMEN

Die Chancen, sich über ein Stück Sinn Profil zu verschaffen, sind ausgesprochen günstig, und die ausgewiesenen Zahlen sollten ermutigen.
Da dies eine Frage ist, die sicherlich weit außerhalb des Tagesbetriebs liegt und viel Nachdenklichkeit, aber auch Distanz erfordert, scheint sie – wie kaum eine andere – in die Hand eines Beraters zu gehören. Es ist eine Aufgabe, die mit der Suche nach einer Firmenvision sehr verwandt ist und in der Praxis zusammen angegangen werden sollte.

2. Sich öffnen – der Stein der Weisen

(a) DAS WESEN DES FAKTORS »SICH ÖFFNEN«

Der zweitstärkste aller Werte, der nur durch Sinngebung übertroffen wird, ist das Sichöffnen. Das klingt etwas esoterisch, aber wenn man die detaillierte Information liest, also das »Statement«, das für die Zustimmung oder Ablehnung entscheidend ist, dann werden die meisten Leser und Leserinnen erkennen, daß dahinter ein sehr *hartes* Gebot und ein höchst anspruchsvolles Verhalten stehen.
Der Stellenwert dieser Haltung wird durch folgende Erkenntnis klar, die wir erst später in ihrer vollen Tragweite herausarbeiten werden: Menschen sind – so beschreiben es die Psychologen unisono seit über 100 Jahren – *einseitige* Wesen. Vielleicht gibt es ein paar Universalgenies, aber wenn es sie denn überhaupt gibt, dann äußerst selten. Dem normalen Erdenbürger müssen wir unterstellen, daß er von den charakterlichen Möglichkeiten, die es gibt, höchstens ein Viertel abdeckt.
Ist es denn also richtig, daß *Einseitigkeit eines der wichtigsten Charakteristika des Menschen* ist, so gibt es nur eine einzige Methode, einen einzigen Ansatz, der uns erlaubt, uns selbst zu optimieren, nämlich auf den andern zuzugehen, um uns mit diesem zu *ergänzen*. Unser Geworfensein in die Einseitigkeit erzwingt die soziale Zuwendung zu denjenigen, die das in Fülle haben, was wir selber *nicht* besitzen.
Aufeinanderzugehen heißt aber immer weit mehr, als nur miteinander »quatschen«. Natürlich ist das Gespräch das Medium fürs Aufeinanderzugehen, aber es muß ein aktives »Auf-den-andern-Eingehen« sein, es muß wirkliche *Kooperation, gemeinsames Handeln* stattfinden. Worte allein tun's hier gewißlich nicht.
Wird dies praktiziert, dann wirkt sich Aufeinanderzugehen als sehr konfliktmindernd aus. Wir haben in diesem Zusammenhang auch immer wieder beobachtet, daß dies eine Art Urbedürfnis zu sein scheint,

daß wir im Grunde unseres Herzens eigentlich Harmonie und Kooperation wollen, ja sie in Situationen des Streits meist herbeisehnen. Ist ein Klima des Miteinanders einmal hergestellt, dann wirken erhebliche Kräfte in Richtung auf eine Aufrechterhaltung dieses konfliktfreien Zustandes.

(b) ERFOLGSPOTENTIAL

Als grobe *Faustregel* könnte man sagen, daß dieser Wert *fünfmal bessere*[5] Betriebs- und Erfolgsresultate zeitigt wie die Ergebnisse derer, die diese Tugend ablehnen. Daß nur 5 Prozent der von uns befragten Manager das Aufeinanderzugehen praktizieren, zeigt den Schwierigkeitsgrad. Wie wenig effizient das Christentum im abendländischen Raum gewesen ist, wird gerade an diesen Zahlen deutlich, denn natürlich ist Aufeinanderzugehen – das wir hier ja lediglich als geschäftsfördernde Tugend herausstellen – ganz unabdingbar für den, der sich dem christlichen Gedanken der Zuwendung zum Nächsten verpflichtet fühlt.

(c) DER PARADOXE GEGENWERT

Dem Sichöffnen steht als Gegenwert und Gegenposition das *Mißtrauen* gegenüber. Der Mensch, der sich nicht mit anderen gemein machen will, der lieber Abstand wahren möchte, verschließt sich damit automatisch den »Segnungen« der Annäherung.

Aber man muß natürlich auch sehen, daß in einer vom Mißtrauen bestimmten Haltung ein paar handfeste Vorteile stecken. Die Isolation erspart einem manche Beunruhigung. Denn Aufeinanderzugehen hat auch seinen Preis: Es erfordert Rücksichtnahmen, es bedarf der Identifikation mit dem Nächsten. Beides kann durchaus schmerzlich sein, weil wir unsere sichere Hülle verlassen müssen. Es ist keinesfalls nur schön und nur vorteilhaft, sich dem andern zu nähern, denn man muß sich einer anderen Sprache bedienen. Die spießbürgerliche Ruhe ist dahin. Einfühlung ist immer auch ein kleines Stück Selbstaufgabe.

Die Isolation des Mißtrauens scheint sich nicht auszuzahlen, denn die Effizienzzahl weist aus, daß die Mißtrauischen 82 Prozent *schlechtere* Ergebnisse erzielen als diejenigen, die eine solche Haltung verurteilen oder ablehnen. Dadurch fällt es relativ leicht, sich für das Aufeinanderzugehen zu entscheiden. Die Zahlen sind so kraß, daß man eigentlich gar nicht begreifen kann, daß nur ganze 5 Prozent der Manager sich für das linke Feld entscheiden. Dies wiederum wird nur verständlich, wenn man voraussetzt,

5 Ganz genau genommen, sind die Anhänger 4,47mal so gut oder 347 Prozent besser. Lassen Sie sich in diesem Zusammenhang nicht durch den Umstand irritieren, daß man unterscheiden muß zwischen x-mal so gut und y Prozent besser. Zu der Zahl »y Prozent besser« muß man immer noch einmal 100 hinzuzählen, damit man auf »x-mal so gut« kommt. Sie habe also völlig richtig gelesen: Die Anhänger vom Aufeinanderzugehen sind 4,47mal so gut – also grob gesprochen 5mal so gut wie die Gegner, aber sie sind nur 347 Prozent besser als die Gegner.

daß wir eben nicht ganz und gar frei in der Wertewahl entscheiden können, wie ein späterer Abschnitt noch zeigen wird.
Daß volle 88 Prozent dem Mißtrauen etwas abgewinnen und es als wichtig beurteilen, ist in der Tat erschreckend. Man begreift dies besser, wenn man sich die Beschönigung vor Augen führt. Es ist ein sogenanntes »gesundes Mißtrauen«, das viele anzieht. Es ist also viel Erziehung zu leisten, um die Abträglichkeit dieses Negativ-Wertes zu vermitteln.

(d) PERSÖNLICHE NEIGUNG

Auch wenn wir die Typologie erst weiter unten besprechen, so sollen hier doch schon einmal Andeutungen erfolgen, wer sich die jeweiligen Werte leicht und frohen Herzens zu eigen macht bzw. wer sehr große Schwierigkeiten hat, Aufeinanderzugehen zu praktizieren. Sichöffnen ist der »Hauswert« der kreativen Visionäre. Offenheit für Dinge und Menschen und für das Andersartige ist die Grundvoraussetzung ihrer Kreativität. Auch ein Stück Neugierde hilft bei diesem Typus beim Aufeinanderzugehen mit.
Unter den vier wichtigsten Werten rangiert dieser bei keinem anderen Typus so hoch, aber auch der Macher und der Verläßlichkeitssucher finden relativ leicht Zugang zu dieser Lebenshaltung. Da die Visionäre mit einer Häufigkeit von etwa 5 Prozent recht seltene Vögel sind, ist die Durchsetzung dieses Verhaltens in ganzen Organisationen besonders schwer: Nur sehr wenig Menschen streben sozusagen »von Natur aus« hier nach.

(e) MASSNAHMEN

Da dies der zweitwichtigste aller Werte ist, bekommen Aktivitäten, die diese Haltung fördern können, natürlich ein ganz besonderes Gewicht.
Typologieseminare, institutionalisierte Vorgesetztenkritik und die Theorie und Praxis der Teambildung sind die adäquaten Wege, die die Mentalität des Aufeinanderzugehens fördern. Da wir einige Maßnahmen mehrfach und an verschiedener Stelle vorschlagen, findet der Leser nach diesem Kapitel eine komplette Auflistung und Beschreibung aller Maßnahmen.

3. Novum in sozialer Steuerung: Vertrauen statt Kontrolle

(a) DAS WESEN DES FAKTORS »VERTRAUEN ANSTATT KONTROLLE« (Chart 18)

Dies ist der drittwichtigste Wert; und er ist sicherlich in seiner praktischen Durchsetzung nicht minder schwierig und anspruchsvoll wie der erste und zweite. Zunächst einmal eine Vorbemerkung für alle, die sich der Ordnung stark verpflichtet fühlen: Dieser Wert bedeutet keineswegs, daß wir grundsätzlich gegen Ordnung sind. Wir alle wissen, daß Ordnung bis zu einem gewissen Grade sein muß. Ohne ein Mindestmaß an Ordnung und Disziplin läßt sich kein Unternehmen dieser Welt effizient führen. Aber wieviel Ordnung brauchen wir wirklich?

Exkurs über Regelwerke
Mir ist eine Untersuchung bekannt, wo die Zahl der Regeln und Handbücher einer der bekanntesten deutschen Autoschmieden im süddeutschen Raum den Regeln und Vorschriften bei Hyundai (Korea) gegenübergestellt wurden. Auch wenn man diesen Vergleich nur mit einiger Ungenauigkeit anstellen kann und niemand die Zahlen auf die Goldwaage legen sollte, so ist der Trend eben doch bezeichnend: *Auf hundert Regeln des deutschen Automobilherstellers kommen bei Hyundai lediglich ganze fünf!*
Verstehen Sie jetzt, was wir meinen, wenn wir »wenig Kontrolle« predigen? Es ist eine Kampfansage gegen all die Tausende und aber Tausende von Regeln, Verordnungen und Anweisungen, gegen die Memo-Kultur, in der jede Bagatelle zu Papier gebracht werden und in der auch das völlig Unwichtige in Regeln gegossen werden muß.
Man sollte sich in diesem Zusammenhang auch darüber im klaren sein, was einem bei jeder Organisationsuntersuchung wieder deutlich wird: Regeln, die den Menschen nicht lebendig vor Augen stehen, die sie nicht fast auswendig aufsagen können und mit denen sie sich nicht voll identifizieren, sind *weitgehend sinn- und wertlos*. Nachschlagebücher vielleicht einmal ausgenommen. Diese Wertlosigkeit hängt damit zusammen, daß sich der Mensch nur einen winzigen Teil solcher Gesetzessammlungen im Bewußtsein wachhalten kann und daß der Speicher unseres Erinnerungsvermögens nicht unerschöpflich ist. Ferner sind alle Menschen, außer dem ordnungsfreudigen »Analysierer«, eher regelfeindlich, so daß man bei etwa 60 Prozent der Menschen eine fehlende Aufnahmebereitschaft unterstellen muß.

> *Wir haben im Kundenauftrag einmal die Gesamtheit der Regeln in der Fertigung eines Nahrungsmittelherstellers nachgeprüft. Für jeden Mitarbeiter wurde die Gesamtheit dessen zusammengestellt, was an Anordnungen und Anweisungen im Sinne direkter und unmittelbarer Bedeutung vorlag. Das niederschmetternde Ergebnis war:*
> *2,9 Prozent der Inhalte standen den Betreffenden vor Augen, und weitere 4,9 Prozent waren abrufbar. Gab man etwas Hilfestellung, stiegen diese Zahlen auf 3,8 bis 7,1 Prozent an. Das macht nachdenklich, gelt?*

Diese Prozentsätze beleuchten die Situation treffend: Ein völlig unverdaulicher Wust von demotivierender, die eigene Kreativität lähmender Regeln *überschwemmt* jeden Mitarbeiter des Betriebes.
Daß wir damit die Menschen zu Befehlsempfängern degradieren, anstatt sie zu Selbstverantwortlichkeit zu motivieren, braucht vermutlich nicht beson-

ders hervorgehoben zu werden. Aber sie sind noch nicht einmal gute Befehlsempfänger, weil die Fülle der Anordnungen viel zu groß ist, um eine starke Einflußnahme auf das Verhalten zu ermöglichen.
Bürokratie ist und bleibt einer unserer schlimmsten Feinde. Der Kampf dagegen ist eines der großen Kulturprobleme des 21. Jahrhunderts. Er erscheint fast hoffnungslos. Dennoch müssen wir ihn dringender führen als je zuvor, denn die neuen Möglichkeiten der Informatik öffnen die Schleusen für eine *Datenüberflutung* von Jahr zu Jahr noch mehr. Die Flut der Regeln und Gesetze entwickelt sich dazu gleichsam proportional. Wenn wir so weitermachen, ersticken wir an dieser bürokratischen Sintflut.
Aber die Minimierung der Bürokratie und der Kontrolle ist nur eine Seite dieses wichtigen Wertes: *Vertrauen* ist die andere, mindestens so wichtige. Sie bedeutet, daß ich nicht alles und jedes vorschreibe, sondern daß ich dem Mitarbeiter »Kredit« gebe, ihm den Vorschuß des Gewährenlassens zubillige, ihn selbstverantwortlich handeln lasse. Wir müssen dazu zurückfinden, daß Menschen sich ihre Regeln selber basteln – ohne Vorschrift und nur im Rahmen ganz grober Corporate-identity-Leitlinien.
Darin liegt die große und für unsere Kultur so entscheidende *Rolle der Corporate identity,* daß sie zur Leitschiene wird. Sie sollte den Rahmen dafür abgeben, daß jeder seine Ordnung für sich errichtet – also keineswegs total unkontrolliert, aber doch mit beträchtlichen Freiheitsgraden. Dazu benötigen wir allerdings nicht jene nichtssagenden Corporate-identity-Konzepte, wie sie heute Legion sind, sondern Bekenntnisse zu modernem »Empowerment«.
Aber verlieren wir uns nicht in Klageliedern! Zurück also zum Wert Nummer drei.
Daß die mit diesem Wert geforderte Vertrauensorganisation nur von 7 Prozent der Manager gelebt wird, macht deutlich, wie meilenweit wir von diesem Wert entfernt sind und welch gewaltige Effizienzverbesserung nur darauf wartet, gehoben zu werden, denn die Anhänger dieses Wertes sind weitaus erfolgreicher als die anderen, wie die nachfolgende Potentialbetrachtung ausweist.

(b) ERFOLGSPOTENTIAL

Als grobe Regel kann man formulieren: Die Leute mit einer Vertrauensorganisation sind *viermal*[6] *so gut* wie die, die so etwas nicht kennen. Ähnlich wie beim »Sichöffnen« stehen hier also wiederum gewaltige Effizi-

6 Es sei hier nochmals auf eine Irrtums- und Mißverständnismöglichkeit hingewiesen, der ich bei meinen Vorträgen immer wieder begegne, weil Prozente – obgleich sie simpel erscheinen – doch eine intellektuelle Schwierigkeit enthalten: Wenn ich sage, daß die Anhänger einer Vertrauenskultur, 286 Prozent besser sind als die Gegner, dann ist die Verhältniszahl 386 zu 100. Wenn ich dies in Prozenten ausdrücke, dann rechne ich den »Sockel«, der der 100 entspricht, *nicht* mit. Sage ich aber, diese sind x-mal so gut wie die andern, dann baue ich auf der Verhältniszahl 386 auf und darf – da diese Zahl nahe an die 400 herankommt – feststellen: Die Leute mit der Vertrauenskultur sind *viermal* so gut wie die Gegner. Ich wollte mit diesem Hinweis allen denen Wind aus den Segeln nehmen, die durch meine Darstellung zur Vermutung einer falschen Berechnung geführt werden.

enzpotentiale bereit. Dies wird besonders deutlich an den lumpigen 7 Prozent derer, die so handeln.
Wir wissen aus Berechnungen, die wir hier nur zu Vergleichszwecken aus unserem Bestand holen, daß *»Lean Production«* (LP) als Erfolgsfaktor einen Prozentwert von etwa 50 Prozent besitzt. Mit anderen Worten: Diejenigen, die Lean Production mit großer Hingabe betreiben, sind 50 Prozent besser als diejenigen, die es nicht tun oder nur so nebenbei und mit der linken Hand. »Lean mutual Trust« – wenn Sie diese englische Übersetzung unseres Wertes Nummer drei so akzeptieren können – stellt seine Anhänger volle 286 Prozent besser. Die Reserven, die hinter Lean Production stehen, sind also vergleichsweise gering. Muß man noch mehr zur *Über*schätzung von LP und zur *Unter*schätzung von Vertrauen sagen?

(c) DER PARADOXE GEGENWERT

Wie immer, so wollen wir auch hier die Polarität unseres Vertrauenswertes untersuchen. Der Gegenwert im Sinne der Heisenbergschen Unschärfe heißt »Ordnung regiert die Welt« und besteht aus jenem zynischen und menschenverachtenden Hinweis, daß »Vertrauen gut, aber Kontrolle doch viel besser und zudem unerläßlich sei«.
Das Unschärfekonzept deckt ja nicht nur Gegensätzlichkeit und Polarität auf, sondern deutet auch immer auf das hin, was wir möglicherweise aufgeben, wenn wir Vertrauen wählen.
Wenden wir uns dem rechten der beiden Werte zu, so opfern wir all die »Chancen«, die nun einmal in Kontrolle und Überwachung stecken. Wer wollte leugnen, daß ein gut kontrolliertes Unternehmen nicht auch Vorteile zu bieten hat: Man weiß, wo man dran ist, die zur Verfügung stehenden Zahlen sind gut und reichlich, es gibt wenig Irrung und Verwirrung. Trotz dieser Vorteile überschätzt die Mehrheit Ordnung in geradezu maßloser Weise: 89 Prozent der Manager verehren sie kritiklos und wie einen Fetisch.
Natürlich sollte niemand daherkommen und sagen, man brauche überhaupt keine Kontrolle. Daß dies hirnrissig ist, bedarf keines weiteren Kommentars. Aber wo ist die Grenze? Unsere Devise heißt deshalb »Lean Control«. Dabei muß man davon ausgehen, daß ein Zuwenig an Kontrolle in deutschen Unternehmen eher ins Reich der Fabel gehört, denn abgesehen von vielleicht 5 Prozent der Firmen wird dies bei uns kaum je angetroffen. In der Regel ist es ein Zuviel, was Sorge macht.
Dennoch sollte man es sich schon überlegen und nicht ganz und gar blindlings ausschließlich auf Vertrauen setzen. Man begibt sich auf eine Gratwanderung, bei der eines klar sein muß: Es läßt sich ein wasserdichtes Überwachungssystem einfach nicht mit einer Vertrauensorganisation vereinen, die immer nur das Führen »am langen Zügel« zuläßt.
Man muß mit dem Verzicht auf rigorose Kontrolle leben können. Dabei

sollte man auch folgendes bedenken: Schlimmer als eine bewußt von der Führung gewollte und erzwungene Überwachung ist jene unerfreuliche Situation, die wir in etwa 53 Prozent (!), also mehr als der Hälfte, aller Firmen antrafen, daß nämlich »Lipservice« zugunsten von Freiheit und Ungebundenheit »zelebriert« wird, während niemand ernsthaft daran denkt, die Kontrolle abzubauen oder zu mindern.

(d) PERSÖNLICHE NEIGUNG

Vertrauen suchen die #1 »Visionäre«, weil sie eine entspannte Situation brauchen, um kreativ sein zu können. Vertrauen ist die Luft, ohne die sie nicht leben können. Aus völlig anderen Gründen suchen auch die »Problemlöser«, die »Verläßlichkeitssucher« und die »Sicherheitsorganisierer« nach einem vertrauensvollen Klima. Sie suchen es aber mehr aus dem Streben nach Sicherheit und nach Gefahren- und Konfliktreduktion. Es hat aber für sie nicht die existenzielle Bedeutung wie bei den Visionären. Den Negativ-Wert der Überwachung und des übersteigerten Ordnungsstrebens finden wir besonders bei den #3 »Analytikern« ausgeprägt. Dort mischt er sich meist mit der Neigung zur Pedanterie, die das »Kainsmal« aller Analytiker ist.

Überraschend hoch ist die Zahl derer (91 Prozent), die sich zur Überwachung positiv bekennen. Natürlich können sie nicht wissen, was wir schwarz auf weiß haben: daß die Anhänger der Überwachung 83 Prozent *schlechter* abschneiden als diejenigen, die diesen Wert weitgehend ablehnen.

Das Paradigma der Ordnung ist eines der großen Problemfelder unserer Industrie- und Verwaltungsorganisation. Wenn es irgendwo ein Feld gibt, wo die Mehrheit der Manager hoffnungslos im Gestern verhaftet ist und die gewaltigen Potentiale der Freiheit, des Führens am langen Zügel noch nicht erkannt hat, dann ist es dieses Gebiet der Ordnung und Kontrolle. Ordnung ist der Fetisch mittelmäßiger Manager. Zuwenig Ordnung ist tödlich. Zuviel stranguliert alle kreativen Regungen, demotiviert die Innovatoren und verstellt den Blick für Lösungen, die sich mit der gegenwärtigen Ordnungsstruktur nicht messen lassen.

(e) MASSNAHMEN

Die *Vorgesetztenkritik* als institutionalisierte Einrichtung dürfte eine von vielen Maßnahmen sein, die einem Streben nach mehr Vertrauen dienlich sind, weil sie die Menschen näher zueinanderbringt und Konflikte abbauen kann. Wichtiger aber noch sind Seminare, in denen ein psychologisches Verständnis für die unterschiedlichen Typen vermittelt wird, weil ohne dies die Grundkenntnisse fehlen, ohne die vertrauensbildende Maßnahmen immer ein wenig im luftleeren Raum schweben.

Hilfreich ist es auch, wenn man die Rolle des unterstellten Mitarbeiters gegenüber dem Vorgesetzten stärkt. General Electric, so wurde mir mehrfach glaubwürdig berichtet, hat es in seinen Führungsleitlinien stehen, daß man von Mitarbeitern und Vorgesetzten folgendes erwartet:

(a) Der Unterstellte muß stets die gleichen Informationen zur gleichen Zeit bekommen wie der Vorgesetzte.
(b) Es wird erwartet, daß der Unterstellte *von sich aus* aufgrund der ihm vorliegenden Informationen aktiv tätig wird. Ein Eingreifen seitens des Vorgesetzten wird nur erwartet, wenn die Eigeninitiative des Mitarbeiters nicht ausreicht.

Es wird also die fragwürdige Regel: »Gehe nicht zu deinem Fürst, wenn du nicht gerufen wirst« genau ins Gegenteil verkehrt. Der Unterstellte wird zum Motor, und die Dominanz des Vorgesetzten wird reduziert. Wird so etwas lebendig gelebt, dann leistet dies einen Beitrag im Sinne gegenseitigen Vertrauens.
Ob es gelingt, eine Vertrauensorganisation zu schaffen, hängt weitgehend von der Rolle und dem Selbstverständnis von Vorgesetzten ab. Nur wenn sich diese als Coach und nicht als Befehlshaber, als Gleichberechtigter und nicht als Privilegierter, als Helfer und nicht als Druckmacher empfinden, hat Vertrauen eine Chance. Daß ein Großraumbüro, wo die Chefs nicht viel anders als die Mitarbeiter untergebracht sind, entscheidende Beiträge zur Vertrauensschaffung leistet, ist mir nirgendwo so deutlich geworden wie bei Hewlett Packard, wo diese Gleichbehandlung seit Jahrzehnten zur Firmenkultur zählt.
Wo sind – so muß man sich fragen – die weisen Asketen unter deutschen Managern, die freiwillig das großartige Zeichen eines Verzichts setzen und gegen Perserteppich und Mahagonischreibtisch ein Stück Vertrauen eintauschen?

4. Visionäre Einmaligkeit

(a) DAS WESEN DES FAKTORS »INNOVATIONEN VON VISIONÄRER EINMALIGKEIT« (Chart 18)

Waren die ersten drei Werte eher nach *innen* gerichtet und mehr eine Frage der internen Organisation, so kommen wir nun zu einem Wert, der zwar auch etwas mit Motivation der Mitarbeiter zu tun hat, der sich jedoch in erster Linie auf die Ausrichtung auf den Markt, auf die Interaktion des Unternehmens mit der Öffentlichkeit und mit den Kunden bezieht.
Wie nun haben wir visionäre Einmaligkeit zu interpretieren? Diese zwei Worte hören sich schön an, und niemand ist dagegen, aber wie werden sie mit konkretem Inhalt gefüllt, und was sind die Widersacher?

Einmaligkeit
Es ist heute eine von vielen Managern geteilte Auffassung (etwa 47 Prozent stimmten dem zu), daß auf den meisten Märkten die Produkte und Serviceangebote einander immer *ähnlicher* werden. Sowohl in der Qualität als auch im Preis kann man diese zunehmende Uniformität beobachten. Es hängt damit zusammen, daß die extrem teuren Produkte von allerhöchster Qualität mehr und mehr aussterben. Die von minderer Qualität gehen ebenfalls zurück.
Ein Rolls-Royce mit handgearbeiteter Karosserie und etwa 100 Varianten der Karosseriegestaltung – das war der Stand von 1980 – ist heute ein Fossil. Weitgehendes Aussterben ist vorprogrammiert. (Die handgearbeitete Karosserie ist auch bei Rolls-Royce übrigens schon seit einigen Jahren verschwunden.) Andererseits: Ganz billige Produkte mit minderer Qualität haben es ebenfalls zunehmend schwerer, und auf vielen Märkten hält man heute bereits vergeblich nach einem wirklich »schlechten« Produkt Ausschau.
Ein weiteres Phänomen kommt hinzu: Im industriellen Sektor geht man mehr und mehr auf den Preis der Konkurrenz ein, wenn das den Auftrag sichert. Man könnte deshalb mit Recht sagen: Alles strebt der Mitte zu. Die eine Devise lautet: Nicht aufwendiger sein als unbedingt nötig. Die andere Richtschnur heißt: Gehe nicht unter eine gewisse Mindestqualität. Daraus hat *Peter F. Drucker* den Schluß gezogen: *»Gute Qualität war die Losung der 70er und 80er Jahre. Das reicht von nun an nicht mehr. Die 90er Jahre und erst recht das kommende Jahrhundert erfordern Einmaligkeit, um der Uniformität und Profillosigkeit zu entkommen.«*
Aber der »Ruf nach Einmaligkeit« ist nicht nur allein aus dem Einander-ähnlich-Werden der Angebote abzuleiten. Dahinter steht nicht minder bedeutungsvoll das Anwachsen der Angebote durch vermehrte Internationalisierung und das Anschwellen der Information über diese Produkte. Datenautobahnen und zunehmende Computerisierung werden das Ihrige dazu beitragen, daß wir immer schneller immer mehr über noch viel zahlreichere Produkte wissen werden. In diesem immer lauteren, immer umfangreicheren Konzert der Angebote erfüllt das Kriterium der Einmaligkeit die Funktion, die Angebote leichter identifizieren zu können. *Unverwechselbarkeit* wird zum neuen »kategorischen Imperativ« des Marketings, zur Jahrhundertherausforderung. Einmaligkeit war immer schon wünschenswert, half immer schon beim Verkaufen, sie bekommt aber jetzt einen um ein Vielfaches höheren Stellenwert.

Die Vision und ihre Ungereimtheiten
Die *Vision* ist ein vieldiskutiertes Phänomen, und alle Welt – einschließlich des Bundeskanzlers – ruft vermehrt danach. Man könnte hier vorschnell meinen, alle Welt sei sich bei dem vielverwandten Begriff einig,

was Vision bedeutet. Das täuscht. All diejenigen, die so laut danach rufen, genauso wie der Rest der Manager, sind sich völlig uneins darüber, was das nun eigentlich ist: eine Vision.
Wir haben in unserer Enquete unsere 486 Manager gefragt, was das denn sei, und wir erhielten ein absolutes Chaos an Antworten. Für einige war der Plan einer Umsatzverdoppelung bereits eine Vision, für andere war es ein bestimmtes Produkt, für wenige ein einmaliges Firmenleitbild und für andere wiederum eine zukunftsweisende Veränderung der Gesellschaft.
Unsere Interpretation muß natürlich niemand akzeptieren, aber wir halten es einfach zur gegenseitigen Verständigung für besser, wenn wir hier eine Definition anbieten.
Dies sind nach unserem Verständnis die Merkmale einer Vision im geschäftlichen Bereich:

(a) Eine Vision hat eine *dramatisch veränderte Situation* zum Gegenstand. Die angestrebte Situation muß stark von den gegenwärtigen Gegebenheiten abweichen. Sie ist deshalb immer weit mehr als eine Extrapolation aus der Gegenwart.
(b) Die neue Welt, die angestrebt wird, muß *Begeisterung* auslösen – durchaus nicht bei allen Menschen, aber doch bei den Progressiven und bei den Verwirklichern der Veränderung.
(c) Was die Vision vom »Plan« abhebt, ist einmal der Umstand, daß der Plan keineswegs Begeisterung auslöst, er kann sogar erzwungen sein, während die Vision immer ein Stück *gewollte, leidenschaftlich herbeigesehnte Revolution* zum Inhalt hat.
(d) Damit ein Vorhaben zur Vision »geadelt« werden kann, muß eine Vision ein Element des *gesellschaftlichen Fortschritts* enthalten. Meist enthält die Vision eine Wohltat, die zumindest in der Sicht ihrer Anhänger etwas sittlich Gutes darstellt. Der Gesellschaft oder wichtigen Teilen davon muß ein *Dienst* erwiesen werden, der diese Gesellschaft einen Schritt nach vorne bringt. Eine Vision hat fast immer einen humanen oder humanitären Aspekt. Es darf sich nicht eigentlich oder vornehmlich um rein Materielles handeln, sondern muß hierüber hinausreichen.
(e) Eine Vision verdient diesen Titel nur dann, wenn sie etwas fördern will, was noch Seltenheitswert hat und stark von den Intentionen der Mehrheit differenziert. Wenn alle oder auch nur sehr viele etwas wollen, dann ist das keine Vision. Als *Steve Jobs* den Minicomputer anstrebte, wollte er der Menschheit den Weg ins damals noch sehr nebelhafte Informationszeitalter ebnen. Seine Intention ging am Anfang somit über die Intentionen der anderen weit hinaus.
(f) In einer guten Vision steckt immer ein Stück Leadership. Der Visionär ist Führer oder geistiger Vorreiter. Andere folgen ihm. Aber

Vision bedeutet stets mehr als nur Markt- oder Qualitätsführerschaft.

In diesem soeben definierten Sinne wird in dieser Arbeit das Wort Vision verwandt. Auch den Befragten in unserer Enquete lag diese Definition vor, so daß die Reaktionen sich auf ein Gleiches bezogen.
Aber nicht nur die Definition von Vision ist ein Problem. Sie enthält einen schwer zu interpretierenden Widerspruch in sich selber, denn die Vision *fordern* scheint etwas ganz und gar anderes zu sein, als eine solche zu *initiieren,* geschweige denn selbst eine Vision in dieser Welt erfolgreich zu Ende zu bringen.
Ich erinnere mich des letzten Deutschen Managementkongresses, an dem ich drei Tage lang als Referent und Zuhörer teilnahm. 21 Redner aus allerhöchsten Positionen in Industrie, Handel und Verwaltung waren angetreten. 20 von ihnen riefen beschwörend nach Visionen. Ein einziger entwickelte so etwas wie eine visionäre Leitlinie. Alle anderen begnügten sich mit der verbalen Bemühung.
Eigentlich hätten die bloßen Rufer, die nicht einmal mit einem Konzept, geschweige denn mit einem Bericht über die Implementierung aufwarten konnten, allesamt ausgepfiffen werden müssen. Aber Gott bewahre, sie wurden mit reichem Applaus belohnt, und der *eine*, der Ernst gemacht hatte, wurde deshalb nun keineswegs mit Ovationen überschüttet.
Ich glaube, daß dieser Kongreß die Situation sehr gut beleuchtet: In unserer überwältigenden Mehrheit sind wir »Visionsanalphabeten« oder »Visionsmuffel«. Von 437 befragten Managern konnten ganze 7 darauf verweisen, eine Vision oder Mission definiert oder durchgesetzt zu haben. Wir reden hier also über etwas, das wir oft noch nicht ganz begriffen, geschweige denn eingeübt haben. Aber nicht genug damit, daß wir Analphabeten sind, wir sind – wenn es denn einmal dazu kommt, daß jemand eine visionäre Idee hat – offenbar nicht bereit, dieses seltene Gottesgeschenk angemessen zu fördern und zu ermutigen.
In der Enquete haben wir unter anderem danach gefragt, welchen Stellenwert die Vision in unserer Zeit habe. 82 Prozent meinten, daß diese »einen extrem hohen« Stellenwert besäße. Dann fragten wir, ob denn jemand irgendeine visionäre Vorstellung parat habe, sei es fürs Unternehmen oder für die Gesellschaft oder für die Politik. Es müsse ja nicht gleich eine ganz große Vision mit großer Tragweite sein. Ein »Minivisiönchen«, so wurde ihnen versichert, tue es ja auch.
In unserer Enquete gaben von 437 Managern gerade einmal 71 an, eine visionäre Idee parat zu haben. Wir prüften diese im Lichte obiger Definition, und es blieben noch magere 22 wirkliche Visionen übrig.
Diejenigen, die keine Vision im Köcher hatten, fragten wir, ob es ihnen

Kummer bereite oder ob sie vielleicht mitunter deshalb nicht gut schlafen würden, weil sie nun so gar nichts Visionäres beizutragen hätten.
87 Prozent verspürten hierüber keinerlei Kummer und schienen es auch gar nicht als ihre Aufgabe anzusehen, auf diesem Gebiet produktiv zu sein. Ein einziger schlief nicht ganz so gut. Welch Trost angesichts der allgemeinen Visionsebbe.
Nicht minder interessant war die Befragung der wenigen 22, die mit einer Vision aufwarten konnten. Wir erkundigten uns, wie man denn auf diese erfreuliche Tatsache einer visionären Idee reagiert habe. Hier die Verteilung der Reaktionen:

Reaktion:	**Zahl der Fälle**
Ich wurde entmutigt und halte mich jetzt bedeckt	8
Man wollte überhaupt nichts von mir wissen und mich loswerden	5
Ich konnte meine Idee vortragen, habe aber nichts wieder darauf gehört	6
Meine Idee wurde aufgegriffen, und es wird nach Möglichkeiten der Realisierung gesucht	3

Dies ist in der Tat entmutigend!
Aufgrund dieser und vieler ähnlicher Erfahrungen wollen wir unsere obige Definition der Punkte (a) bis (f) um folgende Tatbestände ergänzen.

(g) Obgleich die Vision in unserer Gesellschaft im Prinzip hoch angesehen ist und Visionäre – soweit sie einem nicht persönlich auf die Pelle rücken – viel Achtung und Ehrerbietung erfahren, fühlt sich die Mehrheit der Menschen und Manager nicht in die Pflicht genommen, selbst etwas Visionäres zur Weiterentwicklung der Menschheit beizutragen.
(h) Die große Mehrheit der Manager erschrickt vor echten Visionen und reagiert abweisend und befremdet. Daß man sich an »Visionen leicht die Finger verbrennen könne«, ist allgemeine Auffassung. Das Fehlen von Visionen hat nur in den seltensten Fällen Aufforderungscharakter, selbst aktiv zu werden.

Folgendes sei zum Verständns vielleicht noch angemerkt: Ein visionäres Konzept muß nicht immer atemberaubend sein, wie in dem Beispiel von *Steve Jobs,* der der Menschheit eine Maschine konstruieren wollte, die sie ins Informatikzeitalter führt.

Kleiner Zwischentest für den Leser

- Ist Ihnen in den letzten zwölf Monaten eine oder sind Ihnen sogar mehrere Visionen begegnet?

Falls »ja«, wie haben Sie darauf reagiert?

- Arbeiten Sie selbst derzeit an einer Aufgabe, die visionären Zuschnitt hat?

Falls »ja«, welche Erfahrungen haben Sie mit den Reaktionen Ihrer Mitmenschen gemacht?

- Meinen Sie, daß eine Vision/ein visionäres Konzept gut wäre

(a) für Ihre Corporate identity?
(b) für die Entwicklung neuer Produkte?
(c) für Ihre Werbung?
(d) für Ihre Verkaufsmannschaft und deren Argumentation gegenüber Ihren Kunden?

Wenn dies alles oder eines davon wünschenswert wäre, aber keine entsprechenden Pläne in Arbeit sind, dann sollten Sie möglicherweise einmal unter **02 11/9 70 81 05**, die Denkfabrik, anrufen, denn unsere Mission ist das **Erstellen visionärer Konzepte.**

Nehmen wir ein vergleichsweise undramatisches Beispiel, das dennoch visionären Charakter hat. Die Firma ADIA, vielen von Ihnen noch unter ihrem früheren Namen »Adia Interim« bekannt, betätigt sich im Personalbereich, wobei Zeitarbeit ihre besondere Stärke darstellt. Die Firma hat eine Stiftung ins Leben gerufen, die wertvolle Beiträge zum Thema »Arbeit« finanziert und initiiert. Die Fragen *Arbeit* und *Zukunft der Arbeit* sind in unserer Gesellschaft angesichts erschreckender Arbeitslosigkeit völlig ungelöste Probleme. Deutschland steht noch mehr als andere Industrienationen vor der Frage, was mit dem Heer der nicht abnehmen wollenden Arbeitslosen geschehen könnte. Es ist vermutlich die am wenigsten gelöste gesellschaftliche Frage. Hier den Versuch zu unternehmen, durch wissenschaftliche Arbeiten ein Schicksalsproblem der Nation lösen zu helfen, hat visionären Touch – so schwer es auch sein mag, gute neue Lösungen zu erarbeiten.
Ein anderes Beispiel: Die Firma Dräger in Lübeck sagt von sich: *Dräger heißt gesund atmen*. Man ist Weltmeister für alles, was gesundes Atmen angeht, ob es die eiserne Lunge ist, die in Gefahrensituationen lebensrettend sein kann, oder die Ausrüstung für Tiefseetaucher, die sicherstellen

muß, daß man frei und ungehindert atmen kann. In einer Zeit, in der saubere und gesunde Luft ja keine Selbstverständlichkeiten sind, bekommt dieses Konzept ebenfalls jenen visionären Touch, der oftmals genügt, um die Vorteile zu kassieren, die die Vision nun einmal »einspielt«.

Vision – gewogen und gemessen
Bevor wir fortfahren, noch ein Blick auf das Statement, das hinter der visionären Einmaligkeit steht. Es lautet: »Mutige Innovationen sind unsere Stärke. Wir suchen meist das *grundsätzlich andere.«*
Vision wird sich nicht nur, aber doch immer ganz besonders stark in sehr innovativen Produkten ausdrücken – bzw. in innovativen Serviceleistungen. Dabei ist es das Merkmal der nach Einmaligkeit Suchenden, daß sie meist das grundsätzlich andere aufzuspüren versuchen. Kleine Produktverbesserungen oder marginale Weiterentwicklungen sind nicht das, wovon wir hier reden. Diese Mentalität wird weiter unten durch den Faktor »Innovation mit Augenmaß« abgedeckt, der zwar auch positiv ist, aber bei weitem nicht so renditeträchtig wie jenes dramatische Nach-vorwärts-Schreiten, von dem hier die Rede ist.

(b) ERFOLGSPOTENTIAL
Als grobe Richtlinie kann gelten, daß die Anhänger und Verwirklicher von visionärer Einmaligkeit etwa dreieinhalbmal so gut sind wie diejenigen, die diesen Pfad nicht einschlagen. Es handelt sich also um einen der stärksten Erfolgsfaktoren. Aber seien wir uns darüber im klaren: Es ist der Wert einer kleinen Elite von nicht mehr als 11 Prozent!

(c) DER PARADOXE GEGENWERT
Das Gegenteil des mutigen Zugehens auf Vision und Einmaligkeit ist das betulich-ängstliche »Sich-bedeckt-Halten«, das furchtsame »Sichanpassen« und das zögerliche »Trau-schau-wem!«
Aber seien wir auch hier wieder auf der Hut: Wir zahlen für die Vision auch unseren Preis. Das geruhsame Sich-bedeckt-Halten ist weit weniger nervenaufreibend und man hat die Mehrheit der Menschen auf seiner Seite, denn 91 Prozent lieben es, sich genauso bedeckt und unkreativ zu verhalten.
Visionen setzen sich immer nur in Opposition zur Mehrheit durch – oder doch zumindest in der Mehrzahl der Fälle. Wir müssen wissen, worauf wir uns einlassen, wenn wir die Vision und die Einmaligkeit wählen: Es ist kein Zuckerschlecken. In der Vergangenheit hat man viele Visionäre dem Scheiterhaufen überantwortet oder sie sonstwie aus dem Verkehr gezogen. Heute geht es subtiler, aber nicht weniger unmenschlich zu. Der Spott, mit dem man unliebsame Revolutionäre überzieht, der Ausschluß aus den Medien, Prozeßdrohungen mit sehr hohem Streitwert und Streichung der

Aufstiegsmöglichkeiten, dies alles sind die Scheiterhaufen einer Gesellschaft, die mit den *Wallraffs*, den *Traubes*, den *Hackethals* und wie sie alle heißen, meist nicht sehr schonend und nachsichtig verfährt.
Und eins sollte man vielleicht noch bedenken: Obgleich es das Credo vieler Manager ist, daß man Vision und Einmaligkeit auf der *einen* Seite mit Behutsamkeit und Augenmaß auf der *anderen* Seite mühelos verbinden könnte, so ist dies dennoch eine Täuschung und widerspricht dem aufgezeigten Unschärfecharakter. So wie es seit *Heisenberg* eine Illusion ist, Ort und Zeit gleichzeitig im Mikrokosmos ermitteln zu können, so kann man bei Innovationen nicht den Mut des Wagenden mit der vorsichtigen Zurückhaltung des kühlen, unbeteiligten Beobachters verbinden. Man kann ja schließlich auch nicht »halb schwanger« sein. Genau das halten jedoch unserer Befragung zufolge 69 Prozent der Manager für den erstrebenswertesten Kompromiß in Sachen Innovation. Dies ist ein Irrtum. Man sollte sich entscheiden. Der später noch zu besprechende Wert »Innovation mit Augenmaß« ist auch nicht schlecht. Aber er hat nichts mehr mit der Durchschlagskraft der Vision zu tun.
Wer sich jedoch auf die Seite der visionären Einmaligkeit schlägt, dem winkt gewaltiger Lohn: 278 Prozent besser zu sein als die »Visionsmuffel«, das ist schließlich kein Pappenstiel.

(d) PERSÖNLICHE NEIGUNG

Wer schon unter den sechs Typen wird visionäre Einmaligkeit auf seine Fahnen schreiben? Natürlich der #1 »Visionär«, für den diese Ausrichtung ein Naturbedürfnis ist. Der Gegenwert des Sich-bedeckt-Haltens ist mehr die Sache der vorsichtigen #5 »Verläßlichkeitssucher«, die in ihrem Konservatismus ganz automatisch dazu neigen, sich der Zukunft nur ungern zu stellen. Auch die #2 »Transformatoren« neigen dazu, sich lieber bedeckt zu halten.

(e) MASSNAHMEN

Wichtigstes Erfordernis für visionäre Einmaligkeit ist die Präsenz von Menschen, die diesen Wert vorleben. Dabei denken wir automatisch an die Visionäre, aber glücklicherweise gibt es nicht wenige »Macher«, die sozusagen eine visionäre »Zweitneigung« besitzen, und es gibt eine Menge »Problemlöser«, die dies ebenfalls als Zweittendenz aufweisen. Gelegentlich, aber das ist sehr selten, findet sich auch einmal ein »Analytiker« mit Interesse an Einmaligkeit. Wie auch immer: Das Menschenpotential ist entscheidend.
Obgleich die Feststellung richtig ist, daß vieles, wenn nicht alles, von den Persönlichkeiten an der Spitze abhängt, so ist es doch andererseits mindestens ebenso bedeutsam, ob die Topleute Kreative heranziehen, ob sie wissen, daß sie von diesen Ergänzung erwarten dürfen. Das ist immer dann äußerst wichtig, wenn die Vorstände ihrerseits kein visionäres Po-

tential besitzen. Wenn irgendwo »Management by Complement«, also die Tugend der Ergänzung gefragt ist, dann gewißlich hier.
Daß dies alles wiederum nur dann funktionieren kann, wenn man sich unter den Leitenden typologisch soweit auskennt, daß man sich selber richtig einschätzen und sein Umfeld typologisch beurteilen kann, braucht vermutlich nicht weiter dargelegt zu werden. Mein Dreitagekurs eines Typologietrainings mit Schnellerkennung und Verhaltensübungen kann hier gute Dienste leisten.
Mindestens ebenso wichtig ist, daß sich gerade die Vorstände, die zu über 60 Prozent dem Typ #3 der Analysierer angehören, sich darüber klarwerden, daß sie selbst oft keinen direkten Draht zu visionärer Einmaligkeit haben, daß sie ihnen fremd ist und daß sie sich dazu fast zwingen müssen. Gerade darum müssen Visionäre in der Nähe der Hauptverantwortlichen angesiedelt und auch dort gefördert werden. Solche Förderung wird dabei durch die Einführung eines »Patensystems« erleichtert. Das Patensystem bedeutet, daß jüngere Mitarbeiter einen »väterlichen Freund« bei den Vorständen oder Direktoren bekommen, der sich ihrer annimmt und ihnen den Zugang »nach oben« verschafft.

5. Feindbild

(a) DAS WESEN DES FAKTORS »FEINDBILD« (Chart 18)

Ich freue mich stets darüber, daß dieser Wert Nr. 5 nun endlich ein *harter* Wert ist, denn ich möchte gern einem Irrtum vorbeugen: Ich bin *nicht* der Apostel der weichen Werte. Zwar bin ich überzeugt davon, daß sie uns mehr als alles andere zum Erfolg führen, aber immer nur dann, wenn sie mit Werten verbunden sind, die in der Tat Härte, Selbstdisziplin und einen Schuß Aggression erfordern. Einer von diesen »harten« Werten ist das *Feindbild*.
Was ist das nun? Heißt das, daß wir japanische Samuraitraditionen übernehmen oder daß wir unseren Konkurrenten niedermachen und sein Lagerhaus anzünden sollen?
Natürlich nicht! Es heißt in unserem Kulturkreis, daß wir zu kämpfen bereit sind, allerdings mit fairen Mitteln. Trotz dieser Ermahnung zum Fairplay sage ich aber auch ganz offen, daß ein wenig Aggression mitschwingen muß. Wer von Ihnen Sportler ist, der weiß: Ich kann keinen Wettkampf gewinnen, wenn ich den Gegner nicht ein ganz klein wenig »hasse«. Gewiß in Grenzen und nicht so, daß ich ihm gleich den Schädel einschlage, aber ganz ohne diesen Funken an Aggressivität geht es nicht.
Wer verfolgt hat, wie BMW sich gegen Daimler-Benz durchgesetzt hat, der weiß, daß da der unerbittliche Wille dahinterstand, es in allem und jedem besser zu machen als die Konkurrenten aus Untertürkheim. Dieses unbeirrte, von einem kleinen Schuß Feindseligkeit getragene Arbei-

ten am Bessersein ist es, was hier mit Feindbild gemeint ist. BMW, Avis, Levi Strauss und viele andere Beispiele legen Zeugnis dafür ab, daß dies kein unwichtiger Faktor ist, auch wenn er zunächst einmal in unser pazifistisches Zeitalter nicht so recht hineinpassen will. Aber im Sport gelingt es uns ja auch, den Kampf mit Fairneß zu verbinden – warum also nicht im Konkurrenzkampf der Wirtschaft? Offenbar steht aber doch vielen etwas beim Feindbild im Wege, denn sonst würden nicht nur 17 Prozent, sondern viel, viel mehr Manager diesen Faktor bejahen.

(b) ERFOLGSPOTENTIAL

239 Prozent besser zu sein als die andern, das ist schon eine verheißungsvolle Zahl. Sie zeigt, daß die Kultivierung eines Feindbildes sich in der Regel auszahlt. Natürlich geht das nicht immer. Wenn jemand selbst der Marktführer ist, dann hat das Feindbild wenig oder gar keine Chancen. Dennoch kann es auch hier sein, daß irgendein Konkurrent – vielleicht nicht in seiner Gesamtheit, aber doch auf irgendeinem Teilgebiet – stärker, intelligenter, gerissener, schneller oder einfallsreicher ist. Dann können selbst dominierende Marktführer sich irgendeinen zum Ziel nehmen und Feindbild praktizieren. Geht es nun so gar nicht – was ich durchaus bei einigen meiner Kunden erlebt habe –, dann muß man eben auf diesen Wert verzichten: Es gibt ja noch genug andere Möglichkeiten!

(c) DER PARADOXE GEGENWERT

Das ängstliche Zurückschrecken, die Furcht vor Vergeltungsschlägen, dauernde Angst und Panik sind das Gegenbild zur Fokussierung auf einen Gegner[7].

Wie immer, wenn wir es mit einem Gegenwert zu tun haben, dürfen wir nicht unterschätzen, welcher Gefahr wir uns mit dem Feindbild aussetzen und daß die etwas furchtsameren und weniger aggressiven Menschen sich auch manche Unbill ersparen, wenn sie sich die Mühe des Angriffs auf einen Gegner sparen. Das Feindbild verpflichtet zum Sieg. Einen Gegner, den man nicht schlagen kann, sollte man nicht allzulange verteufeln, denn die eigene Strategie wird dann sehr schnell unglaubwürdig. Diese Probleme erspart sich der Ängstliche, der lieber in den Startlöchern stehenbleibt, als sich auf seinen Gegner zu stürzen.

(d) PERSÖNLICHE NEIGUNG

All diese schönen Überlegungen aber sind wie stets nicht ganz in unser freies Belieben gestellt, denn es sind die #6 »Macher«, denen es in den

7 In vielen Diskussionen nehmen immer wieder ein paar meiner Zuhörer Anstoß an dem Wort »Feindbild«. Ich schlage dann stets vor, alternativ vom *Gegner* und vom *Gegnerbild* zu sprechen, wenn dies für mehr pazifistisch eingestellte Menschen besser erträglich ist. In der Tat ist das Wort »Feind« eine Überspitzung. Da es äußerst einprägsam und einfach griffiger ist als Gegner, bitte ich um Verständnis, dabei bleiben zu wollen.

Händen kribbelt, sich auf einen Feind zu stürzen und auf ihn einzudreschen. Macher sind die Haudegen, denen solches von Natur aus liegt, und sie haben für solche Strategien des Angriffs sehr viel übrig. Auch der #1 »Visionär« und der #3 »Analysierer« sind dem Feindbild aufgeschlossen, während die Introvertierten, also die #2 »Transformatoren«, die #4 »Moderatoren« und die #5 »Verläßlichkeitssucher«, größte Schwierigkeiten haben, sich ein Feindbild zu wählen und dies dann zu bekämpfen.

(e) MASSNAHMEN

Wie alles in dieser Welt, so muß auch ein Feindbild organisiert werden. Es ist ein Teil der Strategie. Man muß seine Mannschaft darauf einschwören. Die Formulierung muß schriftlich erfolgen, und das Feindbild muß gut begründet sein. Der Aufruf zum Kampf sollte stets mit dem Hinweis verbunden sein, daß dies *nicht Vandalismus, sondern Ausrichtung, nicht Brutalität, sondern legitimer Überlebenskampf* ist und mit dem Sinn und den Spielregeln einer freien Marktwirtschaft harmonieren muß.

Der Zweitagekursus »Ausrichtung auf ein Gegnerbild« unserer Denkfabrik wäre hier eine maßgeschneiderte Aktion in die richtige Richtung, es muß jedoch eine strategische Formulierung vorangehen.

6. Empowerment: Leistungsmentalität, Autonomie und Selbstverwirklichung in neuem Gewande

(a) DAS WESEN DES FAKTORS »EMPOWERMENT« (Chart 19)

Hinter diesem Faktor steht eine sehr moderne Auffassung, welche aus vielen Enttäuschungen hervorgegangen ist, die man überall dort erfahren hat, wo man doch so frohen Mutes den Weg zur Delegation, zur flachen Hierarchie oder zur Bürokratiebekämpfung eingeschlagen hat.

All dies – so jedenfalls sehr viele, die sich in diesem Sinne bemüht hatten – hat schlecht oder gar nicht funktioniert. Warum nicht?

Auf dem Papier wurde kräftig delegiert, aber in der Realität blieb doch vieles beim alten. Was war das Problem?

Echte Delegation will den Unterstellten zum quasi selbständigen Unternehmer machen. Erst wenn er das weitgehend geworden ist, zeigen sich die gewaltigen Vorteile: Er setzt seine Kreativität voll ein, er leitet seine Division fast so wie ein kleiner Privatunternehmer, er befreit sich von tausend Rücksichtnahmen, die bis dato sein Denken einengten, er ist enorm kostenbewußt, weil er ja auch ganz stark am Erfolg seines Bereiches beteiligt ist, usw. usw.

All diese schönen Tugenden und unternehmerischen Verhaltensweisen

aber bildeten sich dann oft eben doch nicht so richtig heraus. Woran lag das – trotz allen guten Willens?
Man muß sehr weit gehen, wenn man das Ziel erreichen will. Weiter jedenfalls, als normalerweise Vorgesetzte zu gehen bereit sind. Die Lösung, die jetzt in aller Munde ist, heißt »Empowerment«.
Der Harvard-Professor *Daniel Quinn Mills* ist vermutlich der eloquenteste Befürworter des Empowerment-Ansatzes. Das Wesentliche seiner Botschaft: Das *partizipative* Teilnehmen des Unterstellten am Entscheidungsprozeß ist offensichtlich zu schwach, zu halbherzig und nicht gut genug durchdacht, um jene selbständigen Subunternehmer hervorzubringen, die das klassische Konzept der Delegation anstrebt.
Wie Mills in »The new Management System« (European Management Journal, Sept. 95) dargelegt hat, funktioniert letzteres nicht, weil *nicht wirklich* delegiert wird. Zwar wird der Mitarbeiter hinzugezogen, zwar darf er auch einmal was zu den Plänen seines Bosses sagen, aber dies alles doch nur im Schlepptau des Vorgesetzten. Letztlich bleibt alles beim alten – und dies dürfen Sie ruhig wörtlich nehmen.
Natürlich ist der sogenannte »partizipative Kurs« – der heute weit verbreitet ist – besser als ein rein diktatorisches Führen. Trotzdem könnte man eventuell sogar in Versuchung kommen und sagen: Vielleicht ist die reine Diktatur dann doch besser als eine halbherzig gewährte Freiheit.
Wie aber muß anders delegiert werden? Es scheint nur über eine Zweiteilung zu gehen, und diese heißt

Hier STRATEGIE – und dort TAKTIK:

Die strategische Leitlinie kann der Chef überhaupt nicht delegieren. Das wäre ein Unding. Er würde sich dessen entledigen, wofür er bezahlt wird. Also was kann dann delegiert werden, wenn es die Strategie doch gar nicht ernsthaft sein kann? Nun, es ist die *Taktik*, die sich vollständig delegieren läßt. Dies muß dann aber auch hundertprozentig geschehen.
Ein zweites Element des Empowerment ist das sogenannte »In-Ruhe-gelassen-werden-über-Zeit«. Das will sagen, daß die Zusammenarbeit so geregelt werden muß, daß der Chef die strategische Linie vorgibt – natürlich wenn immer möglich so, daß er ein gewisses Maß an Zustimmung bei seinem Mitarbeiter bekommt. Dann aber wird der Unterstellte mit diesem strategischen Briefing *allein* gelassen – und kann die operativ-taktischen Schritte wirklich und wahrhaftig nach *seinem eigenen Gutdünken* festlegen.
Hierum geht es bei diesem sechsten Faktor. Er ist von eminenter Bedeutung, weil er mit Freiheitsgraden und Selbstverwirklichung zu tun hat.

(b) ERFOLGSPOTENTIAL

Mit 207 Prozent besseren Renditen scheint es, als ob sich »Empowerment« sehen lassen könnte. Da es dieses Verhalten erst seit kurzer Zeit gibt, sind unsere Daten daher sicher eher etwas zu pessimistisch. 207 Prozent besser sein ist der eher »vorsichtige« Wert, denn wir mußten unsere 463 Interviews nachträglich auf dieses Element hin untersuchen. Bei einer solchen Korrektur oder Nachbesserung – ex post – ist man natürlich eher vorsichtig.

(c) DER PARADOXE GEGENWERT

Dies ist der autoritäre Standpunkt, daß nicht nur die Strategie, sondern auch die Taktik komplett mit »Oben« abgestimmt werden müssen. Hier wird ein »Sichfreischwimmen« systematisch verhindert.
Allerdings muß man auch dies einräumen: Wenn jemand auf das Empowerment seelisch und charakterlich nicht eingerichtet ist, dann wird er sich mit Empowerment auch nur schwer befreunden. Dann kann autoritäre Führung immer noch besser sein als ein zögerliches, nicht mit ganzem Herzen herbeigewünschtes und geliebtes Empowerment.

(d) PERSÖNLICHE NEIGUNG

»Visionäre« können davon gar nicht genug bekommen. Empowerment ist für sie genau das richtige. Denn sie wollen am langen Zügel führen und geführt werden. Da es aber nur 5 Prozent »Visionäre« gibt, können wir nicht auf eine Aufnahme des neuen Gedankens im Eiltempo rechnen. »Macher« werden für diesen neuen Ansatz ebenfalls einige Offenheit mitbringen.

(e) MASSNAHMEN

Wir halten von dem neuen Konzept sehr viel und haben bereits erste Seminare hierzu durchgeführt. Die Seminare – so unsere erste Erfahrung – können sich auf einen Tag beschränken, aber dann ist anschließend Coaching erforderlich, denn Empowerment muß sich im Alltag bewähren.

7. »Spitze sein wollen«

Dieser siebte Erfolgsfaktor gehört zu den *harten* Faktoren, die etwas mit dem Willen und mit Selbstdisziplin zu tun haben.

(a) DAS WESEN DES FAKTORS »SPITZE SEIN WOLLEN« (Chart 19)

Dieser Wert ist auf die Außenwelt und den Konkurrenzkampf gerichtet. Im Vergleich mit anderen zur Spitze zu gehören, bedarf der Meßlatte des Marktes. Dabei geht es um zwei Dinge, einmal um die *Qualitätsführerschaft* und zum andern um die *Marktführerschaft*. Bereits die berühmte PIMS-Studie der Harvard University hat vor 25 Jahren die Bedeutung dieser beiden Faktoren herausgearbeitet: Man kann – so das Ergebnis – nur dann gutes Geld verdienen, wenn man beim Marktanteil und bei der Qualität entweder ganz an der Spitze liegt oder doch zumindest eine prominente Stellung einnimmt. Gelingt es jemandem, *zugleich* Markt- *und* Qualitätsführer zu sein, dann braucht man sich keine Sorgen mehr um gute Profite zu machen: Sie stellen sich fast von alleine ein.

(b) ERFOLGSPOTENTIAL

Als grobe Regel könnte man sagen, daß diejenigen knapp dreimal so gut sind, die diesem Werte anhängen, wie die, die ihn ablehnen.
Hinsichtlich der Akzeptanz bei den Managern liegt dieser Wert besser als die Mehrzahl der anderen. 37 Prozent Anhänger, das heißt, daß der Gedanke schon heute eine nicht unbeträchtliche Popularität besitzt.

(c) DER PARADOXE GEGENWERT

Wer den siebten Wert gutheißt, muß jemand sein, der Markt- und Verhaltensregeln anerkennt, jemand, der sich leiten läßt von den Einsichten, daß Marktanteil und hohe Qualität Renditegaranten sind. Dem steht eine Mentalität gegenüber, die Regeln *wenig* schätzt, sich lieber auf die meist überschätzte *Erfahrung* beruft und darum daran glaubt, man müsse eben »ein Händchen« für die Dinge haben.
Die *Überbewertung der Erfahrung* ist eine weitverbreitete Manageruntugend. Sie ist Gegenstand umfangreicher Forschung gewesen, die immer und immer wieder erkennen ließ, daß Erfahrung ganz deutlich im Zeichen der Unschärfe steht. Sie ist etwas Wünschenswertes, und sie steht dennoch ein Stück im Gegensatz zum »Spitze-sein-Wollen«, weil *Erfahrung* oft lähmt und Scheuklappen aufsetzt.
Da ich in meinen drei letzten Büchern das berühmte *Meyersche Experiment* immer wieder ausführlich geschildert habe, will ich es hier nicht nochmals wiederholen und beschränke mich auf die Tatsache, daß es als absolut wasserdicht erforscht gelten darf, daß Erfahrung stark *blockierende Kräfte* entfaltet, indem sie das Erfahrene zementiert und Alternativen zu ebendieser Erfahrung *einschränkt*. Darum ist es auch so entscheidend und gehört zu den Klippschulregeln der Kreativitätssteigerung, daß oft gerade der *Unerfahrene* im Team, der »Nicht-Fachidiot«, eine ganz entscheidende Rolle spielt.
Erfahrung ist gut – so scheint es wenigstens auf Anhieb, denn wie könnten wir gute Professionalität an den Tag legen, wenn es uns an der einschlägigen Erfahrung gebricht. Dennoch ist es eine der »Krankheiten« unserer Zivilisation, Erfahrung ungeheuer *zu überschätzen*. Im Zeitalter des »Management of Change« verliert sie zwar keineswegs allen Wert, aber

sie wird zunehmend als ein retardierendes Moment erkannt. Erfahrung ist immer auch ein Stück Blockierung für Neues. Damit soll Erfahrung nicht mißachtet oder beiseite geschoben werden, aber man muß bei deren Bewertung eben auch neuere Erkenntnisse mit einbeziehen. Der Erfahrene ist immer in dem befangen, was er gelernt und erlebt hat, er kann sich meist nur schwer von ihm lösen und ist fast blind für Lösungsmöglichkeiten, die völlig außerhalb seines Erfahrungshorizontes liegen.

(d) PERSÖNLICHE NEIGUNG
Es nimmt vermutlich nicht wunder, daß es der immer zum Durchsetzen neigende #6 »Macher« und – wenn auch etwas schwächer – der #3 »Analysierer« sind, die diese Markt- und Qualitätsführerschaft anstreben. Den »Macher« reizt hierbei vor allem das Sichdurchboxen zur Spitze, während der »Analysierer« damit sympathisiert, weil er Regeln liebt.

(e) MASSNAHMEN
Eine gute strategische Zielsetzung und vierteljährliche oder halbjährliche Zielfestlegungen sind wichtig, damit das langfristige Ziel einer Führungsrolle klar ins Auge gefaßt wird. Zudem sind der Wille und der Führungsanspruch weitere entscheidende Faktoren.
Wer Großkonzerne kennt, der weiß, daß dort gar nicht selten die ausgesprochene oder unausgesprochene Regel gilt, daß man Märkte, bei denen man die Nummer eins oder Nummer zwei kaum werden kann, gar nicht erst für Expansionspläne in Erwägung zieht.

8. Mitarbeitern dienen

(a) DAS WESEN DES FAKTORS »MITARBEITERN DIENEN« (Chart 19)
Das Wort »Dienen« mag ein wenig *überspitzt* klingen. Da es in der Literatur nun einmal Eingang gefunden hat, übernehmen wir es und definieren es folgendermaßen: Es ist sicher in den letzten Jahren völlig zu Recht erkannt worden, daß die Idee des Marktes, der wir unseren deutschen Wiederaufbau und die meisten unserer Erfolge verdanken, keineswegs nur »draußen«, also gegenüber dem Kunden Geltung haben sollte, sondern daß der zuvorkommende Umgang, den wir ja meist aus wohlverstandenem Eigeninteresse dem Kunden zukommen lassen, auch *intern* zum Einsatz kommen kann – ja, unbedingt zum Einsatz kommen *sollte*.
Dieser Gedanke wird nun überlagert und ergänzt durch moderne Vorstellungen der Fürsorge, der Karrierebetreuung, der Verantwortung des Unternehmers für den Mitarbeiter, und daraus wurde dann jenes Konzept des »Dienens«, so wie es bereits *Friedrich der Große* verstand, als er sich als »obersten Diener« seines Volkes bezeichnete.

(b) ERFOLGSPOTENTIAL

Wo immer solches Dienen zur Firmenkultur zählt, kann man beobachten, daß die Menschen stärker motiviert sind. Es muß diese zusätzliche Motivation sein, die dazu führt, daß die Anhänger dieses so erfreulichen Wertes 173 Prozent – also fast dreimal – besser sind als diejenigen, die solches nicht tun.

Daß es nur 11 Prozent sind, die sich zu diesem Mitarbeiterkonzept bekennen, und nur 7 Prozent, die sich dazu durchringen, derartiges zu verwirklichen, zeigt die Schwierigkeit, zeigt den Durchbruchscharakter dieses Wertes. Wir sind sicher noch weit davon entfernt, daß ein solches Dienen Selbstverständlichkeit ist. Leider müssen wir es als Ausnahme ansehen.

(c) DER PARADOXE GEGENWERT

Um wieviel besser kommt da der negative Gegenwert bei deutschen Managern an! Während, wie gezeigt, nur 11 Prozent dem Dienen etwas abgewinnen können, tummeln sich auf dem Felde des autoritären Verhaltens volle 88 Prozent! Daß solches Verhalten den Mitarbeiter vergewaltigt, anstatt ihm zu helfen, daß der alte Kasernenhofton in unsere Zeit nicht mehr paßt, daß autoritäres Handeln stets der Offenbarungseid der Minderwertigen ist, das alles scheint unsere 88 Prozent Anhänger nicht zu stören. Daß es anders »nicht gehe«, ist natürlich eine wunderbare Schutzbehauptung, die deren Haltung scheinbar rechtfertigt.

Daß fast 90 Prozent der Befragten erhebliche *Zustimmung* zu autoritärer Führung geben, scheint uns ein »Trauerspiel« zu sein, für das wir sehr wahrscheinlich in nicht allzu ferner Zukunft die Zeche zahlen müssen – es sei denn, unsere Konkurrenten sind auch nicht besser. Zumindest in der angelsächsischen Welt scheint dies aber eben gerade nicht der Fall zu sein, denn dort sind autoritäre Strukturen stärker im Abbau. Jedenfalls will es uns als Kenner und langjährige Bewohner dieser Länder so scheinen – Zahlenmaterial kann ich dafür allerdings nicht oder noch nicht vorlegen.

Man muß sich bei der Diskussion von Dienen und autoritärem Führen wie bei allen Werten darüber im klaren sein, daß *Heisenbergs* Unschärfe auch gilt: Das eine schließt das andere weitgehend aus. Das Dienen ist schwierig und bedarf besonders der Vorbildfunktion der Vorgesetzten. »Dienen«, das will oben an der Spitze vorgelebt sein, das erfordert einen viel höheren Grad an Selbstüberwindung, Selbstdisziplin und Mut, als eben mal kurz autoritär loszupoltern und Anordnungen zu geben. Andererseits sollen auch die Vorzüge autoritärer Führung nicht verschwiegen werden: Sie ist simpler und unkomplizierter. Sie erspart einem die Mühe, sich in den anderen hineinzudenken – und darum ist sie so populär.

(d) PERSÖNLICHE NEIGUNG

Es ist der kompromißbereite #4 »Moderator«, der von Natur aus diesem Gedanken des Dienens nahesteht. Da er den Konflikt nicht mag, den Kompromiß bevorzugt und nicht so schrecklich gerne hart kämpft, liegt ihm das Dienen besonders gut. Alle anderen Persönlichkeitstypen tun sich sehr schwer damit, und das ist wohl auch der Grund für die geringe Zustimmung von 11 Prozent, mit der man sich zum Dienen bekennt. Die Zeit scheint auf dem Niveau der 50er und 60er Jahre festgezurrt zu sein, und der von so vielen ersehnte mentale Fortschritt, der eingeforderte Paradigmenwandel scheint für die überwältigende Mehrheit der autoritär Führenden nicht stattgefunden zu haben. Dennoch wollen wir nicht verschweigen, daß es Anzeichen dafür gibt, daß dieser autoritäre Stil aus der Mode kommt, daß die Jüngeren ihn weniger mögen. Aber dies geschieht mit einer Schneckengeschwindigkeit, die keineswegs bereits zur Hoffnung auf einen grundlegenden Wandel Anlaß gibt. Wichtig ist, daß es die #3 »Analysierer« und die #6 »Macher« sind, die autoritäres Verhalten am stärksten an den Tag legen, aber man findet es auch aus Minderwertigkeitskomplexen und Unsicherheit heraus bei den »Transformatoren« und den »Verläßlichkeitssuchern«. Der Dienst am Mitarbeiter hat es folglich schwer.

(e) MASSNAHMEN

Autoritär oder antiautoritär dienend, das sind Gegensätze von so fundamentalem Charakter, daß man zu deren Auflösung kaum kurzfristige Patentlösungen vorschlagen kann. Dennoch sind die Einführung der Vorgesetztenkritik, die Einführung in die Typologie, eine alle verbindende Firmenvision, eine wenig strukturierte, vor allem auf Arbeitsteams zugeschnittene Organisation, die Reduzierung der Hierarchiestufen und alle Formen zusätzlicher Kommunikation hilfreich, auch wenn ihnen auch nur unterstützende Hilfe nachgesagt werden kann.
Will man von einem stark autoritär gefärbten Klima zu jener dienenden Haltung kommen, die ja ganz offensichtlich 173 Prozent *erfolgreicher* ist, dann wird man sich überlegen müssen, wie man die Struktur des Führungsteams verändern kann, und ein Austauschplan scheint dann unausweichlich. Wenn eine Krisensituation ohnehin nach starken Veränderungen ruft, dann ist so etwas natürlich leichter machbar als bei ruhiger Entwicklung und befriedigenden Resultaten.

9. Strategie – möglichst schriftlich

(a) DAS WESEN DES FAKTORS »STRATEGIE« (Chart 20)

In jedem Managementlehrbuch ist es enthalten und ist dennoch keinesfalls ein Grundkonsens aller Manager. Es ist so offensichtlich, daß es eigentlich jeder Student der Betriebswirtschaftslehre ein für alle Male kapiert haben sollte, daß eine schriftlich festgelegte Strategie unverzichtbar ist. In der Realität aber kann der oberste Chef eigentlich gar nicht daran interessiert sein, sich selbst so rigide Fesseln anzulegen, denn das engt ein, das legt fest, das erfordert ja, sich über längere Zeitläufte hinweg zu etwas zu bekennen. Nein, für den Chef ist es viel bequemer, *ohne* eine schriftliche Strategie auszukommen.

(b) DER PARADOXE GEGENWERT

Aus diesen Gründen heraus sind es ja auch immerhin 68 Prozent, die sich ganz offen *gegen* eine schriftliche Strategie aussprechen. Sie tun es mit einem schlechten Gewissen, aber sie tun es und argumentieren statt dessen mit der Notwendigkeit von »Ungebundenheit«.

Natürlich schwingt – wir haben es ja mit paradoxer Unschärfe zu tun – in diesem Wunsch nach Ungebundenheit auch ein Körnchen Wahrheit mit, denn was es früher an Zukunftsfestlegung gab, war übertrieben. Ich entsinne mich immer noch gern an eine Uhrenfirma, wo man im Jahre 1987 über einen Zehnjahresplan diskutierte. Da stand jemand auf und meinte, die Vorschau für 1997 (also immerhin ein volles Jahrzehnt entfernt!) sei doch etwas gewagt, man solle statt 2340 Sekundenzeiger doch lieber nur 2100 einplanen.

Solche »Orgien« der Planung sind heute nur noch ganz selten anzutreffen, aber es hat deshalb auf der anderen Seite noch kein klarer Trend eingesetzt, wenn man schon nicht jeden Sekundenzeiger zehn Jahre im voraus plant, so doch die wichtigsten strategischen Ziele schriftlich festzulegen. 87 Prozent unserer Befragten tun dies offensichtlich *nicht*. Eine unerwartet hohe Zahl. Zwar planen 89 Prozent über drei Jahre Umsatz- und Finanzziele – aber das ist schließlich kein Ersatz für die fehlende Strategie.

Dabei verstehen wir unter Planung ungefähre Zukunftsschätzungen und – was viel wichtiger ist – qualitative Festlegungen im Sinne von: »In diesem Markt wollen wir in drei Jahren einen bedeutenden Anteil haben, und dieses Ziel hat allererste Priorität.«

(c) ERFOLGSPOTENTIAL

Immerhin 177 Prozent besser sind die Strategiefreunde, und volle 34 Prozent schlechter sind die, die's lassen. Dieses Erfolgspotential stellt sich bei ersteren aber auch nur dann ein, wenn – wie es der Text sagt – die strategischen Ziele wirklich breit und auch unter Einschluß unterer Ebenen diskutiert werden.

Gerade hier aber hapert's immer noch ganz furchtbar: Die Strategie wird von vielen Vorständen immer noch gehandhabt wie ein »kameralistisches Geheimdokument«, anstatt zu begreifen, daß erst ein breiter strategischer Konsens das schlußendlich formulierte Papier so wertvoll macht.

(d) PERSÖNLICHE NEIGUNG
Es sind begreiflicherweise eher die etwas Furchtsamen, die von sich aus zur schriftlichen Strategie hintendieren: Der #2 »Transformator« und der #5 »Verläßlichkeitssucher« wollen sie spontan. Der kompromißsuchende #4 »Moderator« hält am wenigsten davon, denn er ist zumeist auf der Suche nach dem Kompromiß und meidet daher allzuviel voreilige Festlegung. Der #3 »Analysierer« formuliert gern Strategien, aber hält sich dann weniger daran.

(e) MASSNAHMEN
Die Chancen für die Festlegung einer schriftlichen Strategie stehen oft nicht gut, denn zu wenige haben einen persönlichen Nutzen davon, und zu viele engt sie ein und »bindet« sie. Der Nutzen für das Ganze jedoch ist groß, denn – wie die Lehrbücher allesamt sagen – ein Unternehmen ist ein »chaotischer Haufen«, wenn es keine schriftliche strategische Ausrichtung gibt.
Ich habe in Beratungsfirmen meiner Beratungsklientel immer wieder festgestellt, daß es ein brauchbarer Mittelweg ist, wenn man halb- oder vierteljährlich über Strategie spricht (Führungskräfteklausur etc.) und dann eine Art Protokoll erstellt, das alle viertel oder halbe Jahre dann wieder zur Diskussion steht. Der Widerstand gegen solch ein Strategiepapier ist zumeist viel geringer als gegen eine höchst offiziell verabschiedete Strategie, die dann – weil ungeliebt – in irgendeiner Schublade liegt, ohne daß sie viel Wirkung zeitigt.
Für eine gute Firmenkultur ist es typisch, daß dort häufige Strategiediskussionen stattfinden, in die auch relativ subalterne Kräfte eingebunden werden. Erst dann bekommt eine Strategie jene Tragfähigkeit, die sie so wünschenswert sein läßt.

10. Keine neue Organisation ohne mentale Veränderung

Dieser Erfolgsfaktor wäre wohl nie in diese Liste aufgenommen worden, hätte das *Reengineering* nicht eine so große Bedeutung gewonnen. Aus Gründen der Kosteneinsparung werden im Zuge dieses Konzeptes allüberall Veränderungen vorgenommen, sei es im Sinne der Restrukturierung von Produktionsabläufen oder sei es im Sinne von Teil- oder Ganzverlagerungen einzelner Prozesse.
Wie auch immer: Es ist in organisatorischer Hinsicht viel in Bewegung gekommen. Die Erfahrungen, die man dabei sammelt, sind aber durchaus nicht alle positiv. Eine schon länger zurückliegende »Mode« helfe hier verdeutlichen: Ende der 80er Jahre haben wir im Hause Kienbaum, dem ich damals verbunden war, in großer Zahl sogenannte »Qualitätszirkel« ein-

geführt, durch die ein kritisches Element der Reflexion und viel Rationalisierung in die Produktion hineingetragen werden sollte. Das war eine recht nützliche *Technik*, die allerdings nur dann funktionierte, wenn durch sie nicht nur ein Verfahren in die Produktion Einzug hielt, sondern wenn sich in den Köpfen der Mitarbeiter – vor allem in denen der Meister – eine bewußte Veränderung vollzog.
Qualitätszirkel sind in Deutschland weitgehend gescheitert. Warum? Weil sich in den Köpfen nichts veränderte.

(a) DAS WESEN DES FAKTORS »MENTALE VERÄNDERUNG« (Chart 20)
Genau das ist die Tragik so vieler – an sich guter – Methoden, ob sie nun *Kaizen*, *Management by Objectives* oder wie auch immer heißen: Nur wenn sich parallel eine mentale Veränderung vollzieht, tritt Erfolg ein – und dies gilt auch und gerade für Reengineering.

(b) ERFOLGSPOTENTIAL
143 Prozent sind diejenigen besser, die diese Lehre begriffen haben. 32 Prozent sind sich dieser Zusammenhänge bewußt. Wirklich Konsequenzen daraus ziehen aber nur 21 Prozent.

(c) DER PARADOXE GEGENWERT
Er drückt sich darin aus, daß das Wort »Gschaftelhubern« es so richtig schön plastisch macht, was wir hier kritisieren, nämlich das strategielose Herumwursteln. Handeln ohne Standortbestimmung, könnte man auch sagen. Mit der Beschönigung, daß es doch wichtig sei, daß sich *überhaupt etwas* bewege, rechtfertigen immerhin volle 64 Prozent diesen sinnentleerten Aktionismus – und fahren damit 36 Prozent schlechter.

(d) PERSÖNLICHE NEIGUNG
Gschaftelhubern ist die große Macke aller #6 »Macher«, die mehr als alle anderen in Gefahr sind, ziellos herumzuackern. Der #2 »Transformator« ist derjenige, der sich der Notwendigkeit mentaler Veränderungen besonders bewußt ist, weil er ein nachdenklicher, besonnener Typ ist.

(e) MASSNAHMEN
Als Pragmatiker habe ich immer wieder erfahren, daß man dem Problem, das diesem Erfolgsfaktor zugrunde liegt, am ehesten über den Weg der Schulung beikommen kann.
Es ist ja eine bedauerliche Tatsache, daß es unendlich viele Um- oder Reorganisationen gibt, auf die die Menschen gar nicht oder nur unzulänglich vorbereitet werden. Wird dahingegen systematisch in die neue Organisation eingeführt, so entsteht noch am ehesten der Zwang, über die notwendigen mentalen Veränderungen nachzudenken.

11. Innovation mit Augenmaß

(a) DAS WESEN DES FAKTORS »INNOVATION MIT AUGENMASS« (Chart 20)
In den Vorläufern dieser Auflistung hatte dieser Wert bisher stets gefehlt. Er ist ein Novum, weil wir glauben, zwischen *zwei Typen* von innovativem Streben *unterscheiden* zu müssen. Neben dem bereits weiter oben besprochenen Innovationsdrang im Sinne visionärer Einmaligkeit stießen wir immer wieder auf ein eher »verhaltenes Streben« nach Innovation. Es ist ein Bemühen in die gleiche Richtung, aber eben doch mit anderem Zuschnitt. Einer meiner Mitarbeiter nennt es immer »Revolution bürgerlich«. Damit hat er den engeren Horizont dieses »Innovationsstrebens mit Augenmaß« gut umrissen, das nicht himmelstürmend die Zukunft vorwegnimmt, sondern sich mehr im Nahbereich tummelt.
Visionäre Einmaligkeit hat meist Großes im Visier, will die Welt verändern und sucht meist die dramatische Lösung. Das gelingt nicht immer, und so kommt manchmal dann auch eher Bescheidenes dabei heraus, aber die Absicht ist stets die gleiche: die starke, grundlegende Veränderung, die gerade dem #1 »Visionär« so am Herzen liegt. Dem steht nun ein *anderes* Innovationsstreben gegenüber, das sich bescheidener gibt, das nicht unbedingt Durchbruchsinnovationen anstrebt, sondern Verbesserungen oder Minimalinnovationen zum Ziel hat.

(b) PERSÖNLICHE NEIGUNGEN
Es ist der #2 »Transformator«, dem diese Form der Innovation besonders liegt. Er wird nicht – wie der »Visionär« – die ganz große, atemberaubende Lösung anvisieren, sondern geduldig und stetig Neues entwickeln wollen. Dieser Mentalität des Tüftelns im Gegensatz zur großen Erleuchtung entspricht dieser Faktor »Innovation mit Augenmaß«.
Weil es die einfachere, unkompliziertere Version darstellt, hat die Innovation mit Augenmaß auch wesentlich mehr Anhänger, nämlich 31 Prozent anstelle von nur 11 Prozent, die nach visionärer Einmaligkeit streben. Andererseits werden die, die auf den großen Wurf abzielen, dann eben auch stärker belohnt: *Praktiziert man Innovation mit Augenmaß, ist man 128 Prozent besser als die andern, mit visionärer Einmaligkeitssuche überrundet man die andern mit stolzen 378 Prozent.*

(c) DER PARADOXE GEGENWERT
Während bei dem positiven Wert »Innovation mit Augenmaß« die Renditeeffizienz mit + 128 Prozent nicht mehr ganz so dramatisch ist wie bei den vorausgehenden Erfolgsfaktoren, zeigt der Negativ-Wert mit – 63 Prozent dessen Gefährlichkeit auf. Er ist mit 61 Prozent Anhängern stark ausgeprägt und repräsentiert damit ein mehrheitlich als positiv angesehenes Verhalten. Viele Manager waren baß erstaunt, daß es *nicht* richtig

sein könnte, sich an das Überkommene und als verläßlich Ermittelte anzulehnen. Wenn es irgendwo deutlich wird, daß angesichts einer Zivilisation zunehmenden Wandels ein Paradigmenwechsel unerläßlich ist, dann trifft das hier zu.
Noch gestern hätte niemand behauptet, daß das Festhalten am Bewährten ein Negativ-Wert sei. Was man vor 25 Jahren vielleicht noch als Tugend erkannt hätte, ist nun zum Makel geworden. Unsere schnellebige Zeit hat diesen Wert hinweggefegt. Sich immer noch mehr an das Alte als an das Neue anzuklammern ist mit einer 63 Prozent schlechteren Performance erkauft. Heute ist ein solches Verhalten also ganz eindeutig ein Negativ-Wert. »Innovation mit Augenmaß« ist der erste Schritt in die richtige Richtung, der allerdings mit »nur« + 128 Prozent in eher gemäßigter Weise zusätzlichen Renditeerfolg verspricht. Die Vision ist die höhere und effizientere Stufe.

(d) PERSÖNLICHE NEIGUNG
Wir haben bereits darauf aufmerksam gemacht, daß der knobelnde, bastelnde #2 »Transformator« eher zur Innovation mit Augenmaß neigt als zur visionären Einmaligkeit. Der #4 konservativ gestimmte »Verläßlichkeitssucher« hingegen ist ein ausgeprägter Freund des Negativ-Wertes.

(e) MASSNAHMEN
Die Frage, ob mehr nach visionärer Einmaligkeit gestrebt wird oder nach stetiger, etwas gedämpfter Innovation mit Augenmaß, hängt weitgehend von den Persönlichkeiten ab.
Strategisch empfehle ich meinen Kunden, lieber den Spatz in der Hand (Innovation mit Augenmaß) als die Taube auf dem Dach (Vision) anzustreben, denn immerhin führt auch Innovation mit Augenmaß zum Ziel, wenn auch zu einem etwas bescheideneren. Es muß also nicht immer und unbedingt die große Vision sein, der man sich verschreibt.
Buntheit der Teams, Schulung in Kreativtechniken, Job-rotation, Anerkennung innovativer Leistungen auch ohne Markterfolg sind Möglichkeiten der Innovationsintensivierung. Da wir gefunden haben, daß Kreativtechniken eher die gemäßigteren Formen der Innovation befruchten, empfehlen wir sie hier nachdrücklich.

12. Das Unternehmen zur Lernwerkstatt machen

(a) WESEN UND PARADOXER GEGENWERT DES FAKTORS »LERNWERKSTATT« (Chart 21)
Wer hätte es nicht schon in der Literatur gelesen: Beispielhafte Unternehmen sind Lernwerkstätten, wo unaufhörlich dazugelernt wird.
Ganz offenbar tun wir uns aber schwer damit, denn mit 29 Prozent Ak-

zeptanz ist dieser Faktor nur schwach akzeptiert, obgleich bei einer ersten, ungeprüften Hinterfragung ganze 78 Prozent angaben, daß ihre eigene Firma eben eine solche Lernwerkstatt wäre. Hier kommt zweifelsfrei eine gewisse Modetendenz zum Tragen. Die Wirklichkeit ist jedoch davon noch recht weit entfernt.
Was ist nun eine Lernwerkstatt? Eine Firma, in der viel für die Weiterbildung getan wird?
Das kommt meistens zusätzlich hinzu, aber das ist *nicht das Entscheidende*. Man begreift das Wesen dieses Erfolgsfaktors besser, wenn man auf den paradoxen Gegenwert schaut: »Wissen ist Macht.« Was sich da gegenübersteht, ist die *dynamische* bzw. die *statische* Betrachtung von Wissen und Erfahrung. Wie sehr die überholte statische Sicht noch immer Anhänger findet, erhellt die Zahl von 83 Prozent, die sich damit identifizieren.
Lernwerkstatt sein, das heißt, die Veränderung im Auge zu haben, nicht beim jetzigen Stand zu verharren, sich nicht auf dem heute Erreichten auszuruhen, sondern am Tage der Lancierung des neuen Produktes bereits an seiner nächsten Generation arbeiten. Dem steht »Wissen ist Macht« als statisches Verharren gegenüber. Es bezeichnet das unbeirrte und trügerische Selbstbewußtsein, Experte zu sein, ohne zu sehen, wie schnell man heute sein Expertentum einbüßen kann, weil sich die Macht des Wissens schnell aufbraucht.

(b) ERFOLGSPOTENTIAL

Als Regel kann gelten, daß man gut zweimal so erfolgreich ist, wenn man eine Lernwerkstatt sein eigen nennt, wo das vorhandene Wissen stets in Frage gestellt wird und das Sichmühen um die Veränderung dieses Wissens den Beteiligten ein Daueranliegen ist. Dies wird mit 113 Prozent besseren Renditechancen belohnt, was nicht wenig ist.

(c) PERSÖNLICHE NEIGUNG

Der #4 »Moderator« hat von Natur aus den stärksten Drive, das Unternehmen zur Lernwerkstatt umzufunktionieren, aber auch »Transformatoren« und »Visionäre« können leicht dafür gewonnen werden. Der »Analysierer« tut sich mit der Lernwerkstatt am schwersten und neigt eher dazu, Wissen und Erfahrung als statische Macht anzusehen.

(d) MASSNAHMEN

Umfangreiche Bemühungen der Weiterbildung mit dem Akzent auf der Veränderung des Wissens können hier helfen, aber letzten Endes ist es eine Weltanschauungsfrage. Mit meinem Seminar »Die Philosophie des 21. Jahrhunderts« habe ich meist mehr bewegen können als mit fachlichen Bildungsprogrammen, weil es letztlich um Lernmotivation geht.

13. Interessenausgleich oder unbeirrt den eigenen Weg gehen?

(a) WESEN UND PERSÖNLICHE NEIGUNG IM FALLE DES FAKTORS »DEN EIGENEN WEG GEHEN«

Es ist vor allem der »Moderator«, der die Neigung hat, Interessen miteinander zum Ausgleich zu bringen. Er ist deshalb auch der ideale Vermittler. Aber sein Anliegen wird offenbar nicht allzusehr honoriert, denn seine Erfolgschancen liegen mit – 14 Prozent wesentlich niedriger als die seines Counterparts, der den eigenen Weg geht und um 89 Prozent erfolgreicher ist als die andern. Dies ist erstaunlich, denn man möchte doch annehmen, daß in unseren Tagen, mit wachsender Komplexität der Dinge, die Vermittlung besonders verdienstvoll ist. Offenbar ist der Erfolg dennoch stärker für die Anhänger einer individualistischen Streitkultur der Einzelkämpfer reserviert.

(b) ERFOLGSPOTENTIAL

Man ist 14 Prozent schlechter, wenn man dem Gedanken des Interessenausgleichs Raum gibt. Aggressives Durchsetzen steht weit höher im Kurs, aber es ist nicht sehr beliebt. Dahingegen identifiziert sich eine überwältigende Mehrheit von 88 Prozent mit dem Interessenausgleich.

(c) MASSNAHMEN

Bei dem hier besprochenen Wert und seiner Gegenposition ist es zweckmäßig, sich die Frage zu stellen, welches Anspruchsniveau ein Unternehmen besitzt. Je mehr es eine Führungsrolle für sich beansprucht, desto wichtiger ist es, nicht allzusehr nach Kompromissen Ausschau zu halten und auch die Realität des heutigen Marktes nicht überzubewerten, denn ein solches Unternehmen wird den Markt von morgen entscheidend mitprägen. Anders stellt sich die Situation bei schwächeren Firmen dar, die sich mit einer eher untergeordneten Rolle zufriedengeben wollen oder müssen. Dort werden Kompromisse weitaus mehr angezeigt sein, und es empfiehlt sich schon eher, sich der Realität *anzupassen*. Bei sehr kleinen Unternehmen ist das Prozentverhältnis nicht + 89 Prozent zu – 14 Prozent, sondern + 32 Prozent zu – 1 Prozent. Dies spiegelt die Anpassungszwänge der Kleinen wider.

14. Stärke und Stolz gegen Askese und Bescheidenheit

(a) DAS WESEN DES »HOPPLA, JETZT KOMM' ICH«-FAKTORS (Chart 21)

Wir haben diesen Faktor vor allem deshalb hier eingebracht, weil er zwei Weltsichten und zwei Lebenshaltungen widerspiegelt.

Im linken Faktor spiegelt sich eine Art »Dampfwalzenphilosophie« wider. Besonders in großen Konzernen findet man sie häufig. Es geht um eine »amerikanische« Sicht der Welt. Im Mittelpunkt stehen die Machbarkeit der Dinge und die Chancen für jeden Tüchtigen. 51 Prozent unserer Befragungsteilnehmer identifizieren sich mit dieser Haltung. Offenbar zu Recht; die Anhänger schneiden mit plus 13 Prozent immer noch etwas besser ab als die Gegner.

(b) DER PARADOXE GEGENWERT

Dem frischforschen »Hoppla, jetzt komm' ich!« steht ein Wert gegenüber, auf dessen Abschneiden man in der Tat neugierig sein durfte. Der rechte Wert steht für Askese, Sparsamkeit, Selbstbescheidung und ökologisches Bewußtsein. Viele Jüngere, die der Ökologiebewegung nahestehen, hätten sich vermutlich gefreut, wenn dieser Gegenwert auf der linken Seite gestanden hätte, aber das Ergebnis fiel anders aus: Die materiellen Erfolgschancen sind nicht gut. Ich wage keine Antwort, *warum* das wohl so ist, aber es macht nachdenklich. Mit minus 61 Prozent ist die Askese offenbar ein in unserem System wenig erfolgsträchtiges – ja, man muß es ganz offen sagen –, sogar ein abträgliches »Mißerfolgsverhalten«. Vielleicht ändert sich dies und unsere Zahlen sind noch zu sehr der Vergangenheit verhaftet, aber hier und heute ist es so. Daß dies *keine* ethische Würdigung darstellt, brauche ich nicht zu unterstreichen.

(c) ERFOLGSPOTENTIAL

Es ist der letzte Faktor, und mit plus 13 Prozent auf der positiven und minus 61 Prozent auf der negativen Seite ist es sicherlich nicht die allerwichtigste Frage erfolgreichen Managements. Aber in der Tatsache, daß dieser Faktor nicht weiter oben angesiedelt ist, liegt natürlich auch eine Aussage. Fundamental wichtig ist die Entscheidung für eine der beiden Welthaltungen nun einmal nicht.
Soweit die Diskussion der 14 Faktoren aus den Charts 17–21.

X. Die gefangenen Wertesucher

Haben wir auf der einen Seite fast so etwas wie eine *Zauberformel des Erfolgs* gefunden, so wird sie uns doch auch gleichzeitig wieder aus der Hand gewunden: Menschen haben keine völlig freie Wertewahl. Besser gesagt, sie haben eine *eingeschränkte* Wertewahl. Die Freiheit existiert nur auf dem Papier, nicht in Wirklichkeit. Chart 22 weist die typischen fünf bis sechs Werte aus, die bei jedem der sechs Typen an erster, zweiter, dritter usw. Stelle stehen.

Was besagt nun diese Zuordnung, diese Affinität zwischen Persönlichkeit und bestimmten Werten?

① Das Wertespektrum ist für jeden Typus ein extrem *unterschiedliches*! Dies jedenfalls, soweit wir uns auf die fünf bis sechs wichtigsten Werte beschränken. Natürlich gibt es im Herzen und der Psyche eines jeden Menschen weit mehr als diese fünf bis sechs Werte. Aber da den wichtigsten nun einmal per definitionem die größte Bedeutung zukommt, kann die *Unterschiedlichkeit* der sechs Typen gar nicht stark genug hervorgehoben werden. Wir sehen uns einer gespaltenen Szene gegenüber. Im nächsten Kapitel werden wir erfahren, wo die Kluft und die Gegnerschaft oder gar Feindschaft zwischen den Typen besonders groß und wo sie nicht ganz so dramatisch ist. Trotzdem sind wir gut beraten, eher von Unterschiedlichkeit denn von Gleichheit unter den sechs Typen auszugehen. Anders ausgedrückt: Wir sitzen keinesweg im *gleichen* Boot, sondern wir befinden uns in sechs *unterschiedlichen* Booten.

② Wir müssen mit der Tatsache leben, daß die sechs Typen – nicht immer, aber doch in erster Linie – unterschiedliche Wege gehen, andere Präferenzen haben, auf den *gleichen* Reiz *anders* reagieren. Durch diese Festlegung wird – wenn ich einmal die typologische Zuordnung besitze – Verhalten transparent, durchschaubar und in nicht unerheblichem Maße vorhersagbar.

③ Was ist mit den Werten unterhalb von Rang sechs oder sieben, wo wir die Grenzlinie gezogen haben?
Dort nimmt die Unterschiedlichkeit ab, und wir erleben nun immer größere Ähnlichkeit: Die von uns gefundene Gesetzmäßigkeit lautet: Je wichtiger die Werte, desto unterschiedlicher reagieren die Menschen darauf und um so unterschiedlicher machen sie sich diese Werte zu eigen. Diese Hinwendung erfolgt auf eine typische, der Persönlichkeit entsprechende Weise. Je unwichtiger der Wert für den einzelnen ist, desto mehr verwischen sich die Unterschiede und wir finden mehr und mehr Gemeinsamkeit.
Was nun ist die Konsequenz hieraus für menschliches Handeln und für die Bewahrung menschlicher Freiheit?
Könnten die Menschen frei zwischen allen Werten wählen, so wären sie alle schrecklich erfolgreich und fast unerträglich tüchtig. Aber sie haben diese Freiheit *nicht*, und sie sind deshalb auch nicht unendlich erfolgreich. Andererseits stehen die Erfolgsmessungen dieser Unfreiheit gegenüber! Wenn ich die wichtigsten zehn Werte befolge, die wir weiter oben so intensiv durchgearbeitet haben, dann ist mir Erfolg fast sicher!

XI. Verhaltensempfehlung

Welches Verhalten muß nun daraus für uns resultieren? Wie kommen wir mit dieser Situation zurecht?
Wir sollten es *aufgeben, Menschen grundsätzlich ändern und umerziehen* zu wollen. Wo wir aber fast endlose Freiheit und Gestaltungsmöglichkeit besitzen, das ist das Zusammenstellen von Teams. Dies ist unsere ganz große »Freiheitschance«: die Komposition menschlicher Gemeinschaft!
Erinnern wir uns dabei des Wertes, der von allen am wichtigsten war, der die Menschen fast fünfmal so erfolgreich machte: das Aufeinanderzugehen in Erkenntnis der eigenen Einseitigkeit. Haben wir schon herausgefunden, daß die Konflikte sich mindern, wenn Menschen unterschiedlichen Typs aufeinander zugehen, sich zu ergänzen suchen, so trifft dies natürlich auch auf die Wertewahl zu. Als Team – zusammengesetzt aus sehr unterschiedlichen Typen – haben wir eine bessere Chance, zu einem insgesamt erfolgreicheren Verhalten zu gelangen, denn es stehen uns dann mehr Möglichkeiten offen. Man könnte sogar sagen: Unter der Voraussetzung der gegenseitigen Ergänzung stehen uns alle Werte offen! Und das heißt: fast unendliche Erfolgschancen!

XII. Der Sinn von Schulungen und Organisationsmaßnahmen

Wir haben nachdrücklich darauf hingewiesen, daß wir Menschen nie und nimmer fundamental umformen können wie Knetgummi, sondern daß wir von ziemlich festen Strukturen ausgehen müssen. Obwohl dies sicherlich so ist und wir unsere prägenden Fähigkeiten besser nicht überschätzen sollten, bleibt ein nicht unerheblicher Freiraum, der mit Schulung und mit bestimmten organisatorischen Maßnahmen ausgefüllt werden kann.
Dieser Freiraum ist die Folge der Tatsache, daß wir alle ja keineswegs *nur* Analysierer, *nur* Visionäre, *nur* Moderatoren etc. sind, sondern daß wir neben der wichtigen und dominierenden Hauptzuordnung *Zweitzugehörigkeiten* und *Dritteigenschaften* besitzen, die uns prägen, die gleichsam die Nuancierungen, die Schattierungen und Unregelmäßigkeiten unserer Persönlichkeit darstellen. Erst sie machen das holzschnittartige »Einheitsschema« unserer Typologie erträglich.
Jeder Typus besitzt also neben seinen Haupt-Werten eine beträchtliche Reihe von Neben-Werten. Diese – und nur diese – können Gegenstand von Schulung werden. Diese – und nur diese – können geweckt, intensiviert, modifiziert werden.
Warum nur diese?

Sehr einfach: Die Hauptzuordnung ist gleichsam die Visitenkarte eines jeden Menschen, sie ist seine Hauptidentifikation, sie ist der *Kern* seiner Persönlichkeit. Daran rüttelt man nicht so leicht. Eine Veränderung der Hauptzuordnung ist – so unsere Erfahrung und die von 100 Jahren Psychologie – äußerst selten. Wenn sie vorkommt, dann fast nur in die Nachbarbereiche (was ein »Nachbarbereich« ist, erfahren Sie später, wenn wir die Lüscherfarben einsetzen).
Die Nebeneigenschaften sind nicht so bedeutsam, sie stehen ihren Eigentümern nicht so nahe, sie sind nicht so essentiell. Und darum bestehen hier Freiräume, wo Schulung einhaken kann.

Fazit:
Schulung hat sicherlich nur *begrenzte*, aber keineswegs hoffnungslos schwache Chancen. Gewiß soll man sie nicht überschätzen – was die meisten Personalchefs begreiflicherweise tun –, aber im Rahmen des eben Aufgezeigten ist es durchaus wichtig, den richtigen Werten den Weg zu ebnen. In diesem Sinne sollten Sie die in den Charts 25 bis 27 folgende Auflistung von Maßnahmen betrachten, die wir allesamt ausgiebig ausprobiert haben, die ich ausnahmslos in der eigenen Firma, im eigenen Verantwortungsbereich getestet und oftmals langjährig eingesetzt habe. Sie können allesamt im Rahmen von Schulungsveranstaltungen der Denkfabrik implementiert werden. Aus Platzgründen beschränken wir uns auf die acht wichtigsten Faktoren.

Maßnahmen zur Förderung und Schulung der Erfolgsfaktoren (I)

Faktoren	Maßnahmen

1. Thema: Sinn geben

Faktoren	Maßnahmen
Sinn stiften Wir streben nach einer Produkt- und Firmenidentität, die ein Stück Ökologie, Fortschritt, Kultur oder Menschlichkeit realisiert. + 402%	Aufbau eines Arbeitsteams, das systematisch die Möglichkeiten abtastet in den Bereichen (a) Firmenvision (b) Engagement in Zukunftsfragen (c) Fortschrittsbeitrag (d) karitative Möglichkeiten (e) ökologische Vorteile (f) ökologischer Service (g) medizinische Positionierung (h) kultureller Beitrag (i) dramatische Vereinfachung/Verbilligung

2. Thema: Soziale Integration

Faktoren	Maßnahmen
SICH ÖFFNEN in Erkenntnis der eigenen Einseitigkeiten auf den »anderen« zugehen, um sich mit ihm zu ergänzen + 367%	Training in Multileadership – Zwei- bis Dreitageschulung für Vorstand und leitende Angestellte. Erlernen der Typologie (Anwendung und Schnellerkennung) – Wichtige Teams werden typologisch zusammengestellt. Freiwillige Persönlichkeitstests auf Firmenkosten.

Chart 25

Maßnahmen zur Förderung und Schulung der Erfolgsfaktoren (II)

3. Thema: Soziale Steuerung

VERTRAUEN ANSTATT KONTROLLE
Vertrauen muß man bedingungslos verschenken. Bürokratische Überkontrolle muß systematisch bekämpft werden.

+ 311%

Training in Multileadership, ergänzt durch Zweitageworkshops zur Reduzierung von Bürokratie und unpartnerschaftlichem Verhalten (Loslassen, Entlernen, Motivieren).

4. Thema: Management of Change

INNOVATIONEN VON VISIONÄRER EINMALIGKEIT Mutige Erneuerung hat höchsten Stellenwert, wobei wir meist das grundsätzlich »andere« suchen.

+ 278%

Beratungspaket: Vision 2010 – Einführung des Ideenheftes – Implementierung eines visionären Leitbildes – Konzentration auf Märkte mit der Chance für Qualitäts- und Marktführerschaft – Audit der Innovationsarbeit – Systematische Ideenfindung.

5. Thema: Aggression

FEINDBILD Der Konkurrenzkampf muß hart und unerbittlich geführt werden. Dies ist leichter mit einem klar definierten Gegnerbild.

+ 239%

Führungsseminar und Workshop: Anleitung zum Feindbild – Implementierungsmaßnahmen einschließlich Benchmarking.

Chart 26

Maßnahmen zur Förderung und Schulung der Erfolgsfaktoren (III)

6. Thema: Steuerungsmodus

EMPOWERMENT
Leistungsmentalität, viel Autonomie für Unterstellte und die Delegation der Taktikfindung sind der Dreiklang erfolgreicher Menschenführung.

Kurze eintägige Einführung. Praktische Fallübungen. Längeres Coachingprogramm.

+ 207%

7. Thema: Markt

SPITZE SEIN WOLLEN
ist unsere Devise. Dabei sind Markt- und Qualitätsführerschaft besonders sichere Wege zu finanziellem Erfolg.

Die Firmenverfassung schreibt vor, daß ausschließlich Märkte betreten und Innovationen gefördert werden, die die Chance zu Markt- und Qualitätsführerschaft beinhalten. Nur selektive Ausnahmen. – Bewußte Elitebildung durch Job-rotation und »Highflyer«-Identifikation.

+ 180 %

8. Thema: Humane Integration

MITARBEITERN DIENEN Mitarbeiter fördern und an ihnen richtiges Kundenverhalten einüben.

Training in Multileader ship – Kundenzufriedenheitsstudien durchführen und in der Verfassung verankern – Mulitselling als stärkste Form des Eingehens auf den Kunden trainieren.

+ 173 %

Chart 27

Kapitel 12

Die Quantenmechanik der Kommunikation

Formelorientierung
Unsere Generalformel des Management lautete

$$\mathbf{E} = \mathbf{W}_{\text{Kunden}} \times \mathbf{K}_{\text{Markt}} = \mathbf{W}_{\text{Kunden}} \times (\mathbf{W}_{\text{Mitarbeiter}} \times \mathbf{K}_{\text{Intern}})$$

Das Element, über das wir in diesem Kapitel in erster Linie sprechen, ist

$$\mathbf{K}_{\text{Markt}}$$

Nun sind aber die Gesetze der Kommunikation im innerbetrieblichen Bereich und die im Marktbereich prinzipiell die gleichen. Insofern gelten die nachfolgenden Aussagen auch für die interne Kommunikation

$$\mathbf{K}_{\text{Intern}}$$

Eigentlich entspricht es unserer Alltagserfahrung, daß sich Dinge um uns und in uns kontinuierlich entwickeln. Wenn es wärmer wird, steigt das Thermometer kontinuierlich und allmählich. Plötzliche Sprünge würden uns schon ein wenig überraschen. Genau diese Annahme einer Kontinuität *widerlegt* die Quantentheorie. Sie weist nach, daß im Mikrokosmos *Diskontinuität* herrscht, sich also alles stufenweise und sprunghaft verändert.
Da kann man sagen: So what? Macht es wirklich so einen großen Unterschied, ob sich die Welt sprunghaft oder gleichmäßig verändert?
Ja, es macht einen *sehr großen* Unterschied. Wir hätten keine Atomenergie, wir besäßen keine Halbleiter, keinen Laser und keinen Computer, hätte *Max Planck* nicht jenen genialen Einfall mit der Quantenmechanik gehabt.

Diese Meinung, daß die Quantenmechanik eine derartig entscheidende Bedeutung für unsere gesamte Zivilisation besitzt, vertraten immerhin so renommierte Leute wie *Heisenberg, Weisskopf, C. F. von Weizsäcker* und viele andere. Dem sollten wir uns vermutlich auch dann anschließen, wenn wir die Zusammenhänge selbst nicht mit Fachkompetenz beurteilen können.

WAS WIR UNTERSUCHTEN:

– 112 verschiedene Konsumgüter-Markenartikel
– 83 Investitionsgüterprodukte, davon 37 Zulieferprodukte
– 38 Serviceangebote
– 113 Corporate-identity-Auftritte einschl. 3 politischer Platformer
– 109 Werbespots des Fernsehens
– 41 ganze Fernsehsendungen bzw. Serien
– 163 Verkaufsgespräche
– 123 Anzeigen (Zeitung + Magazin)
– 19 Politikerreden und politische Auftritte

INSGESAMT 801 ITEMS (Kommunikationsmedien)

Chart 28

I. Ein kühner Gedanke

Wir gehen also davon aus, daß die Quantenmechanik wirklich von so fundamentaler Bedeutung ist, daß wir die gewaltigen Fortschritte von Technik und Wissenschaft, die uns in Gestalt von Lasern, Computern etc. ständig umgeben, nicht verstehen könnten, weil uns die inneren Zusammenhänge verschlossen bleiben würden.

1. Wie sieht es im sozialen Bereich aus?

Spielt hier das, was wir gleich als *soziale Quantenmechanik* beschreiben werden, eine ähnliche Rolle? Oder sind wir Opfer einer ungerechtfertigten Übertragungsmanie, die uns in Selbstüberschätzung leichtfertig dazu verführt, unbedingt alles und jedes aus der Physik bei den volkswirtschaftlichen, psychologischen und marktwirtschaftlichen Fragestellungen wiederfinden zu wollen?
Wir haben viele Jahre mit Experimenten, Befragungen und Überlegungen zugebracht, um diese Frage zu beantworten. Dabei sind uns auch manche Selbstzweifel gekommen. Was dabei herauskam, ist dann aber doch die feste Überzeugung, daß die »soziale Quantenmechanik« zumindest eine großartige Hilfe ist, um Zusammenhänge zu sehen, die sich bislang auf andere Weise nicht erschlossen haben. Erlauben Sie, daß wir noch weiter gehen: Vielleicht ist es *das* Konzept aller Konzepte, das uns hilft, einen Aufbruch zur Überlegenheit zu starten und das 21. Jahrhundert besser zu verstehen und zu meistern. Aber das sollten Sie selbst beurteilen, wenn wir jetzt in die Herleitung dieser Überlegungen einsteigen.
Bevor wir dies tun, erst noch eine Bemerkung: Wenn man sich fragt, was denn die Betriebs- und Marktlehre und die Psychologie zum Thema der Energieübertragung, zum Thema der werblichen Beeinflussung und zu den Reaktionen auf Kommunikation zu sagen hat, dann erscheint uns das Vorhandene – trotz einer voll ausgebildeten Kommunikationswissenschaft – eher *ärmlich* und *dürftig*. Dort werkeln viele gute Leute, die von der Informatik und Kybernetik herkommen; diesen stehen die reinen Anmutungspsychologen gegenüber, deren Beitrag keineswegs geschmälert werden soll. Aber wenn man sich fragt, was bis heute bei all diesen wohlgemeinten Bemühungen herausgekommen ist, dann stellen sich herbe Zweifel ein.
Fragen wir uns: Was wissen wir wirklich von dem, was bei Werbung und anderen Formen der Marktbeeinflussungen vor sich geht? Was sind die Prozesse, welches die Abläufe? *Wir wissen es im Grunde immer noch nicht. Eine umfassende Theorie von der Begegnung vom Menschen auf der einen und dem Kommunikationsreiz auf der anderen Seite liegt nicht vor*. Oder noch nicht.
Nun glaube ich allerdings zu wissen, warum wir keine wirklich befriedigenden Fortschritte machen. Es liegt daran, daß wir zum einen ein mechanistisches Menschenbild in uns tragen. Zum andern liegt es daran, daß wir die Psychologie, Tiefenpsychologie und Psychoanalyse noch gar nicht wirklich voll in die Kommunikationsforschung integriert haben. Schließlich baggern viele aus vielen Richtungen, aber es mangelt an einer Theorie, die diese Richtungen zusammenführt.
Die Situation erscheint mir nicht ganz unähnlich der *Einsteins,* als er zwar

viel Information über Materie vorfand und noch mehr über Energie, aber keine Brücke, die beides zusammenführte. Wir meinen, die ersten rudimentären Ansätze zu einer solchen umfassenden Gesamttheorie vorlegen zu können. Es sei festgehalten, daß es die Ratlosigkeit der Marketingprofis, die Effizienzlosigkeit der Werbeforschung, das Nicht-vorhanden-Sein an Theorie waren, die uns zu unseren Überlegungen gedrängt haben. Wir wollten auf diese Weise einen weißen Fleck auf der Landkarte füllen.

2. Ein seltsames Muster

Wann immer wir die Vorstellungen der Marktpartner und deren Veränderungen zu messen versuchten, begegneten wir einer seltsamen Erscheinung. Wir haben – eher aus Verlegenheit – schon früh den Begriff »Quantensprung« verwandt, denn der Vergleich mit diesem Phänomen drängte sich auf.
Wir haben untersucht, was in Chart 28 aufgeführt ist. Dabei sind wir wieder und wieder auf das Muster getroffen, das die Physiker das Quantenphänomen oder – ganz simpel – die »Quantelung« nennen.
Und dies sei hier ganz offen gesagt: Wir hatten zwar immer mal wieder mit der Idee eines Konzepttransfers gespielt. Dennoch waren es nicht Verdienst noch Fleiß, noch Anstrengung, die uns zum Ziel führten!

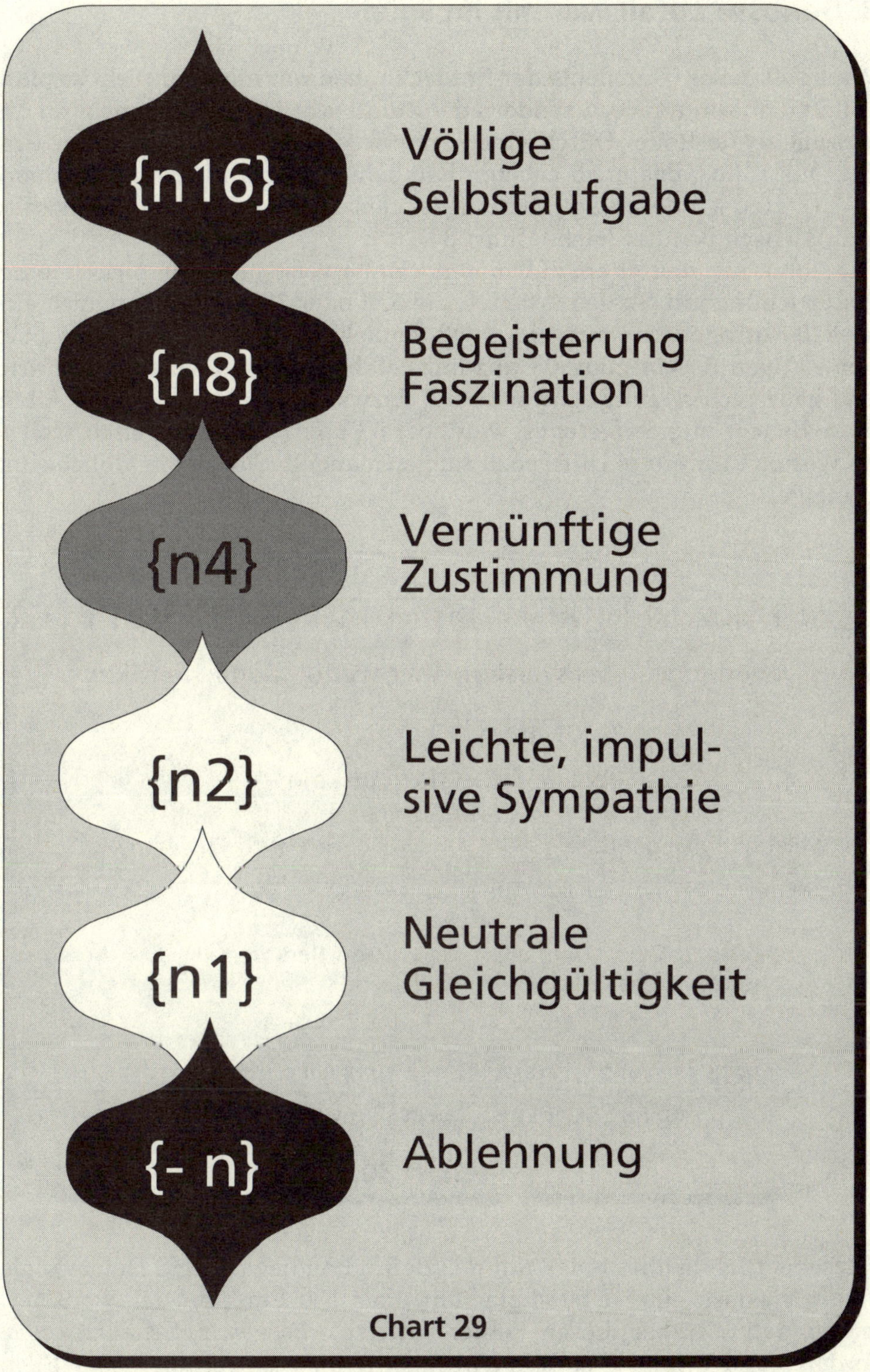
{n16}
Völlige Selbstaufgabe
{n8}
Begeisterung Faszination
{n4}
Vernünftige Zustimmung
{n2}
Leichte, impulsive Sympathie
{n1}
Neutrale Gleichgültigkeit
{- n}
Ablehnung

Chart 29

3. Genosse Zufall war mit im Spiel

Wie so oft in der Geschichte der Entdeckungen war alles gar nicht so planvoll und gut organisiert, sondern der Zufall spielte hier eine nicht zu unterschätzende Rolle. Durch einen Irrtum seitens eines bekannten Umfrageinstitutes, das mich gebeten hat, seinen Namen hier nicht zu nennen, setzten wir überlange Meinungsskalen ein, wie sie vernünftigerweise kein Mensch benutzt (siehe Chart 30).
Die Abbildung deutet an, daß man normalerweise in der empirischen Sozialforschung mit Skalen arbeitet, die 5, 6 oder 7, gelegentlich auch einmal 10 Ratingpunkte aufweisen. Oft versieht man jeden Punkt mit einer qualitativen Beschreibung. Ganz links steht dann vielleicht »sehr stark« und ganz rechts »ganz schwach« und dazwischen Interimsstufen. Allein diese Benennung verbietet es, weit über 8 Punkte hinauszugehen, weil es an Worten für weitere Differenzierungen mangelt. Soweit das Übliche und Gängige.

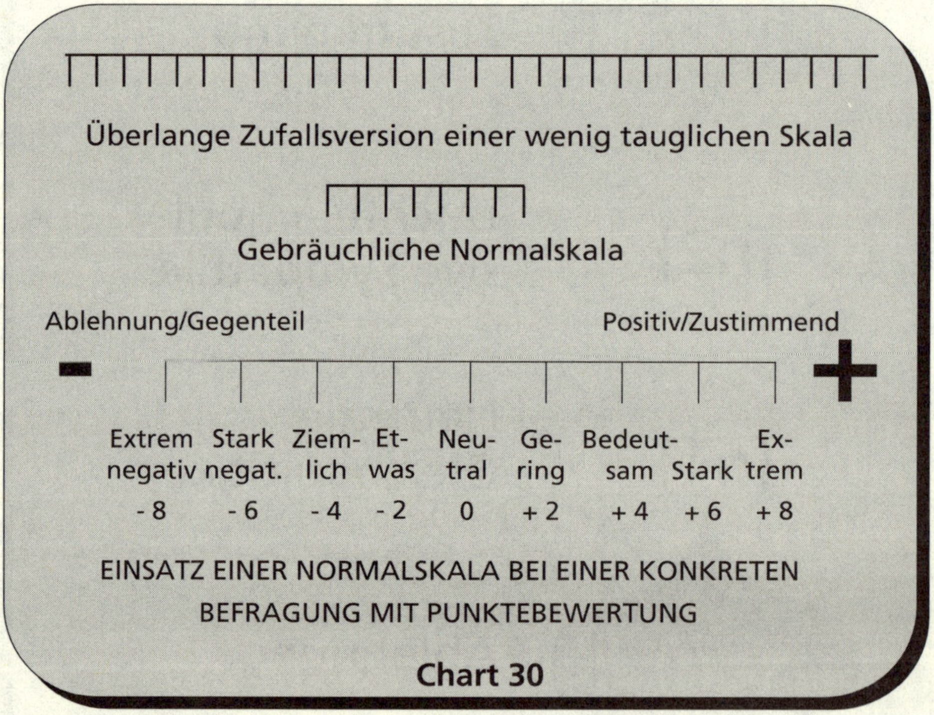

Chart 30

Versehentlich benutzte das mit der Befragung beauftragte Demoskopie-Institut jedoch eine »Überskala« mit über 100 Punkten. Ich weiß noch heute, daß ich über diesen Fehler zutiefst erbost war, Schadensersatz forderte und bekam – so blind waren wir alle am Anfang. Aber Flemming – als er durch ein Versehen auf das antibiotische Syndrom stieß – erkannte auch nicht sofort, was ihm da in den Schoß gefallen war, als seine kleine Bakterienschale – anstatt im Kühlschrank zu stehen – die ganze Nacht pflichtvergessen bei Zimmertemperatur verbracht hatte. *Böttger* soll auch eher durch Zufall zu seinem Porzellan gekommen sein. Ohne uns hier mit den Federn berühmter Häupter schmücken zu wollen, so findet man sich doch mit dererlei Irrtümern und Zufälligkeiten in exzellenter Gesellschaft. Mehr als einmal war der Zufall der Auslöser – so auch hier.

Versehentlich und ganz gegen meinen Willen wurde also in dieser vermeintlichen Unglücksbefragung eine Zuordnung auf einer »Riesenskala« vorgenommen. Da wir erst zu spät – wie ich damals glaubte – den Irrtum im Fragebogen entdeckten, wurden etwa 45 verschiedene Werbevorlagen damit gemessen. Es ging um die Frage, inwieweit der Betrachter »extrem stark«, wenig oder vielmehr »gar nicht« von der Vorlage angesprochen wurde.

Und nun geschah es: Die Ergebnisse wiesen jenes geheimnisvolle Muster auf, wie wir es in Chart 31 wiedergegeben haben. Die entscheidende Beobachtung, die sich dem Betrachter aufdrängt: Die Reaktionen zeigen starke Häufungen auf unterschiedlichen Stufen. Die Stufen waren nicht vorgegeben noch irgendwie benannt. Wir verwenden aber zur Markierung eine Stufenzahl, die uns auch in der weiteren Besprechung begleiten wird und deren Sinn wir ein wenig später darlegen werden. Die in Chart 31 angegebenen Bezeichnungen sind ein Vorgriff auf die spätere qualitative Betrachtung.

Wir haben in Chart 31 die Häufigkeit und Verteilung vermittels der schwarzen Kreispunkte dargestellt. Wie die schwarzen Häufigkeitsringe ausweisen, gibt es weder eine gleichförmige noch eine kontinuierliche, sondern eine *wellenförmige* Häufigkeit. Stufen, die gar nicht oder schwach besetzt sind, wechseln mit Stufen, bei denen deutliche Konzentrationen auftreten.

Es war also ein schier zufälliges Ergebnis, das uns zum ersten Male die Frage aufdrängte, ob diese quantenförmige, sprunghafte, portionsweise Verteilung in irgendeiner Form mit der Quantenmechanik der Physik etwas zu tun haben könnte. (Es begleitet uns jetzt Chart 32.)

Erinnern wir uns noch einmal, was die physikalische Quantentheorie besagt, daß nämlich die Atome und Moleküle sprunghafte »Wandlungen« durchlaufen, wenn Energien auf sie einwirken und sie ihren Aggregatzustand verändern. Die Ausgangssituation *{n1}* ist die *Ruhe* mit ganz geringer Spannung und fast keinem Energieaustausch mit dem Umfeld. Denken Sie an ein Stück Stahl, das kalt und unbewegt vor Ihnen liegt. Wird nun Wärmeenergie zugeführt, werden die Atome »angeregt«, so sagt Heisenberg. Es ist nicht uninteressant, daß hier eine Vokabel in die Physik

eingeführt wird, die eigentlich der Psychologie entlehnt ist. Sie verdeutlicht so etwas wie einen lebendigen Organismus, ein System voll hochdifferenzierter Reaktionen.
Man könnte bei dieser Transformation aus der Ruhe in die Angeregtheit nochmals an das Stück Stahl denken, und wir könnten uns vorstellen, wie dies unter Wärmeeinwirkung nun seinen Aggregatzustand wechselt und sich aus dem festen in den Zustand des geschmolzenen, verflüssigten Stahls verwandelt.
Man muß kein Physiker sein, um zu begreifen, daß da etwas vor sich geht, das mit Energie und deren Weitergabe zusammenhängt. Das leuchtende, zischende Schmelzmaterial verrät dies überdeutlich. Es passiert etwas Dramatisches.
In der Physik geht es dann stufenweise weiter, bis hin zu einer so starken Anregung, daß die Kernschmelze eintritt. Die Atome zerfallen nun. Wichtig ist: Auf dem Wege vom Ruhestand bis hin zum Plasma durchschreitet die Materie diese »gequantelten« Stufen, die einer strengen *Gesetzmäßigkeit* unterliegen. Diese findet in den sogenannten *Quantenzahlen* ihren Ausdruck. Es sind ganze oder halbe Zahlen, mit denen man die stationären Zustände mikrophysikalischer Systeme beschreibt. Diese besagen, daß sich die Materie in einem Zustand der Ruhe *({n1})* oder in einem angeregten Zustand (*{n2}, {n3}* usw.) befindet. Wesentlich sind die beiden Elemente (a) Sprunghaftigkeit und (b) Gesetzmäßigkeit, ausgedrückt durch die Quantenzahlen. Es gibt keine Kontinuität!

4. Verblüffende Ähnlichkeit – aber nicht Gleichartigkeit mit der Physik

Es ist nun das unerwartete Ergebnis unserer Forschung, daß der mit Kommunikation in Berührung kommende Mensch auf eine der Quantenmechanik äußerst *ähnliche* – wenn auch nicht absolut gleichartige – Weise verschiedene Erregungszustände durchläuft und daß diese Zustände ziemlich *strengen Gesetzmäßigkeiten* unterliegen. Vor allem bauen sich diese Zustände unterschiedlicher Resonanz auf verschiedene Botschaften *stufenmäßig* auf. Wenn wir den Ausdruck aus der Physik übernehmen wollen, so hieße das: Sie bauen sich *quantenförmig* auf. Dies einmal erkannt, können wir uns daranmachen, die *Quantenmechanik der Kommunikation* zu formulieren.
Alles Weitere baut nun auf den in Chart 31 verbalisierten Stufen auf, von denen wir glauben, daß sie am ehesten den Charakter dieser Sprünge wiedergeben.
Die Bezeichnungen sind nicht etwa nur unsere eigenen Vorstellungen, sie geben vielmehr die Äußerungen der Befragten zusammengefaßt wieder.

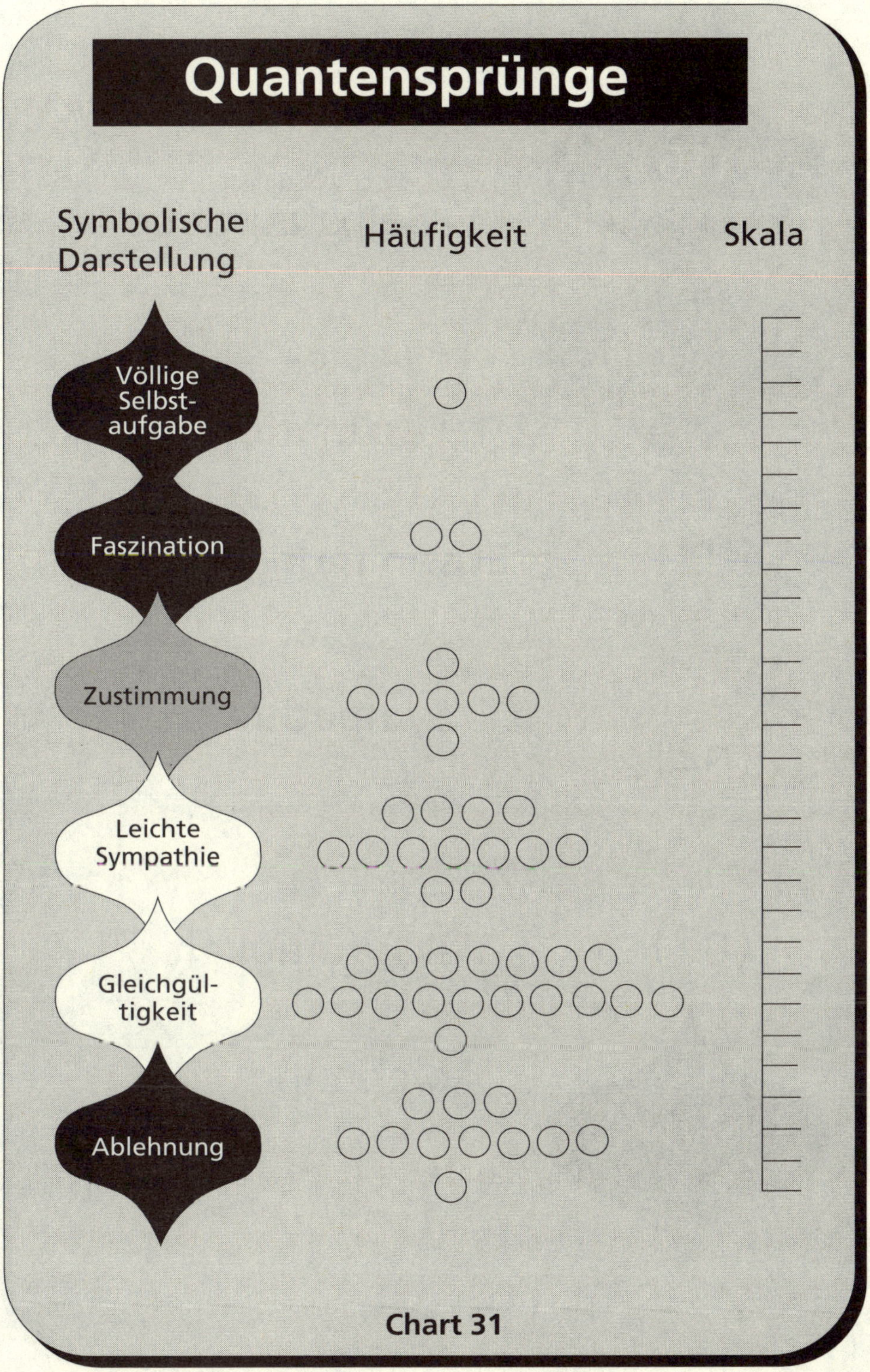
Quantensprünge
Symbolische Darstellung
Häufigkeit
Skala
Völlige Selbst-aufgabe
Faszination
Zustimmung
Leichte Sympathie
Gleichgül-tigkeit
Ablehnung

Chart 31

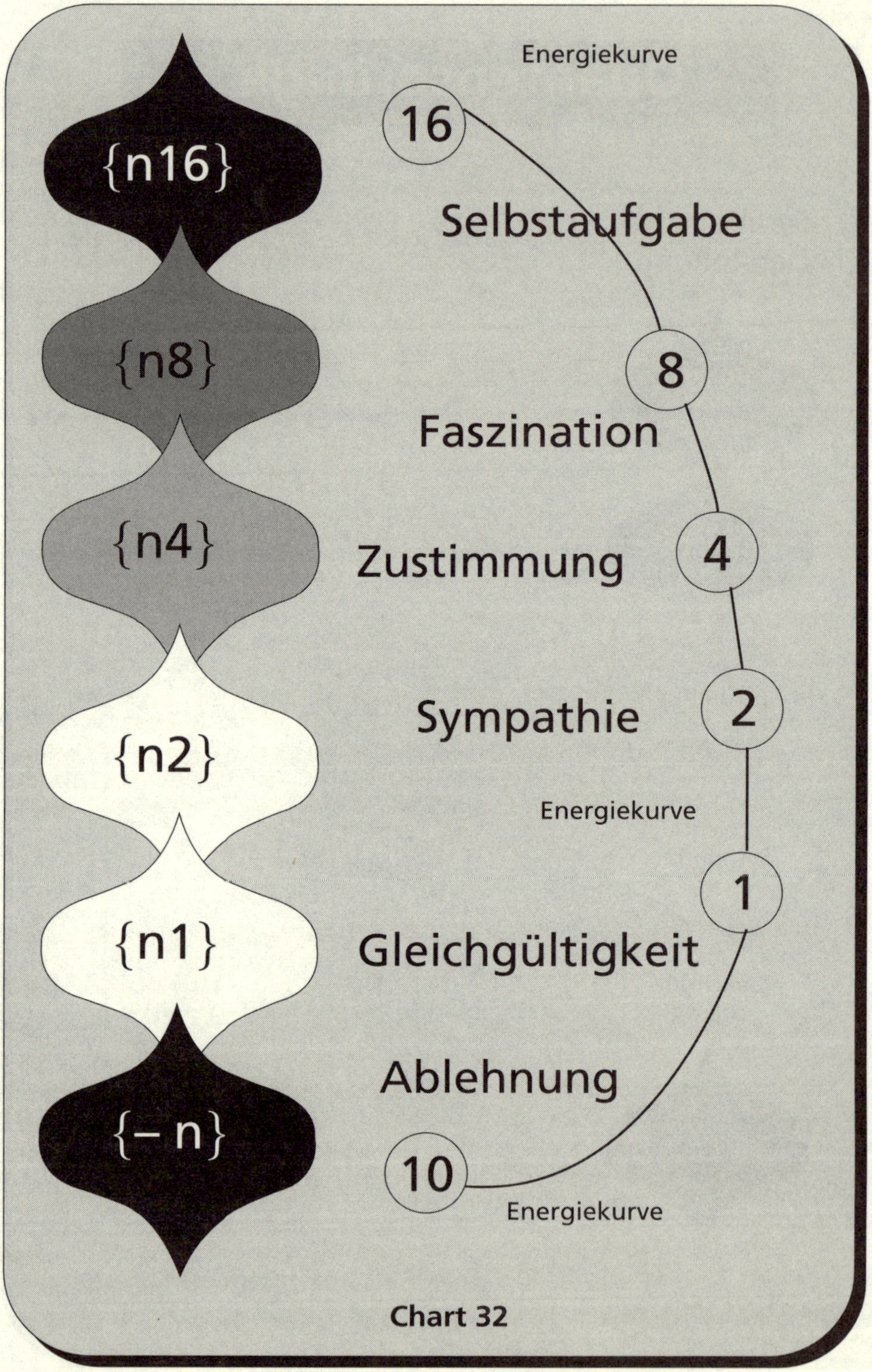
Energiekurve
16
{n16}
Selbstaufgabe
8
{n8}
Faszination
{n4}
Zustimmung
4
Sympathie
2
{n2}
Energiekurve
1
{n1}
Gleichgültigkeit
Ablehnung
{– n}
10
Energiekurve

Chart 32

Der *erste Satz* unserer *sozialen Quantenmechanik* lautet deshalb:

> Botschaften durchlaufen beim Adressaten ein festgefügtes Muster gequantelter Erregungszustände. Aufgrund der Äußerungen der getesteten Ansprechpartner benennen wir sie mit den Vokabeln »Ablehnung«, »Neutrale Gleichgültigkeit«, »Leichte, impulsive Sympathie«, »Vernünftige Zustimmung«, »Begeisterung/Faszination« und »Völlige Selbstaufgabe – Ekstase«.

5. Diskontinuität

Bevor wir weitergehen, sei auf eine Erfahrung hingewiesen, die unser aller Allgemeingut ist, auch wenn wir sie uns vielleicht noch nie bewußt vergegenwärtigt haben.
Wie laufen Begegnungen ab? Vor allem die mit anderen, noch unbekannten Menschen? Was geschieht, wenn wir einer Sache oder einem Menschen zum ersten Male begegnen? Was bei der Zweitbegegnung?
Lassen wir hierzu erneut unsere 463 Manager und 348 Konsumenten und Konsumentinnen zu Worte kommen: 87 Prozent bestätigten auf Befragung, daß der *erste Eindruck* von ungeheurer Bedeutung ist. Er prägt sich uns mit großer Vehemenz ein und wird später nur noch sehr mühevoll korrigiert. Hier geschieht also etwas ganz und gar Sprunghaftes. Hier wird nicht sukzessive, kontinuierlich etwas aufgebaut, sondern – bums! – gleichsam mit einem Schlag vollendet! Sehen Sie die Parallele?
Im psychischen Geschehen einer überwiegenden Mehrheit der Menschen spielen sich also offensichtlich gleichermaßen *Quantensprünge* ab, bei denen ein bestimmter Grad von Angeregtheit schnell, fast instant, erreicht und dann lange beibehalten wird.

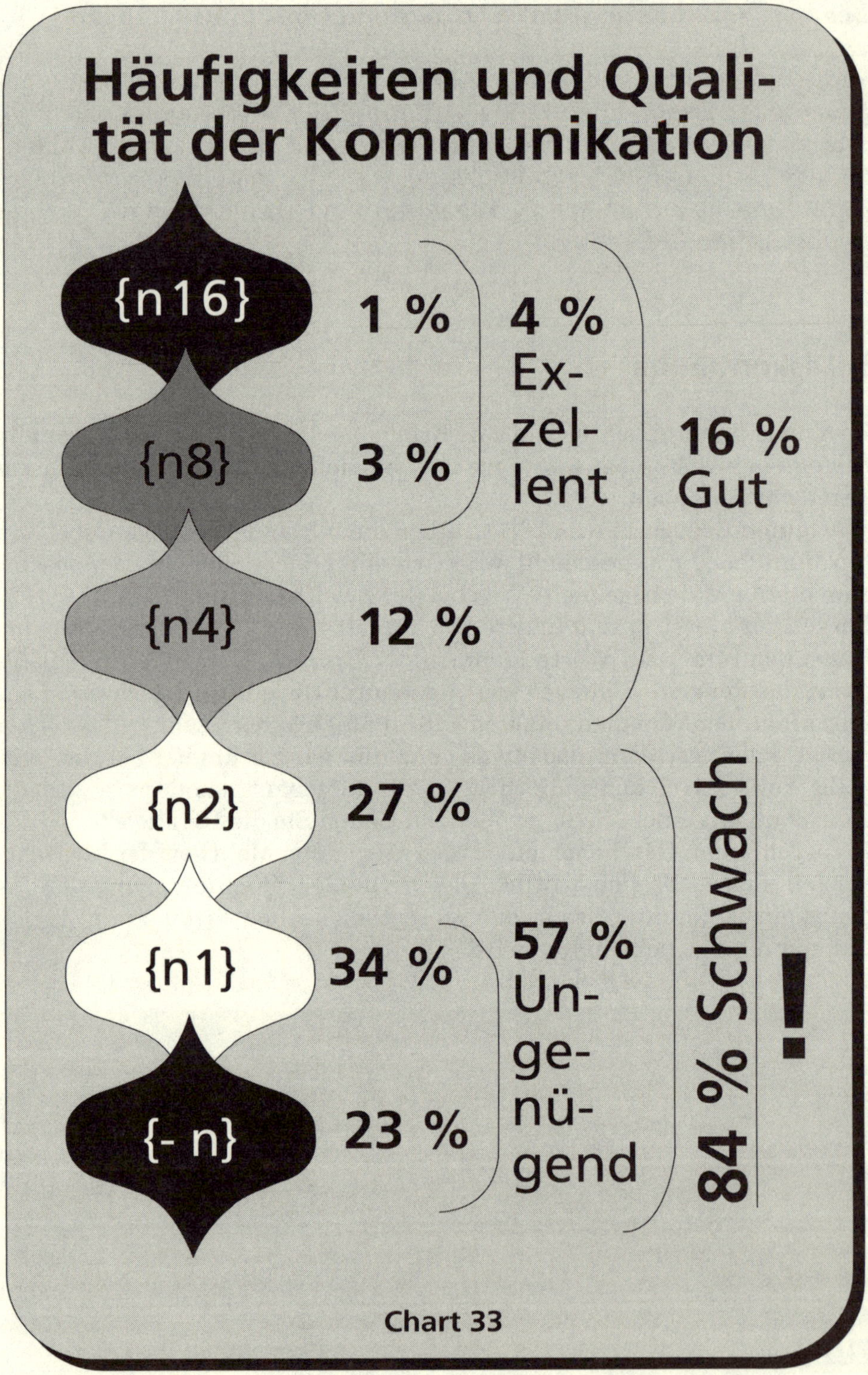
Häufigkeiten und Qualität der Kommunikation
{n16}
1 %
{n8}
3 %
4 % Exzellent
{n4}
12 %
16 % Gut
{n2}
27 %
{n1}
34 %
{- n}
23 %
57 % Ungenügend
84 % Schwach
!

Chart 33

II. Angewandte Forschung

Das oben beschriebene Verhaltensmuster zeigte sich exakt so bei all den Anzeigen, Werbespots und Corporate-identity-Konzepten, die wir im Rahmen dieser Untersuchungen überprüft und in Chart 28 aufgeführt haben.

1. Was geschieht auf den unterschiedlichen Quantenstufen?

Es geht also bei der Formierung von Eindrücken sprunghaft und diskontinuierlich zu. Dies steht nun überhaupt nicht in Widerspruch zu der zweiten Beobachtung, daß dies in sehr geregelten Stufen vor sich geht, also mit viel Gesetzmäßigkeit und Ordnung (Chart 33).

(a) Neutrale Gleichgültigkeit
Die erste Stufe, die wir einmal näher betrachten wollen, ist zwar nicht die unterste, sondern die zweite von unten. Wir starten damit, weil dies der beste Ausgangspunkt ist. Es ist eine *spannungslose Gleichgewichtslage.* Die kommunizierte Botschaft – gleich welcher Art – hat es hier offensichtlich nicht geschafft, etwas in Bewegung zu setzen. Der Umworbene verharrt ungerührt. Gefragt, was er oder sie von dem vorgelegten Produkt, der Werbung etc. halten, wird auf den Skalen signalisiert, daß kein Echo auftritt. Im Sinne unserer obigen Universalformel hat die Botschaft keinen Wert angesprochen, oder aber dieser Wert ist nicht aufgeladen, bedeutet der Zielperson nichts, oder aber die Qualität der Botschaft war so schlecht in ihrer Qualität, daß sie nicht anzusprechen vermochte.

(b) Leichte, impulsive Sympathie
Dies ist die erste positive Stufe einer gewissen Resonanz. Es ist aber ein sehr *verhaltenes Echo*, das in uns nur schwache Handlungsimpulse auslösen kann. Wir zeigen in Chart 34, wie das Reaktionsmuster aussieht. Sie erkennen sofort, daß diese Stufe wenig bis gar nichts bewirkt.
Wenn der werbende Unternehmer oder Politiker diese Stufe erreicht, ist immerhin nichts Negatives geschehen. Vielleicht – wir wissen dies nicht so ganz genau – ist diese zweite Stufe ja auch eine geeignete Basis, auf der später weiter aufgebaut werden kann.
Dennoch wird man sagen müssen: Wer über die Stufe der leichten, impulsiven Sympathie nicht hinauskommt, bewirkt wenig. Sein Werbegeld ist weitgehend zum Fenster hinausgeworfen. Es war (fast) vergebliche Liebesmüh.

Die Konsequenzen in allen Fällen, in denen die Stufe der »Sympathie« erreicht wurde	
Erinnerung nach 1 Tag	12 %
Erinnerung nach 1 Woche	4 %
Word-of-mouth-Weitergabe	1 %
Kaufabsicht	1 %
Tatsächlicher Kauf	0 %

Chart 34

(c) Vernünftige Zustimmung

Hier gelingt es dem Werbenden, über den Weg der Ratio eine gewisse Position aufzubauen. Wie die kleine Statistik (Chart 35) zeigt, wird hier etwas erreicht. Die Aufwendungen sind nicht vergeblich. Es gelingt, eine gute Begründung zu vermitteln, *warum das Angebot nützlich* ist.

Diese Stufe zeigt, daß etwas bewegt wird, aber wenn wir weiter unten (Chart 38) nachschauen, wie die Reaktion auf den intensiveren Stufen ausfällt, dann wird uns bewußt, daß dies eine doch letztlich nicht sehr starke Stufe der Beeinflussung darstellt. Gewiß, sie löst Käufe aus, aber doch auch nicht so viel wie die intensiveren Stufen, die wir im Anschluß besprechen.

Was diese Stufe signalisiert, ist die Stärke, aber auch vergleichsweise Schwäche der *rationalen Vernuftüberzeugung*. Die alte These, daß unser Handeln und Denken weit mehr durch unsere Emotionen gelenkt wird als durch unsere vernünftigen Überzeugungen, feiert hier fröhliche Urständ und wird erneut als richtig ausgewiesen.

Es kann also keineswegs von dieser rationalen Form der Beeinflussung abgeraten werden, aber man muß auch gleichzeitig ihre Grenzen sehen.

Die Konsequenzen in allen Fällen, in denen die Stufe der »vernünftigen Zustimmung« erreicht wurde	
Erinnerung nach 1 Tag	52 %
Erinnerung nach 1 Woche	19 %
Word-of-mouth-Weitergabe	9 %
Kaufabsicht	17 %
Tatsächlicher Kauf	5 %

Chart 35

(d) Begeisterung und Faszination

Nun wird es wirklich »heiß«. Wir erleben diejenige Stufe, die das eigentliche Ziel aller Beeinflussungsbemühungen sein sollte. Hier wird der Mensch *emotional* angesprochen. Dabei ist wichtig, daß dies eben gerade nicht eine Verbesserung, Überhöhung der vorhergehenden Stufe der rationalen Überzeugung ist. Es ist eine *autonome* Stufe. Es hat sich bei intensiverer Beschäftigung damit gezeigt, daß diese emotionale Faszination oder Begeisterung weitgehend *unabhängig* davon ist, ob sie durch rationale Überzeugung abgestützt wird oder nicht. Wie alle die gezeigten Stufen ist auch diese völlig autonom, bedarf also keineswegs des Vorangehens anderer Vorstufen.

Mißt man auf einer Skala die Stärke und Intensität der persönlichen Involvierung, so liegen die Werte im Falle der Faszination *bei weitem höher* als im Falle der rationalen Überzeugung. Es wird unübersehbar deutlich, daß eben die emotionale Einbindung die bei *weitem stärkere* ist.

Natürlich – so stellte es sich uns dar – darf die rationale Ebene nicht total vernachlässigt werden. Sind extrem starke rationale Widerstände vorhanden, so muß die Emotion schon erheblich sein, damit trotzdem ein Kauf, eine Wahl, eine Zustimmung erfolgen. Dennoch werden bei starkem gefühlsmäßigem Engagement eventuelle, wohlbegründete Gegenargumente regelmäßig in den Wind geschlagen. Es ist eben nicht so – wie man vielleicht annehmen könnte –, daß die volle Energie der Persönlichkeit erst dann erreicht wird, wenn es gelingt, sowohl die Gefühlsebene als auch die Ebene

Die Konsequenzen in allen Fällen, in denen die Stufe der »Begeisterung und Faszination« erreicht werden konnte	
Erinnerung nach 1 Tag	82 %
Erinnerung nach 1 Woche	37 %
Word-of-mouth-Weitergabe	21 %
Kaufabsicht	39 %
Tatsächlicher Kauf	16 %

Chart 36

der Ratio gleichzeitig zu gewinnen. Diese Art gegenseitiger Verstärkung haben wir nicht gefunden. Wohl aber viele Fälle, wo die emotional angesprochene Psyche rationale Gegenargumente geschickt beiseite schob oder unterdrückte. Auch haben wir immer wieder festgestellt, daß starke rationale Argumente es nur ganz selten vermögen, eine emotionale Zustimmung auszuhebeln. *Das Emotionale blieb fast immer eindeutiger Sieger.*
Schauen wir uns die Reaktionswerte in der Statistik (Chart 36) an, so wird uns bewußt, daß dies die *wirklich anzustrebende Ebene* ist. Die Reaktionen sind zustimmungs- und kauffreundlich. Die Nachricht »lebt« gleichsam in der Persönlichkeit, denn sie spricht zu anderen darüber und zeigt hohe Kaufbereitschaft.
Läßt sich dies noch steigern?

(e) Vollständige Identifizierung mit dem Angebot
Ja, in der Tat ist eine Steigerung möglich, auch wenn es im kommerziellen Bereich selten ist, daß sie erreicht wird. Wir kennen aber durchaus Fälle, in denen diese totale Identifikation, diese totale Auslieferung stattgefunden hat. Wenn wir daran denken, wie 1932 ein ganzes Volk wider besseres Wissen, fast schon wie in Trance den Führer mit 97 Prozent aller Stimmen in einer freien Wahl bejahte, das war eine solche totale Hingabe. Es liegt ihr meistens die letzte und intensivste Form der Faszination zugrunde, die wir mit dem Wort »Ekstase« belegen.
Ausgelöst werden solche Ekstasen nicht selten durch eine besonders cha-

rismatische oder visionäre Persönlichkeit. Leider macht es dabei keinen großen Unterschied, ob da ein Martin Luther King oder ein Adolf Hitler am Werke sind. Visionäre und Charismatiker können Anwälte sehr schlechter oder auch sehr erfreulicher Botschaften sein. Man muß die ethische Frage hier wohl oder übel ausklammern, auch wenn das schwerfällt.

(f) Ablehnung

Nachzutragen ist noch die unterste Stufe der sogenannten *Ablehnung*. Wir haben im Bereich der Kommunikation natürlich nicht nur mit Zustimmung zu tun, sondern auch oft mit Ablehnung. Wir gestehen aber gern zu, daß wir mit diesem Bereich nicht so vertraut sind, so daß wir ihn mit einem einzigen Feld abdecken. Der Grund für die etwas stiefmütterliche Behandlung liegt darin, daß man in der kommerziellen Werbung oder Kundenbeeinflussung, der ja unser Hauptaugenmerk gilt, in der Regel mehr positive oder zumindest neutrale Reaktionen antrifft und die totale Ablehnung in geringerem Maße.

Dies kommt jedoch immer noch viel häufiger vor, als man meinen sollte, aber dennoch sind Botschaften, die die Menschen – anstatt sie zu gewinnen – verschrecken und abstoßen, doch nicht die Regel. Deshalb ist unser Material bei der Ablehnung nicht so reichhaltig wie bei der Zustimmung, und dies hat uns davon abgehalten, die Ablehnung nochmals fein zu untergliedern.

Damit sei der erste Überblick über die verschiedenen Quantenstufen aus Chart 31 fürs erste abgeschlossen.

2. Die Verteilung

Die Charts 31 und 32 führen uns tiefer in die neuen Zusammenhänge ein. Wir erkennen auf den ersten Blick, daß Neutralität und Geringe Sympathie – ja, selbst die Ablehnung ziemlich häufig vorkommen, während die erfolgreichen Beeinflussungen des Adressaten seltener sind. Faszination kommt besonders selten vor, und die völlige, ekstatische Selbstaufgabe scheint demnach nur im Ausnahmefall einzutreten.

Die schwarzen Kreise symbolisieren jeweils 40 Nennungen. Es stehen also 52 schwarze Kreise gleich 40 x 52 Nennungen, also = 2080 Meinungsäußerungen hinter dem Chart 31.

Was dürfen wir aus dem Vorgefundenen folgern?

Als *Satz 2 der sozialen Quantenmechanik* formulieren wir:

Die Häufigkeit der Quanten nimmt mit zunehmender Energiestärke und zunehmender persönlicher Betroffenheit ab.

3. Energie ist das Thema

Was uns recht eigentlich interessiert, ist natürlich die Frage der Energie. Dazu lernen wir eine Menge aus Chart 32.

1. Wir haben anhand von Skalen (in diesem Falle in normaler Größe mit 16 Punkten) die *Gefühlsintensität* gemessen, die auf den jeweiligen Stufen auftrat. Dabei stellten wir fest, daß diese emotionale Intensität *von Stufe zu Stufe zunimmt.* Kann man die Energie bei der Gleichgültigkeit irgendwo zwischen 0 und 1 orten, so verdoppelt sich dieser Meßwert bereits auf der nächsten Stufe der Sympathie. Er verdoppelt sich nochmals, wenn wir die Zustimmung erreichen, und beträgt dann etwa 4. Faszination hat den Meßwert 8, und die ganz seltene, bereits ein wenig an Hörigkeit grenzende völlige Selbstaufgabe erhält 16 »Emotionspunkte«.

Diese Werte wurden in ähnlicher Form immer wieder gemessen.[1] Der Eindruck einer starken Regelmäßigkeit, fast Gesetzmäßigkeit, stellte sich ein. Wir können nun den *dritten Satz* der *sozialen Quantenmechanik* folgendermaßen formulieren:

> Ähnlich den Quantenstufen der Physik nimmt die Energie von Stufe zu Stufe nach oben zu und erreicht auf der sechsten Stufe der vollen Hinwendung, ja Selbstaufgabe, ihren Höhepunkt. Die Ablehnung kann ebenso heftig wie die Zuneigung sein. Während die Energiemenge von Stufe zu Stufe zunimmt, nimmt parallel hierzu die Häufigkeit des Vorkommens ab.

Wir meinen, daß die Regression der Häufigkeit und die Progression der Energiestärke den Charakter eines Sozialgesetzes hat. Ursächlich bedingt scheint diese Gesetzlichkeit dadurch, daß eine auf die angesprochene Persönlichkeit zugeschnittene und maßgeschneiderte Kommunikation grundsätzlich schwierig ist. Darüber hinaus bedarf es noch einmal zusätzlicher Anstrengungen, wenn man es bei leichter Sympathie nicht belassen will, sondern den Menschen mitten ins Herz treffen möchte (Faszination). Ins Schwarze zu treffen kommt eben auch seltener vor, als in die äußeren Ringe zu geraten.

1 Damit der eher mathematisch Orientierte auch zu seinem Recht kommt, wollen wir angeben, um wieviel die Meßwerte um die hier vorgestellten »idealtypischen« Werte schwankten. Die Häufigkeitsverteilung, die idealtypisch in der linken, »symbolischen« Darstellung aufgezeigt wird, schwankte zwischen Realität und dem Idealmuster mit einem Koeffizienzfaktor von 7,9. Die Wertestärke, die hier mit der Zahlenfolge 1, 2, 4, 8 etc. wiedergegeben wurde, wies gegenüber den real gemessenen Werten einen Koeffizienzfaktor von 8,1 auf. Dies sind Werte, die es allzumal zulassen, daß wir hier von Regeln, ja, in etwas eingeschränktem Sinne vielleicht sogar von Gesetzen sprechen können.

III. Parallelen zwischen Physik und sozialer Quantenmechanik

So wie in der Atomphysik sind verschiedene Zustände der »Angeregtheit« (Physik) bzw. der »Erregtheit« (Sozialwissenschaft) scharf voneinander getrennte *Gegebenheiten von inhaltlicher Unterschiedlichkeit*. Zwischen den Stufen spielt sich relativ wenig ab; es herrscht sozusagen »Funkstille«. Bei den strengen Quantenregeln der Physik bewegt sich zwischen den Quantenstufen *gar nichts*; im sozialen Bereich wiederum nur *wenig*. Auf ein und derselben Stufe gibt es in der Physik überhaupt keine und im sozialen Bereich nur wenig Veränderung.

Im physikalischen Bereich könnte man sagen, daß das ruhende Atom und dasjenige, das sich in der Kernschmelze in seine Bestandteile auflöst, immer noch eine gewisse Ähnlichkeit in der Teilchensubstanz besitzen; andererseits sind es ganze »Welten«, die zwischen diesen beiden Extremzuständen liegen. Die *Unterschiedlichkeit* der Zustände auf den verschiedenen Quantenstufen der Physik ist mindestens so wichtig wie der Umstand, daß es das gleiche Atom ist, mit dem dies alles geschieht (Identität der Bestandteile).

Wir können dies weitgehend auf die sozialen Zustände übertragen: Im Falle der stufenweisen Erregungszunahme bei den Menschen handelt es sich natürlich um die gleiche Persönlichkeit, um das gleiche Grundmaterial. Hierin finden wir die gleichbleibende Identität wieder. Dann aber werden wir sehen, daß ganz unterschiedliche Seiten und Aspekte dieser gleichen Persönlichkeit auf den unterschiedlichen Quantenstufen Bedeutung erlangen. Man könnte hier – nicht anders als in der Physik – von einer *Metamorphose* sprechen.

Wenn wir immer wieder auf die Parallelität zur Physik gestoßen sind, dann ist dies eine hilfreiche Analogie – mehr nicht. Es gibt bei diesem Zusammenhang noch viel Unklarheit. Wir meinen, einen wichtigen Schritt nach vorn gemacht zu haben, aber wir geben auch gern zu, daß wir uns mehr wie die Wanderer auf einer beschwerlichen Tour vorkommen und weniger wie Bergsteiger, die schon ganz oben auf dem Gipfel stehen. Da scheint mir tröstlich, daß ein bedeutender Physiker des Max-Planck-Institutes mir unlängst versicherte, daß die Natur der Quantensprünge auch heute noch nicht völlig entschlüsselt sei, daß da immer noch ein »Hauch des Geheimnisses« bzw. der Unabgeschlossenheit vorhanden ist, was sich am Fehlen einer einheitlichen Feldtheorie verdeutlicht.

Auch die soziale Quantenmechanik ist noch nichts ganz Abgeschlossenes: Wir glauben, daß wir etwas Wesentliches am Schopfe gepackt haben, denn was wir auch nachprüften, immer wieder und wieder trafen wir auf das Quantenphänomen. Wissen wir bereits alles darüber? Ist es wie ein aufgeschlagenes Buch, in dem wir nur nachlesen müssen? Gewiß noch lange nicht.

1. Die Sprunghaftigkeit bei menschlichen Begegnungen

Wir haben weiter oben schon darauf hingewiesen, daß die gequantelte, stufenförmige Energiezunahme unserem »normalen« Alltagsdenken keineswegs zuwiderläuft, sondern in vielfacher Hinsicht bestätigt wird. Wir alle wissen, daß Begeisterung und Faszination – eine der Stufen unseres Systems – sich spontan, plötzlich, unerwartet einstellt. Redewendungen wie »Bei dem hat es plötzlich klick gemacht« deuten diese Sprunghaftigkeit an. Oder ein anderes Beispiel: Wenn man zum Beispiel einem Menschen erstmalig begegnet, dann weiß man meist »auf den ersten Blick«, ob einem derjenige sympathisch ist oder nicht. Dieses Gefühl baut sich nicht etwa langsam auf. Plötzlich macht etwas »klick« – und es ist da.
Noch ein Beispiel: Wenn wir Männer einer Frau begegnen, dann haben wir fast »instant« das Gefühl entweder einer starken Anziehung, knisternder Erotik – oder aber wir wissen sofort, daß da vielleicht ein wenig kumpelhafte Sympathie entstehen kann, aber keine wirklich starke Bindung. Oder jemand ist uns auf den ersten Blick unsympathisch. Ich bin mir sehr sicher, daß sich hinter all diesen Phänomenen die Quantelung mit ihrer Sprunghaftigkeit verbirgt.
Aber auch für das rationale Begreifen einer Sache gibt es Hinweise auf diese Diskontinuität und gequantelte Plötzlichkeit. Nicht umsonst sagt man oft in der Rückschau: »Da ging mir auf einmal ein Licht auf!« Wahrscheinlich ist es jedem von uns schon einmal so ergangen, daß man sich lange um eine rationale Bewältigung bemüht hat, etwa um die Lösung einer komplexen Mathematikaufgabe, oder man möchte ein System (Computer) begreifen und steht zunächst einmal »wie der Ochs vorm Berge«. Ein ganzheitliches Verständnis des Systems stellt sich dann häufig *plötzlich* und *unvermittelt* ein.
Oder denken wir an die Erfinder: Schon *Huxley* hat in seinem ersten systematischen Buch über Kreativität (»Der göttliche Funke«) darauf hingewiesen, daß größere Entdeckungen fast immer plötzlich und überraschend förmlich auf den Erneuerer »hereinstürzen«. Der freudige Ausruf »Heureka!« ist typisch für eine Entdeckung, wo es dem Aktiven dann meist »wie Schuppen von den Augen fällt«. Es ist nachgewiesen, daß bedeutende Erfinder immer wieder in der Rückschau sagen: »Warum bin ich denn nicht früher darauf gekommen.« Dann aber geschieht es. Fast unvermittelt und nicht selten ist es ein Schreckerlebnis, wenn auch ein glückliches und positives, aber doch nicht ganz ohne die Erschütterung der Plötzlichkeit, mit der sich die richtige Lösung einstellt.

Wie ist das bei Ihnen ...

1. Wenn Sie einem Menschen zum ersten Male gegegnen, haben Sie dann sofort eine ziemlich endgültige Meinung, oder baut die sich erst später langsam im Laufe der Zeit auf?

Baut sich langsam auf	13 %
Ist sofort fast endgültig	87 %

2. Und wie verhält sich das bei Gegenständen?

Baut sich langsam auf	19 %
Ist sofort fast endgültig	81 %

3. Nur an die, die sich für »endgültig« entschieden hatten: Korrigiert man eine so gebildete Meinung leicht – oder nur ungern und schweren Herzens?

Leicht	9 %
Schweren Herzens	91 %

Chart 37

Wir erkennen also, daß der Gedanke einer stufenweisen abrupten Energiezunahme viele Entsprechungen in unseren Beobachtungen findet.

2. Praktische Konsequenzen

Kommen wir mehr zu praktischen Konsequenzen. Eine davon sind die Ergebnisse unserer Kommunikationsforschung, wie wir sie in Chart 33 dargestellt haben. Diese Resultate stellen dem Qualitätsstandard unserer Werbekommunikation ein erschreckendes Armutszeugnis aus. Daß die unterste Stufe der Ablehnung derart oft eintritt, ist alarmierend. Die Häufigkeit der Gleichgültigkeit stellt ebenfalls den Werbern und Marketingleuten kein besonders gutes Zeugnis aus. Die geringe Sympathie ist natürlich besser als nichts, aber dieses dort erreichte Energieniveau führt fast nie zum Kauf. Zusammenfassend kann man also sagen, daß die ersten drei Stufen unseres Systems allesamt »für die Katz« sind. Die dahinterste-

henden Bemühungen hätten ebensogut unterbleiben können. Das Geld dafür ist zum Fenster hinausgeworfen.
Wenn man bedenkt, daß die meisten Botschaften schließlich von Profis gestaltet werden, daß hinter all den Spots und Anzeigen eine professionelle Werbewirtschaft steht; wenn man weiterhin bedenkt, daß hinter den Angebotsargumenten geübte Verkaufsstrategen, zumindest langjährig erfahrene Vertriebsfachleute stehen, dann ist es schon eigenartig, daß die Ablehnung, Gleichgültigkeit und flaue Sympathie als kommunikatives Endergebnis derart häufig auftreten.

3. Die Rolle der Vision

Vielleicht noch ein Wort zur Stufe der »Ekstase« oder »völligen Selbstaufgabe«. Das Kennzeichen dieser letzten Stufe ist die *gelungene Verdrängung aller möglichen Gegenargumente,* weil der Mensch in der totalen Zuwendung für oder an eine Sache dem Angebot fast ausgeliefert ist. Das Kennzeichen dieser Stufe ist ein großes, beglückendes Gefühl, weil der Mensch mit Haut und Haaren gewonnen wurde. Das angebotene Produkt, der politische Anspruch, die bereitgestellte Dienstleistung werden voll und ganz bejaht. Der Umworbene fühlt sich in seinen entscheidenden Werten voll und ganz angesprochen.
Im kommerziellen Bereich kommt diese Stufe selten bis nie vor, während sie im politischen schon etwas häufiger und in den intimen persönlichen Beziehungen recht oft anzutreffen ist.
Einer der wenigen Fälle, wo diese extreme Form der Beeinflussung auch im Kommerziellen erreicht wird, ist die Begegnung mit *Visionen* oder mit Persönlichkeiten, die von einer starken *Mission* getragen werden. Ein visionäres Firmenimage oder Werbung, die im Zeichen einer starken, glaubwürdigen, gesellschaftlichen Mission steht, vermögen diese Stufe noch am ehesten – wenn auch selten – zu erreichen. Fehlender Mut lassen die Manager und Marketingstrategen allerdings nur in Ausnahmefällen zu diesem Stern der Kommunikation vorstoßen.

4. Das Kommunikationszeitalter – ein Zeitalter der Ineffizienz?

Wenn wir mit unserer Vermutung richtig liegen, dann muß unser Chart 33 eigentlich ein böses Erwachen auslösen, denn dann ist unser Kommunikationszeitalter – und viele nennen unsere gegenwärtige Zeit ja so – ein Zeitalter der Ineffizienz und der Erfolgslosigkeit.
Betrachten wir die Zahlen der angesprochenen Graphik 33 genauer: Es

dominiert die Gleichgültigkeit mit 34 Prozent aller Reaktionen. Ganze 4 Prozent erreichen die beiden obersten Energieebenen, wo Faszination oder gar völlige Selbstaufgabe anzutreffen sind. 12 Prozent der Botschaften können den Umworbenen rational überzeugen, und 27 Prozent erreichen eine schwache, für einen Verkaufserfolg fast immer unzureichende Sympathie. Auf vernichtende Ablehnung trifft die Kommunikation mit 23 Prozent vergleichsweise sehr oft.

Fazit: Nur 16 Prozent ist gute Kommunikation. Etwa 61 Prozent aller werblichen und verkäuferischen Bemühungen sind definitiv umsonst. *Volle 84 Prozent sind schwach*, das heißt, sie erreichen nicht das Energievolumen, das erforderlich ist, um etwas zu bewegen. Woran liegt das? Wie ist das trotz aller Professionalität, trotz abklärender Marktforschung möglich? Wie kann es angehen, daß wir trotz Werbe- und Kommunikationsforschung über 80 Prozent unseres Budgets sinnlos verpulvern?

5. Einwände

Da dies eine sehr gravierende Anschuldigung darstellt, sind wir uns unserer Verantwortung bewußt und wollen um jeden Preis Mißverständnisse vermeiden.

So wäre es sicherlich schlimm, wenn diese Aussagen auf tönernen Füßen stehen würden. Andererseits weiß heute auch bereits jeder Laie, daß empirische Sozialforschung immer nur ein *relatives* Maß an Sicherheit erlangen kann. Deshalb wollen wir einräumen, daß die jetzt erreichte Erhebungsbreite eine *relativ hohe Toleranz* bei den Zahlenergebnissen wahrscheinlich macht. »Mit wieviel Toleranz genau?« werden Sie jetzt zu Recht weiterfragen.

Die Antwort eines professionellen Marktforschers und Schülers von *George Gallup* ist diese: Es gibt keinen Weg, die Toleranz exakt zu ermitteln. Für den Laien in diesen Dingen sei angemerkt, daß dies auch bei den vielen Umfrageergebnissen, die uns täglich von EMNID oder Allensbach aufgetischt werden, zu 90 Prozent ebenfalls *nicht* möglich ist, denn dazu ist ein mathematisch exaktes Randomauswahlverfahren nötig, das man sich nur in den seltensten Fällen leisten kann.

In diesem Sinne schätzen wir die Toleranz unserer Ergebnisse auf etwa maximal 6 bis 7 Prozent. Der Sozialforscher, der dies weiß, berücksichtigt dies bei seiner Interpretation der Ergebnisse, und genau dies ist im Zuge dieser Arbeit geschehen.

Wir haben es genauso gemacht, wie verantwortungsvolle Interpreten der landläufigen politischen Meinungsumfragen es tun, bei denen man in der Regel mit maximal 2 bis 3 Prozent Toleranzbreite rechnen muß. Wenn da etwa die FDP in einer Befragung mit 4,5 Prozent abschneidet, dann müßte man ehrlicherweise sagen, daß das korrekte Ergebnis zwischen 3,5 und 5,5 Prozent liegt. Da das Erreichen der 5 Prozent entscheidend ist, dürfte man eigentlich zum Abschneiden der FDP überhaupt keine Aussage machen. Erreicht – nur als Beispiel – die CDU in der Befragung eine Mehrheit von 54 Prozent, dann wird das »wahre« Ergebnis irgendwo zwischen 53 und 55 Prozent liegen. Die Aussage einer absoluten Mehrheit dürfte dann mit Fug und Recht gemacht werden.

Ähnlich haben auch wir uns verhalten. Und zwar haben wir uns stets folgende Frage selbstkritisch vorgelegt: Selbst wenn wir bei 7 Punkten Toleranz lägen, wären dann die Ergebnisse *nichts wert* oder sind die ermittelten Zahlen so beschaffen, daß selbst bei Eintritt eines siebenprozentigen Fehlers dann durchaus noch eine sinnvolle Ergebnisaussage möglich ist. Genauso sind wir vorgegangen.

Wann immer ein Fehler von maximal 7 Prozent die Ergebnisse hätte unsinnig erscheinen lassen, dann haben wir uns jeglicher Aussage enthalten. Wann immer dahingegen eine solche Fehlerquote den beobachteten Trend nicht störte, dann haben wir das Ergebnis aufgeführt und unsere Schlüsse daraus gezogen. Beispiel: Wenn man zwei Gruppen vergleicht, wovon die eine einen Wert zu 73 Prozent *gutheißt* und eine andere die gleiche Sache mit 81 Prozent *strikt ablehnt*, dann wird die Tendenz der Zustimmung bei der einen und der Ablehnung bei der anderen keinesfalls durch einen siebenprozentigen Fehler gestört. Er würde – wenn er denn eintritt – das Ergebnis etwas abschwächen oder verstärken, die *Tendenzaussage* hingegen aber nicht umwerfen.

Da wir »starke« Aussagen im obigen Sinne (also solche, deren Tendenzaussage von einem siebenprozentigen Fehler unbeschadet bliebe) in Hülle und Fülle hatten, kann man trotz der relativ kleinen Stichprobe feststellen: Die hier gemachten Aussagen zeigen wichtige und großenteils neue Trends auf. Da wir nur solche zugelassen haben, die im Bereich dieser »starken« Ergebnisse lagen, könnte man über die gesamte Studie schreiben: So oder ähnlich müßte es sich verhalten. Legt die einzelne Zahl nicht auf die Goldwaage, aber die Trends sind durchaus *verallgemeinerungsfähig*.

IV. Das interessanteste Chart

Viele meiner kaufmännischen Zuhörer bei Seminaren oder Vorträgen empfinden das folgende Chart 38 als das faszinierendste von allen. Das ist erklärlich, denn es zeigt einen ganz praktischen Aspekt der Quantentheorie. In dieser Abbildung ist der Versuch unternommen worden, einmal die Verbindung zwischen *Erregungsstufe* und tatsächlichem *Kaufakt* herzustellen.

Ich will nicht verschweigen, daß dies mühselig ist und daß man hier keine ganz befriedigende Präzision erreichen kann. Dennoch – wenn Sie mir wieder zugute halten, daß man bei den Resultaten dieser Enquete mit etwa 7 Toleranzpunkten arbeiten muß, dann ist ein solches Chart schon sehr interessant. Selbst 7 Punkte Irrtum würde die Schlußfolgerungen nicht erschüttern: Der zu beobachtende Trend kommt auch bei einer so großen Irrtumsmöglichkeit noch deutlich und unübersehbar heraus.
Was wir ausweisen, ist die *Häufigkeit,* mit der auf den jeweiligen Erregungsstufen tatsächliche Kaufakte erfolgen. Was wir da sehen, ist für viele eine Art Schock, und gelegentlich sagt auch mal jemand: »Das kann doch wohl nicht wahr sein!«
Wer sich mit der Psychologie des Kaufens und Verkaufens intensiv auseinandergesetzt hat oder wer selber ein leidenschaftlicher und begeisterter Verkäufer ist, tut sich mit den Zahlen nicht gar zu schwer, denn so etwas Ähnliches haben wir alle geahnt. Nur daß wir's jetzt mit einer hohen Verläßlichkeit nach Hause tragen können.
Wir haben nach *Industriegeschäft* – was die vielen Zulieferer einschließt – und nach *Konsumgütern* getrennt. Überraschend ist, daß sich in *beiden* Sphären die Dinge nicht so sehr stark unterscheiden. Gewiß, im Industriegeschäft wird ein wenig mehr rational argumentiert, aber immer noch wesentlich weniger, als die meisten es sich vorstellen.
Entscheidend ist, daß die emotionale *Begeisterung* – gleich wo auch immer Busineß betrieben wird – für Verkaufserfolg das eigentlich Wichtige darstellt: Begeisterung – noch besser Faszination – muß erzielt werden. Die rationale Überzeugung – wir sagten es bereits an anderer Stelle – ist ein schwaches, »rachitisches« Kind und eigentlich nur ein notdürftiger Ersatz des vollblütigen Emotionskaufaktes. Wer dieses Buch bis hierher aufmerksam gelesen hat, den kann das Ergebnis nicht erstaunen, denn was denn sonst als Begeisterung kann Menschen zum Handeln bewegen?
Das große Umdenken beginnt nun bei den Industrieanbietern, ebenso im rational getönten Markt der Finanzdienstleistungen, denn dort wurde diese Komponente der Begeisterung oder gar Faszination bei etwa 85 Prozent aller Firmen ganz und gar sträflich vernachlässigt.
Es ist sicherlich kein Zufall, daß ich in diesem Jahr 60 Prozent meines Firmeneinkommens über Schulungen im Industriebereich erziele, denn dort ist der Nachholbedarf in emotionsorientiertem Verkaufen riesig. Die Konsumgüterleute beherrschen zwar das emotionale Verkaufen auch nicht immer perfekt, aber bei ihnen waren diese Denkmodelle doch immer schon ausgeprägt und verlangen deshalb keine so radikale Umstellung.
Kommen wir nun – nach diesem Ausflug ins rein Verkäuferische – wieder zurück zu der diagnostizierten Ineffizienz der Marktkommunikation im allgemeinen.

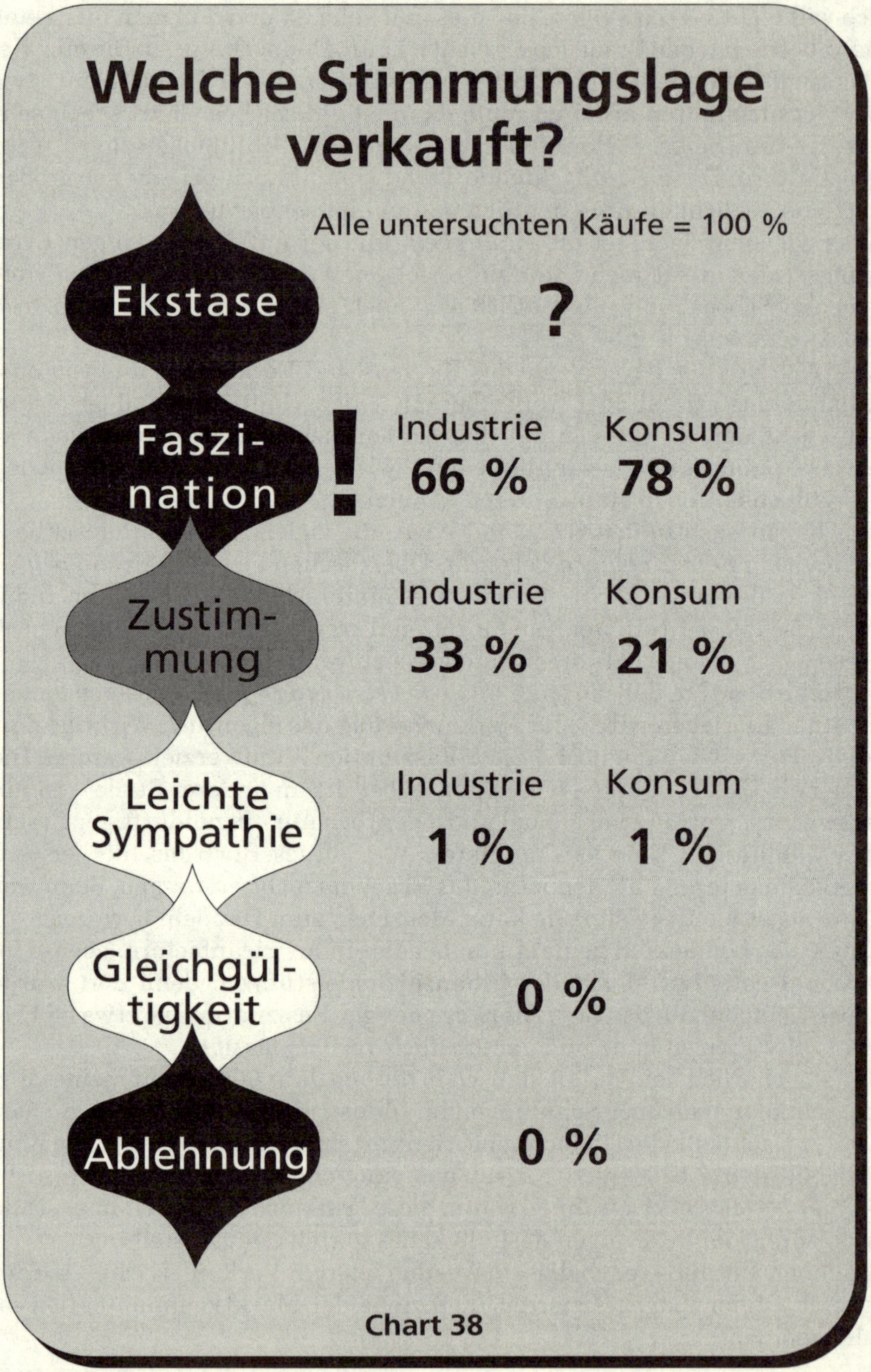
Welche Stimmungslage verkauft?
Alle untersuchten Käufe = 100 %
Ekstase
?
Faszination
!
Industrie
66 %
Konsum
78 %
Zustimmung
Industrie
33 %
Konsum
21 %
Leichte Sympathie
Industrie
1 %
Konsum
1 %
Gleichgültigkeit
0 %
Ablehnung
0 %

Chart 38

V. Wege aus der Kommunikationsmisere

Wenn unsere Ermittlung einer Kommunikationseffizienz von nicht mehr als 16 Prozent kein Humbug ist, sondern annäherndes Portrait der Wirklichkeit, dann erheischen unsere Zahlen dringend eine Klärung: Was steckt hinter diesem deprimierenden Ergebnis? *Sind wir allesamt Verschwender, die mit Kommunikation nicht umgehen können?*
Dies hört sich fast so an wie ein Vorwurf oder eine Verunglimpfung der Werbewirtschaft. Weit gefehlt! Das kann es gar nicht sein, denn wenn die notwendigen Erkenntnisse nicht oder noch nicht vorliegen, kann man auch keine zielgenaue Werbung betreiben. Ich selbst muß mich als erster am Ohr zupfen. Ich habe in meinem Leben wohl so rund eine Milliarde an Werbegeldern verantwortet. Ich gestehe gern, daß auch ich im Höchstfall ein Drittel richtig und sinnvoll ausgegeben habe. Also nochmals: *Hier klagt niemand an!* Hier ringt jemand um bessere Erkenntnis, und alle, die das Herz auf dem rechten Fleck sitzen haben, sollten auf unsere Resultate neugierig reagieren, nicht aber mit Abwiegelung oder gar Verärgerung. Versuchen Sie mit uns eine Erklärung zu finden und – noch wichtiger – die Werkzeuge und Methoden zu finden, die es ermöglichen, erfolgreicher zu kommunizieren!

1. Die entscheidende Frage

Unsere Erhebungen zur Kommunikationseffizienz werfen viele Fragen auf, aber die allerwichtigste Frage, die jetzt im Raum steht, ist gewiß diese: Wie gelange ich in Chart 32 auf Seite 204 zu den Stufen *(n4)*(Zustimmung) und noch wichtiger: *(n8)* (Begeisterung)? Sie sind nun einmal die ganz großen Energieauslöser, die ich mit meinem *eigenen Angebot* unbedingt erreichen sollte.
Wir glauben, diese Frage mit *Perfektion* beantworten zu können. Das war auch für uns keinesfalls so selbstverständlich, wie wir es jetzt sagen. Als wir die eben besprochenen Ergebnisse zum ersten Male vorliegen hatten, ging es uns nicht besser als Ihnen. Die Dinge irrlichterten ungeordnet durcheinander. Ein erklärendes Muster drängte sich nicht unmittelbar auf.
Erst als wir darangingen, die *Leavitt-Berthsche Typologie* einzusetzen und mit dem *Quantenkonzept* in Verbindung zu bringen, lichtete sich der Nebel. Unsere wichtigste Einsicht hierbei: Nur eine *typologische Gliederung* eröffnet Erklärungsmöglichkeiten für die Erreichbarkeit der unterschiedlichen Stufen. Andersherum ausgedrückt: Die Quantenmechanik eröffnet erst bei Hinzuziehung der Typologie die ihr innewohnenden Möglichkeiten. Dann allerdings wird daraus jäh ein *Lehrgebäude,* das viele Millionen Werbe- und Kommunikationsgelder freimachen kann. Diese können dann

anders eingesetzt werden, sei es, daß man sie in eine breitere Streuung fließen läßt, sei es, daß man mehr Innovationsprojekte anfassen oder anderweitig in die eigene Marktstärke investieren kann.
Wie Sie sich denken können, haben mich bereits viele Medienvertreter und Agenturen angesprochen und begreiflicherweise gefragt: Macht sich Berth da zum Buhmann der Branche, indem er uns beibringt, wie man mit viel weniger Geld Werbung machen kann? Werden nun unser Anzeigenvolumen oder unsere Spot-Einschaltungen schrumpfen? Entsteht hier eine handgreifliche Bedrohung fürs Geschäft?
Dazu kann man nur sagen: Entweder haben wir uns geirrt und alles ist nur ein Sturm im Wasserglas. Das wäre die eine Möglichkeit.
Da ich das aber für wenig wahrscheinlich halte, ergibt sich folgene Problematik: Die Bilderstürmer, die sich im letzten Jahrhundert gegen den Fortschritt der Rationalisierung gewandt haben, rannten gegen Windmühlen an und hätten ihre Proteste auch ebensogut bleibenlassen können. Sollte es die beschriebenen Möglichkeiten der Effizienzsteigerung geben, so ist jedes Medium und jede Werbeagentur gut beraten, sich dem Neuen zu öffnen. Sie ist gewißlich besser beraten, ihren Kunden diese unerwarteten Goodies zugänglich zu machen, als sich verärgert dagegen zu streuben. Rationalisierungsmöglichkeiten haben sich noch immer durchgesetzt, weil sie im allgemeinen volkswirtschaftlichen und im Kundeninteresse liegen. *Sich dagegen zu sträuben ist kurzsichtig und letztlich töricht.*
Das heißt nun alles nicht, daß man gegen seine eigenen und wohlverstandenen Interessen handeln muß. Dies schon gar nicht, weil in der Kommunikation ja bedeutende Veränderungen erfolgt sind. Die Medienlandschaft – gleich ob TV, Print oder Funk – hat eine weit größere Vielfalt erhalten. Dies hat zur Folge, daß die Kosten für 1000 Leser oder Zuschauer dramatisch gewachsen sind. Die Folge: Die Streuung und die Vielfalt der Werbeansprache sind zu gering. Nur wenige können sich die Streuung leisten, die vor 30 Jahren – bei einer ganz geringen Medienzahl – üblich und empfehlenswert war. Die neue Effizienz – wenn sie realisierbar ist – stellt also eine großartige Möglichkeit dar, diesen *Streumangel zu beseitigen*. In diesem – wie ich glaube, sehr positiven – Sinne sollten die neuen Botschaften unserer Forschung aufgenommen werden.

2. Was kann gespart werden?

Wir haben weiter oben von potentiellen Einsparungsmöglichkeiten in Höhe von etwa 100 Milliarden gesprochen. Hier deren Berechnung auf der Grundlage unserer Quantenergebnisse: Die Werbeausgaben dürften in Deutschland 1996 bei etwa 35 Milliarden liegen. Für Verkaufskommunikation insgesamt rechnet man 200 Milliarden. Alle anderen Geschäfts-

kommunikationen, wo unsere Einsichten effizienzsteigernd zur Geltung kommen können, also CI-Bemühungen, Kataloge, Ansprachen, interne Weiterbildung, politische Kommunikation etc., veranschlagen wir auf nochmals 60 Milliarden. Presse und Fernsehen dürften nochmals mit 85 Milliarden zu Buche schlagen. Der gesamte Kommunikationsaufwand dürfte also schätzungsweise bei runden 380 Milliarden liegen.
Sollten von dieser gewaltigen Aufwendung über zwei Drittel vergeblich sein, dann belaufen sich diese »vertanen« Beträge auf etwa 250 Milliarden. Wir behaupten nun *gerade nicht*, daß wir diese Summe zur Gänze und über Nacht einsparen können. Wohl aber denken wir, daß *mit hoher Sicherheit rund 100 Milliarden zur Disposition stehen.*
Um es nochmals zu wiederholen: Wir bezweifeln, daß es empfehlenswert wäre, daß die Werbungtreibenden diese Summe wirklich de facto »einsparen« sollten. Ich würde sie erneut anlegen, und zwar in besserer Streubreite, die heute zum Teil gottserbärmlich schwach und mager ist. Denn wo früher zwei Fernsehanstalten waren, bieten heute über ein Dutzend ihre Dienste an, und wo ich früher die weiblichen Leser mit wenigen Blättern weitgehend erreichen konnte, buhlen heute nicht weniger als 30 Titel um die Gunst der Käuferinnen.
Weiterhin sollten die freiwerdenden Mittel in eine größere Medienvielfalt investiert werden. Eine Fernsehwerbung, darüber gibt es viele eindeutige Forschung, vervielfacht ihre Wirkung, wenn es dazu in der Anzeige oder dem Plakat ein Pendant gibt. Das kann man sich jedoch heute bei vielen Firmen nicht mehr leisten. Solche und andere Möglichkeiten erschließen sich aber nun durch die neue Effizienz. Es ist kein Grund, sie als Bedrohung im Sinne des Schwindens der Werbeausgaben anzusehen. Sie kann aber sehr wohl den kleineren, mittelständischen Anbietern den Weg zur Werbung öffnen, die jetzt noch nicht im Werbekonzert mitmischen können.
Ich empfehle deshalb allen Agenturen, sich mit den neuen Techniken vertraut zu machen, denn ihre Kunden werden alsbald danach rufen, in Sachen vermehrter Effizienz gut und kompetent beraten zu werden.
Schließen wir diesen Abschnitt damit ab, daß wir festhalten, daß die Effizienzsteigerungen, von denen wir hier reden, weder Peanuts noch Kleinbeträge zum Thema haben, sondern bedeutende Summen, über die man nicht leichten Herzens hinweggehen kann; schon gar nicht in einem um seinen Standort ringenden Lande, das unter einer allgemeinen Kostenverteuerung leidet und dringendst nach Effizienzsteigerung suchen muß. Eine Möglichkeit in der Größenordnung von 100 Milliarden Mark haben wir soeben vorgestellt.
Damit gelangen wir zu dem entscheidenden Kapitel dieser Arbeit und zu jener Mechanik, die uns die großen Verluste in der Kommunikation erklären kann, ja deren bisherige Unweigerlichkeit nachweisen wird.

Kapitel 13

Die Quantentypologie

Formelorientierung
Unsere Generalformel des Managements lautete

$$E = W_{Kunden} \times K_{Markt} = W_{Kunden} \times (W_{Mitarbeiter} \times K_{Intern})$$

Das Element, über das wir in diesem Kapitel sprechen, sind die Energie E und wie diese mit den Werten

$$W_1, W_2, W_3 \ldots W_n$$

zusammenhängt. Wir berühren dabei sowohl die interne als auch die Marktebene.

Wir haben uns über viele Jahre immer wieder für die Nutzung von *Typologien* eingesetzt und dabei herausgearbeitet, daß wir nur über diese Brücke zu einem wirklichen Verständnis des Marktes und der agierenden Marktpartner gelangen können. Dies war einerseits richtig und gleichzeitig auch wieder nicht.

Sicherlich ist und bleibt die Typologie ein bedeutsames Werkzeug, um zu verstehen, *warum* bestimmte Kunden sich so oder anders verhalten. Aber die Frage, die sich im Zusammenhang mit der Nutzung einer Typologie eigentlich immer stellt, ist die folgende:

Wenn ich zum Beispiel weiß, daß der #3 »Analysierer«[1] Ordnung und Struktur sucht, dann werde ich mich bemühen, diese Wünsche in meinem Angebot zu berücksichtigen. Aber die Frage bleibt offen, zu welchen Konsequenzen mein Eingehen auf seine Neigungen denn schließlich führt.

Werde ich, um in der Sprache der Quantenvorstellungen zu bleiben, nur eine *schwache Sympathie {n2}* erreichen, oder kann ich die Zielperson stärker beeinflussen, also sie zum Beispiel bei der Ratio packen und auf dem *Vernunftwege überzeugen*, was mir, schon ein wenig mehr *Zuneigung {n4}*

1 Die einzelnen Typen, auch den #3 »Analysierer«, sprechen wir weiter unten auf den Seiten 233 bis 256 durch.

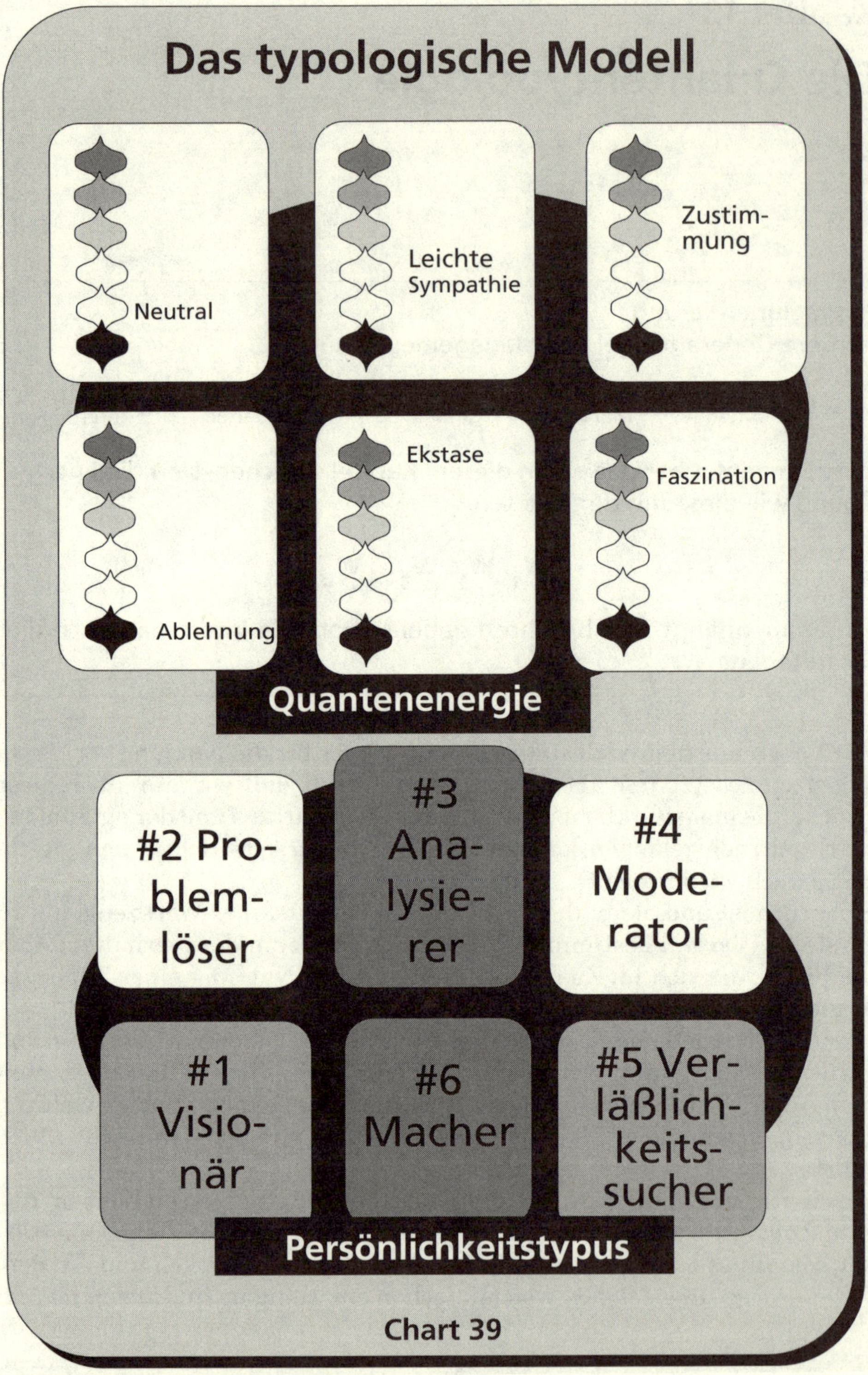

Das typologische Modell
Neutral
Leichte Sympathie
Zustim-
mung
Ablehnung
Ekstase
Faszination
Quantenenergie
#2 Pro-
blem-
löser
#3
Ana-
lysie-
rer
#4
Mode-
rator
#1
Visio-
när
#6
Macher
#5 Ver-
läßlich-
keits-
sucher
Persönlichkeitstypus

Chart 39

einbringt? Oder gelingt es mir, mit meinem emotionalen Appell an die wirklich zentralen Werte bis hin zur *Fazination {n8}* oder gar bis zur *Selbstaufgabe {n16}* zu gelangen?

Diese entscheidenden Fragen sind uns erst dann zugänglich, wenn wir die mehr *qualitativen* Erkenntnisse aus der Typologie mit den mehr *quantitativen*, auf Energiestärke abzielenden Einsichten der Quantenmechanik verbunden haben.

Diese Zusammenführung ist etwas Neues und wird uns jetzt beschäftigen. Es begründet – fast automatisch – eine neue und effizientere Form der Markt- und Motivforschung.

Mit dem oberen Teil von Chart 39 rufen wir uns nochmals das uns *vertraute Schema der sechs Quantenstufen* in Erinnerung.

Im unteren Teil desselben Charts sehen Sie nun die Lüscher-Berthsche Sechs-Phasen-Typologie, mit der wir den oberen Teil verschmelzen. Das Ergebnis ist Chart 40: Diese Abbildung zeigt uns die Verschmelzung von Energieniveau und Persönlichkeitstypus. Es ergeben

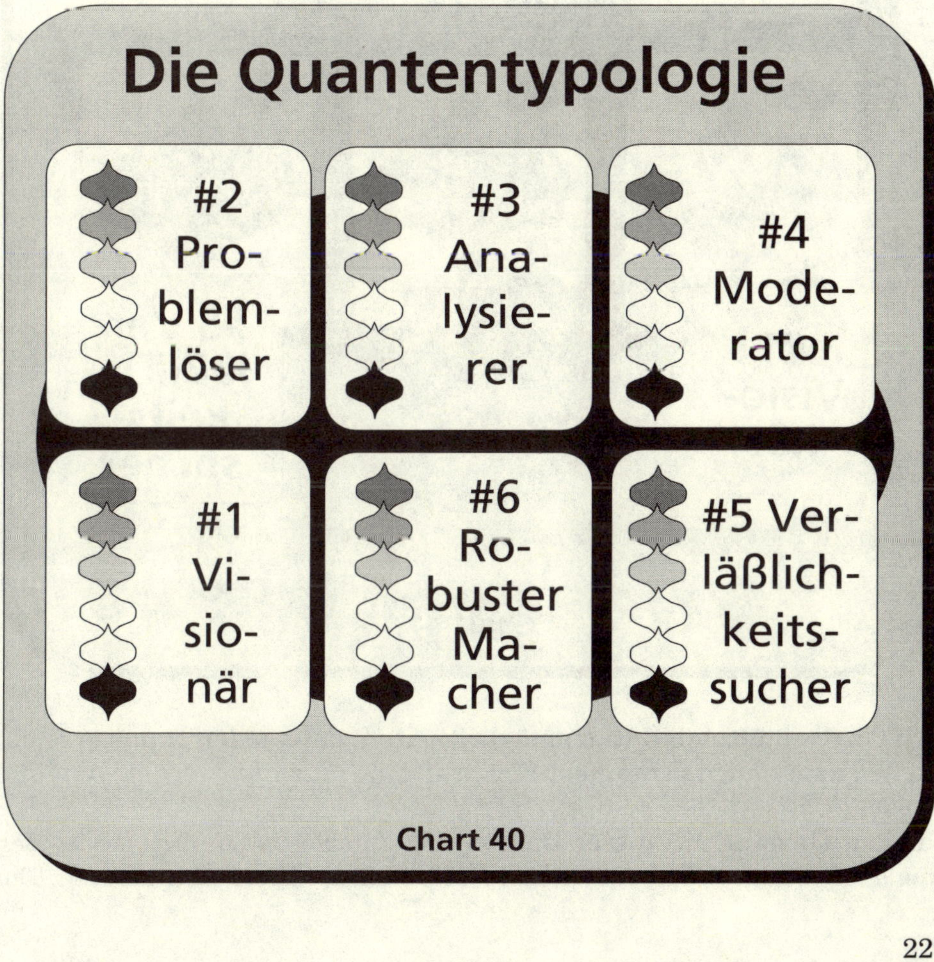

Chart 40

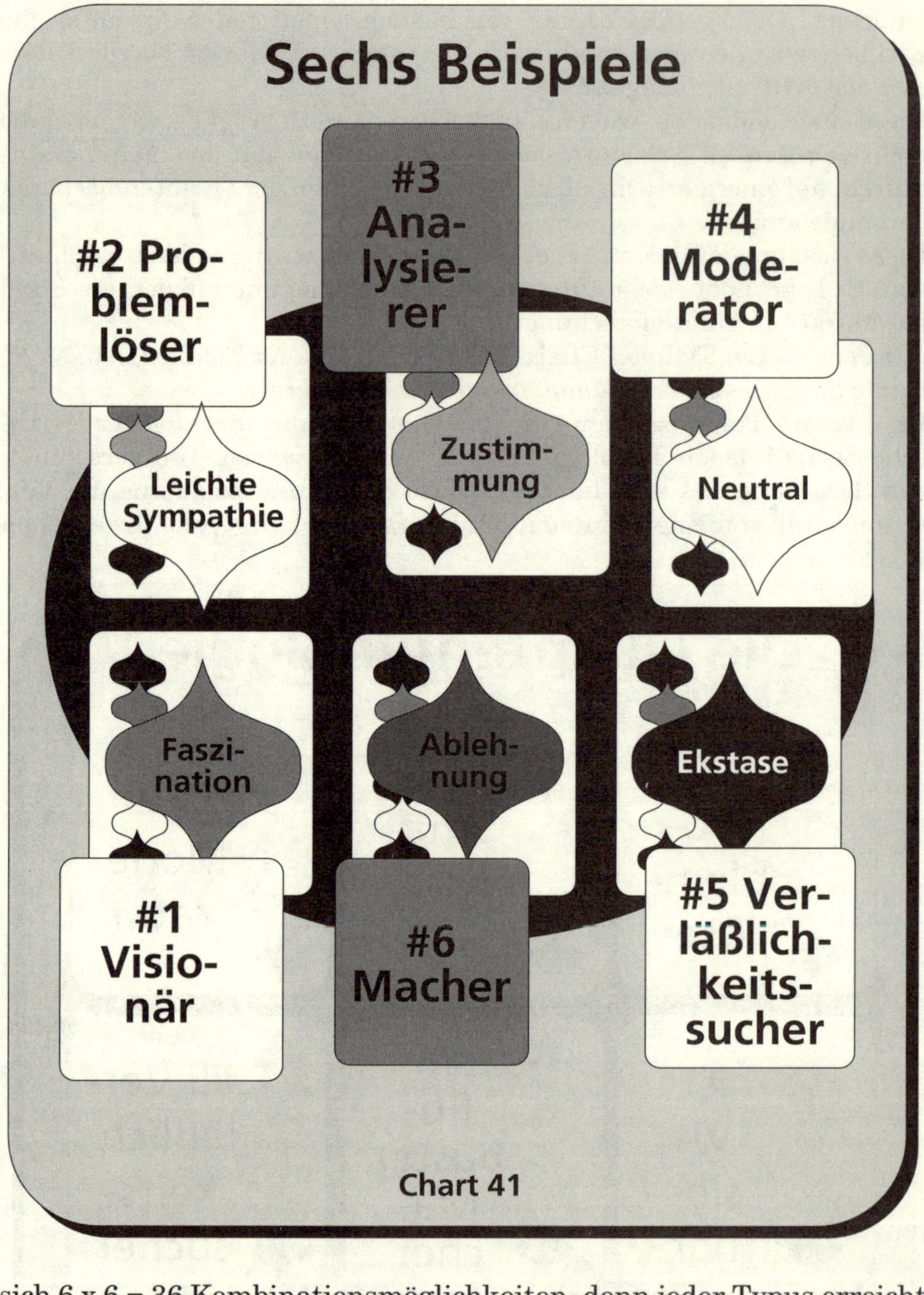

sich 6 x 6 = 36 Kombinationsmöglichkeiten, denn jeder Typus erreicht die verschiedenen Energiestufen auf eine *nur ihm eigene* Art und Weise.

Um den Umgang mit dieser Darstellung zu erleichtern, hier sechs Beispiele, die sechs von 36 möglichen Positionen in Chart 41 andeuten. Der begeisterungsfähige »Visionär« erfährt Faszination, was bei ihm immer etwas eher vorkommt als bei den anderen Typen. Der »Problemlöser« erlebt leichte Sympathie. Der rationale »Analysierer« läßt sich von etwas überzeugen, während der »Moderator« kühl und neutral bleibt. Der »Verläßlichkeitssucher« erlebt die Ekstase, und der »Macher« schlußendlich erlebt die totale Ablehnung. Lassen Sie mich an dieser Stelle schon einmal vorwegnehmen, daß solche Buntheit durchaus bei ein und derselben Botschaft auftreten kann: Der eine kommt bis zur höchsten Stufe der ekstatischen Faszination, während ein anderer Typus hingegen die totale Ablehnung empfindet.

Dies nun ist die eigentliche Aussage des kombinierten Charts 40: Man kann den Menschen nur auf eine ihm spezifische, für ihn typische Art und Weise beeinflussen. Ist dies so, dann ergeben sich weitreichende Probleme daraus. Vor allem ergeben sich Fragen der richtigen Segmentierung.

Wichtig ist, daß wir von jetzt an mehr vermögen als das, was die Psychologie schon lange macht, nämlich Affinitäten zwischen Persönlichkeit und Produkt herzustellen. Unsere neue Generation des quantentypologischen Ansatzes läßt uns nicht mehr bei dieser etwas nebelhaften, vagen, nur qualitativen Beschreibung der typenspezifischen Neigungen verharren, sondern wir sind nun in der Lage, stets zu messen, *mit welcher Energie dieser Typus* berührt, angezogen oder auch abgestoßen wird. Die ursächliche Erklärung, warum das jeweilige Maß an Kraft entwickelt wird, kann regelmäßig mit der Charakteristik des Typus und dem Angebot, also der Inhaltsanalyse der Kommunikation, beantwortet werden. Dabei gilt: *Je besser die Neigungen des Umworbenen »getroffen« werden, desto höher hinauf kommen wir im Energielevel.*

Damit werden die Elemente unserer Formel $W \times K = E$ mit konkretem Inhalt gefüllt.

Was nun erforderlich wird, ist die exakte Beschreibung der sechs Typen – natürlich unter quantenmechanischen Aspekten. Dem Leser, der dieser Typologie erstmalig begegnet, sei eine gründliche Lektüre anempfohlen, wobei ich rate, sich bei jedem Typ zu fragen, ob man selbst wohl dazugehört bzw. ob man einen Bekannten oder Freund hat, der gerade diese Charakteristika aufweist. Die Leser, die mich und meine Arbeiten der letzten Jahre kennen, sollten sich eventuell überlegen, die Einführung in die Typologie zu überschlagen. Dabei sollten sie allerdings folgendes bedenken: Gewiß habe ich diese Typen vielfach beschrieben und in Vorträgen in diese neue Sicht der Dinge einzuführen versucht. Andererseits hat es geringfügige Veränderungen und Namenswechsel gegeben, und die nachfolgende Schilderung erfolgt nun unter Einbeziehung der sozialen Quantenmechanik, was die Dinge schon um einiges verändert. Neu ist die Beschreibung der typischen Reaktionen bei *unterschiedlichen Energieniveaus.*

Kapitel 14
Das Sechs-Phasen-Modell

Formelorientierung Es geht in erster Linie um den Zusammenhang $P = W_1 + W_2 + W_3 \ldots + W_n$

Harold J. Leavitt hat die erste Typologie vorgestellt, die nicht auf psychologischen Beobachtungen und psychologischer Theorie aufbaut, sondern die sich an *drei grundlegende Managementprozesse* anlehnt. Bei ihm gibt es drei Segmente, wobei der erste der *visionär-kreative* Sektor der *Ideenfindung* ist, während der zweite die *kritisch-analytische Prüfung* zum Gegenstand hat. Letztlich kommt dann als Drittes noch die *tatkräftige Implementierung* hinzu, der Sektor des *Handelns*. Dementsprechend sind seine drei Typen der »Visionäre Pfadfinder«, der »Analysierer« und der »Realisierer«.

I. Leavitt wies den Weg

Ich habe dieses Modell Leavitts aufgegriffen, weil er einen *neuen* Weg beschritt, der nicht nur konzeptionell interessant ist, sondern es darüber hinaus besonders leicht macht, Manager – die ja in der Regel psychologische Laien sind – von dieser Typologie zu überzeugen. Man kann damit die Tür zu Überlegungen öffnen, die den meisten Ingenieuren und Volkswirten doch eher fremd sind. Leavitt hat hier einen geradezu genialen Einfall gehabt. Die Dreiteilung Leavitts leuchtet jedermann fast intuitiv ein. Man braucht da keine Überzeugungsarbeit zu leisten, denn daß ich im Managementprozeß zunächst #1 Ideen haben muß, dann #2 diese analytisch prüfe und #3 schließlich zur Realisierung schreite, das ist Common sense, das erschließt sich jedermann, dem praxisorientierten Kaufmann allzumal. Es ist der *Managementprozeß*, mit dem sie täglich konfrontiert sind – und keine neunmalkluge Psychotheorie.
Sein zweites Verdienst besteht darin, angeregt zu haben, daß sich Mana-

ger *selbst einordnen*. Konkret heißt das, daß nicht – wie sonst üblich – ein schlauer Psychologe einem armen Laien beibringt, wer er denn eigentlich überhaupt ist, sondern daß Manager in das System eingeführt werden und dann selbständig damit umgehen können. Ich hatte anfangs die schwersten Bedenken, ob das klappen würde, aber es ging hervorragend, und ich bin seitdem ein großer Verfechter dieser *Selbstzuordnung*. Der »mündige« Manager ist einer, der sich die Frage »Wer bin ich« systematisch selbst stellt. Dazu ist ein Psychologe vielleicht hilfreich, aber keine absolute Notwendigkeit.
Beides – die Orientierung an menschlichen Handlungsmustern aus dem beruflichen Umfeld und die Selbstanwendung von Tests – habe ich dankbar von dem Soziologen *Harold Leavitt* übernommen und zum Eckstein meiner eigenen Typologie gemacht. Wenn mein System heute viel Zustimmung erhält, so habe ich dies in hohem Maße *Leavitt* zu verdanken, auch wenn ich noch einen nicht unwesentlichen Schritt weiter gegangen bin: Denn ich habe aus der *berufsspezifischen* Managertypologie ein *allgemeines* Einordnungsschema gemacht, das sowohl bei Managern, aber auch bei allen anderen Berufsgruppen gut arbeitet. Es ist von der ursprünglichen Männertypologie bei *Leavitt* zu einer Typologie geworden, die bei Männern *ebenso* wie bei Frauen[1] gleich gut arbeitet. Ferner habe ich die Selbsteinordnung in die Marktforschung übernommen und wende sie heute zwar nicht ausschließlich, aber doch in der Mehrzahl der Fälle an.
Welche nun sind die sechs Typen der Leavitt-Berthschen Ordnung?

II. Von Leavitts Dreierschema zum Sechs-Phasen-Modell

Wie Chart 2 auf Seite 17 ganz am Anfang des Buches verdeutlicht, gründet das sechsphasige Zuordnungssystem auf sechs Prozesse, die man sowohl definieren kann als

- sechs fundamentale Prozesse des Managements oder als
- sechs Prozesse der gestaltenden Auseinandersetzung des Menschen mit seiner Umwelt.

Bei Managerbefragungen wird der Befragte automatisch stärker an seine Berufswelt denken, während die »Nur«-Hausfrau die Neigungen mehr auf den häuslichen Bereich fokussiert. Das System taugt also sowohl für Kon-

1 Die Typologie bei Frauen ist nicht grundsätzlich verschieden, aber man muß schon etwas differenzieren. Vor allem spielt die Frage ob berufstätig oder nicht eine wichtige Rolle, weil Leavitts Modell ja von den industriell-beruflichen Arbeitsprozessen ausgeht. Da macht es dann schon einen Unterschied, ob eine Frau mitten im Berufsleben steht und dadurch ganz andere Bezugssysteme hat oder ob sie reine Hausfrau ist.

sumenten- als auch für professionelle Managererhebungen. Die Leavitt-Berthsche Typologie – im Gegensatz zu Leavitts Vorbild – ist also *universaler* Natur.
Dies gilt einmal hinsichtlich der Breite der Zielpersonen, zum anderen hinsichtlich der Allgegenwart der für jeden Typus bezeichnenden Neigungen aus Chart 2. Wenn man einmal von reinen Routinetätigkeiten ohne kreative Zielsetzung absieht, die uns bei unserer Fragestellung vermutlich ohnehin nicht sonderlich interessieren, dann kann man sagen: *Es gibt kaum eine Auseinandersetzung mit Sachen, Prozessen, Menschen, bei denen sich nicht diese jeweiligen Neigungen vehement Bahn brechen.*
Die sechs Prozesse in Chart 2 erklären sich selbst. Wichtig ist dabei dies: Kein Unternehmen kann *ohne* #1 »Ideen« und phantasievolle Konzepte auskommen. Jedes Unternehmen ist *verloren*, wenn es keine Menschen besitzt, die #2 solche Ideen umsetzen können. Weiterhin geht es *nicht ohne* #3 eine gute, kritische Analyse der Pläne. Es ist zudem wichtig, daß man #4 moderierend den Kompromiß sucht und findet und das Neue mit einem Bezug zum Bisherigen realisiert. Schließlich bedarf es *unbedingt* #5 guter »Organisierer«, die die letzte Phase der unabdingbar *entscheidenden* #6 »Implementierung« vorbereiten.
Die Unerläßlichkeit aller sechs Phasen ist ein wesentliches Argument für unser Schema. Wichtigste Konsequenz: Da wir einseitige Menschen sind mit jeweils nur ein oder zwei dieser Neigungen, müssen wir aufeinander zugehen, um uns gegenseitig zu ergänzen.

III. Die phantasievollen Typen #1 und #2: Visionäre und Problemlöser

Erklären sich die sechs Managementprozesse bzw. die Prozesse des allgemeinen Umgangs mit der Umwelt größtenteils selber, so bedürfen die sechs Typen, die aus den Prozessen abgeleitet wurden, der ausführlichen Erklärung. Bevor wir beginnen, vielleicht noch ein kleiner Ratschlag: Folgen Sie dieser Besprechung der Typen am besten dadurch, daß Sie sich fragen: Wer bin ich selber? Worin finde ich mich wieder und wo nicht? Und wo gibt es Typen in meiner Umgebung, auf die bestimmte Charakteristika passen? Sie werden sehen, es macht dann weit mehr Spaß, den Ausführungen zu folgen.
Blicken wir auf Chart 2. Die linke Seite der graphischen Abbildung stellt zwei Charaktere vor, die durch ein *hohes kreatives Potential* ausgezeichnet sind. Wir haben es links unten mit dem #1 reformerischen, ideenreichen *Visionär* und links oben mit dem #2 systematischen *Transformator* zu tun. Sie sind es, die mehr als alle anderen für die *gedankliche und praktische*

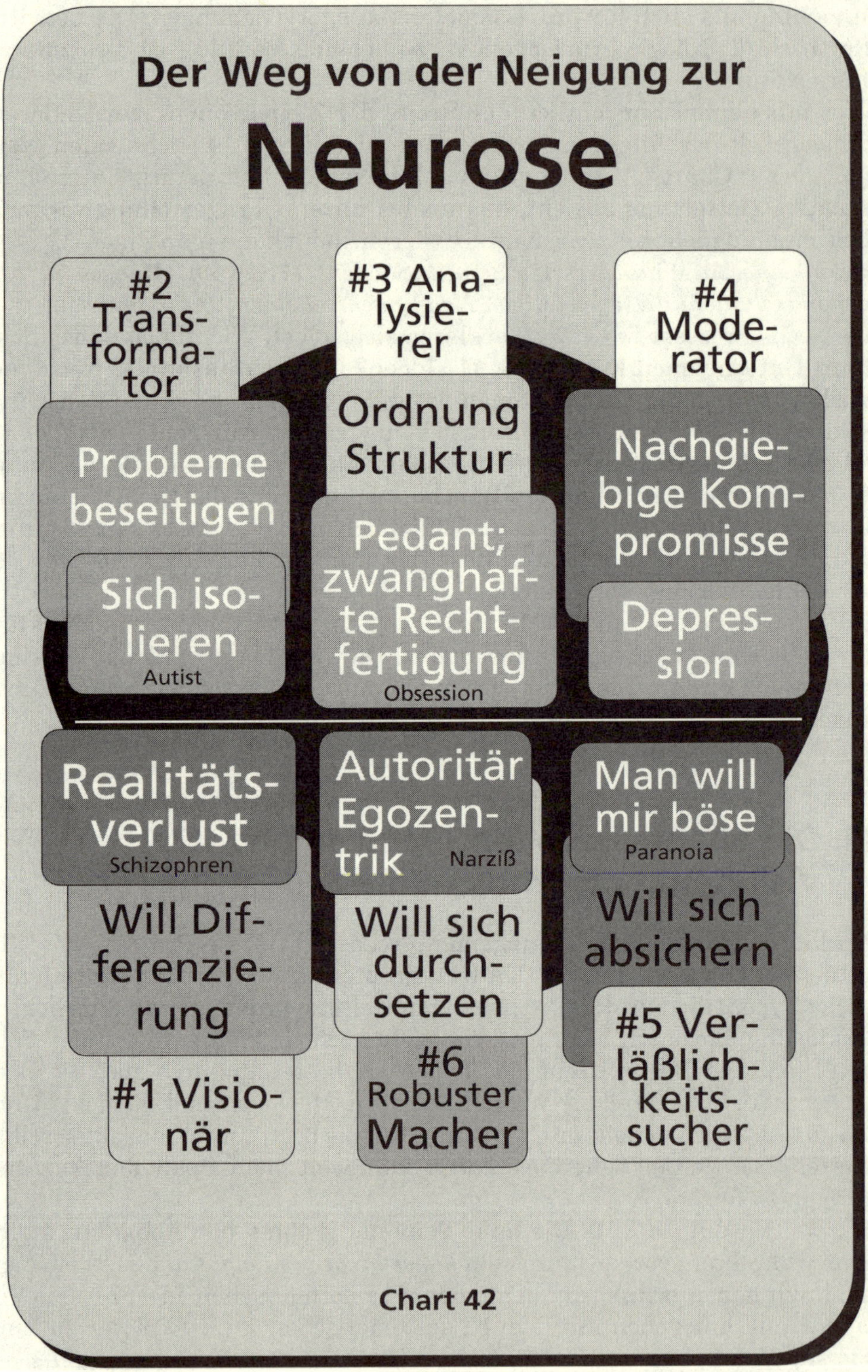
Der Weg von der Neigung zur
Neurose
#2 Transformator
#3 Analysierer
#4 Moderator
Probleme beseitigen
Ordnung Struktur
Nachgiebige Kompromisse
Sich isolieren
Autist
Pedant; zwanghafte Rechtfertigung
Obsession
Depression
Realitätsverlust
Schizophren
Autoritär Egozentrik
Narziß
Man will mir böse
Paranoia
Will Differenzierung
Will sich durchsetzen
Will sich absichern
#1 Visionär
#6 Robuster Macher
#5 Verläßlichkeitssucher
Chart 42

Veränderung unserer Welt getan haben. Der #1 »Visionär« verlegt seine Fähigkeiten dabei mehr auf den *menschlichen* und auf den *sozialen* Bereich. Der an Entdeckungen und neuen Systemen besonders interessierte #2 »Transformator« neigt hingegen mehr zu *sachlichen* Fragestellungen. Probleme, die mit Materie, Stoffen, Arten, Gesetzen der Natur zu tun haben, faszinieren ihn mehr als seinen eher sozial engagierten Gegenspieler #1. Man könnte auch sagen, daß der #2 »Transformator« die praktischere, der #1 »Visionär« eher die philosophische Kreativität besonders gut beherrschen. Man findet daher viele Naturwissenschaftler und Ingenieure in Gruppe #2 und viele Philosophen, Politiker, Sozialreformer in Gruppe #1. Unterscheidet man mit *C. G. Jung* zwischen *extravertiert* und *introvertiert*, so ist der #1 »Visionär« der *extravertierte Erneuerer*. Sein Gegenstück, der #2 »Transformator«, ist eher der *Introvertierte*. Die #1 reformerischen »Visionäre« wollen im Sinne dieser Unterscheidung nach außen mit dem *großen Wurf* beeindrucken; sie möchten glänzen; sie sind immer ein wenig Luftikus, ein Hansdampf in allen Gassen. Anders der #2 entdeckende »Transformator«: Ihm liegt meist nicht viel an großer Show; er will mehr sachlich überzeugen; meist ist er ernsthafter, rationaler als sein Gegenspieler, aber auch von nicht ganz so phantasievollem Zuschnitt.
Es ist die Art und Weise, wie sie innovativ tätig werden, worin sie sich unterscheiden. Dabei entwickelt der #2 entdeckende »Transformator« nicht selten eine gewisse Menschenscheu, die ihn bei Streß und Unglück häufiger in die Isolation treibt. Der #1 reformerische »Visionär« hat solche Probleme nicht; er liebt das Bad in der Menge, ist oft ein glänzender Redner und spielt sich immer ein wenig selbst. Der #2 »Transformator« wird manchmal für seine Umgebung kompliziert, weil er gelegentlich den Rückzug aus dem menschlichen Kontakt antritt.
Beide haben die Menschheit entscheidend vorangebracht, denn über 90 Prozent aller Erfolgsideen stammen von ihnen. Dabei ist es zumeist die *Qualität* der Ideen, nicht deren Häufigkeit, worin sich #1 und #2 unterscheiden.

1. Neigung und Neurose

Wir werden im Zuge dieser Besprechung auch ein Thema aufgreifen müssen, das auf der einen Seite – soweit es Manager angeht – eher ein Tabuthema ist, das andererseits – was die Presse angeht – ein ausgesprochenes Lieblingsthema vieler Journalisten darstellt: die *Neurosen* der Manager.
Wir haben deshalb in Chart 42 (Neurosen) sowohl die Neigungen der sechs Typen als auch im inneren Ring die neurotischen Tendenzen abgebildet. Dazu ein paar Gedanken, die besonders deshalb erforderlich sind, weil

Manager von Psychologie selten viel verstehen – wie sollten sie auch –, denn unsere Ausbildungsgänge vernachlässigen dieses Gebiet weitgehend.

2. Es gibt keinen Menschen ohne Neurose

Es ist ja immer noch so, daß viele der Auffassung sind, daß jemand mit einer Neurose fast schon mit einem Bein in der Nervenklinik steht. Dies ist ebenso unsachlich wie grundlegend falsch. Die Neurose hat mit *seelischer Erkrankung* grundsätzlich *nichts* zu tun. Sie ist der ganz natürliche Preis, den wir für unsere besonders gut ausgeprägten Stärken zahlen. Brillanz muß stets *erkauft* werden. Die Neurose ist hier der »Kaufpreis«.
Dies wissen wir eigentlich schon seit Freud. Sollte es sich jetzt endlich herumsprechen, kommt das zwar hundert Jahre später, aber es ist dann immer noch Zeit genug, alte Vorurteile zu korrigieren.
Neurosen sind etwas ganz Natürliches. Ich übersetze das Wort »Neurose« am liebsten mit: *die für einen spezifischen Menschen typische Art, unter Streß zu entgleisen.*
Ich unterstelle einmal, daß Sie selbstkritisch genug sind, um einzusehen, daß wir alle leicht einmal etwas aus dem Gleis geraten und ein wenig »ausrasten«. Kein Mensch, der dies nicht täte. Damit steht Neurose in Zusammenhang. Neurosen sind also etwas ebenso *Normales* wie *Alltägliches*. Daß es etwa ein Promille der Menschheit gibt, bei denen dies zu echter seelischer Erkrankung führt, ist bedauerlich und tragisch, aber es braucht uns nicht so sonderlich zu interessieren, denn wenn wir über den durchschnittlichen Manager oder den durchschnittlichen Verbraucher sprechen, dann dürfen wir diese kleine »Randgruppe« getrost vergessen.
Darum ist es also ganz normal, daß wir bei der Analyse der sechs Typen eben auch über deren Neurosen reden müssen. Dabei hilft es, sich klarzumachen, daß hinter dem

(a) Normalverhalten und den positiven Neigungen und
(b) den bei Streß auftretenden Neurosen

die gleichen Zusammenhänge stehen. Mit anderen Worten: Die Konstellation hinter Neigung und Neurose ist die gleiche. Einmal drückt sich diese Konstellation in der Neigung aus, über die wir gut und relativ ehrlich kommunizieren können, und andererseits in der Neurose, über die wir nur schwer – und wenn, dann meistens entstellend – reden können. Mit dieser Einsicht im Kopf wollen wir die einzelnen Typen durchsprechen, wobei die Neurose oder die Neigung die beiden Seiten *ein und derselben* Medaille sind.

3. Kreative unter Streß

Was ist für #1 »Visionäre« und #2 »Transformator« typisch, wenn sie extrem gefordert sind oder sich in einer Krise zurechtfinden müssen?
Beim #1 »Visionär« fallen in diesen Situationen seine Sprunghaftigkeit und leichte Irritation auf. Noch stärker kommt die Kehrseite seiner visionären Fähigkeiten ans Tageslicht, wenn er sich unter dem Ansturm des Widerspruchs oder bei häufigem Versagen in die reine Theatralik flüchtet. Oft kommt dann ein gewisser Realitätsverlust zum Vorschein.
Anders der #2 systematische »Transformator«: Er hat insofern schon einen gewissen Rückzug aus der realen Welt angetreten, als er in der Regel das volle Leben mit seinen menschlichen Problemen und Spannungen *eher meidet* und sich der *unbelebten Materie* zuwendet: Er entzieht sich der sozialen Spannung, bevorzugt Sachen statt Menschen und horcht intensiver in sich hinein. Während der reformerische »Visionär« sein lärmend klatschendes Publikum genießt, erfreut sich der »Transformator« in der Stille an seiner Briefmarkensammlung oder an einem Buch über physikalische Gesetze. Briefmarken und physikalische Gesetze »beißen nicht«. Er wäre vielleicht Arzt, Sozialarbeiter oder Psychologe geworden, hätte er diese Scheu nicht.
Noch ein Wort zu den neurotischen Tendenzen: Obgleich sie mit seelischer Erkrankung im Grunde nichts zu tun haben, bringt man beides in der Literatur häufig miteinander in Verbindung. Das hat einen ganz einfachen Grund: Man versteht Neurosen immer etwas leichter und besser, wenn man sich den Fall der wirklichen Erkrankung vor Augen fuhrt. Das scheint fast ein wenig in Widerspruch zu stehen zu unserer Behauptung, daß Neurose nicht mit seelischer Krankheit gleichgesetzt werden darf. Der Zusammenhang ist der folgende: Einerseits wollen wir klar unterscheiden zwischen den 0,1 Prozent der Bevölkerung, bei denen die Neurose zur Krankheit entartet, und den 99,9 Prozent Nichtkranker. Aber es ist dennoch hilfreich, sich einmal die »krankhafte« Version der Neurose vor Augen zu führen. In der entarteten, zerstörerischen Form tritt jede Neurose klarer und dramatischer zutage, als wenn man nur die alltäglichen Normalfälle der schwachen Neurose untersucht.
Aus diesem Grunde findet der Leser in ganz kleiner Schrift in Chart 42 eine Angabe, die ihm den Namen der wirklich ernsthaften Krankheitsversion der Neurose angibt. Dem milden Realitätsverlust des Visionärs entspricht hierbei etwa die *Schizophrenie*; der *Autismus* ist die gefährliche und zur Krankheit gesteigerte Version der Menschenscheu, die der »Transformator« an den Tag legt. Der relativ harmlosen Pedanterie des »Analytikers« entsprechen die *Zwangshandlungen*, auch *Obsessionen* genannt. Der »Moderator« flüchtet – wenn seine Neurose entartet – in die *Depression*. Im Falle des »Verläßlichkeitssuchers« entsteht aus unbestimmten Ängsten die

Paranoia, und last, not least entartet der Egoismus des »Machers« in den *Narzißmus.* Damit haben wir von den sieben großen seelischen Krankheitsformen allein sechs wichtige Leidensformen abgehakt. Nur die *Hysterie* bleibt übrig, die sich in etwa gleichmäßig auf alle sechs Typen verteilt und von der es sechs Untergruppen – je eine pro Typ – zu geben scheint.
Wir sehen also, daß wir die kleinen, ungefährlichen und alltäglichen Störungen besser verstehen, wenn wir uns fragen: Wie sähe dieses Verhalten denn aus, wenn es »entarten«, gleichsam außer Kontrolle geraten würde?

4. Die Erregungsprofile der Kreativen

Neben die eher qualitative Betrachtung tritt nun in der Quantentypologie eine quasiquantitative Sichtweise. Wir berühren hier das wichtigste Handwerkszeug des Werbe- und Marketingfachmanns: die Reaktionsschemata der Zielpersonen.
Die Frage, die wir uns jetzt stellen, lautet also: Wie reagieren diese beiden Typen mit ihrer für sie spezifischen Wertestruktur? Was läßt sie kalt und gleichgültig, und was erwärmt sie bis hin zu völliger Begeisterung oder Hingabe an eine Sache oder einen Menschen?

(a) Die Visionäre

Daß die Antwort natürlich mit den *Werten* zu tun hat, versteht sich fast von selber. Ein nochmaliger Blick auf das Wertechart 22 auf Seite 144 wäre jetzt also nicht verfehlt. Hier erst einmal die »Stimulationen«, die den Visionär sozusagen anheizen.
Wie die Abbildung 43 sehr schön deutlich macht, sind es Anklänge der Ich-Erweiterung und des sozialen Aufbaus, die eine erste Gefühlswallung erzeugen können. Diese Reize sind aber meist zu schwach, um ihn wirklich aus der Reserve zu locken. Das ist aber dann auf der nächsten Stufe der Fall, wenn neuartige *Vereinfachungen* an ihn herangetragen werden oder wenn sich Möglichkeiten bieten, die von ihm so geschätzte *Differenzierung* zu ermöglichen. Das überzeugt ihn und ist stark genug, um Kaufentscheide auszulösen oder zumindest stark zu induzieren.
Was aber begeistert ihn so, daß er fasziniert ist? Da muß es denn schon ziemlich starker »Tobak« sein. Wir werden später noch über den Werbefilm zur Hundertjahrfeier von Jacobs sprechen. Er bettete auf geschickte Weise das Konsumgut Kaffee in ein historisches Umfeld ein. Es war eine großartig gemachte historische Rückblende, deren Emotion man sich nicht entziehen konnte. Das machte keinen so an wie den »Visionär«.
Was aber bringt »Visionäre« zu jener ultimativen Zustimmung, die noch über die Faszination hinausreicht? Auch hier ein Beispiel: In einem mei-

Selbst-aufgabe	Allmachtträume – Welterlösung – Historisches Ereignis
Faszi-nation	Revolutionäre Befreiung – Eine bessere Welt – Künstlerische Perfektion
Über-zeugung	Neuartige Vereinfachung – Ungewöhnlich starke Differenzierungsmöglichkeit
Leichte Sympathie	Anklänge an Ich-Erweiterung und sozialen Aufbruch
Gleich-gültigkeit	Mühsame Kleinarbeit
Ablehnung	Kitsch – Ästhetisch Unbefriedigendes – Erstarrung – Rückwärtsorientierung – Mittelmäßigkeit

Das Erregungsschema des #1 Visionärs

Chart 43

ner Marktforschungsinterviews ergab es sich, daß ich mit dem Probanden – einem waschechten Visionär – nach dem Test noch etwas zusammensaß. Da wurde zufällig jene berühmte Ansprache Adolf Hitlers gesendet, die Sie sicherlich auch schon einmal bei irgendeiner Gelegenheit im Fernsehen mitbekommen haben: Der Führer fährt nach Wien ein und verkündet, daß »meine Heimat Österreich heim ins Reich gekehrt ist!«
Dies war sicherlich eine der glänzendsten Inszenierungen des an gekonnter Propaganda so erfinderischen Unrechtsstaates. Dennoch läßt diese Szene die meisten Menschen vielleicht aufhorchen, aber sie erleben es mit einiger Distanz. Anders hier der »Visionär«: »Wenn ich so etwas miterlebe, dann läuft es mir heiß und kalt den Rücken hinunter und ich bekomme vor lauter Erregung eine Gänsehaut!« Das ist typisch. Wenn Sie einen Menschen sehen, dem bei der Nationalhymne die Tränen kommen, dann wissen Sie, daß dies ein »Visionär« sein muß. Sie haben für alles Historische, Weltbewegende eine viel empfindlichere Antenne als die meisten anderen.
Nach den positiven, anziehenden Reizen ist es natürlich mindestens ebenso interessant zu sehen, was den Visionär *abstößt*. Hier ist unter den ihn abstoßenden Dingen zu nennen: kitschige Kunst, kitschige Ansprachen, kitschige Gegenstände. Das Mittelmaß will er in allem und jedem meiden, und darum reagiert er darauf sehr allergisch. Da ist er schon fast von »mimosenhafter Empfindlichkeit«. Nicht minder stößt ihn zu starke Rückwärtsorientierung und fehlende Flexibilität ab.

(b) Der Transformator – der Ideenumsetzer

So, nun wollen wir noch den anderen Kreativen betrachten, den #2 »Transformator«. Was macht ihn an? Was lehnt er ab? (Wir betrachten hierzu Chart 44.)
Er lehnt ganz entschieden ab, was nur im entferntesten nach sozialem Konflikt »riecht«. Er hat ein gebrochenes Verhältnis zu Menschen, und darum kann er es auch nicht leiden, wenn ihm jemand zu nahe auf »die Pelle rückt«. Wenn Sie einen guten Bekannten haben, von dem Sie vermuten, daß es ein »Transformator« ist, dann sollten Sie einmal darauf achten, ob er zum Beispiel das relativ unpersönliche, distanziertere Memo dem persönlichen Gespräch vorzieht, das Telefonat dem persönlichen Hereinschauen. Wenn er lieber diese distanzierten Formen der Kommunikation bevorzugt, dann ist es mit einiger Wahrscheinlichkeit ein »Transformator«.
Nun zu den positiven Neigungen, die man ansprechen muß, damit man ihn gewinnt: Erste positive Gefühle entstehen, wenn Vereinfachung geboten oder etwas ausgeknobelt wird. Gerade die Vereinfachung ist es, die ihn antörnt. Als Manager ist er der begeistertste Rationalisierungsmotor, den man sich vorstellen kann.

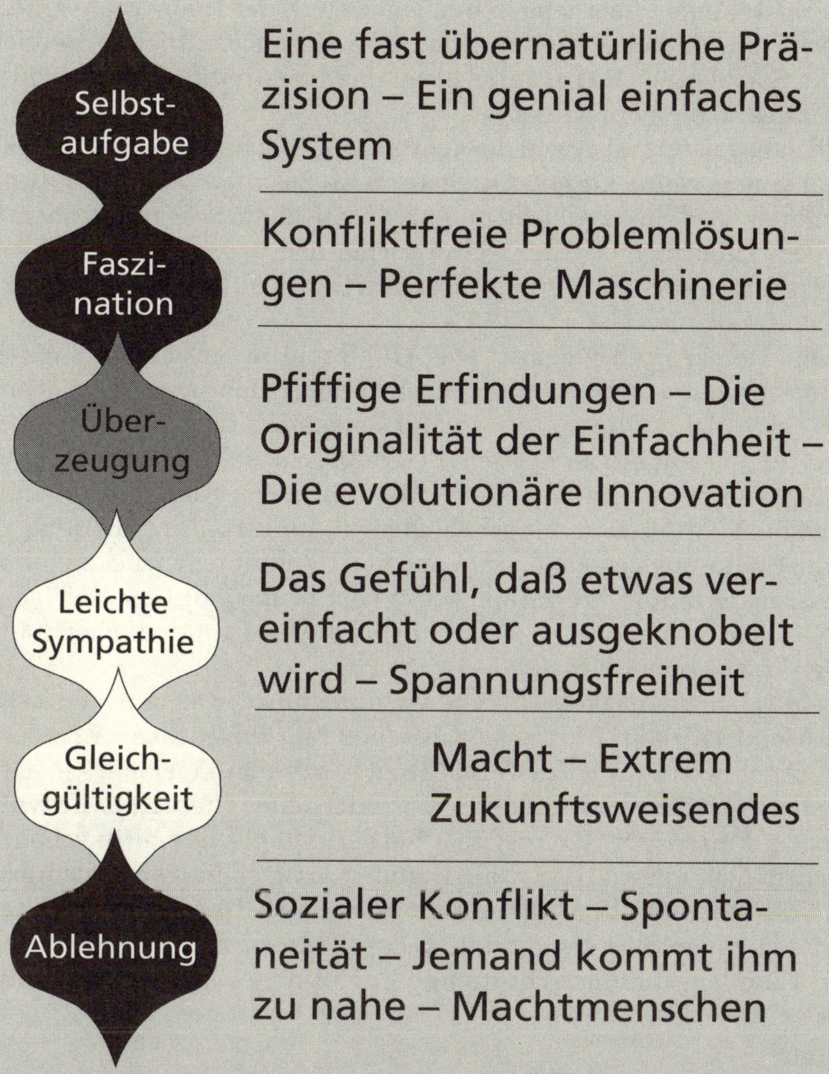

Das Erregungsschema des #2 Transformators

Chart 44

Auf der nächsten Stufe, der Überzeugung, finden wir Kreatives. Interessante Erfindungen überzeugen ihn, jedoch darf der Innovationsgrad nicht zu hoch sein, und es sollte eher im naturwissenschaftlichen Bereich liegen. Im Sozialen schätzt er Innovation und Kreativität gar nicht, da sollte lieber alles so bleiben, wie es ist.
Wirklich begeistert ist er von der »perfekten Maschinerie«. Da darf es auch einmal eine perfekte Organisationsform im Sozialen sein, auch wenn ihn Maschinen, Verfahrensweisen und Abläufe noch stärker ansprechen. Ganz »aus dem Häuschen« ist der »Transformator«, wenn man ihm etwas *extrem* Perfektes vorführt; dann weitet sich ihm das Herz, dann geht er auch einmal aus sich heraus.
Ich sehe immer noch vor mir, wie ich einmal miterlebte, wie ein Briefmarkensammler – sehr häufig sind es »Transformatoren« oder aber »Macher« – angesichts seiner eigenen Markensammlung in Tränen ausbrach. In der Tat, sie war ein ästhetischer Genuß. In absoluter Perfektion waren die Marken auf jede Seite verteilt. Man hatte den Eindruck unendlicher Pingeligkeit, verbunden mit großzügiger Raumverteilung. In den Frieden und die Spannungslosigkeit einer solchen Sammlung zurückzukehren ist dem »Transformator« häufig ein großer Genuß und eine tiefe Befriedigung. Für Sie oder mich wäre so etwas möglicherweise von tödlicher Langweiligkeit – nicht so bei ihm.
Im Feld »Gleichgültigkeit« haben wir aufgeführt, was den »Transformator« absolut kaltläßt. Macht zum Beispiel läßt ihn nicht in Erregung geraten. Auch wenn etwas zu verrückt ist – was den »Visionär« meist ganz stark beeindruckt –, schaltet der »Transformator« lieber ab. Er will ganz eindeutig Fortschritt, Kreativität, Veränderung – nur bitte schön, allzu fortschrittlich, allzu kreativ, allzu andersartig sollte es nicht unbedingt sein. Während der »Visionär« am liebsten zehn Treppenstufen des Fortschritts in einem Satz nimmt, hat es der »Transformator« lieber etwas ruhiger: Eine langsam fortschreitende Evolution ist ihm immer sympathischer.

IV. Ordnung regiert die Welt

Das obere rechte Drittel unseres Modells von Chart 2 auf Seite 17, also die Felder #3 und #4, ist das Königreich der *Vernunft*, der *Ordnung*, der *Moral*, der *Rechenhaftigkeit*, der *Tradition*, des *Willens zum Kompromiß* und der *Anpassung*. Es geht hier demnach um eher *konservative* Werte. Hier begegnen uns der #3 vernunftbegabte *Präzisions-Analysierer* und der #4 nach Kompromissen und Schlupflöchern suchende, eher etwas konservative Moderator.

1. Der Präzisionsfanatiker

Der #3 »Analysierer« ist der Prototyp der Ordentlichkeit, des steten Strebens nach übersichtlicher Struktur; er verkörpert Logik und Verstand, aber zeigt damit eben auch nicht selten eine beträchtliche Kühle, wenig Sinn für Soziales und ist häufig der pedantische Zahlenmensch, der seine Umwelt auf die ihm eigene Weise »terrorisiert«.
Wenn man so stark an das Vernünftige, Berechenbare, Logische glaubt, dann findet sich nicht selten gleichzeitig eine gewisse Furcht vor dem überstarken Gefühl, vor der blinden Emotion im Gepäck des Betreffenden. Und in der Tat, der Analysierer ist immer etwas hilflos, wenn starke Gefühlswallungen auf ihn zukommen oder auch, wenn sich etwas der Logik und Ratio verschließt.
Sigmund Freud hat uns beigebracht, daß diese Rationalität oft nur die äußere, vorgespielte Hülle ist, mit der wir unser Verhalten *nachträglich rechtfertigen*, während wir in Wirklichkeit an den Drähten unserer Emotionen tanzen wie die gelenkten Marionetten im Theater. Aber gerade diese Einsicht, die Vernunft nicht überzubewerten, ist für waschechte #3 »Analysierer« sehr schwer nachvollziehbar. Sie leugnen ganz einfach, daß die Rationalisierung im nachhinein einer der am häufigsten verwandten, seelischen *Tarnmechanismen* ist.
Die für die #3 »Analysierer« unverkennbare Neigung, nach Struktur zu suchen und geordnete Verhältnisse herzustellen, dürfen wir nun allerdings nicht nur auf Gegenstände begrenzt sehen. Hinsichtlich der zwischenmenschlichen Beziehungen spielen *Moral und Hierarchie*, mit denen der #3 »Analysierer« seine so überaus geliebte Ordnung bewahren möchte, ebenfalls eine große Rolle. Chaos ist *das* »rote Tuch« für die Analysierer.

2. Moderatoren gesucht

Unsere konfliktreiche Zeit benötigt Moderatoren, die sich nicht aufdrängen, sondern Interessenkonflikte schlichten und die verfeindeten Parteien zusammenführen können. Gilt dies generell, so gilt es in noch höherem Maße für demokratische Verhältnisse, wo die Kompromißbildung geradezu ein *Systemmerkmal* ist, das den offenen Konflikt zu vermeiden sucht.
Diese Rolle des Zusammenführens übernehmen zu können ist die große Stärke und Neigung des #4 »Moderators«. Er ist ein Sucher des Ausgleichs, aber auch der Verläßlichkeit, denn das Gespannte, Ungelöste beunruhigt ihn.
Beide, der #3 »Analysierer« und der #4 »Moderator«, sind *konservativ* in ihrer Grundhaltung. Der Blick zurück liegt ihnen mehr als der Blick voran in die Zukunft. Dabei werden beide von unterschiedlichen Ängsten ge-

steuert. Der »Analysierer« mit seiner starken Neigung zu Struktur, Ordnung und Gewißheit wird eher von der Furcht vor dem *Chaos* angetrieben. Den #4 »Moderator« hingegen treibt mehr die Furcht vor dem *Konflikt* an. Er will den offenen Kampf vermeiden. Die Ähnlichkeit beider Typen ist nicht zu übersehen. Dennoch gibt es wichtige Nuancen, in denen sie sich unterscheiden.

Da der eine nach Ordnung, der andere nach Konfliktbeilegung strebt, beides also eher Zustände der Klärung, der Entspannung, suchen sie beide das Verläßliche und meiden das Ungewisse. Es ist diese Neigung, die beide daher lieber in die *Vergangenheit* blicken läßt. Das bereits Gewesene ist stets verläßlicher, besser zu durchschauen wie die ungewisse Zukunft. In dem bereits Abgelaufenen ist es leichter als in der noch relativ neuen Gegenwart, Strukturen auszumachen. Diese Tatsachen lassen beide mehr in der Vergangenheit, in der Tradition nach Hilfe und Weltverständnis suchen. Von daher kommt die Neigung beider, sich am Überkommenen zu orientieren, dies in Ehren zu halten und sich insgesamt eher konservativ auszurichten.

Der #4 »Moderator« ist daher als *Bewahrer und Kompromißsucher* charakterisierbar. Er lehnt deshalb gar zuviel Experimente ab und meidet allzu revolutionäre Gedanken. Da er die harte Auseinandersetzung haßt, analysiert er die Interessen der Menschen fein säuberlich. Er muß deshalb auch wissen, wie und woher sich die Dinge entwickelt haben. Darum ist es nur logisch, daß der »Moderator« seine Wurzeln stärker in der Vergangenheit haben muß als in der Zukunft.

Was der »Moderator« beherrscht – und dies prädestiniert ihn natürlich zu dieser Rolle –, ist die Fähigkeit, sich *zurücknehmen* zu können, sich nicht in den Vordergrund zu schieben, sondern die Interessen der anderen zu Worte kommen zu lassen und sie gegeneinander abzuwägen.

Da er sich gut *anpassen* kann, ist der #4 »Moderator« ein idealer Untergebener. Dies nimmt auch nicht selten die Form von Unterwürfigkeit und Servilität an. Der »Moderator« kann sich auch in schwierigen Situationen gut durchmogeln, eben weil ihm Anpassung liegt.

Gerät er unter Druck, dann zeigt sich eine gewisse Neigung zur *Depression*. Dann verliert er leicht den Glauben an sich, zieht sich in sich zurück und sieht die Welt nur noch schwarz in schwarz. Wir wissen es nicht wirklich genau, warum sich diese depressive Tendenz so häufig beim »Moderator« findet, aber wir vermuten, daß es mit seiner Furcht vor der Zukunft zusammenhängen könnte. Das Zukünftige und der Glaube daran sind für viele (etwa den »Visionär« und den »Transformator«) starke Kraftquellen, um die Fährnisse und Widrigkeiten der Gegenwart ertragen zu können. Diese »Zukunftshoffnung«, die andere eben gerade nicht depressiv werden läßt, geht dem Moderator ab.

Muß der Moderator *führen*, dann richtet er sich zumeist an überkomme-

nen Wertvorstellungen aus. Loyalität, Gehorsam, Unterordnung sind für ihn wichtig. Nur wenn er stark empfindet, daß Konflikte vermieden werden können, ist er progressiven, partizipativen Ordnungsformen gegenüber aufgeschlossen.
Schließen wir ab, indem wir nochmals *C. G. Jungs* geniale Unterscheidung zwischen *extravertiert* und *introvertiert* bemühen: Der #4 »Moderator« ist die introvertierte, passivere Version des #3 »Analysierers«. Der #3 »Analysierer« ist die extravertierte, aktivere Form des #4 »Moderators«. Beide tragen jeweils auf ihre Art wichtige Fähigkeiten zum Managementprozeß bei.

3. Was erregt Ordnungshüter und Kompromißler?

Was nun bewegt diese beiden Typen aus der Welt der Ordnung? Wie kann ich sie ansprechen? Worin besteht die Ordnung ihrer gequantelten Energiestufen? Chart 45 und Chart 46 erteilen hierüber Auskunft.

(a) Analytiker

Wir besprechen zunächst den Präzisionsanalytiker, dessen Energieskala durch die Ablehnung alles dessen bestimmt wird, was Schmutz und Chaos beinhaltet. Er haßt alles, was sich nicht in eine klare Struktur einfügt. Darum mag er die Verschwommenheit psychologischer Tatbestände gar nicht. Es muß alles ordentlich und untadelig sein. Dies macht ihn natürlich zum idealen Ordnungshüter und Finanzexperten. Er riecht Unordnung und Fehlerhaftigkeit auf zehn Meilen, und man kann ihm hinsichtlich Korrektheit schwer etwas vormachen.
Was ihn kaum wirklich bewegt, ist Kreativität, Fortschritt oder Liberalität – und das macht ihn für seine Umwelt und für Coaching besonders kompliziert. Denn er, der in seinem ganzen Leben vermutlich noch nicht eine einzige kreative Idee hervorgebracht hat, hält sich aber selbst oft für unheimlich kreativ, fortschrittlich und liberal. Ihm diesen »Zahn zu ziehen« und ihn zu der Einsicht zu bringen, daß er all dies eben gerade *nicht* ist, stellt oft eine mühsame Prozedur dar.
Etwas mehr Feuer fängt unser Analytiker, wenn es auf der Stufe der Überzeugung zum *guten Deal* kommt. Das ist eine ganz wichtige Sache für ihn. Ein guter Abschluß, eine hart herausgehandelte Preisreduktion, ein »Schnäppchen« sind ihm wichtig. Dabei muß man den Zusammenhang sehen, der darin besteht, daß dieses Schnäppchen eben gleichzeitig eine enorm gute *Rechtfertigung* für einen Kauf darstellt. In Wirklichkeit interessiert ihn das Schnäppchen nur am Rande, viel mehr kommt es ihm auf das Gerechtfertigtsein der Ausgabe an.
Daß der »Analytiker« viele gute Eigenschaften eines Finanzmannes an

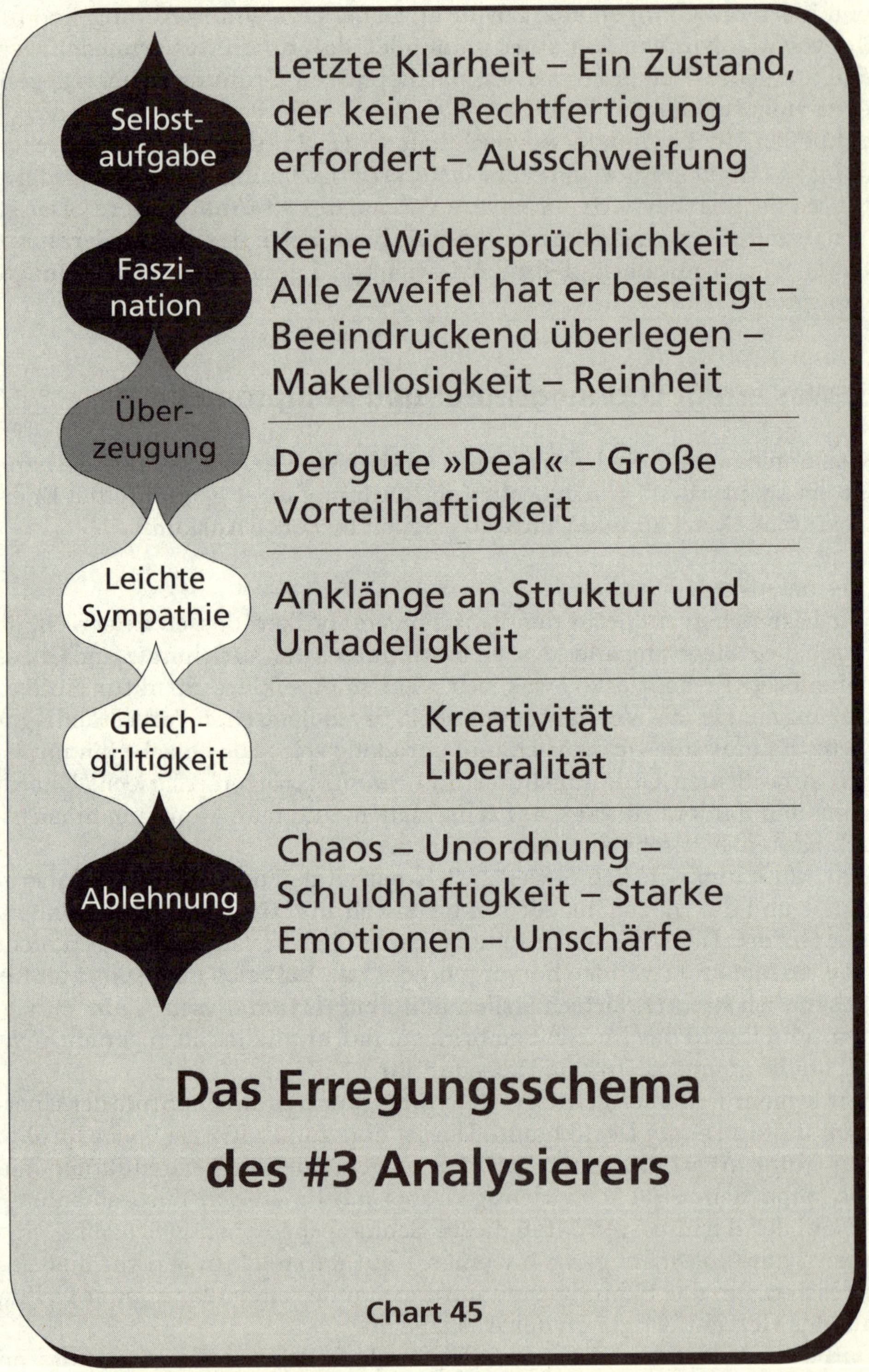
Selbst-
aufgabe
Letzte Klarheit – Ein Zustand, der keine Rechtfertigung erfordert – Ausschweifung
Faszi-
nation
Keine Widersprüchlichkeit – Alle Zweifel hat er beseitigt – Beeindruckend überlegen – Makellosigkeit – Reinheit
Über-
zeugung
Der gute »Deal« – Große Vorteilhaftigkeit
Leichte
Sympathie
Anklänge an Struktur und Untadeligkeit
Gleich-
gültigkeit
Kreativität
Liberalität
Ablehnung
Chaos – Unordnung – Schuldhaftigkeit – Starke Emotionen – Unschärfe
Das Erregungsschema
des #3 Analysierers
Chart 45

sich hat, braucht vermutlich nach dem Gesagten nicht weiter betont zu werden.
Was schlägt nun den etwas trockenen »Analysierer« jedoch wirklich in den Bann? Was macht ihn »high«?
Wenn aller Widerspruch vermieden werden kann, wenn alle Zweifel weggewischt sind, wenn alles in *makelloser Reinheit* abgeklärt ist, dann ist »Weihnachten« für »Analytiker«. Dann bemächtigt sich ihrer ein Zauber, den andere kaum nachempfinden können. Es kommt dann jene Ruhe über sie, die sie normalerweise nicht haben, weil sie nach Rechtfertigung bibbern, weil sie die Unordnung stört, weil sie tausend Dinge irritieren.
Und die höchste Energiestufe? Wann wird sie erreicht?
Was sich dort abspielt, kann man nur aufgrund des hohen Leistungsdrucks und des hohen moralischen Standards begreifen, den sie sich selbst abverlangen. Es gibt Zustände, da schlägt diese ganz schöne Ordnung um. Ist einmal zuviel Alkohol geflossen, dann kommt es gelegentlich zu einer sehr begreiflichen Reaktion, wobei der »Analytiker« dann all diese einschränkende Ordnung wie in einem Befreiungsschlag (einmal wenigstens) über Bord schmeißen möchte. Dann kann aus dem braven Analytiker ein geradezu ausschweifender Mensch werden, der – verstehen kann man's – seinen Ordnungswahn wenigstens kurzzeitig einmal vergißt.
Das ist die eine Möglichkeit der Ekstase beim »Analytiker«. Ebensosehr und ebensooft gibt es aber auch Zustände der Entrücktheit, die sich mehr in seinem »Normalrahmen« abspielen, also Zustände, wo letzte Klarheit erreicht ist, wo widerspruchsfrei etwas feststeht oder zumindest festzustehen scheint.
Vielleicht darf noch etwas über die weiblichen Analytikerinnen angefügt werden. Ist eine Frau berufstätig, dann zeigt sie die gleichen Bestrebungen wie auch die Männer. Etwas anders ist es, wenn eine Frau »reine« Hausfrau ist. Dann finden wir bei der »Analytikerin« diesen stark ausgeprägten Ordnungssinn auf die vier Wände ausgerichtet, die ihr Umfeld sind. Übermäßige Sauberkeit, penible Ordnung und Kleinbürgerlichkeit in allen sittlichen Fragen können dann oft beobachtet werden.

(b) Der Moderator

Nun wollen wir innerhalb dieser Gruppe noch einen Blick auf das Erregungsschema des #4 »Moderators« werfen. Was bewegt ihn? Was mag er nicht?
Was ihn abstößt, ist alles Unausgewogene, alles, was heißen Kampf und knochenharte Auseinandersetzung ahnen läßt, alles allzu Komplizierte, alles Unzuverlässige und – mehr als alles andere – Dinge, die ihn depressiv stimmen können. Alles Heitere ist ihm hoch willkommen, weil es ihn fortführt von seiner Neigung zur Depression. Darum bemüht er sich auch, zu allen Menschen ein *freundlich-entspanntes Verhältnis* herzustellen. Aus

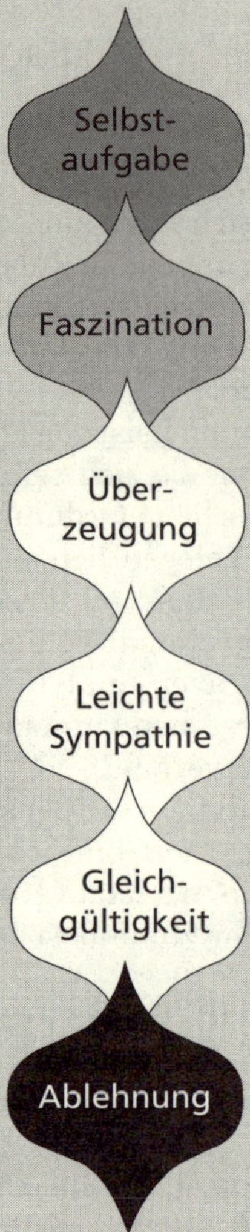

Den absolut perfekten Interessenausgleich erzielen. Überwindung der Depression

Heitere Gelöstheit in der Sicherheit des Bewährten – Vermitteln zueinanderführen. Sich pfiffig durchmogeln

Verläßliche Traditionsangebote – Erheiterndes

Anklänge an Ausweg und Erleichterung

Kreativität – Macht
Klare Organisation

Übermäßig Kompliziertes. Depressiv Stimmendes. Unzuverlässigkeit – Große Unsicherheit

Das Erregungsschema des #4 Moderators

Chart 46

dieser Ecke kommt auch wohl seine gute Moderationsfähigkeit: Wenn man keine Spannungen hat, sondern Ausgleich und Harmonie herstellt, sieht alles relativ freundlich aus.
Weniger beeindruckt ihn stark Kreatives, denn dies ist ja in der Regel eher mit Ungewißheit und Unzuverlässigkeit behaftet. Er ist auch kein Machtmensch, und Fragen der Organisation bewegen ihn nicht sonderlich.
Wir haben schon weiter oben auf den »braven Soldat Schwejk« hingewiesen, der in jedem #4 »Moderator« etwas drinsteckt. Er hat mit Schwejk etwas gemein: Er besitzt die Neigung und Fähigkeit, sich irgendwie durchzumogeln. Deshalb erregen Anklänge an Ausweg und Erleichterung seine Sympathie. In ähnliche Richtung geht auch die Stufe der Überzeugung, wo ihn Angebote der Tradition in den Bann schlagen. Neben dem #5 »Verläßlichkeitssucher« ist er einer der eifrigsten *Markenartikelkäufer*, weil ihm dort die gleichbleibende Qualität und eine gewisse Garantie Sicherheit vor unliebsamen Überraschungen gewährt.
Was fasziniert ihn? Alles, was ihm entschieden hilft, seine depressiven Stimmungen zu verjagen. Wenn es ihm gelungen ist, der Welt, dem Gesetz, den Vorgesetzten ein Schnippchen zu schlagen, sich durchzumogeln, sich nicht fangen zu lassen oder einen perfekten Kompromiß des geglückten Interessenausgleichs zu vermitteln, ja, das löst in ihm Glücksgefühle aus.
Ein besonderes Charakteristikum der Moderatorin bzw. des Moderators besteht darin, daß sie besonders wohlwollend auf humorige Ansprache reagieren. Dies wird aus der leicht depressiven Charakterkonstellation dieses Typus verständlich.
Wir haben schon darauf hingewiesen, daß dem »Moderator« die Größe des Vergangenen anzieht. Wenn er sozusagen im Rausch vergangener historischer Größe »baden« kann, so erregt ihn das gewaltig. Ich habe bei der Vorführung historischer Filme diese Menschen ganz stark erregt gesehen. Wenn da etwa ein Held dargestellt wird, ein großer König, eine überragende Gestalt, die sich gegen alle Widerstände behauptet hat, dann tritt bei ihm eine heftige Identifikation auf, die ihn zutiefst bewegt.
Wir verlassen damit die beiden Typen #3 und #4 und betreten das letzte Hauptsegment mit den #6 »Machern« und #5 »Verläßlichkeitssuchern«.

V. Wille zur Tat – Kraft zur Realisierung

Waren die Sujets *Wandel* und *Erneuerung* die Kardinalthemen von #1 »Visionären« und #2 »Transformatoren« und andererseits *Struktur*, *Ordnung* und *Konfliktvermeidung* die Herzensanliegen der #3 »Analysierer« und #4 »Moderatoren«, so betreten wir nunmehr das Land, wo der *Wille zur Tat* und der *Drang zur Realisierung* die Szene beherrschen.

Der #5 vorsichtige »Verläßlichkeitssucher« ist die introvertierte Version des #6 »Machers«, während letzterer das extravertierte Pendant des #5 »Verläßlichkeitssuchers« darstellt.
Besonders interessant ist der #6 »Macher«, denn was nutzen alle guten Ideen und Pläne, wenn sie nicht zur Realisierung gebracht und schließlich durchgesetzt werden. Gerade unter Managementgesichtspunkten spielt dies eine große Rolle. Aber auch im alltäglichen Leben ist Tatkraft etwas Wichtiges, auf die keine Gruppe verzichten kann.
Die #5 verklemmten »Verläßlichkeitssucher« befinden sich in dem elliptischen Kreisgebilde von Chart 2 zwischen dem kompromißorientierten, eher bewahrenden #4 »Moderator« auf der einen und dem #6 »Macher« auf der anderen Seite. Aus dieser »Eingeklemmtheit« versteht man diesen Typus vermutlich am besten. Diese Menschen stehen irgendwo in einer Grauzone zwischen der Ratio, die die obere rechte Hälfte der Abbildung charakterisiert, und andererseits wiederum dem Drang zur Realisierung, der für das rechte untere Drittel – und hier besonders für den »Macher« – bezeichnend ist. Der #5 »Verläßlichkeitssucher« ist deshalb zwischen den beiden Möglichkeiten der (a) vernünftigen, logischen Anpassung und dem (b) beherzten Losmarschieren hin- und hergerissen und versucht den *Kompromißweg* des Planens und Organisierens zu gehen. So kommt es, daß er weder die Entschiedenheit des »Machers« besitzt noch die Neigung und Fähigkeit des sich anpassenden »Moderators«. Er schlägt deshalb eine Art Mittelweg des »Schreibtischtäters« ein. Er geht die Probleme zwar an, verharrt hierbei aber doch lieber am Reißbrett, als auf das »Schlachtfeld« zu ziehen.
Wenn wir dies ein wenig negativ formulieren, so sollten wir dennoch im Augen behalten, daß seine organisatorische Leistung außer Frage steht. Wir brauchen diesen Typus des #5 »Verläßlichkeitssuchers«, denn die Sicherheit, die sein großes Anliegen ist, schafft er fürs Unternehmen. Und zwar mit Brillanz.
Trotzdem zahlt der #5 »Verläßlichkeitssucher« für seine organisatorischen Fähigkeiten einen relativ hohen »Preis«: In schwierigen Situationen erlebt er erhebliche *Ängste*. Typisch für diese Sicherheitssucher ist, daß sie allüberall Gefahren wittern. Wenn sie einen Zug besteigen, sehen sie ihn verunglücken; im Flugzeug beschäftigen sie sich permanent mit den Risiken eines Absturzes. Bei einem Zukunftsprojekt denken sie intensiv über dessen Scheitern nach. Ihr Denken ist eine einzige Anleitung zum Unglücklichsein, und bei soviel Schwarzseherei verpassen sie die schönsten Momente des Lebens. Aber es ist eben auch diese panische Angst vor dem Scheitern, die sie zu so extrem sorgsamer, liebevoller Detailplanung drängt. Dabei können sie besser als alle anderen die Wenn und Aber, die Klippen und Stromschnellen erkennen und rechtzeitig planerische Vorkehrungen treffen. Auch wenn es manchmal schwierige Leute sind: Wir brauchen sie.

»Verläßlichkeitssucher« leiden häufiger als andere unter *Gefühlen der Bedrohung* und sehen sich – weit mehr, als dies objektiv begründet ist – von anderen Menschen und von den Umständen heimgesucht. Darum ist die Vermeidung von Risiko ihr großes Bestreben. Das ist es, was sie zu so hervorragenden Planern macht: Ein Plan ist ja der Versuch, das Leben zu kanalisieren, es in sichere organisatorische Bahnen zu lenken. Es ist der Drang zur Absicherung, der ihre positivste Eigenschaft, die Organisationsfähigkeit, sozusagen »produziert«.
Als letztes möchten wir uns den sozial geschickten #6 »Machern« zuwenden. Sie sind das »Salz der Industrie«, aber sie stellen auch eine gewisse Gefahr dar. #6 »Macher« setzen Dinge in Bewegung, brauchen die Herausforderung der Tat und lieben es nicht, Fragestellungen langatmig oder tiefschürfend-wissenschaftlich oder gar theoretisch zu durchdringen. Sie wollen vielmehr schnell handeln – manchmal ein wenig zu vorschnell, aber immerhin –, sie wissen, daß Unternehmer von »etwas unternehmen« und nicht von »unterlassen« kommt. Ohne sie läuft deshalb nichts.
Wer von soviel Tatendrang durchpulst ist und sich damit durchsetzen will, kann vermutlich nicht zu den ganz zart Besaiteten gehören, die rücksichtsvoll nach rechts und links schauen und ängstlich versuchen, nirgendwo anzuecken. *Rücksichtslosigkeit* und *Egozentrik* sind oft ihr Markenzeichen, und das macht sie nicht immer zu sympathischen, angenehmen Zeitgenossen.
»Macher« treten meist elegant und selbstsicher auf. Vermutlich wären sie weniger erfolgreich, gäbe es da nicht ihre extreme *Eigenliebe* und *Selbstbezogenheit*. Dies sind ihre wahren Antriebskräfte. Aber wie wir alle wissen, kann Egozentrik – wenn sie zu stark entwickelt ist – eine wahre Heimsuchung sein. Dies besonders, wenn sie in autoritärem Gewande auftritt. Nun regieren #6 »Macher« zwar oft, aber keinesfalls nur mit Befehlen, denn sie besitzen meist ein ausgeprägtes Sozialgeschick. Eine gewisse *Kumpelhaftigkeit* ist für sie typisch. Sie »können« meist sehr gut mit den Leuten. Sie tun dies aber nicht mit dem Teamgeist des wahren Demokraten, der wirklich von Gemeinsamkeit überzeugt ist, sondern mehr »instrumentalisiert«, als Mittel zum Zweck.

1. Was erregt Verläßlichkeitssucher?

Welche Chancen haben nun die Werbeleute, um diesen Typus anzusprechen, zu überzeugen oder gar zu faszinieren? Wir schauen uns hierzu Chart 47 an.
Ablehnung, wie könnte es anders sein, ruft beim »Verläßlichkeitssucher« alles hervor, was ihnen angst macht oder Furcht einflößen könnte. Dabei muß man wissen, daß sie zu einem Krankheitsbild neigen, das der Psy-

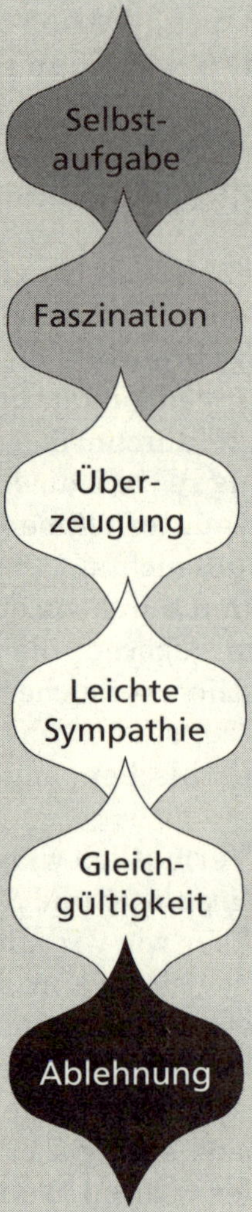

Totale und grenzenlose Geborgenheit – Geglückte Flucht aus Bedrückendem

Restloses Wohlwollen – Konfliktlosigkeit – Die ganz sichere Problemlösung – Der perfekte Plan

Keine Feindberührung – Absicherung – Langfristigkeit Glaubhafte Testimonials

Was Angst überspielt – Beschwingtheit – Ausweg

Intellektuelle Klarheit

Jegliche Art von Gefahrenhinweis – Unberechenbarkeit Enge – Bedrängung – Verfolgung

Das Erregungsschema des #5 Verläßlichkeitssuchers

Chart 47

chologe mit dem Wort *Paranoia* belegt und für das man auch die Bezeichnung *Verfolgungsangst* wählen könnte. Die wenigen dieser Gruppe, die es in die echte seelische Krankheit treibt, zeigen die Merkmale dieses schlimmen Leidens. Sie haben unbestimmte, eigentlich objektiv durch nichts begründete Angstgefühle.
Die Psychoanalyse hat verschiedene Erklärungen für dieses Phänomen, meist geht es um Alleingelassensein in der Kindheit. Das braucht uns aber nicht so sehr zu beschäftigen, denn es genügt an dieser Stelle zu wissen, daß ihre größte Empfindlichkeit ihre *Ängstlichkeit* ist. Von daher gesehen sind sie, in der Tat, ein klein wenig lebensuntüchtig, gerade wenn Managementaufgaben auf sie warten. Sie sind deshalb auch in Vorständen praktisch nicht anzutreffen. Ohne den Beamten zu nahe treten zu wollen, muß man annehmen, daß sie vermutlich in einer Behörde besser aufgehoben und dort auch glücklicher sind als im täglichen Kampf des Wettbewerbs. Wir sollten uns aber auch darüber im klaren sein, daß ihre Haltung sie zum Planer prädestiniert, und falls sie sich in den Winkel des Organisierers flüchten können, leisten sie dort außerordentlich gute Arbeit. Ihr Planungsgeschick ist ungewöhnlich groß. Auch wenn sie für die oberste Managementebene weniger geeignet sind, so haben sie im Mittelmanagement einen wichtigen Platz und spielen dort eine nicht zu unterschätzende Rolle.
Ein Bereich, wo man den »Verläßlichkeitssucher« nicht selten findet und wo er gute Akzeptanz hat, ist der Personalbereich. Er kann sehr behutsam und rücksichtsvoll mit Menschen umgehen. »Verläßlichkeitssucher« sind übrigens die überzeugtesten Markenartikelkäufer. Wen wundert's, daß die Symbole der Verläßlichkeit attraktiv auf ihn wirken?
Aber nun, nach diesen Vorbemerkungen, zu der eigentlichen Frage dieses Abschnitts: Was bewegt den #5 »Verläßlichkeitssucher«?
Wir haben unter den Dingen, die sie abstoßen, bewußt »Enge« aufgeführt, weil die typischen Merkmale des Paranoiden, nämlich Platzangst, bei ihnen – wenn auch nur in ganz leichter Form – so doch gehäuft vorkommen. Auch wenn die Charakteristika unseres Sicherheitsapostels nichts direkt mit Krankheit zu tun haben, so zeigt auch der weitgehend normale #5 »Verläßlichkeitssucher« fast stets Zeichen des *Bedrohtseins*, indem er zum Beispiel sagt, daß ihm viele Menschen nicht wohlwollen oder ihn anfeinden. Oft erblickt er in harmlosen und akzeptierten Verhaltensformen der anderen etwas, das gegen ihn gerichtet ist. Kein Wunder also, daß diese Sicherheitssucher nicht ganz einfache Menschen sind.
Gehen wir nun zur nächsten, der zweiten Stufe in unserem Quantenmodell: Was ihn weniger als andere Typen beeindruckt, das sind die intellektuelle Klarheit des Analysierers oder die Visionen des »Visionärs«. Dafür hat er kein Gespür, und wahrscheinlich steht solcher Höhenflug irgendwo im Gegensatz zu seinen Ängsten, die dafür keinen rechten Raum lassen.

Sympathie erregt bei ihm alles, was darauf deutet, daß keine »Feindberührung« stattfinden wird, kein Konflikt. Je langfristiger etwas ist, desto besser. Wenn Sie jemanden kennen, der eine Hotelreservierung bereits ein halbes Jahr im voraus macht, der bereits eine halbe Stunde vor Abgang des Zuges auf dem Bahnsteig steht, dann ist es mit hoher Wahrscheinlichkeit ein »Verläßlichkeitssucher«.
Wenn Testimonials glaubwürdig sind, dann ist dies eine Ansprache, die er gern mag, denn wenn der anerkannte »X« oder der berühmte Star »Y« eine Schmerztablette nimmt, dann beruhigt dies seine Ängste, eventuell einen Fehler zu begehen und das Falsche zu tun.
Fasziniert ist dieser Typ vom perfekten Plan. Dabei ist es seine Neigung, den Plan, der ja zunächst einmal nur auf dem Papier steht, mit der Realität zu verwechseln. Der Plan ist ihm dabei dann oft wichtiger als die spätere Realisierung. Auch dies ist in der Managementwelt sicherlich nicht ganz unbedenklich.
Was ihm besonders gefällt, obgleich er es selten so richtig genießt, das sind Situationen kompletten Wohlwollens. *Streicheleinheiten* – das versteht auch jemand ohne psychologische Vorbildung – müssen für einen solchen Menschen von ganz ungeheurer Wichtigkeit sein. Als Vorgesetzter motiviert man ihn ungeheuer, wenn man solche Streicheleinheiten verteilt, auch wenn sie gar nicht ganz berechtigt sind, denn dies führt ihn zu innerer Sicherheit und reduziert seine Ängstlichkeit.
Etwas bedenklich ist, daß Glücklichsein bei ihm oft dadurch zustande kommt, daß er der Wirklichkeit entflieht. Das kann – aber muß nicht – zu Drogenkonsum führen. Immerhin waren in unserer Enquete die wenigen Alkohol- und Drogengefährdeten fast alle Angehörige dieser Typusgruppe. Die Angst hinter sich zu lassen ist für sie eines der großen Erlebnisse. Dafür zahlen sie auch einen sehr hohen Preis.

2. Wie reagieren Macher auf Kommunikation?

Was muß ich nun den »Machern« offerieren, um Energien auszulösen? Ganz gewiß stößt ihn ganz stark alle Passivität ab, alles Nichtstun. Aber auch ein Zuviel an Theorie oder gar Philosophie ist nicht sein Ding. Es muß immer zügig vorangehen. Sich mit großen Visionen und Philosophien zu befassen, liegt ihm weniger – er will *handeln*. Insofern ist ihm theoretische Klarheit kein tieferes Bedürfnis.
Da er relativ hemdsärmelig und nicht selten rücksichtslos ist, hat er mit Moral und ethischen Überlegungen nicht so furchtbar viel am Hut. Nicht daß er grundsätzlich gegen Regel und Gesetz verstößt, aber wenn es denn sein muß, kennt er keine allzu großen Hemmungen, auch einmal alle fünfe grade sein zu lassen. Man darf ihm in der Werbung also durchaus mit

Selbstaufgabe	Als Sieger dazustehen – Sich durchgekämpft haben – Den Applaus der Menge zu hören
Faszination	Statusverbesserung – Große Anerkennung – Reichtum – Im Mittelpunkt stehen
Überzeugung	Materieller und Prestigegewinn – Schmeichelhaftes – Es bewirkt etwas für mich
Leichte Sympathie	Chancen des Weiterkommens – Herausforderung
Gleichgültigkeit	Theoretische Klarheit Ethik, Moral
Ablehnung	Alles, was keinen direkten Nutzen abwirft – Passivität Utopie und Vision

Das Erregungsschema der #6 Machers

Chart 48

»starkem Tobak« kommen, darf auch einmal Gewagtes zeigen. Ja, die Welt des Verbrechens übt sogar einen gewissen Reiz auf ihn aus.
Sympathie kommt bei ihm auf, wenn er Chancen fürs Weiterkommen wittert, wenn er eine Herausforderung sieht und eine Verbesserung seiner Position.
Wie wir Chart 48 entnehmen, spielt die Ichbezogenheit bei ihm auch auf den höheren Stufen mit mehr Energiefreigabe eine wichtige Rolle. Materieller Reichtum reizt ihn enorm. Prestigegewinn sicherlich noch mehr. Er macht nur einen Finger krumm, wenn etwas dabei herausspringt, wenn zumindest etwas herauskommt, was seinem Können, seiner Eitelkeit oder seiner Eleganz schmeichelt.
Um bei ihm die Stufe der Faszination zu erreichen, muß entweder ein ganz großes Prestige oder Lob winken, es muß Reichtum sein, den er gewinnen kann, oder er darf auf eine ganz dramatische Art und Weise im Mittelpunkt stehen. Daß der »Macher« mediengeil ist und nichts so sehr liebt wie öffentliche Erwähnung, braucht man vermutlich nicht mehr hinzuzufügen. Wirklich »high« habe ich #6 »Macher« immer dann gesehen, wenn sie den ganz großen Auftritt hatten, die ganz große Show, oder aber beim Erringen eines fulminanten Sieges, wo der Applaus der Masse ihnen wahres Labsal ist.
Damit beenden wir den Durchgang durch unsere Typologie. Welch *neue Horizonte* die persönlichkeitsorientierte Betrachtung von Märkten, Innovation und Management erschließt, werden wir weiter unten noch vorstellen. Bevor wir jedoch dazu aufbrechen, müssen wir mit dem beginnen, was stets und immer am Anfang stehen muß, bevor ich mich frage, wie andere Menschen beschaffen sind und wie sie agieren: *Wer bin ich selbst?* Um diese Frage kann und darf sich niemand herumdrücken, der mit dem typologischen Modell arbeiten möchte. Es ist die *Conditio sine qua non* der Quantenmechanik. So wie der Psychologe erst einmal sich selber kennen muß, um Tests anzuwenden und interpretieren zu können, so wie der Psychoanalytiker eben erst durch eine Lehranalyse gehen muß, bevor er auf andere losgelassen werden darf, so werden auch wir nicht den zweiten Schritt vor dem ersten tun und uns deshalb jetzt intensiv unserer *eigenen* Psyche zuwenden.
Daß uns diese Selbstanalyse gleichsam den Schlüssel in die Hand drückt, um dann später *andere* beurteilen zu können, macht das folgende Kapitel für jeden spannend, der sich in diese Materie einarbeiten möchte.

Ihre Wahl

Chart 49

Kapitel 15

Wer bin ich?

Formelorientierung
Wir vertiefen den Teil $P = W_1 + W_2 + W_3 \ldots + W_n$

Das Persönlichkeitsbild, das wir hier zeichnen, und das Testsystem, mit dessen Hilfe wir es beschreiben und ordnen, arbeiten zweistufig:

(a) Erst muß ich mich selbst erkennen, und wenn das erreicht ist, folgt die Frage:
(b) Wer ist der andere, rechts und links von mir? Meine Vorgesetzten, Mitarbeiter, Partner, Lebensgefährtin, Söhne und Töchter.

Die Zweistufigkeit ist zwingend, weil meine eigene Ausgangssituation jede Fremdbeurteilung mitbestimmt. Vor allem spielen die in Chart 52 aufgezeigten Basiskonflikte hier maßgeblich hinein.

I. Von der Vermutung zu mehr Gewißheit

Wie nun gelange ich zu einer zutreffenden Aussage über mich und die andern? Das Arsenal von Tests, das die Psychologie bereithält, ist schier endlos und riesig. Wir konzentrieren uns lediglich auf zwei Ansätze:

(a) Da ist zum einen die Annäherung über *Farben* und zweitens
(b) über *verbale Formulierungen*, wie man sie in vielen Tests findet, ganz besonders in den amerikanischen.

1. Ein herzliches Dankeschön an Max Lüscher

Die von uns bevorzugte Selbst- und Fremdbeurteilung über die *Farbe* geht auf den Psychologen *Max Lüscher* zurück. Obgleich er in der Fachwelt

nicht überall anerkannt ist, halte ich persönlich sein Werk für bedeutend und die Originalität und innere Geschlossenheit seines Farbsystems für herausragend – ja, fast schon genial.
Ich bin seinen Arbeiten schon sehr früh (1958) begegnet und habe im Hause Reemtsma seine Farben für marktforscherische Untersuchungen eingesetzt. Ehrlich gestanden ist mir aber damals nur unzureichend klargeworden, welche Schätze in Max Lüschers Werk stecken. Erst durch eine Wiederbegegnung im Jahre 91 wurde mir bewußt, daß seine Arbeiten für mich nicht nur eine Fundgrube darstellen, sondern daß wir unabhängig voneinander zu einer Sechs-Phasen-Typologie gelangt waren, die sich glichen wie ein Ei dem anderen. Daß er mir gestattet hat, seine Resultate in dieses Buch zu integrieren und von ihnen profitieren zu dürfen, dafür möchte ich an dieser Stelle sehr herzlich Dank sagen. Um diesem Dank Ausdruck zu verleihen, bezeichne ich meinen Ansatz jetzt in der Regel als *Lüscher-Leavitt-Berthsches System*.
Ich will hier nicht alle seine Bücher aufführen, sondern nur das nennen, das mir am meisten behilflich war, mein eigenes Persönlichkeitssystem über eine Farbauswahl der Probanden schnell anwendbar zu machen. In seinem kleinen Bändchen »Die Harmonie im Team«[1] fand ich eine Ordnung, die fast maßgeschneidert dem Leavitt-Berthschen System entsprach.
Was bei Lüscher eher schwach ausgeprägt ist, das ist die *neurotische Komponente*, die meines Erachtens bei der Einordnung einer Persönlichkeit nie fehlen darf (eine der wenigen Punkte, wo Lüscher und ich etwas unterschiedlicher Auffassung sind).
Bei 90 Prozent aller von uns Befragten haben wir vier Tests parallel eingesetzt, um die Zusammenhänge und Ähnlichkeiten zu überprüfen: den Leavitt-Berthschen Verbaltest, die vier Farben von Lüscher, das Verfahren von Myer-Briggs und den TAT-Test von Murray. Es zeigte sich, daß Lüschers Test, wie er in »Die Harmonie im Team« beschrieben wird, mit meinem eigenen verbalen Schema in 73 Prozent der Fälle fast völlig, zu 18 Prozent stark und nur in 9 Prozent der Fälle schlecht oder gar nicht übereinstimmte.
Mit dem Respekt, der der Arbeit Lüschers gebührt, nutzen wir also die von ihm erarbeitete Zwei-aus-vier-Wahl, um unsere sechs Persönlichkeitstypen zu ermitteln.
Ich halte es nicht für einen Zufall, daß sich Lüschers Ordnung und die meinige wie Zwillinge ähneln, obgleich sie völlig unabhängig voneinander entstanden sind: Wir haben es mit sechs Grundbefindlichkeiten zu tun, auf die man fast zwangsläufig stoßen *muß*.

1 Max Lüscher: Die Harmonie im Team; ECON, Düsseldorf, 1988. Lüscher arbeitet hier mit einer Auswahl von zwei Lieblingsfarben aus vier Vorlagen.

2. Praktische Wege zur Selbsterkennung

Wir besprechen nun Art und Weise einer schnellen und effizienten Selbstbeurteilung, die, wie bereits gesagt, einer Bewertung fremder, dritter Personen stets vorausgehen sollte. Erst wenn man über sich selbst Klarheit hat, kann man vom eigenen, wohldefinierten Standort aus den andern verstehen. Je nachdem, wo man selber steht, muß man bei der Fremdbeurteilung – wie wir noch sehen werden – bestimmte Korrekturen vornehmen. Unsere eigene Optik färbt, trübt, modifiziert das Bild vom andern, und sie muß deshalb bei der Beurteilung einer Fremdperson mit ins Kalkül gezogen werden.

(a) Wertfreiheit

Eingangs sei noch einmal auf etwas sehr Wichtiges hingewiesen: Wir verwenden die Lüscher-Berthsche Quantentypologie als ein Instrument, um *Andersartigkeit* und *Differenzierung* zu ermitteln, auf keinen Fall aber um hiermit eine *Wertung* im Sinne von *»gut – schlecht«* oder *»richtig – falsch«* vorzunehmen. Wir halten dafür, daß es der Psychologie besser ansteht, grundsätzlich auf Wertungen zu verzichten und sich darauf zu beschränken, lediglich die Andersartigkeit der Menschen wertfrei herauszuarbeiten. Diese Selbstbescheidung muß die Regel sein! Die einzige Ausnahme ist ein Anforderungsprofil, das z. B. bei der Kandidatenauswahl vorliegt und für das man nun einen passenden Bewerber sucht. Dann – und nur dann – kann man vergleichend sagen: Dieser Kandidat ist besser als jener geeignet.

(b) Die ungestützte Selbstzuordnung

Der Leser oder die Leserin mögen an dieser Stelle zunächst noch einmal Chart 2 auf Seite 17 anschauen und nun ganz einfach aufgrund der sechs aufgezeigten Hauptneigungen für sich selbst beurteilen, welche dieser Neigungen am stärksten ausgeprägt ist und welche an zweiter, dritter usw. Stelle steht.
Aus unserer Erfahrung wissen wir: Etwa ein Drittel weiß sofort, was an die Spitze kommt, ein weiteres Drittel hat etwas Probleme, und ein weiteres Drittel tut sich schwer, weil zwei Hauptneigungen bei ihnen gleich stark ausgeprägt sind. Stellen Sie sich nun bitte folgende Frage, falls zwei Neigungen miteinander in Konflikt stehen: Auf welches der beiden Betätigungsfelder könnte ich am ehesten verzichten?
Manchmal hilft es auch weiter, wenn man sich fragt: Wenn ich mich ein Leben lang nicht im Sinne der beiden Neigungen betätigen dürfte, was würde mich am meisten treffen? Über diese spontane Wahl der Neigungen kommen 93 Prozent zu einem Erfolg in dem Sinne, daß sie eine Lieblingstätigkeit und eine zweite Neigung definieren und eine dritte Richtung, die ihnen *nicht* liegt.

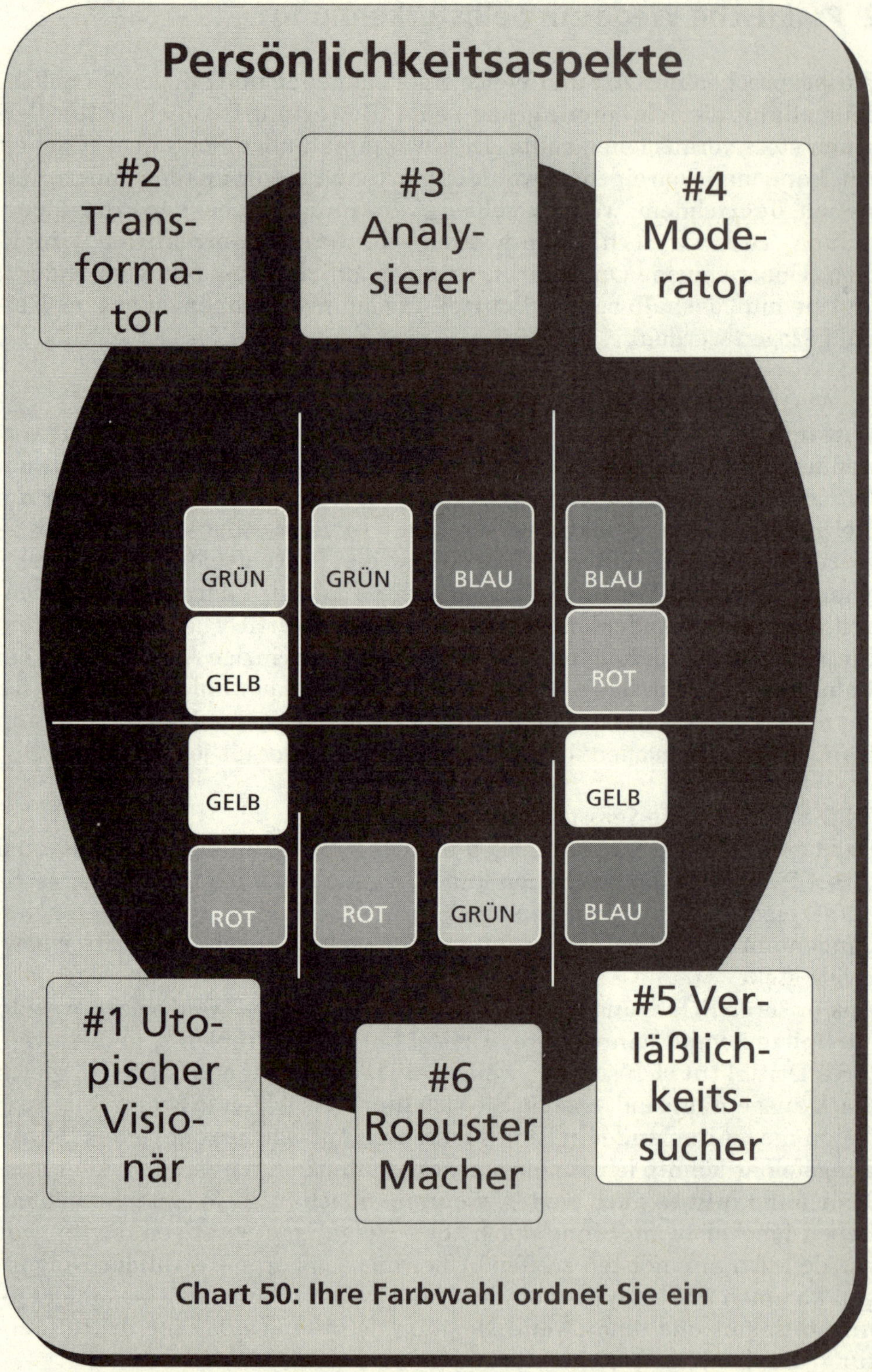

Chart 50: Ihre Farbwahl ordnet Sie ein

(c) Die farbgestützte Selbstzuordnung

Diese Zuordnung folgt der Lüscherschen Sechsereinteilung und arbeitet mit *vier Vorlagefarben*: Rot, Grün, Blau und Gelb. Die Originalfarbvorlage finden Sie in dem bunten Chart 49.
Nachstehend haben wir die Grundbedeutung der vier Farben ganz kurz beschrieben. Sie erkennen bei der Lektüre bereits eine erste Affinität zu den sechs Typen.

Die Bedeutung von Gelb:
Gelb ist die Farbe der Kreativität, der Selbstentfaltung, des Drangs zu Neuem, der Neugierde, der Freiheit und Ungebundenheit und schließlich noch die Farbe der Veränderung. Kein Wunder also, daß sie stark im Bereich der beiden Kreativen, also des »Visionärs« und des »Transformators« auftaucht. Bei den #1 visionären Typen ist Gelb durchweg die eindeutige und besonders klar bevorzugte Lieblingsfarbe.

Die Bedeutung von Grün:
Die Farbe Grün hat etwas mit Selbstachtung zu tun, mit Stabilität, Sicherheit und Beharrungsvermögen. Sie steht also in dramatischem Gegensatz zur Quirligkeit und Veränderungswut von Gelb. Menschen, die das hier wiedergegebene Grün wählen, ruhen bei weitem mehr in sich als die unruhigen Kreativen, die sich für Gelb entschieden haben.

Die Bedeutung von Blau:
Diese Farbe bedeutet Distanz, Kühle, Abstand. Sie spiegelt eine sensible Ruhe wider und signalisiert Entspannung und Zurückhaltung. Wer Blau wählt, will die Dinge klären, will sie verstehen, aber nicht aggressiv angehen. Kein Wunder, daß die Introvertierten unter den sechs Typen sie gern mögen. Wir meinen auch – etwas im Gegensatz zu Lüscher –, daß bei ihnen ein wenig Furchtsamkeit mitschwingt.

Die Bedeutung von Rot:
Bereits im Volksmund ist es das »rote Tuch«, das eine starke Gefühlsregung ausdrückt, und es ist ebenfalls Alltagseinsicht, daß Rot etwas mit Aggressivität zu tun hat. Diese Aggressivität paart sich mit einem starken Selbstvertrauen, das es erleichtert, die Welt aktiv anzugehen, neue Territorien zu erobern und schließlich den Sieg davonzutragen. Rot lieben heißt Gewinner sein wollen.

(d) Die Mischung mit der zweiten Farbe

Wäre man nur auf eine einzige Lieblingsfarbe angewiesen, so wäre die Ausbeute aus der Selbstzuordnung gering und etwas zu holzschnittartig. Aber glücklicherweise besteht die Aufgabe ja nicht darin, nur eine,

Sie haben Ihre 1. Präferenzfarbe gewählt. Damit haben Sie die sechs typologischen Möglichkeiten von sechs auf drei Persönlichkeitstypen beschränkt.

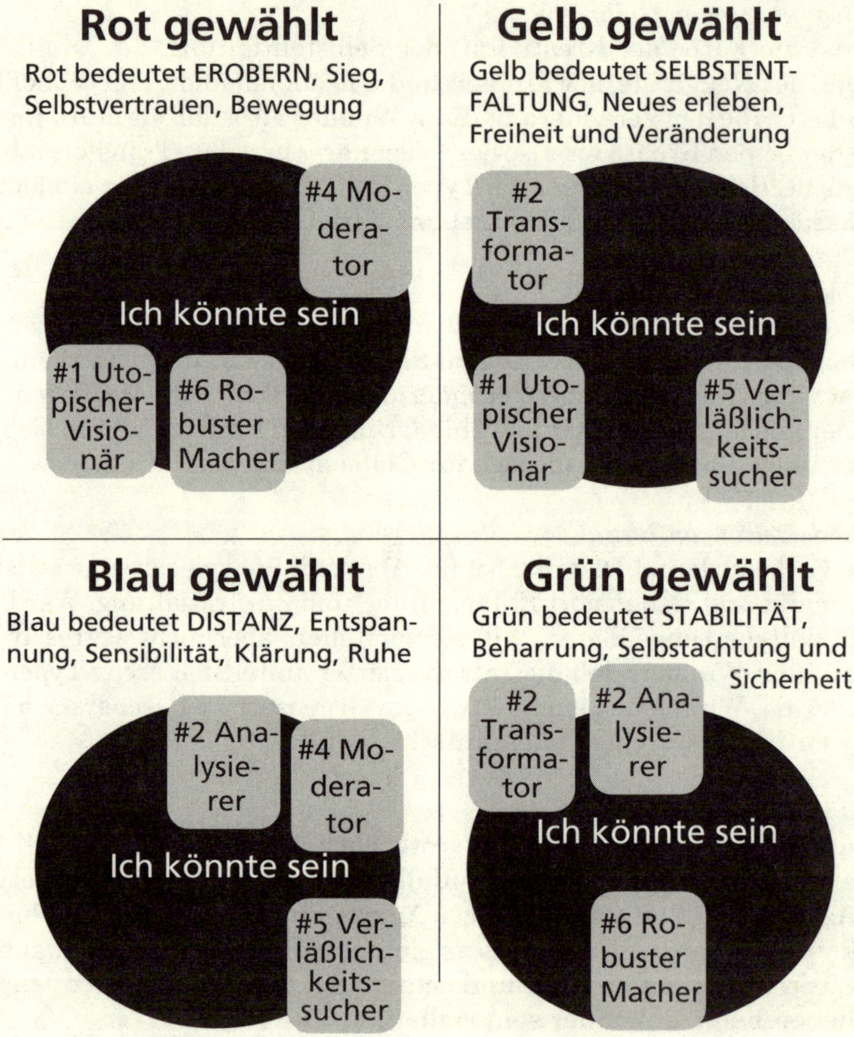

Chart 51: Identifikation

sondern *zwei* Farben zu wählen und sich dabei noch zwischen der ersten und der zweiten Position auf einen *Favoriten* festzulegen.
Erst diese Paarung von zwei Farben ergibt Ihre persönliche Zuordnung, wie sie in Chart 50 gezeigt wird. Sie erkennen dort ganz klar, welche Farbkombination welcher Persönlichkeit entspricht.
Welche Rolle spielt aber nun die Entscheidung zwischen der ersten und zweiten Lieblingsfarbe?
Greifen wir einmal ein Beispiel heraus.

Beispiel eines »Visionärs« mit Tendenz zum »Macher«
Jemand hat sich für die Kombination Gelb/Rot entschieden. Das macht ihn nach diesem Schema zum »Visionär«. Nun hat er aber der Farbe Rot die erste Position eingeräumt und der Farbe Gelb nur die zweite. Dies bedeutet, daß er vermutlich von Rot stärker bestimmt wird als von Gelb. Wie ist das nun zu interpretieren?
Die Haupt- und erste Lieblingsfarbe signalisiert, daß der Betreffende zwar durch die Wahl von Gelb/Rot in *erster Linie* ein #1 »Visionär« ist, aber durch die Dominanz von Rot einer, der etwas zum #6 »Macher« und zum #4 »Moderator« hintendiert, denn er hat mit diesen beiden das Rot gemein. Hätte er das Gelb zur ersten Farbe erkoren, so würden wir eine Verwandtschaft mit dem #2 »Transformator« und dem #5 »Verläßlichkeitssucher« vermuten, weil er mit diesen das Gelb teilt.
Man könnte es auch so sagen: *Die Doppelwahl legt den Betreffenden fest, aber die Bevorzugung einer von beiden Farben gibt eine Verwandtschaft mit anderen Typen an.*
Das ist sehr wichtig, denn die Welt der Charaktere ist bunt. Man kann den Menschen nicht allein mit sechs Typen beschreiben und ihn nach Schema F einer Kategorie zuordnen und damit basta! Dies würde der menschlichen Vielfalt nicht gerecht. Die Unterscheidung zwischen Haupt- und Zweitfarbe erlaubt es uns hingegen, *verfeinernde Akzente zu setzen.*
Rein rechnerisch ergibt diese Akzentsetzung, daß sich unsere Typologie aus sechs Grundpositionen in zwölf Varianten aufgliedert, denn jeder ist mit zwei seiner »Nachbarn« verwandt. Das heißt, er teilt mit dreien seine Lieblingsfarbe.
Will jemand partout zwei gleichwertige Lieblingsfarben und hat er Probleme, sich zwischen Haupt- und Nebenfarbe zu entscheiden, dann signalisiert dies, daß er offenbar ein »reiner« Typus ist mit wenig Querverbindung zu anderen.

(e) Die verbale Unterstützung und Korrektur
Um es noch einmal zu sagen: Die Lüscher-Leavitt-Berthsche Quantentypologie will kein zu enges Korsett sein. Es soll gerade nicht der Versuch unternommen werden, die Vielfalt des Lebens und die zahllosen Schat-

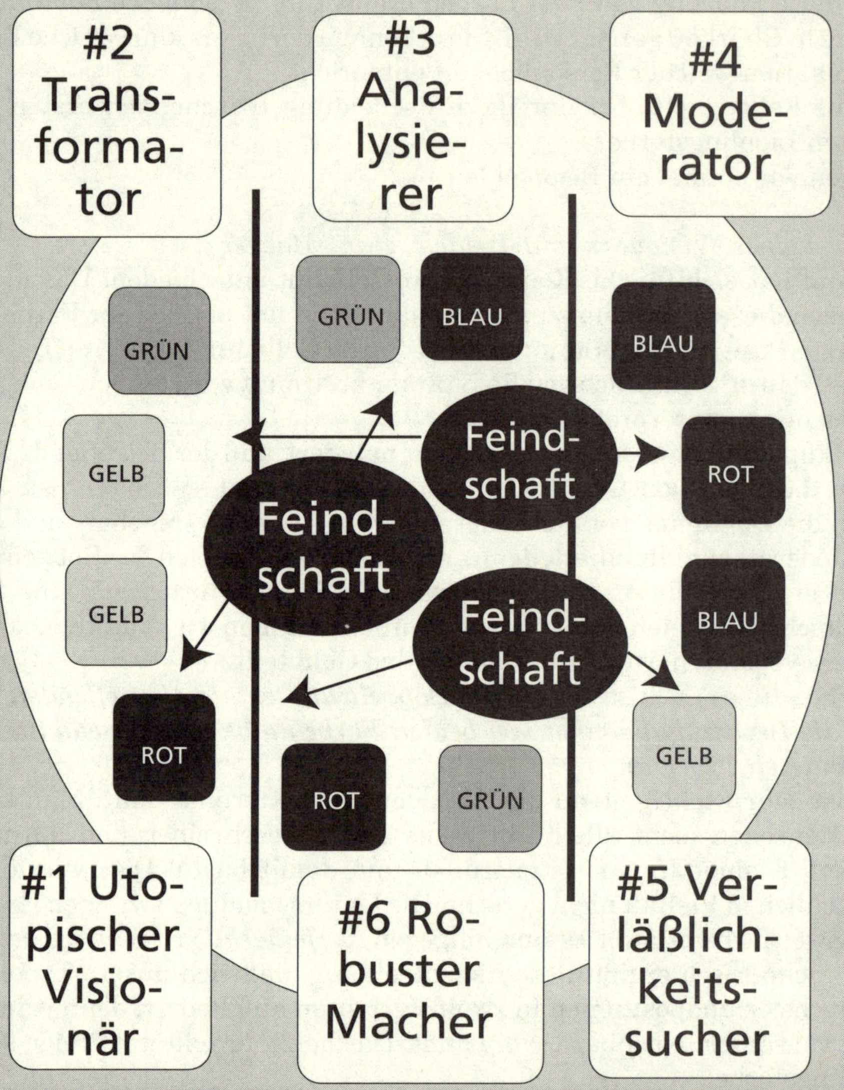

Die »Urfeindschaften« zwischen Analysierer und Visionär, zwischen Macher und Verläßlichkeitssucher und zwischen Problemlöser und Moderator

Chart 52: Konflikte

tierungen der Realität zu mißachten, indem man alles in ein Schema einzwängt, das ganz einfach zu rigoros oder zu eng ist.
Man könnte den Vorgang der Identifikation der Persönlichkeit auch folgendermaßen beschreiben: Betrachten Sie die sechs Typen als reine *Prototypen*, die gar nicht aus echtem Fleisch und Blut sind. Sie sind vielmehr Idealtypen, die sich zwar sauber beschreiben lassen, die aber der Buntheit des Lebens nur in ganz seltenen Fällen voll entsprechen.
Hier drängt sich die Frage auf: Zu was sind sie dann nütze?
Sie sind *Orientierungspunkte* und sollen nur dazu dienen, eine *Verwandtschaft* aufzuzeigen. Und zwar in dem Sinne einer Hauptorientierung, aber ebenfalls einer breit gestreuten Zahl weiterer Bindungen.
Interessant ist nun, daß es keine Schwierigkeiten macht, ja in fast 100 Prozent der Fälle möglich scheint, eine *erste und wichtigste Verwandtschaft* zu definieren, die – so haben unsere Forschungen gezeigt – besonders starke Auswirkungen auf das *Verhalten* besitzt, sei es als Käufer, Verkäufer oder interner Mitarbeiter.
Was wir hier tun, ist also ganz bewußt *kein* Kästchendenken. Es ist eine Prototypenorientierung, die unzählige Varianten zuläßt. Andererseits ermöglicht die Entscheidung für eine Hauptorientierung so viel Struktur, daß wir jede Persönlichkeit zuordnen und damit eine Verbindung zwischen Typ und Werten und Typus und Verhalten ermitteln können.

In diesem Sinne haben wir neben die Hauptzuordnung die jeweils zwei Spielformen einer Verwandtschaft gestellt und damit das etwas starre Sechsfrontenschema vielfältiger gestaltet. In diesem Sinne ist auch eine weitere Übung zu sehen, die jeder Leser mitmachen sollte.
Wir haben in die Abbildung 53 mit der Ihnen vertrauten Typeneinteilung eine Reihe von Aussagen eingesetzt. Sie sollten sie durchgehen und diejenigen ankreuzen, wo Sie das Empfinden haben: Dies trifft auf mich und meine Person ganz besonders stark zu.
Sie können das noch etwas weiter differenzieren, indem Sie jedem Statement eine Note der Dringlichkeit oder Ablehnung geben.
Schreiben Sie hinter das Statement in das leere Kästchen:

eine 3 für	extrem wichtig für mich
eine 2 für	recht wichtig für mich
eine 1 für	von geringfügiger Wichtigkeit
eine 0 für	keine Beziehung; berührt mich nicht
eine –1 für	interessiert mich nicht oder stößt mich eher ab
eine –2 für	kann ich nicht, will ich nicht, ist mir zuwider

Sie haben auf diese Weise eine weitere Möglichkeit, Ihre Position zu überprüfen. Dieser Durchgang anhand selbstkritischer Statements hat verschiedene Vorteile:

① Prüfen Sie, ob die Haltungen und Präferenzen, die durch Ihre vorher vorgenommene Farbwahl zutreffend sind, durch die Wahl der verbalen Statements *bestätigt* werden. Sind Sie etwa ein »Analysierer« und die Statements im Kasten #3 »Analysierer« scheinen Ihnen zutreffend und die Statements der anderen fünf Kästchen finden Sie weniger passend, dann wäre dies eine *Bestätigung* der Farbwahl. Sie könnten sich dann zurücklehnen und zu sich selber sagen: O.k. – das wär's.

② Stellt sich hingegen als Ergebnis heraus, daß Sie bei den verbalen Statements Haltungen als wichtig einstufen, die *im Gegensatz* zu Ihrer farblichen Zuordnung stehen, dann müßten Sie sich die folgenden Fragen vorlegen:

(a) Will ich vielleicht etwas sein, was ich in Wirklichkeit gar nicht bin? Sollte dies zutreffen, so verhält es sich im allgemeinen so, daß die *Farbe* eher Ihr *wahres Wesen* widerspiegelt, während die *verbale* Äußerung eher Ihrem *Wunschbild* von sich selber entspricht.

(b) Es kann aber durchaus so sein, daß Sie tatsächlich *zwei Seelen* in Ihrer Brust haben. Dies kann auf eine gewisse innere Zerrissenheit deuten, wie sie häufiger vorkommt.
Sollte dies bei Ihnen der Fall sein, so müßten Sie prüfen, wie die beiden unterschiedlichen Neigungen miteinander verwandt sind. Die Charts 50 und 51 helfen Ihnen dabei. Wenn es sich um ganz entgegengesetzte Neigungen handelt – wie sie gleich dreimal in unserem System vorkommen (Chart 52) –, dann signalisiert es Zerrissenheit, während es sich eher um eine gewisse Vielgestaltigkeit handelt, wenn die beiden Neigungen miteinander verwandt sind, was dadurch gekennzeichnet ist, daß sie beide eine Farbe gemeinsam haben.

Etwa 20 bis 25 Prozent der Menschen müssen mit einer solchen inneren Zwiespältigkeit leben. Dies sind meist verhältnismäßig flexible Menschen. Durch ihre Wandlungsfähigkeit sind sie oft anderen *überlegen*. Sie sind allerdings auch schwierig, weil sie *nicht so berechenbar* sind und einmal zu der einen, manchmal zu der anderen Persönlichkeitsausprägung tendieren.

Testfragen zur Typologie

#2 Transformator

1. Kniffilige Probleme lösen ist sehr reizvoll.
2. Ich muß unentwegt an Verbesserungen basteln.
3. Ich habe viel lieber mit objektiven Tatbeständen als mit oft irritierenden Menschen zu tun.
4. Bisweilen fühle ich mich von der Umwelt wie durch eine unsichtbare Mauer getrennt.

#3 Analysierer

1. Ich teile meine Tagestätigkeit sorgfältig in Teilabschnitte ein.
2. Unordnung und Chaos sind schlimme Alpträume für mich.
3. Kriminelle müssen gnadenlos bestraft werden.
4. Man muß die Dinge objektiv in den Griff bekommen. Einfühlung und Psychologie führen eher in die Irre.

#4 Moderator

1. Ich kann mich sehr gut Vorgesetzten unterordnen.
2. Oft muß man sich einfach durchmogeln, und da bin ich spitze.
3. Es liegt mir sehr, Menschen zu Kompromissen bewegen zu können.
4. Manchmal deprimiere ich die Menschen durch meine Haltung und Äußerungen.

#1 Utopischer Visionär

1. Kreative Ideen fliegen mir nur so zu.
2. Mich beschäftigen oft ganz ungewöhnliche Gedanken, wie man die Welt verbessern könnte.
3. Menschen ohne eine Vision sind minderwertig.
4. Ich langweile mich schnell, und alles Neue, Skurrile und Absurde zieht mich magisch an.

#6 Robuster Macher

1. Es gibt nur einen einzigen Lebenssinn, sich selbst kompromißlos zu verwirklichen.
2. Ich muß rasch zupakken; langes Vorherplanen mag ich nicht.
3. Ich habe ein untrügliches Gefühl dafür, wie man Leute anpacken muß.
4. Wenn ich jemanden besiegt habe, empfinde ich ein einmaliges Glücksgefühl.

#5 Verläßlichkeitssucher

1. Planen ist meist interressanter als die Realisierung hinterher.
2. Die Menschen sind von Natur aus eher böse als gut.
3. Ich bedaure nichts so sehr wie Augenblicke, wo ich zu vertrauensselig war.
4. Manchmal habe ich das Gefühl, daß sich alle gegen mich verschworen haben.

Chart 53

II. Menschliche Konflikte und Freundschaften

Der Mensch ist ein soziales Wesen, und als solches hat er Freundschaften und Sympathien und Feindschaften und Antipathien. Die Grundregel aus unserem System ist die folgende:
Da, wo Verwandtschaften (eine gemeinsame Farbe) vorliegen, entstehen Freundschaften leicht, weil unterschwellig Sympathie vorliegt. Wo keinerlei Gemeinsamkeit besteht, ist die Gefahr des Konfliktes und der Feindschaft groß, denn man spricht eine unterschiedliche Sprache, die von vornherein die Verständigung erschwert, wenn nicht sogar unmöglich macht. Um die Frage des Miteinanders und der Konflikte untereinander zu klären, hat sich die Lüschersche Farbskala als besonders hilfreich herausgestellt. Chart 52 verrät uns hier wiederum, wo starke Spannung vorliegt, und macht uns klar, wo Menschen – sozusagen von Natur aus – gut miteinander auskommen. Wir brauchen dazu nur einen Blick auf die *Farbverwandtschaft* zu werfen.

1. Animositäten

Typen, die eine Farbe gemein haben, sind verwandt und haben bessere Chancen, sich zu verstehen, miteinander auszukommen, sich vielleicht sogar zu mögen und Freundschaft zu schließen, als Typen, die keine Farbe gemeinsam besitzen.

(a) Die größte Feindschaft

Die größten Spannungen, die wir zwischen den »Partnern« unserer Typologie beobachten konnten, besteht zwischen den »Analysierern« und den »Visionären«. Sie sind wie Feuer und Wasser, und es bedarf für jeden von ihnen ganz ungeheurer Anstrengungen, um dem andern wohlgesonnen zu begegnen. Man versteht diese Animosität, die nicht selten in offene Feindschaft ausarten kann, am besten, wenn man einen Blick auf Chart 22 auf Seite 144 wirft, das die wichtigsten Werte dieser beiden Persönlichkeiten ausweist. Da kommt man schnell dahinter, daß zwischen diesen beiden Freundschaft schwer ist.
Der Umstand, daß Freundschaft zwischen diesen beiden Typen so selten und Feindschaft eher die Tagesordnung ist, hat etwas besonders Tragisches an sich, denn nirgendwo wie hier täte es den beiden Kontrahenten so gut und wäre so nützlich für beide, wenn sie *voneinander lernen* würden. Die Tatsache, daß es um Innovation in deutschen Landen nicht zum besten steht, ist eng mit dieser bedauerlichen Feindschaft verknüpft. »Analysierer« – wenn sie Vorgesetzte sind – gehen fast immer ziemlich verständnislos und unfreundlich mit den »Spinnern« (Visionären) um, und

die »Visionäre« andererseits stoßen sich fast immer an den Zwängen, der Pedanterie und »Kleinkariertheit« (in ihren Augen) der »Analysierer«. Nichts ist aber so nützlich für beide, wie etwas über diese ihnen meist nicht wirklich klar bewußten Animositäten zu lernen, denn sie haben sich so viel zu geben: Wie schön, wenn ein »Analysierer« vom »Visionär« ein Stückchen von dessen Liberalität und Ideenstärke abbekäme! Wie schön aber auch andererseits, wenn der »Visionär« sich ein ganz klein wenig die Ordnungsliebe und Präzision des »Analytikers« zu eigen machen wollte!

(b) Draufgängerischer Macher und ängstlicher Verläßlichkeitssucher sind sich spinnefeind

Gespannte Verhältnisse existieren potentiell auch zwischen dem nach der Tat suchenden #6 »Macher« und dem furchtsamen #5 »Verläßlichkeitssucher«. Was der eine in den Wind schlägt, ist für den anderen von allerhöchster Wichtigkeit: Sicherheit ist für »Macher« kein Thema. Für den »Verläßlichkeitssucher« bedeutet sie alles. Planen mag der »Macher« nicht sonderlich. Da stürzt er sich lieber ins Kampfgetümmel und schlägt los. Wie könnte Typ #5 dafür Verständnis aufbringen?
Auch bei ihnen sind die Werte so grundverschieden, weil sie keine Farbe gemein haben.
Dennoch: Auch hier wäre ein Austausch der Fähigkeiten und Neigungen von allergrößtem Vorteil: Wie schön, wenn der »Macher« etwas behutsamer zu Werke ginge! Wie hilfreich, wenn der verängstigte Planer mal nicht ganz so ängstlich wäre!

(c) Wenig Verständnis zwischen Moderator und Problemlöser

Als letzten Bereich der in Chart 52 dargestellten Gegensätzlichkeiten streifen wir noch kurz die nicht allzu krasse, aber doch spürbare Gegensätzlichkeit zwischen den kompromißsuchenden »Moderatoren« und den »Transformatoren«. Sie mögen sich nicht besonders – sie haben auch wieder keine Farbe gemein –, aber es ist kein so bodenloses Mißverstehen wie bei den vorhergehenden Relationen.
Sie sind dadurch ein wenig verwandt, daß sie beide introvertiert sind, der »Transformator« allerdings noch weit mehr als der »Moderator«. Was sie trennt, sind ihre gegensätzlichen Tendenzen des Sicheinigelns und des Aus-dem-Felde-Gehens des »Transformators« mit seinen starken sozialen Problemen und der sozial konstruktiveren Haltung des »Moderators«, der zwar auch vorsichtig und zurückhaltend an die Welt herangeht, aber doch mit dem guten Vorsatz, die Menschen zueinanderzubringen, nach Anpassung Ausschau zu halten und Konflikte abzubauen.

2. Anziehungskräfte

Bis hierher haben wir über die Abstoßungsenergien unter den Menschen gesprochen. Um so erfreulicher, jetzt einmal über Zuneigung sprechen zu können.

(a) Visionär, Transformator und Verläßlichkeitssucher sind entfernte Verwandte

Alle drei genannten Typen haben gemeinsam das Gelb der Kreativität gewählt. Dabei nutzt der »Visionär« wohl diese Gabe am konstruktivsten, während es bei den anderen unterschiedlich zu bewerten ist. Beim »Verläßlichkeitssucher« geht viel der Phantasiefülle in dessen Ängste und Bedrohungsempfindungen ein.

Der »Transformator« setzt seine »gelbe Kreativität« für sein Basteln und Konstruieren ein, aber er produziert auch damit eine Menge sozialer Ängste. Phantasie aber haben sie alle drei, und das verbindet.

(b) Analysierer, Moderator und Verläßlichkeitssucher verbindet das Blau der Distanz

Alle drei sind schon recht unterschiedliche Burschen, aber ein wenig Sympathie kommt dennoch zwischen ihnen auf, denn sie alle gehen das Leben und seine Probleme aus einer Position der Distanz an. Vor allem trifft dies für die ersten beiden zu: Sie überlegen erst und handeln dann. Sie können Abstand nehmen zu den Dingen und sind deshalb gute Berater, weil sie überlegen. Der »Analysierer« tut dies, indem er sich erst einmal zurücklehnt und dann die Dinge ordnet und sichtet. Der »Moderator« ist der große Anpasser, der sich nicht ins Kampfgetümmel wirft, sondern erst einmal Ausguck hält, wo man ohne allzu großen Schaden aktiv werden kann.

Die Zurückhaltung des »Verläßlichkeitssuchers« ist mehr furchtsamer Natur; aber auch dies ist eine Art Distanz.

(c) Transformator, Analytiker und Macher mögen sich ein wenig

Klar, warum: Sie verbindet das Grün. Diese Farbe signalisiert vor allem *Stabilität*. Dabei ist es natürlich eine *unterschiedliche* Stabilität, um die es jeweils geht. Das Grün des »Transformators« wird durch das kreative Gelb verwandelt, das Grün des »Analytikers« durch das distanzierende Blau und das Grün des »Machers« durch das überaktive Rot.

Beim »Transformator« bedeutet deshalb das Grün Stabilität im Sinne des Vermeidens allzu hochfliegender Erneuerung – wie sie der »Visionär« liebt. Beim »Analytiker« ist es die Stabilität des durch sichere Vernunft und klare Argumentation gewonnenen Terrains. Beim »Macher« ist es die Stabilität seiner auf Menschen abzielenden, aggressiven Beeinflussung.

Extrem stark ist dieses »grüne Band der Sympathie« – um eine bekannte deutsche Bank zu zitieren – allerdings auch wiederum nicht.

(d) Inwieweit sind Visionäre, Macher und Moderatoren miteinander verwandt?

Das Rot schlägt Brücken, wobei diese besonders intensiv zwischen »Macher« und »Visionär« ausfallen. Beide achten sich, weil sie aneinander die *Tatkraft* schätzen, die der eine in die brachiale Durchsetzung und Implementierung seiner Ziele setzt, während sie der andere in das Erdenken neuer Lösungen investiert. Regelmäßig kommen beide ganz gut miteinander aus, und ihre Beziehung ist oft von gegenseitigem Respekt getragen. Nicht selten bilden sie Koalitionen, und mitunter gehen sie Symbiosen ein, bei denen der eine der Ideenzuträger des anderen ist und der andere dafür sorgt, daß die Ideen des ersteren der Verwirklichung entgegengeführt werden – vorausgesetzt, sie sind nicht allzu exotisch, denn das mögen »Macher« auch nicht so recht.
Die Relation zwischen »Macher« und »Visionär« auf der einen Seite und »Moderator« auf der anderen ist nicht ganz so herzlich, aber es schwingt ein wenig Sympathie mit, weil der vorsichtige »Moderator« zwar nicht ganz so tatkräftig ist wie der »Macher«, aber es drängt auch ihn dazu, etwas zu bewirken. Das geschieht etwas weniger gradlinig, nicht ganz so energiegeladen, aber doch recht aktiv.
Wir wollen damit die Konfliktanalyse und die Sympathiestruktur abschließen. Um die Hilfestellung zur Selbstfindung aber noch ein wenig weiter abzurunden, hier noch einige weitere Materialien zum Abschluß dieses Kapitels.

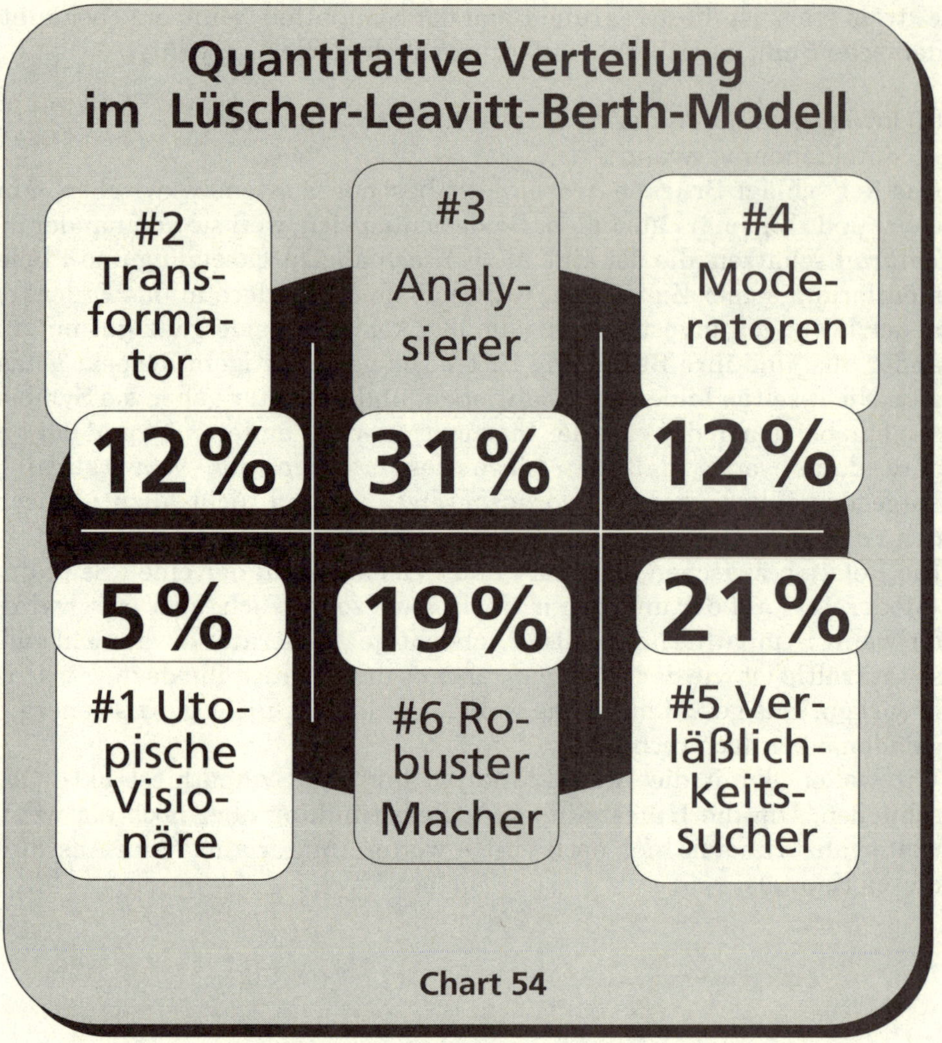

Chart 54

III. Systematik für die Schulung

Um dem Neuling die Einführung in die Quantentypologie zu erleichtern, verwenden wir einiges Schulungsmaterial, das wir hier ohne viel Kommentar wiedergeben.
Als erstes zeigen wir in Chart 54 die *Verteilung* der sechs Typen innerhalb des Managements. Sie erkennen hierin mühelos, daß die #3 »Analysierer« äußerst häufig sind und die #1 »Visionäre« äußerst selten.
Es wird den Leser interessieren, daß die Zahlen der obersten drei Hierarchiestufen des *Managements* so weitgehend mit der Verteilung innerhalb

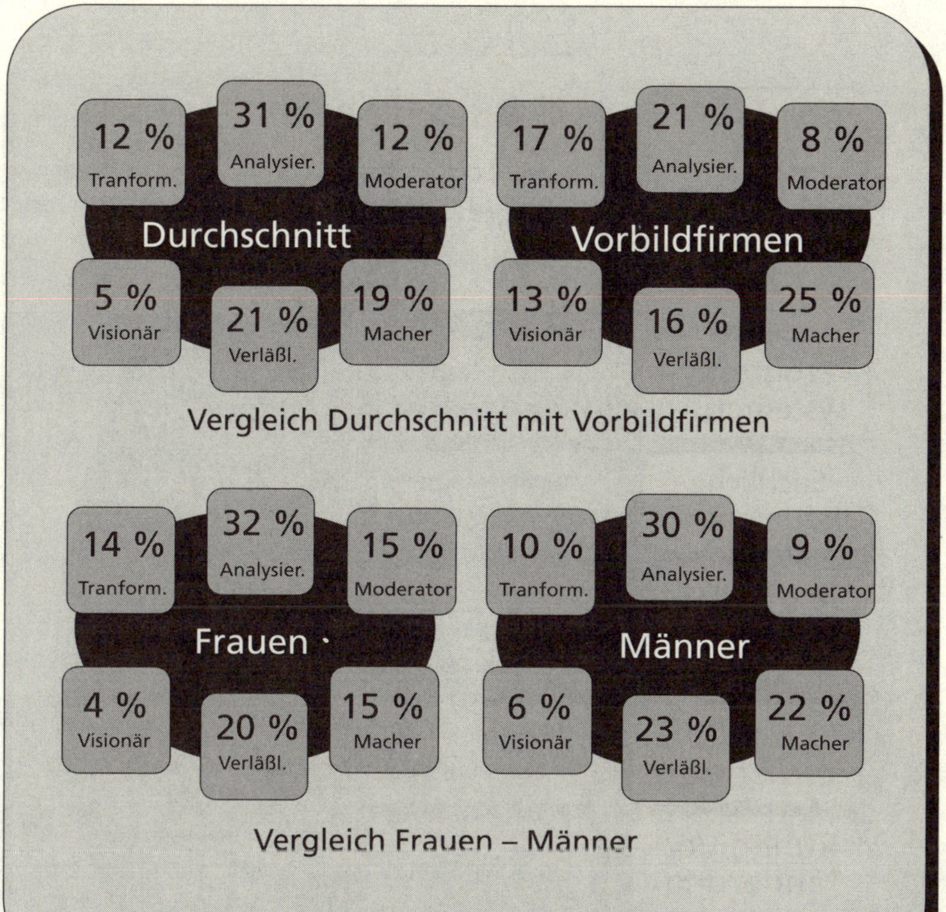

Chart 55: Verteilungen

der *Gesamtbevölkerung* identisch sind, daß wir fürs Management und für die Bevölkerung die gleichen Zahlen präsentieren. Dies rechtfertigt sich dadurch, daß die Abweichungen bei einem Prozent oder weniger liegen.
Chart 55 zeigt weiterhin zur Information die Verteilungen bei Frauen, die von denen der Männer nur unwesentlich abweicht.
Interessant ist ein Vergleich der Zahlen der sogenannten *Vorbildfirmen* mit denen des Durchschnitts. Vorbildfirmen sind die 30 besten in unserem Sample. Hier wird deutlich, daß die guten und erfolgreichen Firmen stets die *ausgeglichenere* Mannschaft besitzen. Im Vergleich zum Durchschnitt sind dort die »Visionäre« häufiger und die »Analysierer« nicht so oft anzutreffen. Ferner gibt es in diesen Firmen deutlich mehr Macher.
Es besteht also ganz offensichtlich ein Zusammenhang zwischen Erfolg und der Ausgewogenheit des Teams. Da ich auf diese Zusammenhänge in mei-

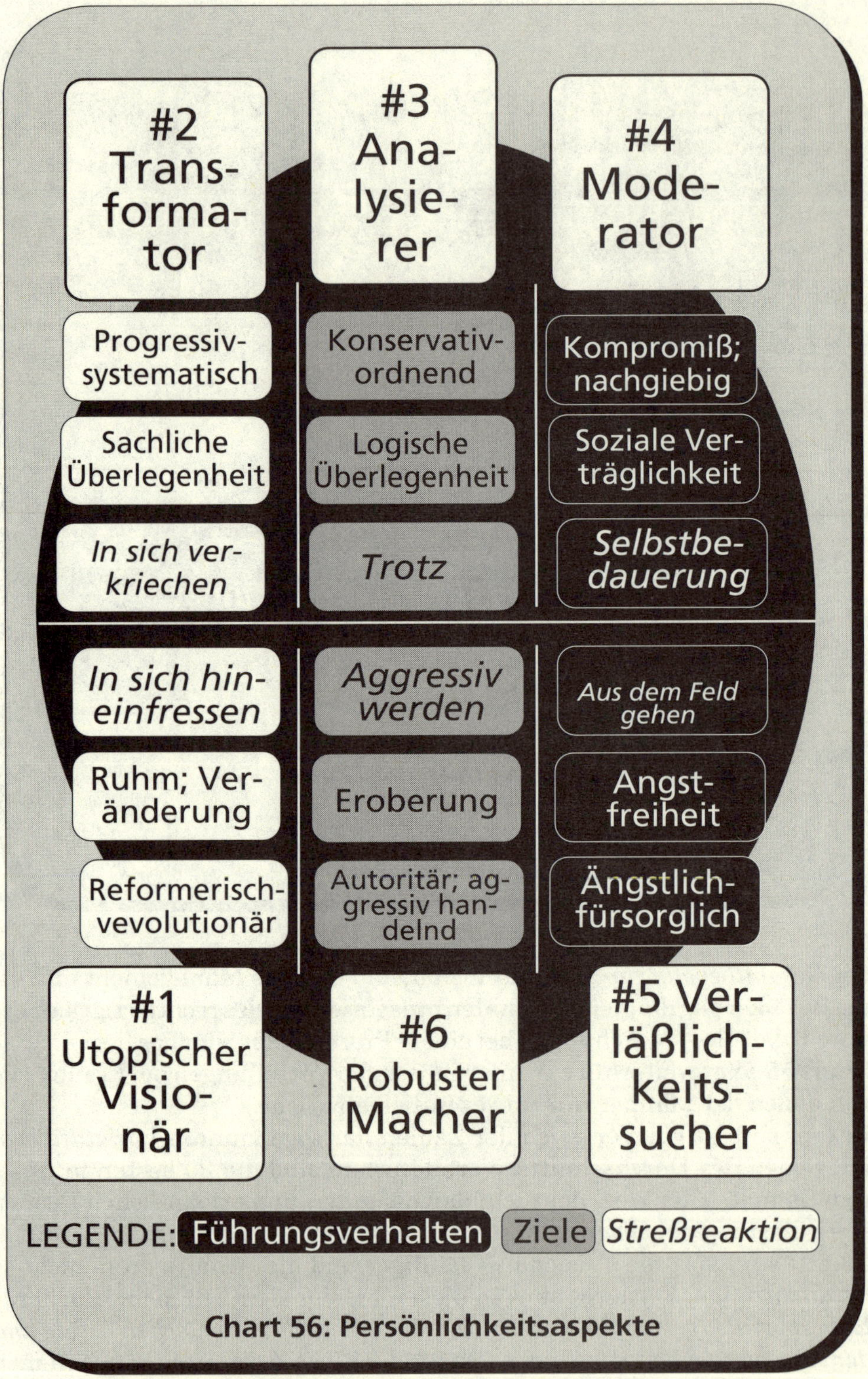

Chart 56: Persönlichkeitsaspekte

nem letzten Buch »Aufbruch zur Überlegenheit« und auch schon in »Erfolg« sehr ausführlich eingegangen bin, lasse ich es hier bei diesem Hinweis bewenden. Ich möchte aber deutlich betonen, daß eine ausgewogene Teamzusammensetzung weder als Erfolgsfaktor erkannt ist, noch ist diese Idee in deutschen Vorständen verwirklicht.

Chart 56 ist eines aus einer ganzen Reihe von Schulungsmaterialien, die geeignet sind, das Wissen um die Typen und ihr Verhalten systematisch anzutrainieren. In diesem Falle geht es um die Bereiche Führungsverhalten, Lebensziele und Streßreaktionen. Diese typischen Reaktionsmuster müssen in unseren Seminaren regelrecht »eingeübt« werden, damit sie in der Live-Situation, wo sie für besseres Verkaufen oder harmonischeres Zusammenarbeiten zum Einsatz kommen, parat sind.

Wir haben damit das Handwerkszeug für eine Selbsteinordnung erarbeitet und können uns nun den Zielgruppen und dem *Markt* zuwenden.

Kapitel 16

Multimarketing

Werbe- und Strategiekonzept des 21. Jahrhunderts

Formelorientierung

Halten wir einen Augenblick inne und vergegenwärtigen wir uns, zu welchen Resultaten das letzte Kapitel geführt hat: An die Stelle eines bruchstückhaften, isolierten, mechanistischen Konzeptes tritt eine universale – ja man sollte lieber sagen – *multiversale* Auffassung vom Markt, vom Produkt, von Werbung und vom Konsumenten. Die Elemente dieser Auffassung sind klar vorgegeben: Es ist die bereits im neunten Kapitel erarbeitete Formel

Energie = Persönlichkeit x *Kommunikation.*

Wenn wir die *Persönlichkeit* durch deren *Werteprofil* ersetzen, dann lautet sie:

$$E = (W_1 + W_2 + W_3 + \dots W_n) \times K$$

Wir gehen jetzt aber noch einen entscheidenden Schritt weiter und setzen E = M, wobei »M« das »manifeste Produkt« oder die »manifeste Dienstleistung« darstellt. Wir schreiben also jetzt:

$$E = (W_1 + W_2 + W_3 + \dots W_n) \times K = M$$

Dies ist ein gewaltiger Schritt, denn wir vollziehen damit nichts Geringeres, als was *Einstein* in seiner berühmten Formel

$$E = m \times c^2$$

getan hat: Er hat behauptet, daß Materie (m) und Energie (E) im Grunde das gleiche sind. Sie sind über die Brücke »c^2« miteinander verbunden.

Wir schlagen etwas sehr Ähnliches vor, indem wir sagen: Die Nachfrageenergie E in unserer »Formel der sozialen Intervention« ist dem manifesten, greifbaren Produkt M *gleichzusetzen*.

Daß wir da zunächst einmal Erstaunen, Befremdung und Widerstand her-

ausfordern, ist wohl kaum anders zu erwarten, denn warum sollte es uns besser ergehen als Einstein, der um seiner kühnen Behauptung willen viele Jahre lang angefeindet und in mehr als einer Veröffentlichung dafür verunglimpft wurde. Diese Reaktion ist natürlich auch ein wenig verständlich, denn beide Konzepte sind auf den ersten Blick ein klein wenig verrückt. Wenn wir unseren Sinnesapparat benutzen, dann sind die eher abstrakte Nachfrageenergie einerseits und die konkrete, anfaßbare Produktwirklichkeit andererseits ja ebenso *unterschiedlich* und fast *zusammenhanglos* wie Einsteins Materie und Energie.
Ein Stück kaltes Eisen, das vor mir auf dem Tisch liegt, und die Explosionsenergie, die einen Ottomotor antreibt, das sind auf den ersten Blick »zwei Paar Stiefel«, also völlig unterschiedliche Angelegenheiten. Warum sie also zusammenführen?
In den Naturwissenschaften hat sich gezeigt, daß diese Zusammenführung überhaupt erst den Schlüssel zum Verständnis moderner Physik darstellt. Physiker der Max-Planck-Gesellschaft, der ich angehöre, haben mir wiederholt versichert, daß die Gesamtheit moderner Errungenschaften, vom Laser bis zum Parallelrechner, von so erfreulichen Dingen wie dem Tomographen bis zur Bombardierung von Tumoren und zur nicht ganz so erfreulichen Atomenergie, kaum denkbar wären ohne die Grunderkenntnis Einsteins. $E = m \times c^2$ hat unsere Welt radikal verändert. Nach wie vor sind Masse und Energie zwei *sinnlich* unterschiedliche Dinge – daran kann auch Herr Einstein nichts ändern –, aber physikalisch und mathematisch sind sie es eben *nicht*. Einsteins Einsicht hat den höheren Realitätswert.
Es handelt sich hier um eine *Paradoxie* im Sinne der Heisenbergschen *Unschärfe*. Mit unseren Sinnen können wir uns nur einer von beiden Sachen annehmen. Entweder konzentrieren wir uns auf die Energie (dann wird die Masse unscharf), oder wir beschäftigen uns mit der Materie, dann können wir uns die Energie nicht mehr recht vorstellen.
Hinter beidem steht etwas Einheitliches. Die Perspektive unseres begrenzten Aufnahmeapparates zertrennt es in zwei unterschiedliche Aspekte. Das ist etwa mit einer optischen Täuschung gleichzusetzen, deren Erscheinung ja auch nicht die Wirklichkeit darstellt.
Dennoch ist damit noch nicht die bereits weiter oben gestellte Frage beantwortet: Warum – in drei Teufels Namen – bestehen wir so hartnäckig auf dieser Einheitlichkeit von Produkt und Nachfrageenergie im Sinne von $E = P \times K = M$? Warum lassen wir es nicht bei der janusköpfigen Zweiheit? Was gewinnen wir, wenn wir E und M gleichsetzen?
Es ist ganz einfach intellektuell unbefriedigend, bei dieser Janusköpfigkeit zu verharren. Wir ahnen es doch, daß die Coca-Cola-Flasche, die vor uns steht, nicht nur ein Stück stoffliche Materie darstellt. Weil es ein Markenartikel ist, hat sie eine Aura um sich, ist sogar das Symbol eines Le-

bensstils. Wir wissen, daß diese Aura und all das, was eine Marke umgibt, viel *gewichtiger* ist als das rein Stoffliche. Die wohlschmeckende Mischung aus allen möglichen Essenzen ist zwar nicht unwichtig, aber jeder Marketingmann weiß: Das – worauf es ankommt – ist es eben gerade *nicht*. Andererseits ist aber die Nachfrage auslösende Kraft dieses Produktes auch wiederum nicht loszulösen von einem physischen Erscheinungsbild. Hinter der rein physischen Präsenz steckt – das empfinden wir alle – etwas Zusätzliches, Größeres, Wichtigeres. Die Aura aber kann nicht zustande kommen ohne die physische Präsenz. Liegt es da nicht nahe, im Geiste Einsteins den Schritt zu vollziehen, der sich einfach anbietet? Nämlich zu unterstellen, daß beides eine *Einheit* ist – wenigstens mathematisch, denn dort ist eine Zusammenführung möglich.

Haben wir doch den Mut zum Betreten neuer Konzepte! Der große *Vorteil:* Wir erkennen die Paradoxie von Physis und Psyche. Da hilft es uns zu wissen, daß solche Paradoxien tausendfach vorkommen. Bei Individualismus – Team, bei Analyse – Ermutigung, bei Teil und Ganzheit, bei Leib – Seele, ja bei so trivialen Dingen wie Ein- und Ausatmen etc. Warum sollten wir dann nicht den Rubikon überschreiten und uns diese neue Sicht zu eigen machen? Was wir gewinnen? Wir erkennen einen Zusammenhang, der ja ganz offensichtlich ist. Wir versöhnen den Produktionschef – für den nur ein physisch greifbares Produkt existieren kann – mit dem Marketingmann, der gut daran tut, sein produktbezogenes Denken abzulegen. Für den es wichtig ist zu begreifen, daß ein Produkt eine *Idee* ist und so vermarktet werden muß, nicht als ein Klumpen Materie. Die Mehrheit der Manager ist in diesem einseitigen Produktdenken noch stark befangen. Zu den Chancen zündender Idee und der Kraft des Image müssen sie erst noch hingeführt werden.

Da wir in der Physik mit der Paradoxie gut gefahren sind, ja dieser Erkenntnis große Fortschritte verdanken, empfehle ich, es der Physik gleichzutun, weil wir schon nach einigen wenigen Seiten beweisen werden, daß wir dadurch im Verstehen, aber auch in der *Vorhersage* des Verhaltens der Marktpartner ebenfalls große Fortschritte machen werden.

Die *Formel der sozialen Intervention* ist damit gleichzeitig zur *Formel der Identität von Produkt und Nachfrage* geworden.

In der nachfolgenden Betrachtung setzen wir diesen Gedanken fort und stellen M – also das manifeste Produkt – in den Mittelpunkt, wohlwissend, daß wir dadurch E, die Energie, auf die es ankommt, automatisch nicht aus dem Auge verlieren dürfen. Aber – wie wir eben erfahren haben, ist die pure Sicht von M, also eine einseitig mechanistische, physische, materialistische Sicht nur ein Versteckspiel, hinter dem wir ganz andere, vor allem viel wichtigere Strukturen erkennen, nämlich die *Persönlichkeit*. Sie spiegelt sich in den Werten W wider und in deren Zusammenspiel der auf

ebendiese Werte zielenden *Botschaft K*. So entsteht die lebendige Nachfrageenergie *E*, die letztlich das Ziel aller ökonomischen und politischen Bemühungen darstellt. Das Produkt *M* ist in diesem »Spiel« lediglich das physische Mittel zum Ziel.
Damit erschließt sich uns die *Kontinuität* und damit *Berechenbarkeit* von *E*, denn wie weiter oben gezeigt, kann ich die Werte *W* messen und ebenfalls die wertorientierten Botschaften *K*.
Aber genug der allgemeinen Feststellungen: Wir wollen praktische Beispiele betrachten, die aus freier, *nichthonorierter* Forschungsarbeit *ohne* expliziten Firmenauftrag hervorgegangen sind. Es handelt sich also um völlig ungebundene und von den betroffenen Firmen unbeeinflußte Marktforschung, die die konkreten Auswirkungen des Einsatzes von Multimarketing untersuchen und dessen Vorteil verdeutlichen will.
Aus Platzgründen können es nur *Kurzanalysen* sein, die wir hier vorstellen. Dem interessierten Leser werden sie aber trotz der Kürze eine Vorstellung davon geben, wie es wäre, wenn wir für ihn die Analyse seiner eigenen Produkte – gleich ob Markenartikel oder Industriegut –, seiner eigenen Werbung, seiner eigenen Corporate identity, seiner eigenen Verkaufsgespräche vornehmen würden.

I. Mercedes und BMW

Viele Männer sind Autonarren – ich bin auch einer –, und da vermutlich mehr Männer als Frauen dieses Buch lesen werden (leider!), beginne ich mit dem Lieblingsspielzeug der meisten Männer, nämlich mit dem Automobil. Daß man dabei gerne auf die etwas nobleren Karossen zurückgreift, ist klar, denn sie sind Gegenstand vieler Konsumententräume und machen die Analyse besonders reizvoll.
Beginnen wir mit der älteren der beiden Autoschmieden, dem Hause Daimler-Benz mit ihrem Mercedes. Wie sieht das Profil aus? Wer fragt ihn nach? Warum wollen ihn die einen, aber die anderen nicht? Wie stark werden die einzelnen von uns vorgestellten Typen angesprochen? Welche Kommunikation *K* trifft hier auf welches Werteprofil *W*? Wo gelingt es – falls überhaupt –, die Traumreaktion der *Faszination* zu erreichen?

1. Vorbemerkung

Vor der Antwort auf diese vielen Fragen seien erst noch einige Vorbemerkungen erlaubt, die für diesen speziellen Fall, aber auch für alle weiteren Beispielfälle gelten:

(a) Dies ist die *Grobanalyse*, bei der ein kleiner Kreis sehr intensiv befragter Menschen als *Gruppe* analysiert wird. Zu einer »richtigen« Auftragsanalyse gehört ein viel stärkeres Eingehen auf die Einzelfälle und eine differenziertere Gruppenbetrachtung, häufig auch eine größere und damit natürlich auch teurere Stichprobe.

(b) Es wurden Autofahrer im *oberen Drittel* der Einkommenspyramide befragt, weil es ganz einfach wahrscheinlicher ist, daß hier potentielle Käufer sitzen. Nach Berufsgruppen oder bisherigen Marken wurde *nicht* speziell unterschieden. Das würde man im Realfall genauer und differenzierter machen.

(c) Normalerweise wird eine Menge Material (Produktabbildungen, Werbung, typische Statements des betreffenden Anbieters) vorgelegt und mit den Befragten diskutiert. Dies geschah aus Kostengründen bei diesen Beispiel- und Demonstrationsfällen jedoch nicht.

(d) Kleinbefragungen wie diese zielen *nicht* darauf ab, ein *repräsentatives* Bild der Marktstruktur zu vermitteln, etwa im Sinne von: 43 Prozent der klar definierten Zielgruppe denken so oder so. Es geht hier vielmehr primär darum, die *funktionalen Zusammenhänge* zu klären, also im Sinne von: Warum urteilt ein #3 »Analytiker« so und ein #6 »Macher« ganz anders? Es gelten also die Gesetze der »Qualitativen Marktforschung« mit all ihren Vorteilen, aber auch Einschränkungen.

(e) Wir haben es bei dieser und auch den nachfolgenden Kurzanalysen stets mit »Zusammenfassungen« bzw. bewußten »Reduktionen« zu tun. Wir sprechen etwa vom »Mercedes«, wohlwissend, daß sich dahinter eine Vielfalt von Modellen verbirgt. Diese Vielfalt verschmilzt zu einem Ganzen, das meist – aber durchaus nicht immer – für die Kaufentscheidung wichtiger ist als die Details des einzelnen Modells. Es sei darauf hingewiesen, daß ich als Gegenstand der Ermittlung stets wählen kann zwischen
- der Ganzheit (meist identisch mit Corporate identity),
- einer Produkt- oder Servicepalette oder
- einem einzelnen Produkt oder Service.

In diesem Falle war die zweite Kategorie Gegenstand der Forschung, und wir haben die gesamte CI und einzelne Elemente des Angebotes außen vor gelassen.

(f) Die Durchführung der Analysen liegt zeitlich schon etwas zurück. Das wirkt sich z. B. bei Mercedes so aus, daß S- und E-Klasse das Bild noch maßgeblich prägen und die C-Klasse und zusätzliche Erweiterungen der Produktpalette in das Bewußtsein der Nachfrager erst sehr begrenzt eingegangen sind. Für den Beispielcharakter der Ausführungen hat die fehlende Aktualität hier jedoch keine Auswirkungen.

2. Mercedes, das verläßliche Anti-Chaos-Automobil

Wie das Chart 57 zeigt, ist der Mercedes (in der allgemeinen Form, in der wir hier über diese Marke sprechen) in allererster Linie der Wagen der #5 »Verläßlichkeitssucher« und eines Teils der »Macher«. Bei diesen beiden erreicht er die Traumnote »Faszination«. Wir kommen auf diese Typen gleich zurück und beginnen zunächst mit #2 und #3.
Der Mercedes erreicht gute Akzeptanz im Sinne der »Zustimmung« bei den #3 »Analysierern« und den #2 »Transformatoren«.
Der »Analysierer« sucht in erster Linie das Vernünftige, Verläßliche, für das man leicht eine gute, *einleuchtende Argumentation* findet. Er will die logische Rechtfertigung für sein Tun. Beides scheint der Mercedes für diesen sehr vernunftgesteuerten Menschen in reichlichem Maße anzubieten und wohl auch besser und stärker als die meisten Konkurrenzprodukte – jedenfalls in dieser gehobenen Klasse.
Darüber hinaus wollen die #3 »Analysierer« Spitze sein, Leistung erbringen und suchen kontrollierte Eindeutigkeit. Das bekommen sie aus Stuttgart reichlich geboten (»Es ist die geballteste Leistung, die es gibt«, »Analysierer«, 45, Organisationsleiter).
Der #2 »Transformator«, der ebenfalls voller Zustimmung ist, schätzt die Sorgfalt, die technische Kreativität und den Sicherheitsstandard von Daimler-Benz. Die liebevolle Detailarbeit zieht ihn stark an (»Da ist alles und jedes bis zum letzten Tüpfelchen ausgefeilt«, »Transformator«, 56, Marketingleiter).
Gelegentlich definiert man Menschen treffend dadurch, daß man herausarbeitet, was sie *nicht* sind bzw. *nicht* wollen. Die gerade besprochenen Typen #2 und #3 sind hiernach *keine* Hasardeure, *keine* besonders mutigen Menschen, die das Wagnis oder gar die Herausforderung schätzen. Sie lieben den Fortschritt in kleinen Minihäppchen, aber nicht in vollen Zügen. Sie sind keine visionären Träumer, sie sind nicht sehr gefühlsbetont, halten sich lieber bedeckt und zeigen eine eher *konservative Lebensart*. Vor allem den »Analysierer« drängt es nicht sosehr nach der Tat noch nach der Veränderung. Er will sich an etwas festhalten können. Sich in ein Schema einordnen dürfen. Der »Transformator« hingegen will zwar den Fortschritt, aber bitte maßvoll, abgesichert und Schritt für Schritt.
Unnütz zu unterstreichen, daß Mercedes diesen Neigungen stark entgegenkommt, denn dort hat man vermutlich mehr als bei jeder anderen Marke dafür gesorgt, daß sich ein Modell aus dem anderen ohne radika-

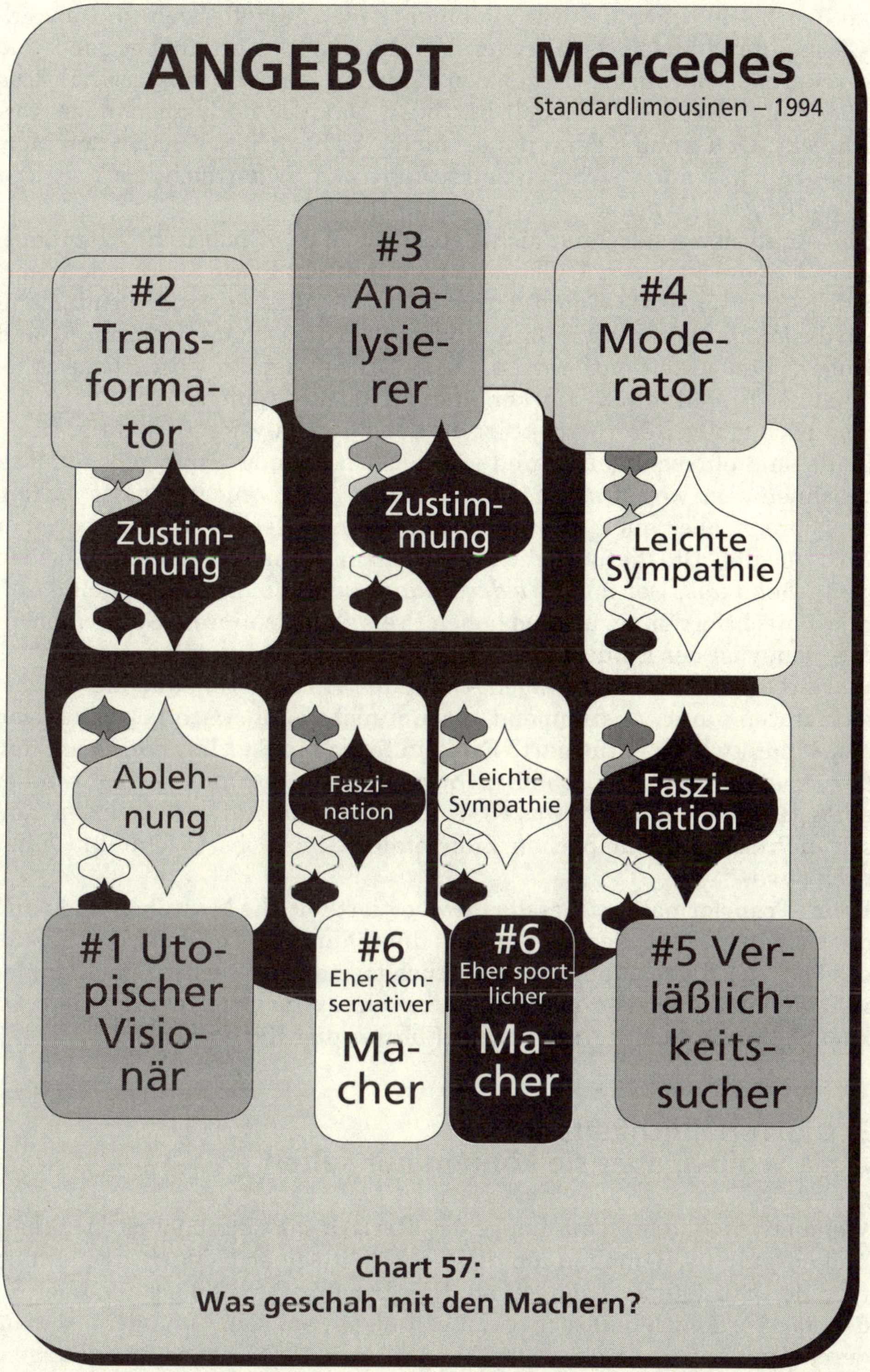

Chart 57:
Was geschah mit den Machern?

len Bruch ergibt. Stets wurde mit einem neuen Modell – siehe die neue E-Klasse – durchaus Fortschritt verabreicht, aber dosiert, und es gab keine »irre« großen Sprünge zwischen den Modellen, sondern es waren nahtlose Übergänge. Ein neues Modell hat beim Daimler noch niemanden verschreckt. Und wenn – dann immer nur beinahe. All dies macht den Mercedes zum besonders sicheren und so kann man sagen auch *psychologisch ungefährlichen* Wagen.
Die »Analysierer« fürchten nichts so sehr wie das Chaotische, Unordentliche, Unberechenbare. Läßt man nun mit dieser Fragestellung den Mercedes auf einer Skala einordnen, so ist er von allen deutschen Automobilen dasjenige, das am weitesten von den Begriffen Chaos, Unordnung und Unberechenbarkeit entfernt ist. Diese Distanz ist ein wesentliches Element der Produkt- bzw. Markenbindung für die »Analysierer«.
Und noch ein weiterer Aspekt ist für den #3 »Analysierer« wichtig: Diese Leute sind oft recht geizig, und jede nicht begründet ausgegebene Mark tut ihnen sehr weh. Das ist beim »Transformator« nicht ganz so extrem ausgeprägt, aber auch er braucht eine Menge Rechtfertigung, bevor er Geld ausgibt. Die diesbezüglichen Bedenken räumt Mercedes bei beiden weitgehend aus. Der hohe *Wiederverkaufswert* zum Beispiel ist eine hilfreiche Rechtfertigung, um den hohen Preis zu akzeptieren: Good value for the money ist der Eindruck, den ein Mercedes vermittelt.
Warum – so könnte man fragen – sind die »Analysierer« und die »Transformatoren« »nur« zustimmend, warum nicht euphorisch begeistert von den Produkten aus Stuttgart? Es deutete sich in den Interviews an, daß der »Analysierer« sich deshalb nicht zur Faszination aufschwingt, weil er eines gerade nicht findet, was #3 »Analysierer« über alles lieben: den günstigen Preis, das Schnäppchen. Zum totalen Glücklichsein fehlt ihm daher noch etwas.
Beim »Transformator« ist es die Introvertiertheit, die Menschenscheu und die Neigung, sich bedeckt zu halten, die es ihm zwar erlaubt, den Mercedes hochzuschätzen, nicht aber wirklich fasziniert zu lieben: Der Daimler ist – in seinen Augen – zu sehr Show, zu sehr extravertiertes »Hoppla, jetzt komm' ich mit dem Stern«, zu sehr Führer- und Kanzlerwagen.

3. Die Verläßlichkeitssucher – sie wollen, aber sie können nur selten

Wenn etwas eindeutig am Image des Mercedes ist, dann ist es das ernste und ehrenhafte Bemühen um die Sicherheit seiner Kunden. Das nimmt man den Stuttgartern allemal ab. Dies berührt fast alle positiv, aber für den #5 »Verläßlichkeitssucher« ist es Balsam auf seine Wunden. Alle anderen Typen verdrängen weitgehend die mit Gefahr zusammenhängen-

den Fragen. Nur die #5er beschäftigen sich ständig damit, weil sie sich großenteils als von Gefahren umlauert empfinden. »Verläßlichkeitssucher« sind von dieser Priorität der Sicherheit euphorisch begeistert: Für sie gibt es nur diese eine Marke – falls sie sie sich leisten können.
Er ist ein furchtsamer Typ und mehr als jeder andere für das Argument der Sicherheit empfänglich. Klar, daß die ja in der Tat außergewöhnlichen Anstrengungen des Hauses Daimler-Benz in puncto Sicherheit bei ihm verfangen: Ob es der Airbag ist, für den das Haus Daimler wahrhaft gestritten hat, ob es der sichere Ort für den Tank ist, ob es der jetzt neu herauskommende Seitenschutzairbag ist und hundert andere Aspekte – all dies bringt ihn ins Schwärmen.
Nun haben die #5 »Verläßlichkeitssucher« allerdings einen »markttechnischen Schönheitsfehler«, der mit ihrem Charakter zusammenhängt – wenn auch nur indirekt: Man sucht die vergeblich unter den tatkräftigen Unternehmern, unter den mutigen Selbständigen, die ihr Schicksal in die Hand nehmen. Man findet sie weit mehr in Beamtenkreisen, und ihre Furchtsamkeit läßt sie in den Hierarchien meist nicht allzu hoch aufsteigen. Daraus ergibt sich: Ihre Einkommensverhältnisse sind bisweilen nicht so komfortabel, daß für sie ein Mercedes in Frage kommt. Das mildert sich jetzt mit der C-Klasse, und diese Abstinenz wird wohl ganz überflüssig mit der zu erwartenden A-Klasse. Aber zu E und S reicht's oft nicht.

4. Paradigmenwechsel bei den Machern?

Der #6 »Macher« müssen wir uns gesondert annehmen, denn sie sind die *große Überraschung* in dieser Kurzstudie. Eigentlich sind gerade die »Macher«, so dachten wir, die *Statussucher* par excellence, und wir hätten eigentlich erwartet, bei diesen die größten Freunde der Marke zu finden. Wir waren im stillen davon ausgegangen, daß der Faktor »Status« vermutlich die größte Attraktion von Mercedes sei. Für die Hälfte der Macher ist das auch so, aber eben nur für die Hälfte.
Diese eine Hälfte ist völlig hingerissen, weil sie den Stern wie eine Krone empfinden. Euphorische Faszination prägt sie. Es kommt der Ekstase – die in unserer Forschung überhaupt nur in zwei kommerziellen Fällen erreicht wurde – schon beträchtlich nahe. Sie sind die idealen »Wunschkunden«, denn sie träumen sogar bisweilen von einem Mercedes.[1]
Man soll gewiß nicht in alles und jedes Tiefenpsychologie »hineingeheimnissen«, aber die Bindung des einen faszinierten Teils der »Macher« an die Marke hat deutlich etwas »Obsessives«, Zwanghaftes an sich. »Etwas an-

1 Es war bei dieser Gruppe, wo wir sehr häufig Äußerungen wie die folgende hörten: »Ich ertappe mich immer wieder dabei, daß ich während der Fahrt den Stern anvisiere. Ich vertiefe mich regelrecht in den Anblick, und mir kommen dabei sehr schöne Gedanken.«

deres kommt für mich überhaupt nicht in Frage!« wird oft geäußert, und es scheint so, als ob eine kritische Konsumwahl vor dem erneuten Wiederkauf gar nicht stattfindet. Der Mercedeskauf also eine Zwangshandlung? Eine schöne Sensationsschlagzeile für die Bild Zeitung wäre dies allemal.

Die große – fast historisch zu nennende – *Tradition* der Marke, die früheren Rennsiege und daß der Führer ihn einst bei seinen Glanzparaden fuhr, das empfindet dieser eine Teil des Typus »Macher« (der übrigens auch »Pomp and Circumstance« sehr liebt) als Bestätigung dessen, was er immer schon von Mercedes dachte und glaubte: »Die sind einsame Spitze!«

Was aber ist mit dem anderen Teil der doch sonst so statusbewußten »Macher«? Warum erreicht die zweite Machergruppe nur gerade einmal die Stufe der leichten Sympathie?[2]

Obgleich eine voll befriedigende Antwort ein erhebliches Mehr an Forschung notwendig machen würde, sei hier dennoch eine Interpretation versucht: Bei einem Teil der Macher hat offensichtlich eine *dramatische Veränderung*, ja vermutlich eine Art Paradigmenwechsel stattgefunden.

Wir erinnern in diesem Zusammenhang an die sehr geteilte, oft negative Reaktion auf den gigantomanischen S-Klasse-Wagen. Früher konnte es für »Macher« doch gar nicht »protzig« genug sein. Nun aber war es *zuviel*. Zu stark dosiert. Zu direkt. Zu pathetisch. Zu überdimensioniert. Sind die »Macher« also auch nicht mehr das, was sie mal waren?

Vermutlich drückt sich Status heute zunehmend *anders* aus als noch vor zehn Jahren. Angesichts der eher lauwarmen Reaktion des einen Teils der #6 »Macher«, die die leichte und meist nicht mehr kaufwirksame Stufe der »milden Sympathie« nicht übersteigt, könnte man vermuten, daß der Mercedes für den Statussucher heute etwa gar nicht mehr so eindeutig *das* Statussymbol aller Statussymbole darstellt. Das war er gewiß für sehr viele einmal – sicherlich auch noch heute für manch einen, aber doch in geringerem Maße. An den Rändern der »Macher«-Zielgruppe bröckelt etwas! Was hat sich da verändert?

Man kann heute vielerorts feststellen, daß die Statussymbole einem *grundsätzlichen Wandel* unterliegen. Wer sich in den 80er Jahren noch mit ganz bestimmten Gütern umgab und dadurch seinen sozialen Status anzeigen wollte, greift heute vielfach *zu ganz anderen* Produkten. Wir haben dies in der Freizeitbranche, bei Kosmetika, bei Ernährung und bei Alkoholika deutlich festgestellt. Das liegt teilweise daran, daß uns die exklusiven Güter von gestern heute oft zu mäßigen Preisen zugänglich gemacht werden und damit ihren Hauch von Exklusivität einbüßen. Aber was für den Sekt gilt, der für viele zur »Gewerkschaftsbrause« verkommen ist, muß ja nicht für den Mercedes gelten, obgleich die Marke durch

2 Wir rufen in Erinnerung, daß diese Stufe der Quantenenergie nur selten stark genug ist, um den Kaufakt zu stimulieren.

den kleinen 190er vielleicht doch ein wenig abgewertet wurde. Dennoch läßt sich nachweisen, daß die »Öffnung nach unten« zwar emotional registriert wurde, aber dennoch scheint uns in diesem Trend nicht der entscheidende Punkt für die teilweise Abkehr der »Macher« zu liegen.
Etwas ganz anderes ist in diesem Zusammenhang bei weitem wichtiger als der vorhergehende Punkt: Wir haben generell – aber doch am stärksten für den Statussucher »Macher« – die Beobachtung gemacht, daß zahlreiche Güterangebote neuerdings nur noch dann als statusträchtig angenommen werden, wenn sie ein *dynamisches* Element besitzen.
Was ist nun damit gemeint?
Die Güter oder Serviceleistungen, mit denen sich der wohlhabende »Macher« umgibt, sind in zunehmendem Maße nichtstatische Objekte. Konkret: Besser als die Segelyacht zu *besitzen* ist es, sich eine zu mieten und damit große Törns zu machen. Besser als eine Ferienwohnung in Davos ist es, mit der Familie nach China zu reisen und im nächsten Jahr nach Island. Es muß offenbar in diesen Tagen ein Schuß Aufbruch und Expedition dazukommen. Es ist erforderlich, daß etwas *aktiv betrieben* und nicht nur etwas *passiv besessen* wird.
Es ist bezeichnenderweise der hier beschriebene Teil der »mercedesflüchtigen« Macher, die diese neue Orientierung besonders deutlich zum Ausdruck brachten. Es scheint etwas in Bewegung geraten zu sein, von dem man nur ungenau sagen kann, wo es hinführt, aber die derzeitige Tendenz ist doch immerhin schon so deutlich ausgeprägt, daß sie als Trend angesprochen werden darf. Man könnte formulieren, daß *Tun, nicht Besitzen*, den immer noch ersehnten und für die »Macher« ganz wichtigen Status vermittelt. Diese Dynamik dürfte der Mercedessportwagen besitzen, das Coupé gerade noch, aber die vergleichweise »biedere« Limousine hat dies nicht. Man könnte sagen, daß Mercedes aus dem Korb der Statussymbole bei den »Machern« teilweise herausgefallen ist.
Und noch ein Drittes: Statussuchende »Macher« scheinen auf etwas besonderen Wert zu legen, was früher für sie nicht sonderlich erstrebenswert war: Sie suchen *mehr Wandel*. Statussymbole müssen daher vor allem Ausdruck einer *Veränderung* sein.
Entspricht Mercedes diesem Trend? Sollte Mercedes – wenn man sich für einen Moment die Sicht einer Gruppe früher, bedingungsloser Totalanhänger zu eigen macht – von Modell zu Modell doch *ein wenig mehr Wandel und Neuerung* realisieren?
Weitere, ausgedehntere Forschung könnte hierauf eine befriedigende Antwort geben. Hier wollen wir damit vorliebnehmen aufzuzeigen, zu welchen weitreichenden Überlegungen der Einsatz der Lüscher-Leavitt-Berthschen Typologie Anlaß geben kann.

5. Existieren brachliegende Potentiale?

Wir wollen uns jetzt nicht aufspielen, als sei dies eine komplette oder gar völlig repräsentative Erhebung. Dennoch gibt es keinen Grund, davor zurückzuschrecken, bei dem hier erreichten, begrenzten Wissensstand die Frage nach möglichen *ungenutzten* Potentialen zu stellen, denn dies ist ja eines der großen Anliegen von »Multimarketing«, nämlich fast automatisch von der Analyse in die konzeptionelle Verbesserung zu gelangen.

Für Deutschlands bedeutendste Automobilmarke zusätzliche Potentiale aufzuzeigen ist nicht ganz so einfach. Warum? Weil das in Chart 57 ausgewiesene typologische Portrait ein *außergewöhnlich günstiges* ist. Erinnern wir uns, daß 80 Prozent aller Markenartikel nicht mehr als *einen einzigen* Typus zu erreichen vermögen! Nur in Ausnahmefällen ist das Gesamtbild *derart positiv* wie hier. Ein Typ ist total fasziniert und ein weiterer zur Hälfte. Zwei Typen zeigen Zustimmung. Das heißt schon etwas. Und selbst die, die mit leichter Sympathie noch abseits stehen, selbst diese sind keinesfalls völlig gleichgültig oder gar ablehnend, sondern zeigen einige Zuneigung. Nur der »Visionär« ist gar nicht interessiert: Für den ist ein Daimler einfach zu brav.

Wäre dieses im Prinzip recht erfreuliche Ergebnis noch verbesserungsfähig? Gehen wir doch die Persönlichkeiten einmal einzeln durch: Ich glaube, man sollte sich im Hause Daimler-Benz nicht grämen, weil die #1 »Visionäre« Mercedes radikal ablehnen. Sollte man sie zu gewinnen versuchen oder sozusagen »abschreiben«? Wir glauben nicht, daß es viel Sinn machen würde, den #1 »Visionär« gewinnen zu wollen. Er, den früher mal die Revoluzzertat eines *Citroën DS 21* aus der Reserve locken konnte, wird vom Image der Untertürkheimer überhaupt nicht berührt. Da es ohnehin nur 5 bis 6 Prozent Visionäre gibt, sollte man diese Gruppe also getrost außen vor lassen.

Die besprochenen »Macher« – wir meinen diejenige Hälfte, die nur noch sehr leise nach einem Daimler ruft – scheinen in einem Wandel befindlich, der noch nicht zum Abschluß gekommen ist. Vermehrte Sportlichkeit wäre derzeit das Rezept. Das würde insgesamt aber vielleicht eher schaden als nutzen.

Anders sieht es beim #2 »Moderator« aus. Könnte man ihn vom mäßig Angezogenen zum Begeisterten machen?

Er ist, wie wir wissen, der Anpasser, der sich durchmogelt, er ist derjenige, der nicht selbstbewußt seinen Weg geht, sondern vorsichtige Ausweichbewegungen macht. Er ist oft mutlos, gelegentlich depressiv. Er liebt die Unauffälligkeit. Wie man es auch wendet und dreht, das hört sich eigentlich nicht so an, als ob sich dieses Profil perfekt mit dem Image eines Mercedes decken könnte. Also auch hier aufgeben? Eher »ja«.

Vielleicht hilft jetzt ein ganz anderer Ansatz weiter, der gleichsam schon parat liegt, aber von Daimler eher erst halbherzig ausgeschlachtet wird.

6. Das Chamäleon

Aus zahlreichen Gesprächen mit Managern der Automobilbranche weiß ich, daß die von Daimler ins Leben gerufene *Variabilität* der C-Klasse bei den Konkurrenten ein ganz ungewöhlich starkes Echo gefunden hat. Der Versuch, die Differenzierung – die bislang ja immer nur eine Zubehör- und Farbdifferenzierung war – *auszudehnen* und gleichsam drei Automobile im Rahmen des gleichen Modells anzubieten, war schon ein wenig genial. Meines Erachtens ist es ein Konzept, das noch viel weiter zu Ende gedacht werden könnte. Ja, mir »typenversessenem Differenzierungshansel« (FAZ) muß dieses Konzept geradezu als Universalwaffe erscheinen, um ein Produkt den unterschiedlichen Typen – wenn schon nicht ganz und gar, so doch weitgehend – *anzupassen*.
Hier – im Chamäleon – schlummern noch jene Möglichkeiten, die mit einiger Wahrscheinlichkeit bewirken könnten, daß

(a) die teilweise abtrünnigen »Macher« zurückgewonnen werden,
(b) die »Moderatoren« sich mehr angezogen fühlen und
(c) die »Transformatoren« und »Analysierer« vielleicht zur Faszination finden.

Ja, ich würde sogar glauben, daß auf diesem Wege eine gewisse Chance bestünde, die »Visionäre« wenigstens teilweise in den Bann des Sterns aus Untertürkheim zu ziehen.
Dabei könnte man sich dieses Konzept, das in Amerika nicht »Chamäleonkonzept«, sondern »Personalitycar« genannt wird, noch viel weiter aufgefächert und *intensiviert* vorstellen.
Die jetzt bei der neuen E-Klasse praktizierte Variabilität erschöpft sich in drei Namen mit entsprechenden Ausstattungen (Classic, Elegance, Avantgarde). Unterschiedliche Farbangebote außen, Wahl zwischen Wurzelholz und Kunststoff und noch ein paar weitere Details schaffen hier einen Dreiklang.
Muß oder sollte man dabei stehenbleiben?
Auch wenn das zunächst einmal eine theoretische Trockenübung ist, wollen wir es doch mal durchdenken. Eigentlich müßte es die folgenden Autos geben:

- ein visionäres Auto (#1 »Visionär«),
- ein Statusauto im klassischen Sinne (teilweise »Macher«),
- eine sportliche Variante (teilweise »Macher«),
- eine sehr technische Spielart (#2 »Transformatoren«) und
- ein Sicherheitsauto für den #5 »Verläßlichkeitssucher«.

»Sich sein Auto zusammenstellen« wäre das ultimative Konzept der Personalitycar. Wenn wir recht haben, daß Emanzipation und Ausleben der eigenen Persönlichkeit allenthalben angesagt sind, dann läge so etwas voll im Trend.
Wir wollen nun die Stuttgarter Szene verlassen und uns weiter gen Süden bewegen. Dort erwarten uns weit weniger komplizierte Tatbestände.

7. BMW – Macherwagen und Kompensationsinstrument

Die Blauweißen aus München werden von zwei Typen eindeutig bevorzugt: Es ist jener Teil der »Macher«, die wir schon beim Mercedes unterschieden haben. Dort zerfiel die Gruppe der #6 »Macher« in die mehr konservativ Statusorientierten und in eine andere Gruppe, die wir noch nicht genauer definiert und als »Mercedesflüchtlinge« eingestuft hatten. Sie sind die Aktiveren, Sportlicheren, Dynamischeren unter den »Machern«. Diese Neigung war uns im Zusammenhang mit der Statusfrage aufgefallen, weil diese Gruppe die herkömmlichen, eher passiven Statussymbole des Nurbesitzens ablehnt.
Genau diese Gruppe ist vom BMW fasziniert. Die »Sternchenleute« und die »Blauweißen« teilen also die »Macher« fein säuberlich untereinander auf. Früher verlief diese Aufteilung mehr zugunsten von Stuttgart. Heute ist es – aus den beim Mercedesfall geschilderten Gründen – eher ein Spiel 50:50. Daß sich hier für Daimler eine gewisse Gefahr auftut, ist leicht einzusehen.
Wie sieht nun der sportliche »Macher« seinen BMW? Er empfindet ihn als kühn, aktiv, sportlich. Er, dem Leistung über alles geht, wird von dem schnellen, ihm als »leichtfüßig« erscheinenden Wagen enorm angesprochen. Er empfindet mutige Aggression in der Gestaltung und ist ganz besonders tief beeindruckt von dem Umstand, daß BMW aufgeholt hat, daß BMW »es denen von Untertürkheim mal richtig gezeigt hat«. (Allein schon aus dieser Haltung heraus wäre es für Daimler vermutlich schwierig, einen Großangriff auf BMW-freundliche »Macher« zu starten.)
»Macher« wollen Erfolg, und BMW ist – gerade in letzter Zeit – immer mehr zum erfolgsverwöhnten Sieger geworden. Was gerade jüngst berichtet wurde, war extrem positiv. Die Medien haben um BMW ein wenig die Aura des Unbezwingbaren und Dynamischeren gelegt, wobei der »Macher« immer einen besonderen Respekt davor empfindet, wenn der Kleinere dem Größeren, Etablierteren einen Stoß versetzt. Da stellt er sich denn auch gern auf die Seite des Aufsteigers, denn Aufsteigen ist ja auch sein eigenes Anliegen. Wir dürfen aus den gesammelten Äußerungen schließen, daß das enge Verhältnis zwischen der weißblauen Propellermarke und den »Machern« noch inniger geworden ist.

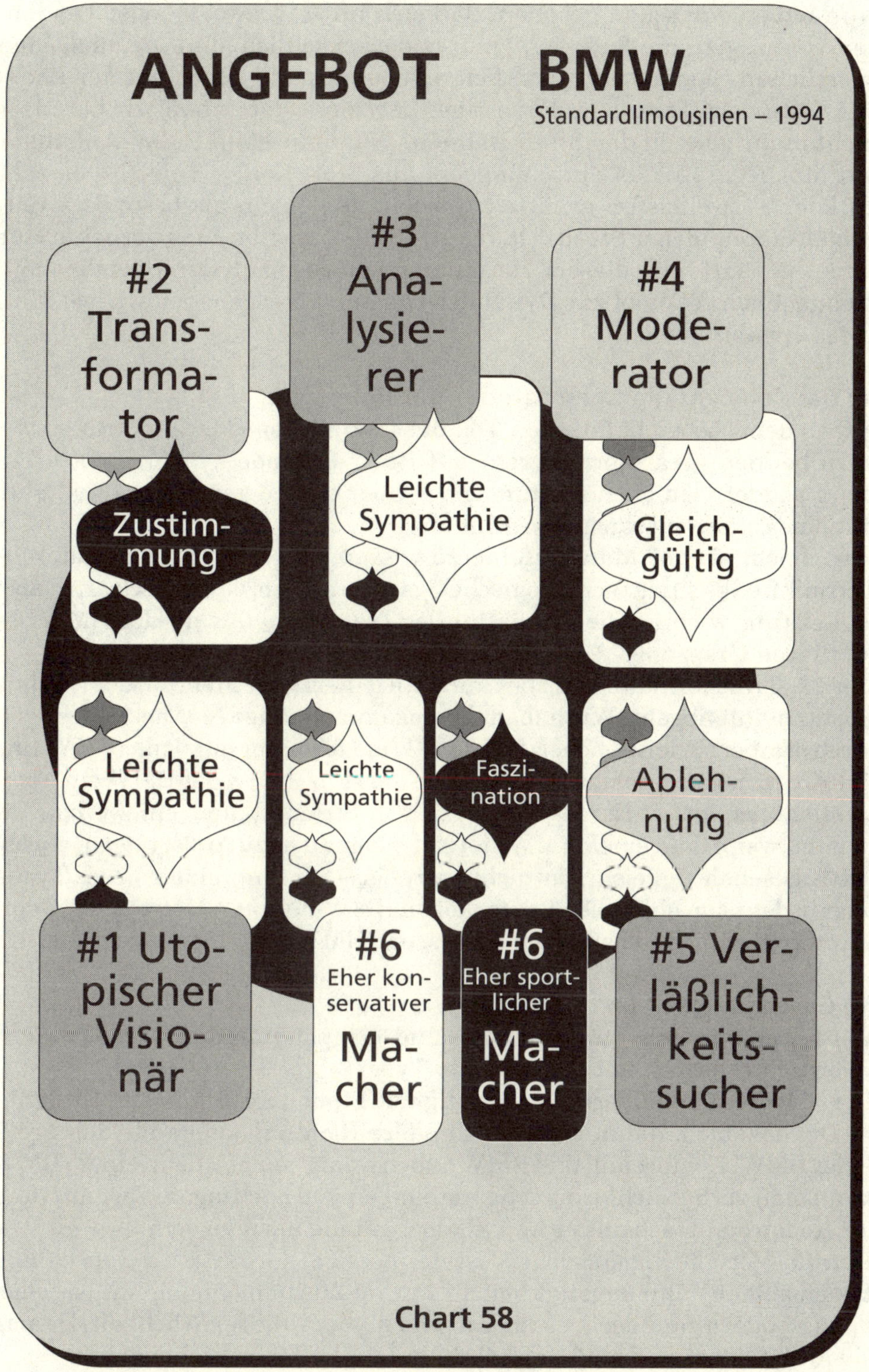
ANGEBOT BMW
Standardlimousinen – 1994
#2 Transformator
Zustimmung
#3 Analysierer
Leichte Sympathie
#4 Moderator
Gleichgültig
Leichte Sympathie
Leichte Sympathie
Faszination
Ablehnung
#1 Utopischer Visionär
#6 Eher konservativer Macher
#6 Eher sportlicher Macher
#5 Verläßlichkeitssucher
Chart 58

Nun haben wir schon gesehen, daß sich im »Macher« ja zwei Tendenzen vereinigen, die fast ein wenig widersprüchlich sind: Er sucht den sportlichen Sieg, er will sportlich erscheinen und sucht auf der anderen Seite nach Status und Prestige. Letzteres – so sahen wir bereits – nicht mehr ganz in den alten Bahnen. Wie nun sehen BMW-Anhänger mit Macherprofil das Statusangebot aus München?
Es konnte zweifelsfrei ermittelt werden, daß es ein als besonders zeitgemäß empfundener Status ist, der den BMW umgibt. Eine vornehm edle Linie, gepaart mit diesem faszinierenden Element der Sportlichkeit, könnte jenem Wandel zur Dynamisierung entsprechen, den wir bei Mercedes erwähnt haben.

(a) Das Kompensationsgeschäft des Transformators.
Neben dem soeben definierten Teil der faszinierten »Macher« treffen wir auch bei den »Transformatoren« auf BMW-Freunde – zwar nicht fasziniert, sondern lediglich zustimmend –, aber es sind ganz eindeutig Leute mit einer starken Münchener Bindung.
Was macht sie an? Man muß hierzu wissen, daß die »Transformatoren« Technikfreaks sind. Technologische Systeme ziehen sie magisch an. Dabei ist Leistung wichtig. Die Sympathie des Transformators für den BMW hat hier ihren Ursprung.
Der #2 »Transformator« ist aber auch ein gehemmter Mensch, dem soziale Spontaneität abgeht. Wir haben die Zusammenhänge hier noch nicht voll im Griff, aber soviel ist sicher: Für den »Transformator« stellt der BMW eine Art Kompensation seiner Hemmungen dar. Für ihn ist der BMW ein *Kommunikationsmittel*. Er empfindet sich entkrampft und ein wenig enthemmt, wenn er in einen BMW steigt. So kommt es zu Äußerungen, die objektiv gesehen vielleicht gar nicht zutreffen – im Empfinden dieses Typus aber bedeutsam sind: »Die Leute mögen BMW-Fahrer«, Meister, 47. Oder: »Man kommt sich selbst so sympathisch in BMW vor«, Ingenieur, 53.

(b) Gleichgültigkeit und Ablehnung
Wir haben uns bisher auf »Macher« und »Transformatoren« konzentriert. Wie steht es jedoch mit den anderen Typen?
Der »Moderator« äußert Gleichgültigkeit gegenüber Blauweiß. Er denkt in Dimensionen, die in eine ganz andere Richtung gehen als das Profil eines BMW. Kompromiß und BMW haben wenig gemein, denn einem BMW kann man vermutlich so manches anhängen und nachsagen, aber ein »fauler Kompromiß« scheint er nun allemal gerade nicht zu sein.
Der #5 »Verläßlichkeitssucher« ist der einzige, der BMW in Bausch und Bogen ablehnt. Ihn ängstigt – nicht nur im Zusammenhang mit Automobilen, sondern ganz generell überall und immer – die Sportlichkeit. Er mag sie nicht, sie ist zu draufgängerisch und deshalb ihm nicht gemäß.

Bei diesen beiden Typen sehe ich wenig Ansätze, das Blatt entscheidend zu wenden.

(c) Sind die zwei Sympathisanten ein Reservekapital für BMW?

Prüfen wir, warum die Sympathisanten, der »Visionär« und der »Analysierer«, nicht intensiver an BMW interessiert sind:

In den Augen des #1 »Visionärs« ist ein BMW zwar das etwas andere Luxusauto, und er erkennt durchaus die Originalität der Marke bis zu einem gewissen Grade an; dennoch ist BMW für ihn – der sich am liebsten im Morgen oder Übermorgen bewegt – einfach nicht visionär genug.

Einige Äußerungen zum neuen großen 7er lassen sogar vermuten, daß dieser vielfach als eine Annäherung ans Mercedesimage empfunden wird. »Er scheint mir weniger visionär wie frühere Modelle, bei denen mehr Neuigkeit im Spiel war«, Visionär, 47, Chirurg. Auch auf technischem Gebiet wird nichts direkt Dramatisches geboten, was den »Visionär« anziehen könnte.

Wollte man den »Visionär« gewinnen, so wäre ein Weg gangbar, den Mercedes bei der C-Klasse bereits andeutungsweise eingeschlagen hat: Dort gibt es eine gelbe Version mit schwarzem Kühler, die – jedenfalls vom farblichen Eindruck her – aus dem eher braven Auto ein leicht extravagantes macht. Auch wenn ein Mercedesfreund dazu äußerte: »Der C-Wagen mit der Narrenkappe«, so ist es ein alter und recht erfolgreicher Trick der Modemacher, auch in biedere Kollektionen – sozusagen zur »Aufhellung« – ein wenig Extravaganz aufzunehmen. Diesen Weg – so scheint mir – könnte man bei BMW gehen: in allen drei Kategorien (3er, 5er und 7er) einige Sondermodelle zu gestalten, die über einige geringe Veränderungen und durch außergewöhnliche Farben und Innenausstattungen jenem Stückchen exotische Utopie Raum geben, das nun einmal die Querdenker antörnt.

Betrachten wir nun den #3 »Analysierer«, der ja das Privileg hat, zur größten Bevölkerungsgruppe zu zählen: Auch er ist gegenüber BMW positiv gestimmt, ist aber dennoch nicht völlig überzeugt, geschweige denn von der Marke fasziniert. Was könnte ihn, den bei Mercedes die Spitzenstellung und die ganze Stärke dieses Konzerns als Rechtfertigungsargumentation anzieht – wir erinnern uns seiner »Zustimmung« bei Mercedes –, noch mehr für BMW begeistern?

Wenn man diese Frage beantworten will, dann muß man sich klarmachen, daß der »Analysierer« die zahlengestützte Beweisführung liebt. Er ist derjenige, der sich von einer rein emotionalen Werbung schon fast abgestoßen fühlt. Das Argument »Spaß am Fahren« – von manchem als ideale Kommunikationsbotschaft gepriesen – läßt ihn nicht nur kalt, es macht ihn höchst mißtrauisch. Er liest mit größter Hingabe die detaillierten Daten, wie Motorleistung, Geschwindigkeit, Verbrauch. Einer der nicht sehr vielen Pluspunkte zugunsten von BMW: Ihm mißfällt – was bei anderen kaum

ins Gewicht fällt – die Tatsache, daß Daimler zusätzlich noch Lastwagen und Busse fertigt.
Ein enger gefaßtes Programm, wie das von BMW, spricht ihn an, weil er das *Spezialistentum* liebt. Er ist übrigens auch derjenige, der auf den Gedanken einer unteren Mittelklasse (etwa A-Klasse bei Mercedes) ausgesprochen negativ reagiert. Ein BMW-Profil im Sinne von »Wir wissen genau, was wir wollen!«, »Wir tanzen bewußt nicht auf allen Hochzeiten« und – ganz besonders – »Wir haben unsere Wagen ökonomischer gemacht«, all dies könnte ihn überzeugen. Noch etwas fasziniert ihn: der so verbrauchsgünstige Diesel. Wer diesen Motor einen dramatischen Schritt verbessern kann, ist bei ihm König.
Wir wollen mit diesen Überlegungen den Teil zu BMW abschließen. Bevor wir jedoch die Welt des Automobils hinter uns lassen, noch ein kurzer Seitenblick auf ein Randproblem, an dem man aber gerade den Nutzen unseres Typenprofils besonders schön zeigen kann.

8. Die Sache mit dem Airbag

Während alles bisher Gesagte auf Ermittlungen aus dem Zeitraum 1994/95 zurückgeht, lag das »Problem Airbag« noch in meiner Genfer Zeit, als ich Mitglied der Fakultät des Internationalen Managementinstitutes IMI war. Ich wurde dort häufiger von Firmen der Automobilbranche beratend in Anspruch genommen.
Ich lasse einmal bewußt offen, welche der beiden Firmen auf mich zukam, aber da beide das gleiche Problem hatten, spielt dies auch keine Rolle.
Beide Firmen – sowohl Daimler als auch BMW – boten zu der damaligen Zeit für ihre jeweiligen Flaggschiffe den Airbag an, wenn auch begrenzt auf den Fahrer.
Der Airbag war damals in Europa noch eine sehr neue Sache, die allerdings in den USA schon eine gewisse Verbreitung besaß.
Nun wird jeder einsichtige Mensch sicherlich zugeben, daß der Airbag im Falle eines sehr ernsthaften Crashs wohl die einzige Hoffnung darstellt, mit dem Leben davonzukommen. Natürlich ist auch er keine perfekte Lebensversicherung, aber die Zahl der dadurch Geretteten spricht eine eindeutige Sprache zu seinen Gunsten: Jedermann sollte ihn haben. Und ganz genauso dachten auch die Techniker bei beiden Firmen, die ihn damals anboten. Aber – sie hatten die Rechnung ohne den Wirt gemacht.
Schon bald nach der Einführung begannen sie zu ahnen, daß irgend etwas falsch gelaufen war. Denn gemessen an dem gewichtigen Beitrag für zusätzliche Sicherheit, fielen die Umsätze eher bescheiden aus. Es waren einfach *erstaunlich viele* der ja doch sicherlich nicht ganz und gar armen Käufer der Nobelklasse, die auf den Airbag *überhaupt keinen* Wert legten.

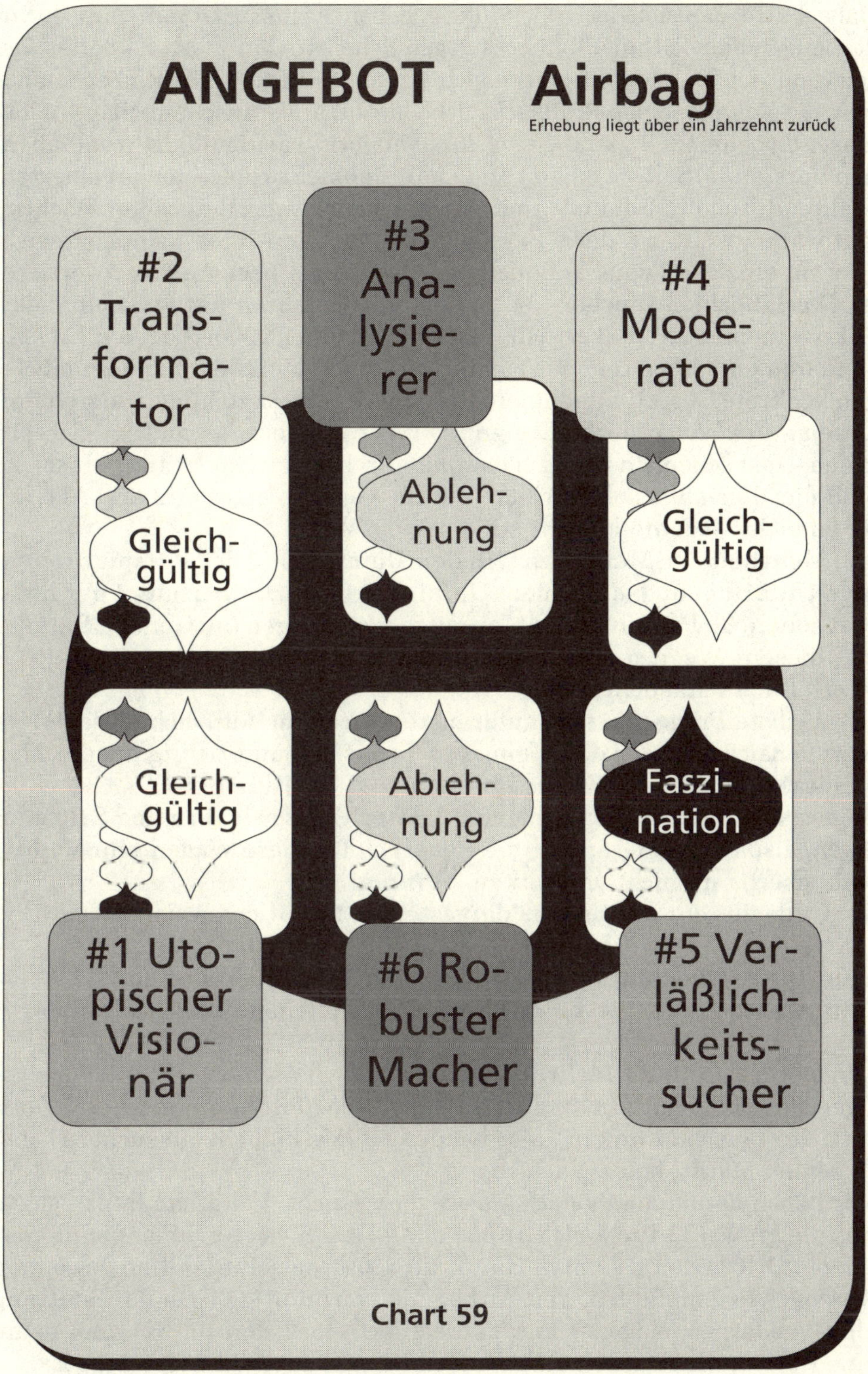
ANGEBOT
Airbag
Erhebung liegt über ein Jahrzehnt zurück
#2 Transformator
#3 Analysierer
#4 Moderator
Gleichgültig
Ablehnung
Gleichgültig
Gleichgültig
Ablehnung
Faszination
#1 Utopischer Visionär
#6 Robuster Macher
#5 Verläßlichkeitssucher
Chart 59

Dabei hatte man sich doch alle Mühe gegeben; hatte die Dummypuppen vor den Augen der Zeitlupenkameras gegen Scheiben und Pfosten knallen lassen, und – o Wunder – es regte sich kaum Nachfrage. Deutlicher konnte man die Vorzüge eines Prallsacks doch gar nicht veranschaulichen – oder?
Unser Typenmodell gab die perfekte Antwort, warum all die wohlhabenden Vorstände, Selbständigen und Unternehmer so ablehnend reagierten. Während Konolly-Edelholz und feinstes Leder von allergrößter Wichtigkeit waren, wollten 5 der 6 Persönlichkeiten vom Airbag nichts wissen.
Nur ein einziger Typus, nämlich der etwas ängstliche und introvertierte #5 »Verläßlichkeitssucher«, setzt sich mit Gefahren aktiv auseinander. »Aktiv« meint hier, daß er sich gern und ausführlich vor Augen führt, wie Gefahren entstehen und wie sie in Gestalt von Unfällen und Karambolagen konkrete Gestalt annehmen. Er – im Gegensatz zu allen anderen fünf Typen – *verdrängt* solche Ereignisse *nicht*, sondern beschäftigt sich mit ihnen – fast schon ein wenig selbstquälerisch und masochistisch. Insofern sind die »Verläßlichkeitssucher« auf die Gefahr »ansprechbar«. Alle anderen nicht! Jedenfalls nicht auf direktem Wege.
Die Mehrheit der Menschen will den Dummyfilm, der ihn mit drohendem Unterton an das Problem Unfall heranführt, überhaupt gar nicht erst sehen. 80 Prozent aller Menschen verdrängen die Gefahr. Sie sind auf diesem Wege nicht ansprechbar. Ausnahme: unser Freund der »Verläßlichkeitssucher«.
Die nächste Frage, die sich aufdrängte, war dann natürlich diese: Wenn wir offensichtlich nur einen einzigen Typus gut und richtig ansprechen, ist dieser ein potenter Kunde für die S- und 7er-Klasse?
Leider kommt er in Vorständen und unter Unternehmern und Selbständigen, also in zwei Gruppen, die sicherlich für diese Wagen sehr wichtig sind, überhaupt nicht vor (nur zu 2 Prozent!).
Es wurde aus der in Chart 59 dargestellten Situation zweierlei deutlich:

(a) Die Argumentation sprach nur einen einzigen Typus an.
(b) Dieser Typus – so unsere Enquete – ist kein potentieller Kunde.

Man hatte also für die Mehrheit *faktisch keine* Botschaft. Und mit der richtigen Botschaft hatte man sich an das *falsche Publikum* gewandt. Dort, wo diese Botschaft ankam, also bei den #5 »Verläßlichkeitssuchern«, gab es keinen Markt, keine Nachfrage.
Wir haben dann damals nach Auswegen gesucht. Vor allem interessierte uns die große (33 Prozent) Gruppe der #3 »Analysierer«. Sie, die immerhin ein Drittel der gesamten Kaufkraft repräsentieren, sollten gewonnen werden. Wir empfahlen, den Airbag als »vernünftige Grundausstattung eines modernen Wagens« herauszustellen, gleichsam so, wie man heute eine Automatik oder den elektrischen Fensterheber nicht als eine Extra-

vaganz versteht, sondern als vernünftige Normalität. Kein Wort mehr über Gefahr, keine Assoziation mit blutigem Unfallgeschehen, keine Rede von Sicherheit. Dafür: Ein Wagen *ohne* Airbag ist ein durch und durch *unvernünftiger* Wagen. Und siehe da: Es arbeitete zufriedenstellend. Das Airbaggeschäft kam in Schwung.
Wir haben diesen Fall als Abrundung unseres Ausflugs in die Welt des Automobils gebracht, weil er – ebenso wie die vorhergehenden Fälle – sehr schön verdeutlicht, wie man relativ schnell mit dem Multimarketingansatz zur strategischen Alternative gelangt.

II. Wein, Weib und Gesang

Wenden wir uns nun einigen Beispielen zu, die mit lustigeren Dingen zu tun haben als den Gefahren eines Unfalls, nämlich mit Geselligkeit und Frohsinn.
Beschäftigen wir uns also mit *Bier*, dem Gerstensaft und Lieblingsgetränk vieler Deutscher.

1. Das Machergetränk, das auch den Ängstlichen behagt

Der Grund, gerade dieses Beispiel hier zu bringen, liegt in der *Zweigleisigkeit*, die Bier aufweist. Es gefällt *zwei* Typen, zwischen denen tiefe Gräben verlaufen. #6 »Macher« und #5 »Verläßlichkeitssucher« haben sehr wenig miteinander zu schaffen und verstehen sich überhaupt nicht (Sie erinnern sich vielleicht: Sie haben keine Farbe gemeinsam!). Obgleich beide wirklich in sehr unterschiedlichen Welten leben, mögen sie *beide* Bier. Wie kommt das?
Wie Chart 60 zeigt, sind es zunächst einmal die »Macher«, die von Bier sehr angetan sind. Das hängt damit zusammen, daß Bier beim geselligen Beisammensein und kumpelhaftem Mitoinander ein vorzügliches »Bindemittel« ist, das den *sozialen Kontakt* fördert.
Wie hoch der Macher sein Bier schätzt, wird daran deutlich, daß er ihm nicht nur zustimmt, sondern daß er davon fasziniert ist.
Ganz anders der »Verläßlichkeitssucher«, der Bier mag, aber ihm wesentlich leidenschaftsloser seine Zustimmung gibt: Für ihn ist Bier – unter den alkoholischen Getränken – das relativ *harmloseste* Getränk. Wenn es denn schon Alkohol sein muß – so denkt er –, dann ist Bier das ungefährlichere Getränk – allein schon deshalb, weil sein Alkoholgehalt geringer ist als bei Wein, Sekt und harten Getränken.
Es versteht sich bei dieser Konstellation von selbst, daß die größeren Men-

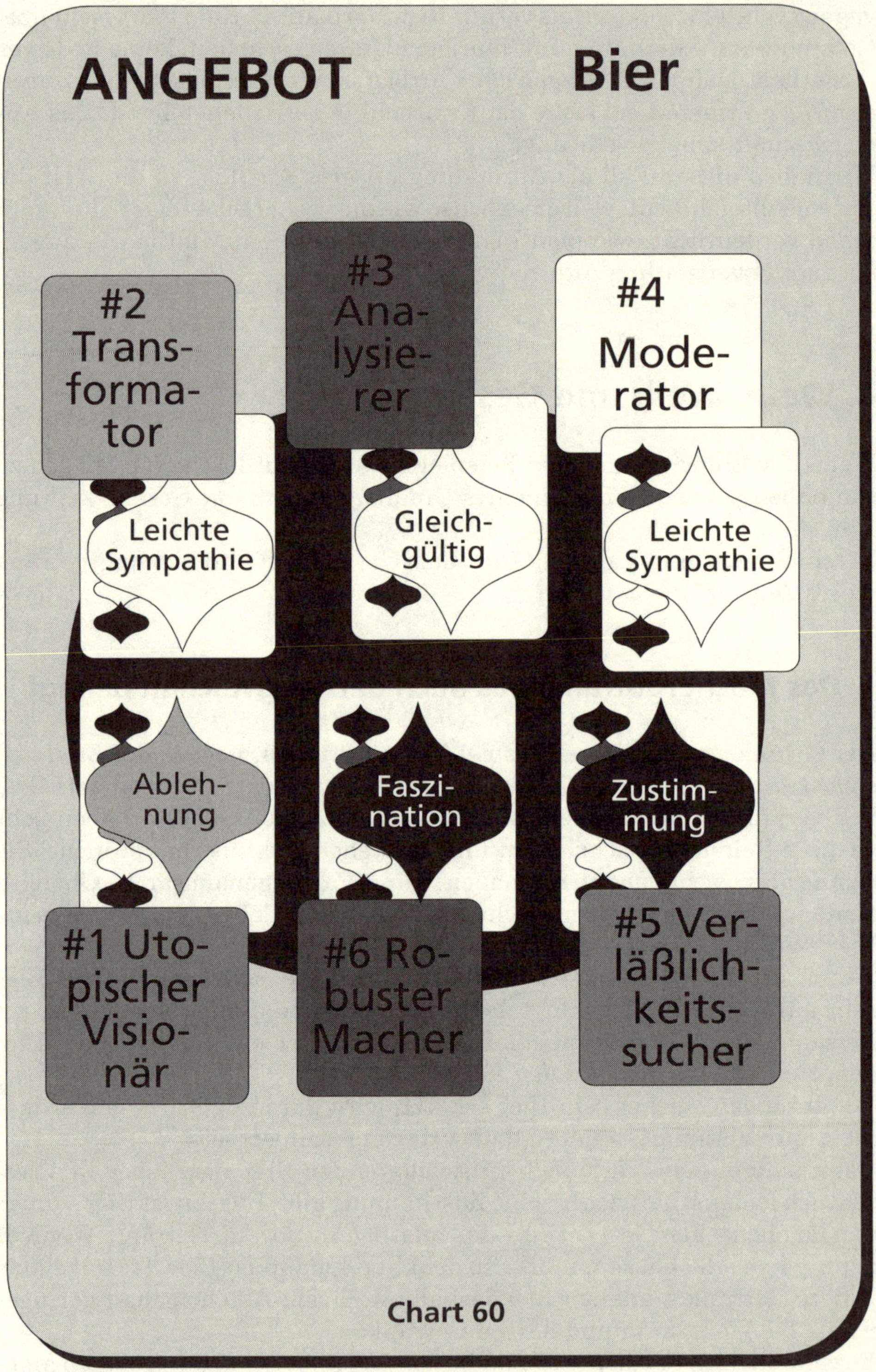
ANGEBOT
Bier
#2 Transformator
#3 Analysierer
#4 Moderator
Leichte Sympathie
Gleichgültig
Leichte Sympathie
Ablehnung
Faszination
Zustimmung
#1 Utopischer Visionär
#6 Robuster Macher
#5 Verläßlichkeitssucher

Chart 60

gen natürlich beim #6 »Macher« anfallen, der Bier wirklich *liebt*. Klar, daß es bei unserem Sicherheitsfreund nur relativ geringe Quantitäten sind, denn für ihn ist seine Hinwendung eine Vernunft-, nicht (wie beim »Macher«) eine Herzensentscheidung.

Bayern müssen folglich weitgehend »Macher« sein. Das ist natürlich scherzhaft gemeint – obgleich ein klein wenig daran ist: Im bajuwarischen Lebensstil manifestiert sich schon ein gerüttelt Maß an Macheraggressivität (falls ein solches Urteil einem Preußen überhaupt zusteht).

Soweit die beiden Freunde des Biers. Schauen wir uns nun aber noch die anderen Typen an: Da ist der »Visionär«, der Bier ablehnt. Warum? Weil es zu mittelmäßig, zu ordinär, zu gewöhnlich, zu kumpelhaft und zu bürgerlich ist. Bierwirtschaften sollten ihn als potentiellen Kunden daher schnell vergessen.

Wie steht es mit dem #4 »Moderator«, der immerhin eine gemäßigte Sympathie für Bier empfindet? Könnten wir ihn gewinnen? Ich glaube schon, wenn die *soziale Rolle* von Bier stärker in der Werbung herausgestellt würde. Da fahren in der Bierwerbung Windjammer durch die See, Cowboys sitzen am Lagerfeuer, Stars konsumieren Bier, bunte Singvögel zwitschern in den Bäumen, und manche Werbung versucht, eine Art Champagner daraus zu machen. Nur das, was nachweislich die Hauptanmutung von Bier ist, Menschen *zueinanderzuführen*, Geselligkeit anzukurbeln, die Zunge zu lösen, das ist nur relativ selten Thema der Bierwerbung. Deshalb waren die drei Musketiere sehr wahrscheinlich eine gute, weil funktionsorientierte Bierwerbung!

Woher kommt nun die offensichtliche Gleichgültigkeit der »Analytiker«? Die Antwort ist so wichtig, weil diese Gruppe ein Drittel der Kaufkraft darstellt und deshalb in allen Märkten als Zielscheibe besonders gründlich analysiert werden muß.

Der »Analysierer« hat eigentlich nichts gegen Bier einzuwenden, aber um die Füllung der menschlichen Blase kämpfen ja nicht nur die Brauer, sondern ebenso die Winzer und Weinkelterer. Seine stark konservative Ausrichtung läßt ihn den noch traditionsreicheren, ernsthafteren Wein bevorzugen. Für ihn bedeutet Wein Ruhe, Ausgeglichenheit, innere Einkehr. Ihn, der das Zeremoniell sehr liebt, zieht das ganze Gehabe, das Kultische am Rebensaft sehr an. Das hält ihn nicht ab, gelegentlich auch zum Bier zu greifen – aber eben doch mit großer Zurückhaltung.

Es ist interessant, daß ihn die etwas »festlicheren« Biere, also etwa Warsteiner, das sich so verkauft, als wäre es beinahe ein Champagner, schon mehr liegen. Nur eine Maß in der Bierschwemme, das liebt er eben nicht, es stößt ihn ab.

Der #2 »Transformator« findet sich im Bier nur zum Teil wieder. Es scheint ihm – dem Kreativen – etwas zuwenig originell, zu alltäglich. Andererseits schätzt er es bisweilen als soziales Kontaktmittel.

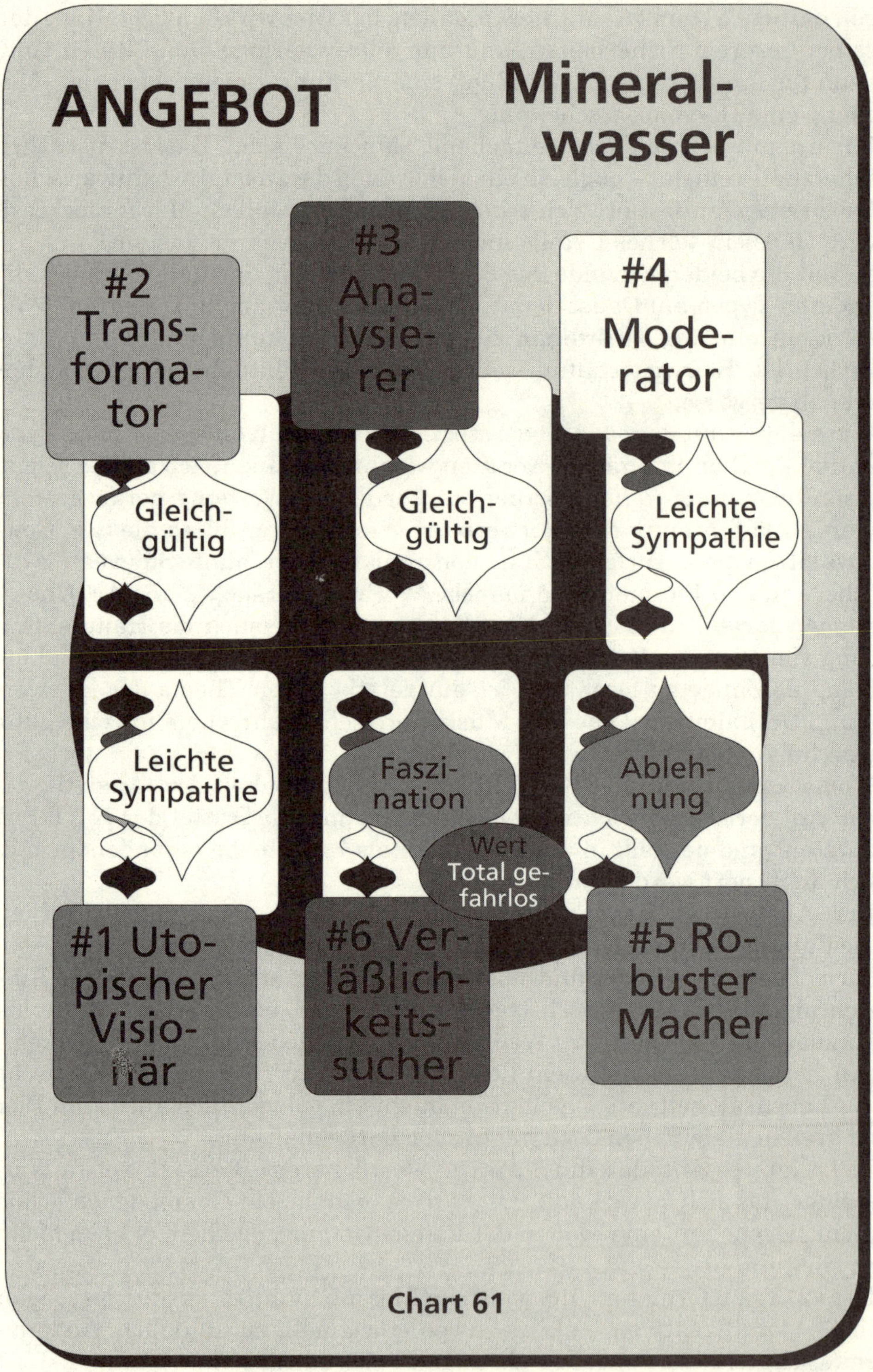
ANGEBOT
Mineral-wasser
#2 Trans-forma-tor
#3 Ana-lysie-rer
#4 Mode-rator
Gleich-gültig
Gleich-gültig
Leichte Sympathie
Leichte Sympathie
Faszi-nation
Ablehn-ung
Wert Total ge-fahrlos
#1 Uto-pischer Visio-när
#6 Ver-läßlich-keits-sucher
#5 Ro-buster Macher
Chart 61

Auf die Besonderheit gerade dieses Falles – nämlich daß es gelingt, zwei eher feindliche Brüder, nämlich die doch so unterschiedlichen »Macher« und »Verläßlichkeitssucher«, zu *gleicher Zeit* anzusprechen – kommen wir später noch gesondert zurück.

2. Mineralwasser – Trank der Furchtsamen

Da wir nun schon einmal bei den Getränken sind, noch ein Blick auf den Fall Mineralwasser. Es ist nicht schwer zu erraten, warum wir Bier und Mineralwasser hier behandeln. Es sind zwei Beispiele, bei denen wir nicht einer bestimmten Marke nachgegangen sind, sondern einer sogenannten »generischen Gruppe«, also einer Sache, die nicht selbst Marke ist, obgleich sich hinter ihr viele Marken verbergen.

Studien über die Produktgruppe als Ganzes sind deshalb interessant, weil man viele grundsätzliche Orientierungen dabei ermitteln kann. Wenn ich über diese Grundeinstellungen etwas weiß, fällt es leichter, die Positionierung meiner eigenen Marke festzulegen: Es ist somit wichtiges Grundwissen. Chart 61 legt es dar.

Bei Mineralwasser liegt es auf der Hand, daß die #5 »Verläßlichkeitssucher« die intensivsten Verwender sind. Wird Mineralwasser doch von vielen – sowohl Männern als Frauen – als etwas besonders *Unschädliches* empfunden. Es besitzt Heilwirkung, ist weitgehend keimfrei und enthält einige wichtige Mineralstoffe. Da nimmt es nicht wunder, daß unsere Sicherheitsapostel davon restlos begeistert sind und daß auch der #4 »Moderator«, der nicht anecken will, den Kompromiß schließt, auf die Genüsse anderer Getränke, die stärkere Geschmackserlebnisse oder Alkohol anbieten, eher zugunsten des Mineralwassers zu verzichten.

Es ist in diesem Zusammenhang vielleicht auch nicht uninteressant, darauf hinzuweisen, daß #4 »Moderator« und #5 »Verläßlichkeitssucher« die beiden Typen sind, die den ökologischen Aspekten besonders viel abgewinnen. Sie sind ein besonders wichtiges Wählerpotential der Grünen und anderer Ökogruppen.

Die »Visionäre« tendieren ein wenig zum Mineralwasser, weil es das ganz andere, asketische Getränk ist. In seiner farblosen Wäßrigkeit hebt es sich von den bunten Apfel-, Orangen- und Was-sonst-noch-Säften schon dramatisch ab. Richtig erwärmen können sie sich aber nicht, weil es zuwenig *visionäre Hoffnung* ausstrahlt.

Gäbe es Ansatzpunkte für den #2 »Transformator«, der immerhin bereits ein wenig Sympathie für Sprudel empfindet? Er strebt nach Veränderung mit Augenmaß, er baut sehr auf Erfahrung und hat soziale Probleme, weil er sich schwertut, auf andere spontan zuzugehen. Deshalb zieht ihn das Vorsichtige durchaus an. Würde man ihn als zusätzliches Element stärker auf das Systemische, auf den naturwissenschaftlichen Hintergrund aufmerksam machen, könnte man ihn sicher ein wenig mehr hinter dem Ofen hervorlocken. Themen wie die Analyse der Stoffe, die Wirkung einzelner Mineralien in diesem Getränk hätten wahrscheinlich gute Aussichten, ihn stärker ans Mineralwasser heranzuführen. Das Herausstellen solch sachlich-fachlicher Information ist jedoch völlig aus der Mode gekommen. Da läßt man lieber Steffi Graf oder Gottschalk am Wasser nippen, nicht ahnend, daß man damit die »Transformatoren« geradezu vergrault. Der nach Kompromiß strebende »Moderator« – der dem Sprudel immerhin seine Zustimmung gibt – hat eine ganz besondere Angewohnheit, die man fast nur bei ihm findet: Er liebt es, mit Sprudel einen Verschnitt herzustellen, also ihn mit Fruchtsäften zu mischen. Aber weder dieses bei der Gruppe der »Moderatoren« sehr beliebte Mischen noch das Aufzeigen der medizinisch-naturwissenschaftlichen Hintergründe spielt eine Rolle in den heutigen Kommunikationsstrategien.

3. Auf zwei Ebenen arbeiten

Wir haben bislang zwei Ansätze besprochen, (a) die Branche (Beispiel: Bier allgemein), (b) eine Marke. Wenn ich nun eine Biermarke mein eigen nenne und will diese besonders gut und originell positionieren, dann könnte die Untersuchung beider Ebenen sinnvoll sein:

Erster, allgemeiner Ansatz:
Wie wird Bier von den sechs Typen angenommen?

Zweiter Ansatz:
Wer mag meine Marke? Oder die Hauptkonkurrenzmarke? Im Sinne dieses zweiten Ansatzes greifen wir jetzt eine Biermarke heraus, die durch besonders intensive und ansprechende Werbebemühungen aufgefallen ist: *Licher Bier*.
Die ganz allgemeine Sicht aus Chart 60 zeigt uns, daß Bier ganz stark auf die »Macher« und ziemlich stark auf die »Verläßlichkeitssucher« wirkt. Erste Überlegung: Wenn ich – in diesem Falle *Licher* – eine mittlere Biermarke bin, die keine dominierende Rolle als Marktführer spielt, dann ist es immer fraglich, ob ich meine Marke dort ansiedeln soll, wo die Masse der Biere ohnehin schon beheimatet ist. Könnte ich eine Positionierung finden, die sich gerade von dieser Hauptkonsumgruppe abhebt, ihr möglicherweise gar nicht gefällt, dafür aber einer Randgruppe um so mehr? Schauen wir uns nun die tatsächliche Positionierung von *Licher* an. Es ist *Licher* gelungen, sich in eine Nische zu begeben, nämlich die der »Moderatoren«, die für Natur viel übrig haben.

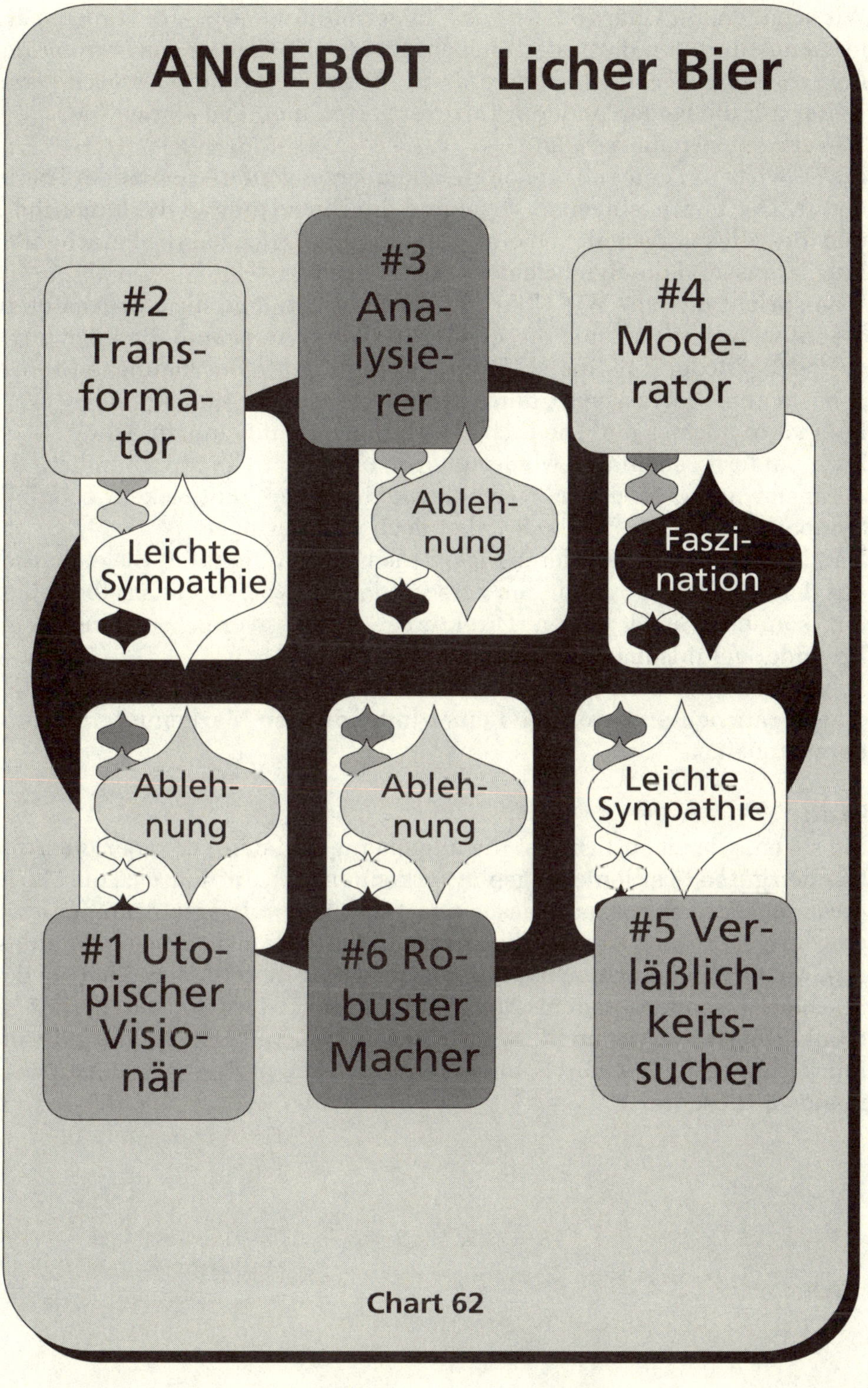
ANGEBOT Licher Bier
#2 Transformator
#3 Analysierer
#4 Moderator
Leichte Sympathie
Ableh-nung
Faszi-nation
Ableh-nung
Ableh-nung
Leichte Sympathie
#1 Utopischer Visionär
#6 Robuster Macher
#5 Verläßlichkeitssucher
Chart 62

Wir schauen auf Chart 62, wo wir – in gewohnter Weise – die typenspezifischen Affinitäten dargestellt haben. Es erweist sich als das *Bier der den Kompromiß suchenden »Moderatoren«*. Zusätzlich strahlt es noch etwas weiter auf die beiden anderen Introvertierten aus, Typ #2 und #5.
Wie erklärt sich dieses Bild?
Licher wirbt auf eine sehr gekonnte und überzeugende Art mit dem Thema Natur. Der bunte, singende Vogel und die Einbettung in die Landschaft, und dies alles untermalt von einer gemütvollen, nachdenklich machenden Musik, das sind die Symbole der Licherwerbung.
Wen spricht das an? Wie Chart 62 verdeutlicht, sind die »Moderatoren« die intensivsten Freunde dieser Marke. Wenn man weiß, daß der introvertierte »Moderator« die stilleren Töne liebt, das Beschauliche (im Gegensatz zum Aggressiven), dann versteht man diese Zuneigung.
Man kann auch sagen: Die Licherwerbung spricht seine Sprache!
Zwei andere, ebenfalls wiederum introvertierte Typen, nämlich der »Transformator« und der »Verläßlichkeitssucher«, entwickeln ebenfalls Sympathie für *Licher Pilsener*, aber doch weit geringer.
Daß Macher und Analysierer *Licher* nicht mögen, müßten Sie eigentlich aus der Beschäftigung mit den verschiedenen Typen bereits selber ableiten können: Beide mögen Direkteres, Aggressiveres, sie sind keine Freunde »gefühlsduseliger« Naturversenkung.
Es war unsere Absicht, in diesem Abschnitt den Zusammenhang zwischen einer Branchenlandschaft und einer individuellen Markenuntersuchung herzustellen.

Fazit:
Sie sehen, wie eigentlich erst die allgemeine und dann die spezielle Analyse den guten Positionierungsplatz erkennen läßt, auf dem sich die Marke *Licher* erfolgreich niedergelassen hat. Für einen mittleren Anbieter ist es eine ausgesprochen clevere Nischenstrategie, sich nicht dort niederzulassen, wo die »Völkerschlacht« ums Bier geschlagen wird – nämlich bei den Machern –, sondern in dem »Moderatoren-Markt«, wo nur mäßig Bier getrunken wird, den ersten Platz zu besetzen. Hier spiegelt sich die gute alte Marketingweisheit wider: Sei lieber König in einem Zwergstaat als Zwerg in einem Riesenreich.

Kapitel 17

Multiselling – die Kunst des typologischen Verkaufens

Formelorientierung
Im Rahmen von $E = (W_1 + W_2 + W_3 \dots W_n) \times K$ ist »K« unser Thema. Es geht um die verkäuferische, gesprächstechnische Ausrichtung der Kommunikation auf die jeweiligen Werte der angesprochenen Persönlichkeit.

Das wohl frappierendste Ergebnis des quantenmechanischen und gleichzeitig typologischen Ansatzes ist der *verkaufsfördernde Einsatz* dieses Konzepts. Was zunächst für den Verkaufspraktiker vielleicht eher etwas »theoretisch« ausschaut und eher für den Strategen gemacht zu sein scheint, entpuppt sich als eine der stärksten Waffen im Bemühen um eine Effizienzsteigerung des Vertriebs und um mehr Marktmacht.
»Multiselling« reduziert die Ineffizienz des Verkaufsgesprächs, die – wie bei aller Kommunikation, so auch bei dieser – in der Regel um die 80 Prozent beträgt. Anders ausgedrückt: Eigentlich könnten Sie, Herr oder Frau Absatzleiter/in, mit 20 Prozent Ihrer heutigen Vertriebskosten auskommen – vorausgesetzt, die Argumente Ihrer Verkaufsbeauftragten treffen die Werte W_1 oder W_2 oder W_3 wirklich zielgenau.
Mit dem Training in Multiselling werden verkäuferische Argumente an der Persönlichkeit der umworbenen Einkäufer, Kunden, Ingenieure, Behördenchefs ausgerichtet. Dies ermöglicht eine *typengerechte* Ansprache. Lernen kann man es bereits in einem kompakten Dreitageseminar – es stehen dem Einsatz von Multiselling also keine unüberwindlichen Hindernisse im Wege.
»Welche Verkaufssteigerungen lassen sich denn nun durch Multiselling erzielen?« werden Sie fragen. Hier die Antwort:

Wir haben das Verfahren (Stand Sommer 96) in 81 Fällen zum Einsatz gebracht. Hier die Ergebnisse, wobei entweder eine *geschulte* Verkäuferriege gegen eine *ungeschulte* antrat, oder aber es wurde die Periode *nach* der Schulung mit einer relevanten, gleich langen Periode *vor* der Schulung verglichen.

Fälle	Umsatzsteigerung oder -abnahme
4	über 60 Prozent
12	40–60 Prozent
32	20–40 Prozent
31	0–20 Prozent
2	–10 Prozent bis 0 Prozent
81	

Der Durchschnitt der Umsatzsteigerung liegt bei 27 Prozent. Das ist bei einem Einsatz von drei Schulungs- und ein Follow-up-Tag keine ganz schlechte Input-Output-Rechnung; so denke ich. Schildern wir nun, wie man bei der Anwendung von Multiselling praktisch vorgehen sollte.

I. Der Fall Coregarn

Ich wiederhole hier den bereits in meinem Buch »Aufbruch zur Überlegenheit« dargestellten Fall des Nähfadens »Coregarn«, der besonders interessant ist, weil er sehr schön dokumentiert, wie unsere Typologie auch ganz anders arbeiten kann, als wir sie bisher eingesetzt haben.

Trotzdem gibt es zwischen dem bisherigen Vorgehen und dem, was wir jetzt im Anschluß besprechen, *keinen fundamentalen* Unterschied, denn der gedankliche Ansatz ist ähnlich, aber es gibt einen *instrumentellen* Unterschied, denn wir fokussieren jetzt mehr auf die *Form*, die *Dynamik*, den *Auftritt* des Anbieters und nicht so sehr auf strategische Aspekte. Man könnte sagen: *Multiselling ist die Taktik des Multimarketings*.

1. Der Unterschied zwischen Multiselling und Multimarketing

Bisher fragten wir: Wie muß das Produkt oder der Service beschaffen sein, um das Werteprofil des Kunden möglichst gut abzudecken, um ihm möglichst zielgenau zu entsprechen? Angebot und Käuferpersönlichkeit standen sich gegenüber. Weitgehende *Deckungsgleichheit* war unser Ziel.

Nun setzen wir voraus, daß es ein Angebot gibt, dessen Inhalte bereits festliegen und nicht mehr zur Debatte stehen. Unterstellen wir also, daß es die Eigenschaften eins bis zehn besitzt, an denen wir überhaupt nichts ändern möchten. Wir wollen jetzt lediglich erreichen, daß wir möglichst vielen Kunden *einen Zugang* dazu verschaffen.

Wir möchten durch die *bessere Argumentation* unser Angebot *besser verkaufen*. Dabei vermeiden wir es, die genaue Situation bei jedem der sechs Typen genau zu untersuchen, sondern ziehen das gesamte vorhandene Generalwissen um die Typologie heran. Wir nutzen dieses Wissen, indem wir die vorhandenen Argumente so einsetzen, daß sie eine optimale Reaktion hervorrufen. Wir passen uns gleichsam der Wertewelt des Kunden an.
Ein Beispiel aus der konkreten Beratungspraxis hilft verdeutlichen.
Es geht dabei um ein Stützgerät, wie es auf dem Bau zur Abstützung der Verschalung von Beton während der Härtung und Trocknung verwendet wird. Im Rahmen des nachfolgenden Textblocks zeigen wir links die *strategische* Ausrichtung und rechts die kurzfristigen, *taktischen* Argumente des Verkäufers vor Ort im Sinne des Multiselling. Aus Platzgründen haben wir lediglich den #1 »Visionär« und den #6 »Macher« ausgewählt.
Sie werden bei der Lektüre der verkäuferischen Argumentation auf Seite 308 sofort erkennen, wie einerseits auf die Zukunftsorientierung des Visionärs und andererseits auf die aggressive Handlungsbereitschaft und das Kostenbewußtsein des Machers eingegangen wird.

Langfristige Vertriebspolitik. Ausrichtung des Angebotes	Kurzfristige Taktik des Verkäufers, der einen »Visionär« zum Verkaufsgespräch aufsucht	Kurzfristige Taktik des Verkäufers, der einen »Macher« zum Verkaufsgespräch aufsucht
Unser Angebot soll alle Typen ansprechen; da es einen bedeutsamen Kostenvorteil bietet, dürfte es jedoch der »Analysierer« sein, der am stärksten angesprochen wird. Der Kostenvorteil besteht darin, daß diese Stütze universal verwendbar ist, weil sie in der Höhe leicht verstellbar ist und weil sie wiederverwendet werden kann.	Er wird zwar den potentiellen Käufer auf die Kostenverbesserung hinweisen, wird dann aber auf eine mehr emotionale Art und Weise die Zukunftsträchtigkeit des Angebots dokumentieren, und zwar so, daß er die Sprache des »Visionärs« spricht. *»Sie wissen doch, wer heute – in unserer schnellebigen Zeit – nicht die Instrumente und Werkzeuge von morgen einsetzt, der wird kaum überleben. Sie dürfen davon ausgehen, daß dieser Art von universaler und wiederverwendbarer Stütze die Zukunft gehört. Ich weiß doch, daß Sie immer schon heute das machen wollen, was die anderen Schlafmützen erst zögernd übermorgen tun!* *Greifen Sie also zu!«*	Er wird zwar den potentiellen Käufer auf die Kostenverbesserung hinweisen, wird dann aber den Kunden in der Sprache des »Machers« anreden, für den tatkräftiges, entschlossenes Handeln besonders hoch im Kurs steht. *»Sie wissen doch: Man muß heute viel Mut haben und Härte zeigen, um sich durchzuboxen. Wer nicht den alten Kram rigoros ausmistet, der wurstelt weiter mit nicht mehr zeitgemäßem Werkzeug und hat zum Schluß vergleichsweise höhere Kosten. Darum empfehle ich Ihnen, komplett auf die neuen Stützen überzugehen. Und zwar heute noch. Morgen macht's Ihr Konkurrent. Und das wollen wir doch beide verhüten, daß der einen Vorteil hat, den Sie ihm schon heute abjagen können.«*

2. Die einzelnen Schritte der Anwendung von Multiselling

Für denjenigen, der mit »Multiselling« Ernst machen will und entsprechende Maßnahmen ergreifen möchte, sind folgende Abläufe zu empfehlen:

① Man schult die Verkäufer, Reisende, Vertriebsingenieure, Manager in der *Schnellerkennung* ihres Gegenübers.

(a) Dazu ist zunächst erforderlich, *sich selbst* richtig einschätzen zu lernen. Das eigene Werte- und Bedürfnisprofil muß erarbeitet werden. Die Frage: »Wer bin ich« sollte klar beantwortet werden.
(b) Durch Beobachtung und Fragetechniken wird die Erkennung des *Gegenübers* und *Partners* erlernt und praktisch eingeübt. Auch hier muß gründlich auf das Werteprofil der sechs Typen eingegangen werden.

② Die Trainingsgruppe beschäftigt sich nun mit der Auswahl der richtigen Verkaufsargumentation.

(a) Dazu ist es zunächst einmal erforderlich, daß man *alle* für das Angebot *möglichen* Argumente zusammenstellt.
(b) Auf dem vorhandenen Wissen aufbauend, werden die Argumentationen *aufgeteilt*. Im Klartext heißt das: Man weist jedem Typus die für ihn als passend vermuteten Argumente zu.
(c) Dies setzt voraus, daß man untersucht, welche *Werte* durch welche *Argumentation* angesprochen werden können.
(d) Bisweilen hat man für einen oder zwei Typen keine sehr überzeugenden Argumente. Ist das der Fall, dann versucht man, aus der Wertekonstellation heraus, *zusätzliche* Argumente zu entwickeln, die sich aus der psychologischen Bedarfssituation ableiten lassen.

③ Man erstellt einen nach sechs Typen aufgeteilten Salesfolder. Dieser sagt dem Verkäufer, bei welchem *Typus* er welches *Argument* einsetzen soll bzw. was bei welchem Typus zu *meiden* ist.

④ Man übt nun im Trainingskreis die Anwendung der typenspezifischen Argumentation,

(a) zunächst im Kollegenkreis gesprächsweise,
(b) dann mit Videoaufzeichnung simulierte Kundenbegegnungen.
(c) Schließlich macht man erste Feldversuche mit Kunden.
(d) Dann erfolgt ein Follow-up-Review.

⑤ Schließlich beginnt man mit dem ersten Verkaufsdurchgang.

Das hier geschilderte Vorgehen unterstellt, daß wir draußen im Markt mit hoher Wahrscheinlichkeit *alle sechs* Typen antreffen. Im Unterschied zu den vorhergehenden Beispielen, wo wir uns auf ein oder zwei oder drei Typen »eingeschossen« haben, unterstellen wir, daß sie uns *allesamt* begegnen werden und daß wir deshalb für *jeden* gut gewappnet sein müssen. Im großen und ganzen arbeitet das hier geschilderte Verfahren völlig *ohne Marktforschung*. Es ist insofern weniger aufwendig als die vorher geschilderten Analysen von Mercedes, Bier, Licher etc., wo erst gehandelt werden konnte, *nachdem* eine Marktstudie durchgeführt wurde. Nichtsdestotrotz können zur Absicherung von Multiselling auch hier kleinere Tests zum Einsatz kommen, um die erarbeitete Argumentation *vor* dem Verkaufsstart noch einmal beim Kunden *abzuprüfen*. Meist kann man jedoch dem Kunden empfehlen, die 30 000 bis 50 000 Mark, die solche Tests kosten, zu sparen. Nun aber zum Fall »Coregarn«. Um was ging es da?

3. Verkauf eines industriellen Zuliefererproduktes

Es geht bei im Chart 63 dargestellten Fall um kein Konsumprodukt, sondern eines aus dem *industriellen* Metier des Verkaufs firm-to-firm. Der Fall spielte in der Textilindustrie. Dort gibt es das sogenannte *Coregarn*, ein besonders leistungsfähiger Nähfaden für schnellaufende Nähautomaten, wie man sie für Hemden, Anzüge etc. einsetzt.
Um diese Maschinen mit Garn zu beschicken, gab es lange Zeit lediglich zwei Nähfäden, die beide *schwerwiegende Nachteile* aufwiesen. Es gab das Baumwollgarn, das relativ leicht reißt, weil es eben ein Naturprodukt ist. Daneben verwandte man das synthetische Kunststoffgarn, das bei sehr hohen Nadeltemperaturen jedoch zu schmelzen beginnt. Man muß dazu wissen, daß bei diesen Schnelläufern die Temperatur an der Nadel sehr heiß wird und der Faden durch die hohe Nähgeschwindigkeit außerordentlich stark belastet wird. Es kommt also oft zu einem Garnriß mit dem dann unvermeidlichen – und sehr kostspieligen – Stillstand der Nähmaschinen.
Diese Nachteile wollte man beseitigen und erfand *Coregarn*. Die Kombination von Baumwolle und Kunststoff, die für ein *Coregarn* typisch ist, führt zu einem besonders sicheren, gleichzeitig aber auch teuren Garn. Es ist teuer, weil es einen Kunststoffkern (core) besitzt und weil dieser außen mit Baumwolle ummantelt ist. Einem etwa doppelt so hohen Einkaufspreis stand die wesentlich verringerte Gefahr des Maschinenstillstandes durch Fadenriß gegenüber.
Wie sind wir nun bei der Einführung dieses Produktes vorgegangen?
Wir folgten dem oben angezeigten Ablaufschema der Punkte 1 bis 5 auf der Seite 309, was zur Folge hatte, daß wir den Einkäufern gegenüber nun auf sechsfache Weise argumentieren konnten. Wie oben beschrieben, sam-

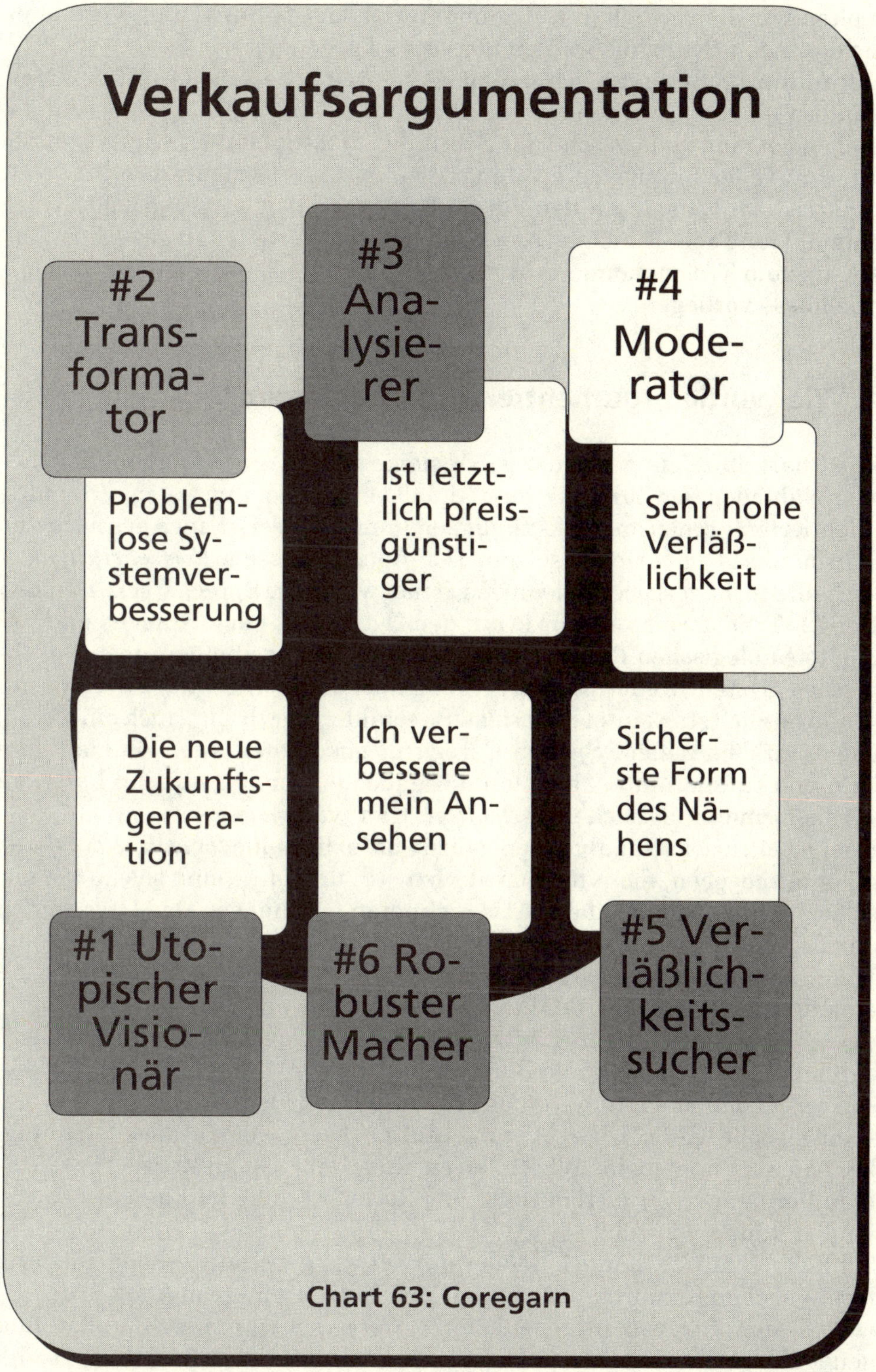

Chart 63: Coregarn

melten wir die verfügbaren Argumentationsmöglichkeiten und ordneten sie dann den Bedürfnisprofilen der sechs Typen zu.
Daraufhin mußte natürlich der neue vertriebliche Ansatz mit den Verkäufern eingeübt werden. Dieses Training in Multiselling erforderte damals noch eine volle Woche der Schulung. Heute schaffen wir es stets in nur *drei* Tagen intensiven Trainings. Durch einen Tag Unterbrechung mit praktischem Einsatz an der Verkaufsfront werden es gelegentlich auch einmal vier Tage. Die Unterbrechung hat den Vorteil, daß ein erstes Follow-up zum Tragen kommen kann, wobei dann meist schon erste Erfolgserlebnisse vorliegen.

4. Wie wurde argumentiert – und bei wem?

Wie Chart 63 zeigt, wurde der #1 »Visionär« damit angesprochen, daß dies »der Nähfaden der Zukunft« sei und daß es doch bei ihm – dem Zukunftsorientierten – schon an Rückständigkeit grenze, diesen »Faden des nächsten Jahrhunderts« *nicht* einzusetzen. Der Appell an seine *Fortschrittlichkeit* verhallte nicht vergebens, denn das genau war seine Sprache, sein Denken.
Der #2 »Transformator« wurde mit den Details des neuen Fadens und seinen technologischen Raffinessen vertraut gemacht. Ihm wurde ein »technisches System«, eine perfekte Problemlösung verkauft, weil er daran grundsätzlich stark interessiert ist. So schilderten wir ihm auch ein wenig, wie es zu dem neuen »System Coregarn« gekommen war, wie man knobeln und tüfteln mußte, bis man diese ideale Lösung gefunden hatte. #2 »Transformatoren« suchen *Perfektion*. Hier war sie gegeben.
Dem #3 »Präzisionsanalysierer« wurde natürlich eine *logische Rechtfertigung* mitgegeben, denn danach »lechzt« er, und ohne eine solche kommt es bei ihm nie zum Kaufakt. Also rechneten wir ihm vor, daß *Coregarn* in der Tat zunächst einmal pro Meter doppelt so teuer ist wie andere Fäden. Wenn man nun aber – so argumentierten wir – den Maschinenstillstand einkalkuliert, wenn also der Faden reißt und neu eingefädelt werden muß, dann rechnet sich *Coregarn* recht gut. Eine vom größten deutschen Hemdenhersteller abgezeichnete Berechnung, die wir vorher kostenlos für diesen vorgenommen hatten, war dabei – sozusagen als »schlagender Beweis« – eine große Hilfe. Diese Argumentation beeindruckte diese Genauigkeitsapostel ungemein. Wir lieferten ihm, dem »Analysierer«, das, was man ihm immer vermitteln sollte: die Rechtfertigung im Falle des Kaufs. Und er kaufte wie wild!
Schließlich mußte dem #4 »Moderator« etwas geboten werden: »Moderatoren« suchen Kompromißlösungen. Hier hatten wir einen Artikel, der gerade diesem Streben entgegenkommt. *Coregarn* ist ein technisch gelungener Kompromiß zwischen der Festigkeit des Kunststoffs und der Kühl-

fähigkeit der fluseligen Baumwolle (Ventilatoreffekt). Aber »Moderatoren« sind darüber hinaus am sozialen Ausgleich sehr interessierte Menschen, und darum verwendeten wir zusätzlich die Argumentation, die wir weiter unten für den #6 »Macher« beschreiben werden.
Der #5 »Verläßlichkeitssucher« war leicht zufriedenzustellen, wenn man ihm den Ärger eines Fadenrisses mit dem daraufhin tobenden Produktionschef nur lebendig genug ausmalte und ihm deutlich machte, daß seine Position durch geminderten Maschinenstillstand sichtlich gestärkt würde. Komplizierter wurde es schon beim #6 »Macher«, den wir ja als einen besonders status- und ansehensversessenen Menschen bereits kennengelernt haben. Dem »Macher« wurde verdeutlicht, daß es einfach ein Zeichen von Passivität und Unbeweglichkeit darstellt, wenn man sich noch weiter mit den anderen, eher minderwertigen Garnen einläßt. Aber dies war noch nicht voll überzeugend. Deshalb machten wir uns zunutze, daß die Einkäufer ja allesamt viel bekrittelt werden. Oft klagt man an sie hin, wenn etwas nicht läuft, und so müssen sie manche Demütigung ertragen.
Wir argumentierten also, daß es seinem Ansehen helfen würde, wenn er aktiv zu besseren Durchlaufszeiten im Maschinenpark beitragen würde. Mit *Coregarn* – so malten wir ihm phantasievoll aus – würde er ein Exempel statuieren können, wie er durch überlegten Einkauf sein angeschlagenes Ansehen aufpolieren könnte. Wir verkauften ihm Prestige, und das ist allemal eine gute Botschaft für den Macher. Wir überzeugten ihn von einem »Aufwertungsprodukt«, das eher zufällig ein Nähfaden war. »Stellen Sie sich vor, wie man Sie preisen wird, wenn Ihnen das kleine Wunder gelungen ist, den Maschinenstillstand ein für allemal zu beseitigen.«

5. Die Überprüfung

In diesem Falle hatten wir die seltene Chance, die ich immer suche, aber nur relativ selten gefunden habe, nämlich *einen Teil* der Mannschaft zu trainieren und einen *zweiten Teil* ungeschult an die Arbeit gehen zu lassen. Wir hatten also hier die hocherfreuliche Möglichkeit, die eine Hälfte der Verkaufsmannschaft in der neuen Kommunikationstechnik zu schulen, die andere nicht und somit eine quasi experimentelle Vergleichsmöglichkeit zu besitzen.
Raten Sie, was dabei herauskam, als wir die Leistung der einen Gruppe mit der der anderen verglichen? Beide hatten einen Viermonatsdurchgang hinter sich gebracht, wobei die Topkunden viermal, die mittleren zweimal und die unwichtigen einmal besucht worden waren.
Das Ergebnis: Die Verkäufe der Geschulten lagen genau 87 Prozent über denen der Nichtgeschulten. Es wurde also fast eine Umsatzverdoppelung erzielt.

Wie man an diesem Beispiel sieht, arbeitet die sechsfache Marktsegmentierung des Multiselling vorzüglich. Anbieter, die sich dieser Technik schnell bedienen, bevor der Konkurrent darauf kommt, können vermutlich sehr viel Geld sparen, wenn sie auf diese Form des Verkaufs übergehen.
Viele von Ihnen werden jetzt fragen: Kann man bei diesem Vorgehen derartige Erfolge – hier also 87 Prozent mehr Umsatz bei den Geschulten – garantieren?
Natürlich nicht! Aber die vorangestellte Statistik zeigt, daß 20 Prozent Umsatzsteigerung ziemlich sicher sind und mit einiger Wahrscheinlichkeit sogar *übertroffen* werden können.
Die ungefähren Kosten für das Training richten sich natürlich nach der Größe der Salesforce. Mehr als 16 Leute sollten es nach Möglichkeit pro Seminar nicht sein. 20 erscheint mir als Maximum. Um sie im neuen Denken zu schulen, sie in einer segmentierten Argumentation gegenüber dem Kunden zu trainieren und ihnen beizubringen, schnell den Typ des Gegenübers einordnen zu können, belaufen sich die Kosten auf etwa 40 000 Mark pro 16–18 Personen. Das sind etwa 2000 Mark pro Reisenden, Verkaufsingenieur oder Berater. Wenn eine sehr umfangreiche Mannschaft zu trainieren ist, dann bieten wir auch ein *Train-the-Trainer-Programm* an. Hierbei werden bis zu acht Trainer ausgebildet. Wir rechnen hierfür – einschließlich einem Mitreisetag beim Kunden – fünf Tage und berechnen etwa 95 000 Mark. Letzteres schließt Trainingsmaterial und die Rechte an der Weitergabe der Inhalte ein.
Wenn aus diesem Training 20 bis 30 Prozent Umsatzverbesserung erwachsen oder vielleicht gar eine annähernde Umsatzverdoppelung resultiert, dann ist es vermutlich eine kaufmännisch kluge Investition, die sich gut rechnet. Da es sich dabei ja um eine allgemeine Niveauanhebung des verkäuferischen Geschicks handelt, kann man es auch durchaus als eine *langfristige* Zukunftsinvestition ansehen.
Wir wollen nun vom Multi*selling* noch einmal zum Multi*marketing* im Sinne einer Fokussierung auf bestimmte Typen zurückkehren. Dies geschieht einerseits, um dem Leser nochmals ein besonders interessantes Erfolgsbeispiel vor Augen zu führen, andererseits schon ein wenig im Hinblick auf die sich anschließende Schlußzusammenfassung. Das Beispiel des erfolgreichsten Möbelhändlers der Welt, nämlich der schwedischen Gruppe IKEA, ist insofern ermutigend, als es zeigt, daß es durchaus menschenmöglich ist – wenn auch selten –, fünf Typen voll zu erreichen.

II. Gratulation an IKEA

Manchmal gibt es Glückspilze. Sie säen nicht, und sie ernten trotzdem. Ich kenne IKEA gut genug, um sagen zu dürfen: Es war nicht oder nur zum Teil echte, langfristige Strategie, sondern geschicktes Reagieren und Nutzen der Chancen.

Aber mir wurde im Laufe vieler Jahre der Beschäftigung mit Innovation immer klarer, daß der Mensch nicht eigentlich erfinden kann, sondern daß der Zufall ihn immer wieder mit großen Chancen konfrontiert, bei denen alles davon abhängt, ob der Betreffende in diesem Moment diese Chance begreift oder nicht. Hätte *Böttger* nicht eines Morgens lichtvoll erkannt, daß er da einen neuen interessanten Stoff und eben nicht Abfall vor sich hatte, wäre das Porzellan nicht entwickelt worden. Hätte *Flemming* nicht wachen Sinnes begriffen, daß da eben kein zufälliger Fehler vorlag, sondern eine Schimmelpilzkultur, die der Beginn eines neuen medizinischen Zeitalters sein konnte, dann hätten wir heute vielleicht kein Penizillin. Darum achte ich alle, die in eine Innovation »hineingestolpert« sind, keineswegs für tumbe Glückspilze, denn sie mußten schon sehr *wach* sein, damit sie »das Stolpern« als *Sternstunde* erkannten. Und auch der IKEA-Gründer war wach und erkannte, daß die aus übermäßigem Publikumsandrang nolens volens entstandene Selbstbedienung der Beginn einer neuen Möbelära sein konnte.

Insofern sage ich keineswegs respektlos, daß *Arne Kroger* eher *zufällig* auf die Selbstbedienung verfiel. Immerhin baute er sie dann als erster und sehr lange als einziger zum Prinzip aus. Schon in dieser frühen Phase wurde deutlich, was bis heute die Stärke des Unternehmens ist: nicht das langfristige Konzept, sondern *das richtige Reagieren auf sich kurzfristig bietende Chancen.*

IKEA ist etwas Besonderes, ein wirklicher Glückspilz: Von allen von uns untersuchten Marken, Unternehmenskulturen, Produktgruppen und werblichen Aussagen war IKEA eines der extrem seltenen Unternehmen, dem es gelang, von den sechs immerhin *ganze fünf Gruppen* für sich zu gewinnen. Wir kennen einen Parallelfall und nur zwei Fälle, wo alle sechs angesprochen wurden.

Ich erinnere daran, daß die Mehrheit unserer befragten Firmen nicht mehr als *eine einzige* Gruppe unserer sechs Persönlichkeiten intensiv zu erreichen vermochte. Um so neugieriger sind wir: Was ist es, was diesen fulminanten Erfolg herbeigeführt hat?[1] Chart 64 gibt die Antwort.

#1 *Visionär* und *Visionärin*, sie beide sind von der neuen Form des Möbeleinkaufs angetan. Wen wundert's, denn selbst noch heute, wo es natür-

1 Man hat in allerletzter Zeit gelegentlich über Probleme des Hauses gehört. Sollte dies stimmen, so sollte bedacht werden, daß mögliche neuere Problemfelder hier nicht berücksichtigt sind, weil die hier vorgestellten Daten nicht über das Jahr 1993 hinausreichen.

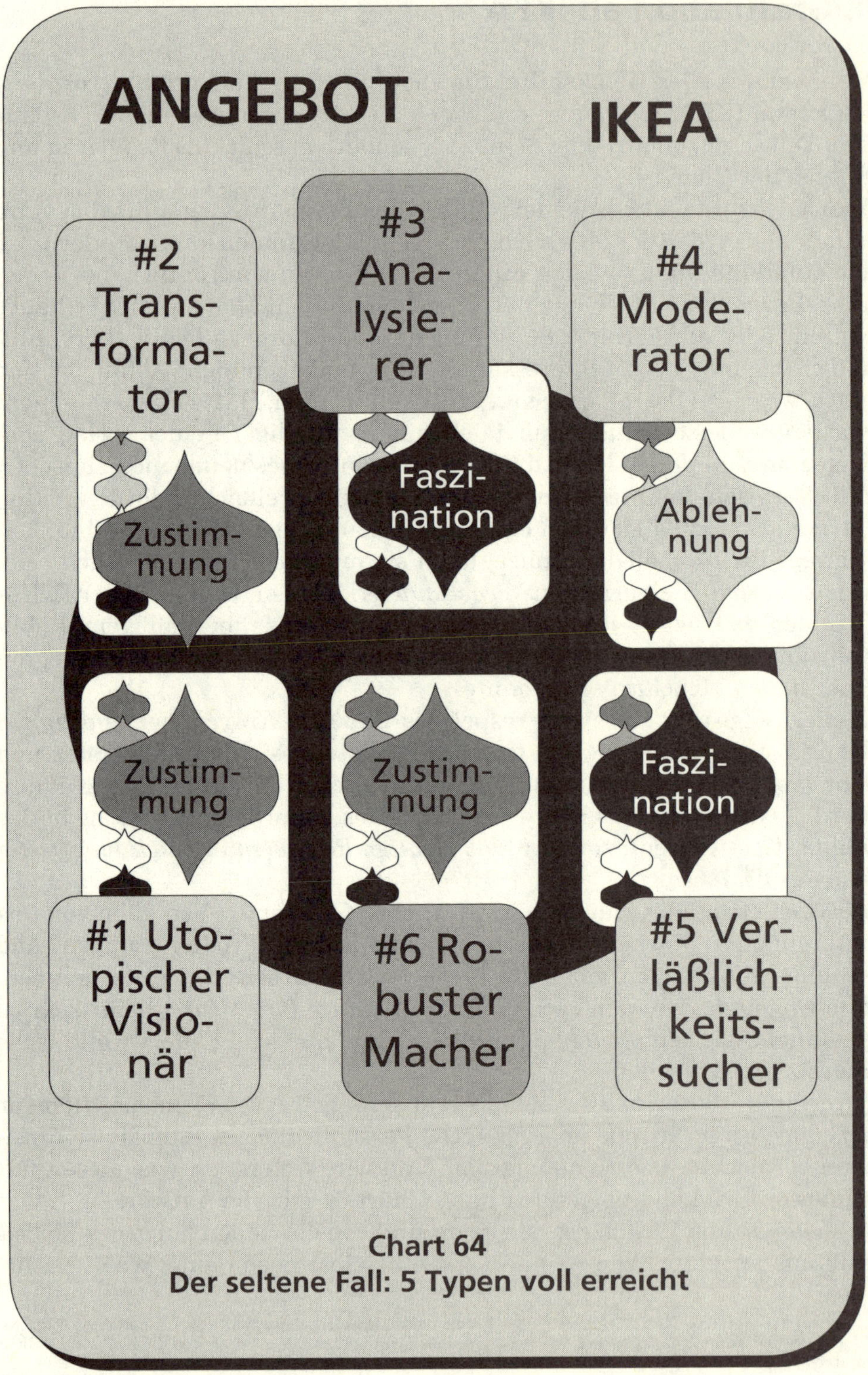

Chart 64
Der seltene Fall: 5 Typen voll erreicht

lich einige Nachahmer von IKEA gibt, ist es dem Haus gelungen, eine ganz eigene Identität und Atmosphäre zu bewahren, die noch immer den Reiz des *Einmaligen*, zumindest des Ungewöhnlichen aufweist. IKEA ist und bleibt die »etwas andere Art des Möbelkaufs«, und diesem Angebot kann sich kein Visionär entziehen.

Herr und Frau #2 *Transformator/in* haben leichte soziale Probleme. Das spontane »Auf-den-anderen-Zugehen«, mit ihm natürlich und ungezwungen zu kommunizieren, das fällt beiden schwer, den Männern noch etwas mehr als den Frauen. Insofern bietet ihnen IKEA einen ganz ungewöhnlich attraktiven Vorteil: *Man braucht hier keine allzu intensiven Kontakte aufzunehmen.* Einkaufen ist hier ein *sozial einfacher* Akt. Das mag ein Aspekt sein, den Sie und ich noch nie in unserem Leben empfunden haben. Aber wir beide sind vielleicht auch keine »Transformatoren« und können uns in diese Problematik kaum hineindenken. Vergessen Sie nicht, daß es für »Transformatoren« Situationen gibt, da würden die lieber den Mount Everest besteigen, als sich freiwillig einer sozialen Konfrontation zu stellen. Eine Rede vor größerem Publikum zu halten wäre ein solches Ereignis. Das kann Transformatoren über Wochen ängstigen und ihnen den Schlaf rauben.

Wer dem Leben so verkrampft gegenübersteht, der erblickt voller Dankbarkeit in IKEA eine Möglichkeit, keine langen Verkäufergespräche führen zu müssen, eine relativ unkomplizierte, in den Alternativen beschränkte Auswahl zu treffen und den wohlbekannten Schlamassel vermeiden zu können, der da heißt: Katalogbestellung, wo die Ware nicht kommt, oder sie kommt falsch oder *mit* Rädern, wenn man *ohne* Räder bestellt hat, usw. Dies zu vermeiden ist Anliegen des #2 »Transformators«. Da bietet ihm IKEA ganz genau das Richtige: Man sieht fast immer, was man kauft, holt es dann meist selbst am Lager ab, und heimwärts geht's.

Der #3 *Analysierer* und sein weibliches Pendant, sie beide greifen nicht nur im milden Sinne der Zustimmung für IKEA Partei, nein, sie sind fasziniert. Wie kommt dies zustande?

Sie kennen diesen Typus ja bereits von anderen Angebotssituationen her und wissen, daß er die *Rechtfertigung* seines Tuns braucht, damit er keine Schuldgefühle bekommt. Und die liebste Rechtfertigung ist für ihn – den gewieften Rechner –, daß er einen *günstigen Deal* gemacht hat. Nun kann man ja wohl im allgemeinen bei IKEA nicht »handeln«, aber ein günstiger Preis darf hier fast immer unterstellt werden. Sucht man nicht gerade nach Edelmöbeln, die es dort eh nicht gibt, dann kann man wohl sagen, daß man einen guten Gegenwert fürs Geld erhält. IKEA hat sich ja klugerweise keine eigene Produktion ans Bein gehängt und läßt fertigen, was besonders gute, immer flexible Einkaufsmöglichkeiten eröffnet und sich in einem guten Preis-Leistungs-Verhältnis niederschlägt.

Herr und Frau #4 *Moderator/in* sind nun endlich einmal Leute, die von

IKEA nichts, und zwar absolut nichts halten. Nimmt's wunder? Wir wissen, daß der »Moderator« zwei Seelen in seiner Brust hat. Die eine dieser »Seelen« ist die konservative Haltung, die ihn ins traditionelle Möbelhaus treibt. Welcher Konservative geht schon zu den jungen, netten, aber eben doch eher etwas unreifen Verkäufern von IKEA. Es gibt genug altbackene Möbelhändler, die immer noch im Stil von vorgestern ihr Geschäft machen. Dort fühlen sich »Moderatoren« besser aufgehoben.
Dann gibt es die Tendenz der »Moderatorin« und des »Moderators«, Kompromisse zu schließen, Mittelwege zu gehen. IKEA ist aber ganz und gar kein fauler Kompromiß, sondern eine entschiedene und dezidierte neue Form des Möbelkaufens.
IKEA sollte also dieses Moderatorengespann links liegenlassen. Im übrigen wäre es ja auch schon beinahe unanständig, wenn sich nun auch noch diese Gruppe himmelhoch jauchzend für IKEA begeistern würde.
Dennoch hätte ich einen kleinen Tip, wie man vielleicht auch diese Gruppe erreichen könnte: Im Geschmacklichen ist IKEA meines Erachtens ein interessanter Kompromiß. Man bietet – gleichsam in »homöopathischen« Dosen – skandinavischen Möbelstil an, aber weniger gradlinig durchgehalten, wie etwa bei dänischen Möbeln, die kompromißlos einen sehr guten, aber doch auch etwas uniformierten Stil pflegen. Bei IKEA erkennt man ein wenig von dieser etwas kühlen, klaren Linie Skandinaviens, aber sie ist doch eher eine verwässerte oder – man könnte auch positiver sagen – kompromißhafte Form, die sich durch eine hohe Verständlichkeit auszeichnet.
Seltsamerweise ist diese – wie mir scheint für »Moderatoren« doch eigentlich interessante – Thematik nicht oder noch nicht in der werblichen Ansprache durch IKEA zu finden.
Die #5 *Verläßlichkeitssucherin* und ihr *männliches Gegenstück* sind nun schon wieder eine der vielen Gruppen, die von IKEA fasziniert sind. Bei ihnen spielt das bereits beschriebene Vertriebssystem die Rolle eines besonders sicheren, von Schwierigkeiten freien Einkaufens. IKEA ist es gelungen, trotz des relativ billigen Angebotes, was vielfach bei anderen Produkten gerade mit Zweifeln an der Verläßlichkeit verbunden ist, diese Unsicherheit nicht aufkommen zu lassen. Wir vermuten, daß das gute Klima und die Firmenkultur die – meist sehr jungen – Verkaufskräfte so beeinflussen, daß ihr Verhalten diese Klippe umschifft. Ja, man kann vermuten, daß die freie, ungebundene, bewußt nicht servile Art, mit der einem die IKEA-Leute entgegentreten, die heimlichen Ängste des Typus #5 kompensiert.
Die #6 *Macherin* und *Macher* sind zwar nicht fasziniert, aber stimmen IKEA und seinem Konzept voll zu. Dazu muß man wissen, daß diese Typen grundsätzlich von allem, was auch nur im entferntesten nach cash and carry riecht, ganz furchtbar angetan sind. Mit einem Wägelchen durch die

Gänge zu schieben und rechts und links nach Ware zu grapschen und den Wagen mächtig vollzuladen, das törnt sie richtig an! Es scheint irgendwie ihrem Machertum zu entsprechen. So ganz hab' ich das auch nie verstanden. Aber es ist ein Faktum, daß sie sich gern selbstbedienend »austoben wollen«. Sie fühlen sich dann als Herr der Lage, und solche Tendenzen gehen natürlich ganz in Richtung IKEA. Unsere skandinavischen Freunde haben dem Möbelhandel das Mitnahmegeschäft fast à la cash and carry erschlossen, und allein für diese Tat danken es ihnen die »Macher«.
Wir haben dieses Beispiel gebracht, weil es zeigt, welche Breitenausstrahlung eine Corporate identity haben kann. Ein wenig Glück gehört schon dazu, aber es scheint doch durchaus möglich, IKEA in diesem Sinne nachzustreben. Das ist die *Hohe Schule der Strategie*, ein Konzept zu finden, das *fünf oder sechs* der Typen zufriedenstellt. Man kann IKEA nur gratulieren und alle diejenigen, die nicht soviel Zuspruch ernten, darauf verweisen, daß es des Schweißes der Edlen wert ist, in die Suche nach einer fast vollständigen Abdeckung Geld und Zeit zu investieren.
Strebt man dies an, so wird man gut tun, sehr kreative Außenstehende heranzuziehen, denn es ist immer ein Sprung über den eigenen Schatten, wenn man zu den Ufern einer totalen Abdeckung aufbricht.

III. Die Essentials des Multimarketings und Multiselling

Fassen wir zusammen und rufen uns dabei die *verallgemeinerungsfähigen Aspekte* aus den praktischen Fällen ins Gedächtnis.

① Aus der zweifachen Janusköpfigkeit – oft verwandtes Symbol einer bipolaren Welt – wird bei uns die *Sechsköpfigkeit* als Symbol einer komplexen Widersprüchlichkeit und Multiversalität. Wir beobachten sechs Marktwelten mit sehr viel Eigenständigkeit. Der Markt ist – im Gegensatz zur Nationalökonomie – *keine Einheit, sondern ein extrem scharf segmentiertes, paradoxes Gebilde*. Er zerfällt in eine Reihe extrem unterschiedlicher Subeinheiten, die fast nichts miteinander gemein haben. Man muß von *sechs andersartigen* Märkten und *sechs unterschiedlichen* Produkten sprechen.

② Diese sechsfache Unterschiedlichkeit gilt keineswegs nur für Konsumentenmärkte, sondern fast gleich stark für den Bereich der industriellen Abnehmer (Einkäufer). Auch hier können gewaltige Reserven freigelegt werden, wenn typologisch verkauft wird. Eine kritische Revision der Argumente und deren richtige, typologische »Verpackung« sind im

Industriebereich soviel fruchtbarer, weil hier ja viel mehr »direkt« person-to-person verkauft wird. Im Konsumgüterbereich spielt der Händler als Zwischenglied und Mittler eine viel größere Rolle, was den Verkauf unpersönlicher und weniger direkt macht. Nicht nur in der klassischen Werbung, sondern auch im Verkaufsgespräch der Investitionsgüter sind vermutlich zwei Drittel der Bemühungen gegenwärtig verfehlt und »für die Katz«, zumindest schlecht ausgerichtet, weil sie sich nicht genug am menschlichen Gegenüber (sprich Einkäufer) orientieren.

③ Dieses neue Marktverständnis ruft nach weitgehend *unterschiedlichen* Botschaften. Wenn die Kluft zwischen den sechs Zielgruppen so groß ist, wie sie sich uns mit unserem Instrumentarium gezeigt hat, dann wäre es geradezu Unsinn anzunehmen, daß ein *einziger* Slogan, eine *einzige* Werbemessage, eine *einzige* Verpackung, ein *einziges* Hauptargument auch nur den Hauch einer Erfolgschance haben könnten – es sein denn, man gibt sich mit einem *einzigen* Marktsegment zufrieden. Für Nischenanbieter genügt dies häufig. Wer *mehr* möchte, muß darangehen, seine Botschaft zu überdenken, um *mehr* als einem Segment etwas zu geben. Daß dies grundsätzlich möglich ist, zeigt das letzte Beispiel IKEA, dessen Ausnahmestatus ja eindrucksvoll unterstrichen wurde, der aber dennoch eine Ermutigung darstellt, es zu versuchen.
Wenn es als Standard gilt, wenigstens 2 Prozent vom Umsatz in die Forschung und Entwicklung zu stecken – und in einigen Industrien sogar 7 und mehr Prozent –, dann wäre es recht und billig, in die Suche nach der richtigen, multiversalen, vieltypigen Ansprache doch zumindest 0,1 Prozent des Umsatzes zu stecken. Gelingt es, einen *weiteren*, bisher nicht angesprochenen Typus zu erreichen, so bedeutet dies eine Chance, *schnell* und *zielgerichtet* Mehrumsätze zu tätigen. Verglichen mit den aufwendigen und risikoreichen F&E-Investitionen, kann hier ein kostengünstiger und recht sicherer Weg beschritten werden.

④ Aus diesen Einsichten wird klar, warum *Weltanschauungsprodukte* (Marlboro, Peter Stuyvesant, 4711, BMW, Daimler, Camel) im Konsumsektor so erfolgreich sind oder waren. Die Erklärung ist einfach: Unsere sechs Typen haben alle einc bestimmte Weltanschauung. Gelingt es, diese – auch wenn es nur für eine einzige Gruppe ist – sehr stark und überzeugend anzusprechen, so ist der *Erfolg* bei dieser Zielgruppe *vorprogrammiert*. Es wird aber auch deutlich, warum im industriellen Bereich Firmen mit einer Mission (etwa Hewlett Packard mit menschlicher Führung; etwa Dräger mit der ökologischen Sorge und Verpflichtung um gesundes Atmen; der Mittelständler Megerle mit »Spaß an der Arbeit«) so ungewöhnlich erfolgreich sind: Auch die Einkäufer und die belieferten Abnehmer sind in allererster Linie Menschen und keine Einkaufsroboter. Wird deren Weltanschauung getroffen, sind sie diesem betreffenden Anbieter nachweislich bei weitem geneigter. Dem »Charme« dessen, der einen genau ins Herz trifft, ist man fast ausgeliefert. Wo wir auch stehen, wir werden gut daran tun, uns zu fragen, ob wir genügend Weltanschauung »verkaufen«.

⑤ In der von uns aufgezeigten Marktstruktur kann eine Message in der Regel nur *ein einziges* Markt- und Weltanschauungssegment erreichen. Die zu Anfang dieser Arbeit ermittelte *Ineffizienz* der Werbung (über zwei Drittel sind wahrscheinlich umsonst) wird zur logischen Konsequenz und voll erklärbar. Wege der Effizienzverbesserung lassen sich aus diesen Erkenntnissen schnell und zügig ableiten. Dies bedeutet, daß bei gleichem Mitteleinsatz die *Streuung erheblich verstärkt* werden sollte oder daß bei gleicher Effizienz drastische Einsparungen möglich werden. Da die Streuungen vieler Werbungtreibender heute miserabel sind, weil sich die Medienlandschaft immer mehr auffächert und die Kosten pro erreichtem Leser, Hörer oder Seher dadurch immer höher werden, sehe ich die große Herausforderung weniger in der Einsparung als in der *Verbesserung der Streuung*.
Es scheint, daß das gedankliche und philosophische Werkzeug, das die Manager, die Werber und Strategen bislang einsetzten, heute nicht mehr ausreicht. Ein Paradigmenwechsel ist angesagt. Das Bisherige muß wesentlich ergänzt und erweitert werden.

IV. Umdenken statt Schuldzuweisungen

In diesem Zusammenhang liegt mir viel an folgender Feststellung: Niemand sagt – und ich selbst schon gar nicht –, daß etwas bis hierher schuldhaft falsch gelaufen ist, so wie auch niemand behauptet, daß *Newton* Falsches ermittelt hat, obgleich er heute überholt ist. Bisher wußten wir es nicht besser. Es gibt keine bösen, aber hoffentlich viele lernfähige Buben.
Aber unter der neuen Perspektive können wir nicht mehr beim Bisherigen stehenbleiben. Eine *Ergänzung und Erweiterung* – nicht eine Verdammung des Bisherigen – ist das Gebot der Stunde. Solches Umdenken ist ein schmerzlicher, mühsamer und uns alle verunsichernder Vorgang. Trotzdem mutig die Möglichkeit neuer Denkansätze zu prüfen, erscheint jetzt wichtig, denn es deutet sich an, daß wir vor einem geistigen Umbruch stehen. Wohlgemerkt: Umbruch und nicht Chaos! Darum halten wir dafür, daß jeder Wissenschaftler aufgefordert bleibt, nicht immer dann vor-

schnell vom »ach so medienwirksamen« Chaos zu sprechen, wenn er unfähig ist, die *neue Ordnung* zu begreifen. Wer sie aber zu erkennen glaubt, der sollte der Wirtschaft, der Politik und den Verwaltungen aufzeigen, wie sie gewinnfördernd eingesetzt werden kann.

V. Paradigmenwechsel im Preis inbegriffen

Das neue Welt- und Menschenbild, wie es sich aus dem *Heisenbergschen* Ansatz und dem Modell *Harold Leavitts* ergibt, spricht für die Existenz einer »sechsfältigen« Struktur, die uns hilft,

- die Persönlichkeit
- die Werbung
- die politische Auseinandersetzung
- jede verkäuferische Bemühung
- die Marke
- die Wertehierarchien
- das Gruppenverhalten
- Corporate identity
- die Strategiewahl und jedwede menschliche Entscheidung

besser zu verstehen.
Dabei ist der Gedanke der *Relativität* eine der wichtigsten Einsichten. Obgleich in der modernen Physik beheimatet, scheint er auf die soziale Welt vollständig übertragbar: Der Relativitätstheorie zufolge gibt es keinen festen Standpunkt, sondern nur Bewegung. Ein fester Standpunkt – jahrhundertelang Ausgangspunkt der Physik und Ziel der Ethik – ist eine Fiktion. Genauso ist es eine Fiktion, daß ein Argument, eine Flasche Cola oder ein Auto jeweils eine Einheit seien. Weil die Zielgruppen so unterschiedlich sind, benötigen wir sechs Argumente, sechs Colas und sechs Automobile.
»Was ist denn nun die Realität?« werden Sie fragen. Ist es das *eine* uniforme Erzeugnis, das der Produktionschef wahrnimmt, wenn es über die Fließbänder läuft, oder ist die *sechsfache Wirklichkeit*, die wir postulieren, die echte Realität? Der größte Denker der letzten beiden Jahrzehnte, *Sir Charles Popper*, hat diese Frage damit beantwortet, daß er die Realität schlichtweg als für Menschen *nicht zugänglich* beschrieben hat. Kein Sterblicher kann jemals definitive Wahrheit erkennen, so hat er uns gelehrt. Mit dieser Feststellung hat Popper für unsere eigenen Vorstellungen ganz entscheidend den Weg geebnet, auch wenn wir vielleicht an der Hand *Heisenbergs* noch einen Schritt weiter gehen als er.
Daß das physische Produkt hier und die *sechsfache Marketingwelt* eigentlich identisch sind, haben wir versucht, in der Energieformel

$$E = P \times K = M$$

zu klären, wobei M und E letztlich das gleiche sind.

VI. Von Heisenberg lernen heißt eine Revolution vollziehen

Aber wir wollten nicht philosophieren, sondern Überlegungen anstellen, die dem Marketingprofi konkret weiterhelfen, ihn zu einem sinnvolleren und effizienteren Handeln befähigen. Dazu führen wir uns nochmals *Heisenbergs* Grundgedanken vor Augen: »Wir werden die Wirklichkeit nur noch verstehen«, sagt er, »wenn wir gleichzeitig einander widersprechende Theorien an Natur und Mensch herantragen.« Genauso wie wir nicht zögern, zur Erklärung des Lichtes mal die Korpuskel-, mal die Wellentheorie heranzuziehen, je nachdem, wie es vorteilhaft ist, werden auch wir WISO-Menschen damit leben müssen, daß wir *mit sich widersprechenden Modellen – eben mit den sechs Sprachen unserer Typologie – die Realität erfassen müssen*. Jeder Typus ist ein Programm der Realitätsbewältigung. Alle sechs sind paradox und widersprüchlich.
Sorry: Es gibt nicht mehr die *eine* Wirklichkeit, wie sie uns Newton und der überwiegende Teil unserer Lehrerschaft noch gepredigt haben, sondern es gibt ein buntes Bouquet von Denkwelten. Hier schließt sich der Kreis von *Heisenberg* zu *Poppers* Konzepten.

VII. Typische Fragestellungen des Multimarketings

Der Praktiker, der Multimarketing anwendet, stößt auf ganz bestimmte Fragestellungen, die wir hier noch einmal auflisten möchten, um die praktische Anwendung zu erleichtern.

1. Habe ich eine Hausmacht?

Die erste Frage muß immer die sein, ob man wenigstens *eine* Gruppe angesprochen hat, die das Angebot *voll und intensiv* akzeptiert. Herkömmliche Marktforschung kann dies ermitteln, wenn man ihr bei der Erkundung der Typenzugehörigkeit an die Hand geht.
Es ist gleichsam die Frage nach der »Hausmacht«, die sich da stellt. Wenigstens bei *einem* Segment sollte man »gut aufgehoben« sein. Hier muß eines der entscheidenden Kernbedürfnisse der jeweiligen Zielgruppe gut und möglichst besser als durch ein Konkurrenzprodukt befriedigt werden. Ist die Identität zwischen Kernbedürfnis und Angebot noch nicht zufriedenstellend, so ist Marketingarbeit zur intensiveren Bindung der Kunden angezeigt. Dies sollte *immer Vorrang* vor der Expansion in zusätzliche Segmente haben.
Die Frage nach der »Hausmacht« stellt sich nicht minder beim Verkaufs-

kontakt über den Reisenden oder Beratungsingenieur: Habe ich wenigstens so viel »Pulver auf der Pfanne« (das heißt »typengerechte« Argumente), daß ich einen einzigen Typus voll anspreche? Unsere Recherche von 83 Industrieprodukten zeigte, daß 31 nicht einmal dies aufwiesen. Die gesamten Verkaufsbemühungen gingen hier folglich ins Leere.

2. Ist mein Hauptsegment groß genug?

Hat man *einen* Typus, der einen *wirklich mag*, dann stellt sich als Zweites die Frage, ob man denn damit leben, das heißt gewinnträchtig genug herstellen und vertreiben kann. Oft ist das nicht der Fall. Dann sollte die Erschließung *zusätzlicher Typensegmente* erwogen werden. Daß das schwierig ist, wird durch das folgende deutlich: Von 178 überprüften Markenartikeln erreichten 153 (86 Prozent) nur ein *einziges* Marktsegment. Ist dies zufriedenstellend, dann kann ich es dabei bewenden lassen, aber in vielen Fällen will man gewiß ein *größeres* Potential ansprechen.
Das scheint jedoch nicht so ganz einfach: Zwölf von 178 Produkten (also 15 Prozent) waren bei zwei Segmenten zu Hause, acht bei dreien und fünf bei vier oder mehr Segmenten. IKEA war eines dieser seltenen Erfolgsbeispiele mit »fünf Richtigen«. Nicht viel anders verhält es sich bei der Verkaufstaktik: Die überwiegende Mehrheit sprach allein *einen einzigen* Einkäufertypus an.
Die »Krankheit« der meisten Industrieprodukte ist, daß sie nur über die Vernunft verkauft werden und die Emotion überhaupt nicht bedacht wird. Für die überwiegende Mehrheit aller Industrie- und aller Konsumprodukte ergibt sich hieraus eine gewaltige Umsatzreserve. Multimarketing ist eine der wenigen, vielleicht sogar *die* einzige Möglichkeit, diese »Reserve-Schätze« auszuloten und zu heben.
Die Erschließung neuer Segmente kann mit den klassischen Marktforschungsinstrumenten kaum erfolgreich angegangen werden, weil sie nicht die Analyseschärfe unserer Instrumentarien besitzen. Aber noch wichtiger als die Forschung ist das Konzept. Man muß sich zunächst fragen, welches die Basiswünsche der noch nicht erreichten Segmente im jeweiligen Markt sind.

3. Kann ich zusätzliche Wunschsegmente mit einer glaubwürdigen Botschaft erschließen?

Wenn ich zum Beispiel einen Airbag verkaufen möchte, der bei dem Typus #5 »Verläßlichkeitssucher« sehr gefragt ist, dann sollte ich vermutlich nicht versuchen, die #6 aktionistischen, draufgängerischen »Macher« gewinnen zu wollen, denen ängstliche Vorsorge von Natur aus eher fremd ist. Der Charakter des Produktes läßt bei letzteren keinerlei oder doch nur ganz geringe Chancen vermuten.

Wohl aber könnte man sich vorstellen, die #3 »Analysierer« damit zu gewinnen, indem man ihnen das Vernünftige, das unerläßlich Notwendige nahebringt, ohne sie mit Unfallbildern und zertrümmerten Dummies zu belästigen und zu deprimieren. Oder könnte man die #1 »Visionäre« mit den zukunftsweisenden Aspekten dieser großartigen Erfindung beeindrucken?

Wie auch immer, ich muß also zuerst eine *Hypothese* haben, was passen *könnte*, wenn ich Kernbedürfnisse zusätzlicher Kunden mit einer als glaubwürdig auslobbaren Produkteigenschaft konfrontiere. Hier greift die *Voraussagekraft* unseres Modells. Jeder Typus besitzt bestimmte Werte, die er ausleben will. Kenne ich diese Werte, so ist eine Verhaltensvorhersage möglich. Chart 22 auf Seite 144 zeigt uns diese Werte.

Wenn ich eine solche Konfrontation in Gedanken vorweggenommen habe und wenn diese Sinn macht und glaubwürdig erscheint, dann erst sollte man die Forschung bemühen und das vermutete Matching von Kernbedürfnis und Produktangebot marktforscherisch überprüfen.

Unser System ist nicht zuletzt ein Leitmodell für kreatives Denken. Theoretisch kann man sich zum Ziel setzen, alle sechs Segmente zu gewinnen. Doch sollte man diese »kompletteste« aller Marketingmöglichkeiten immer anstreben? Das erscheint reichlich anspruchsvoll und ist auch nicht notwendig, denn wenn die überwiegende Mehrheit aller Produkte nur ein einziges Segment abdeckt, dann sollte man nicht gleich nach den Sternen greifen. Ich empfehle meinen Kunden in diesem Zusammenhang immer folgendes: Habe ich ein Segment sicher im Hafen, so daß ich mir meiner Stammkundschaft sicher sein darf, so sollte man zunächst einmal ein *einziges weiteres* Segment zusätzlich anpeilen. Das kann im günstigsten Falle ja bereits eine Umsatzverdoppelung bedeuten und ist damit ein lohnendes Ziel.

4. Müssen Argumente für verschiedene Segmente harmonieren?

Das Grundproblem des modernen, multiversalen Ansatzes ist die erforderliche *Harmonie* zwischen zwei oder mehr Botschaften, die zwei oder mehr *unterschiedliche* Typen ansprechen. Es ist logisch: Gar zu sehr dürfen sich die beiden Botschaften nicht »ins Gehege« kommen, denn ein Zweitargument einführen heißt stets – im Sinne *Heisenbergs* –, eine *zweite Sprache* zu sprechen versuchen.

Diese zweite Sprache zu sprechen ist auf *zweierlei* Weise realisierbar, indem man

(a) *beide* Sprachen miteinander in einem *einzigen* Produkt, in einem *einzigen* Design, in einer *einzigen* Verpackung, in einer *einzigen* Werbung zu vereinen sucht. Bier war das schöne Beispiel, wo das Produkt für den »Macher« und für den »Verläßlichkeitssucher« eine jeweils völlig andere Aussage bereithält.
Tut diese Zweisprachigkeit nun der Stärke des Produktes Bier irgendeinen Abbruch? Die Antwort lautet: *Nein!* Auch widersprüchliche Botschaften lassen sich »im Gehäuse« eines einzigen Produktes harmonisch vereinen!
Es geht also, aber es gelingt manchmal nur schwer oder gar nicht. Unter diesen Umständen kann man nur

(b) den Weg des *teilweisen Splittings* einschlagen. Man läßt also zwei unterschiedliche Werbekampagnen nebeneinander herlaufen. Wenn man auf diese Weise zwei unterschiedliche Märkte anspricht, so kann diese Doppelung der Werbeausgaben durchaus ökonomisch sein, auch wenn es zunächst – weil es ungewöhnlich ist – etwas bizarr anmutet.

Das beste Beispiel, das wir für Fall (a) aufführen können, ist das Ihnen bereits vertraute Bierbeispiel, wo die Anmutung von Bier – also dieselbe »Sache« – auf der einen Seite den »Macher« anspricht, aber nicht viel weniger den »Verläßlichkeitssucher«. Aber auch der Mercedes hatte ziemlich unterschiedliche Botschaften: Dem »Analysierer« versprach er Leistung, meßbare Performance und historische Fakten der Überlegenheit; dem »Verläßlichkeitssucher« offeriert das gleiche Produkt Verläßlichkeit, Angstabbau der Ungewißheit und die Garantie des Nichtversagens.

5. Der »Trick« mit der C-Klasse

Eine ganz besondere Methode, der Vielfalt typologisch bedingter Unterschiede gerecht zu werden, ist von Daimler-Benz mit der C-Klasse versucht worden und wird nun offensichtlich auch in der neuen E-Klasse fortgeführt. Dieses Vorgehen bietet sich für *viele andere* Markenartikel an. Weil es in der Luft liegt und als umsatzsteigernde Möglichkeit heute mehr und mehr gesehen wird, haben die Untertürkheimer den Markt für den »Babybenz« und die E-Klasse sozusagen »aufgedröselt«: Es gibt eine (a) besonders einfache, eine (b) elegante, eine (c) sportliche und eine (d) etwas exotische Version. Es handelt sich dabei um ein Vorgehen, das man historisch schon als eine Großtat ansehen muß, gibt es doch der Gestaltung von Produkten und Markenartikeln einen interessanten, riesigen Freiraum, der so von anderen kaum noch betreten wurde.

Unsere typologische Grundannahme – verschiedene Typen brauchen verschiedene Angebote – ist hier im Prinzip völlig richtig erkannt. Die von mir geprägten Vorstellungen sind dort seit geraumer Zeit bekannt.
Hier drängt sich die Frage auf: Muß man – wenn man denn schon den hier beschriebenen Weg einschlägt – so konsequent sein und gleich *drei getrennte* Werbekampagnen hierfür fahren? Drei Prospekte drucken? Drei unterschiedliche Spots drehen?
Man erkennt in der Werbung und Verkaufsförderung bei Daimler zwar Ansätze hierzu, aber ganz konsequent ist diese Trennung noch nicht durchgezogen.
Man könnte sich – wenn die Grundidee richtig ist – das Konzept noch *weit entschiedener* ausgearbeitet denken. Man könnte:

(a) sich eine größere Fülle von sechs Zusatz- und Ausstattungspaketen vorstellen, die es erlauben, *alle sechs* Typen abzudecken.
(b) Man könnte weiterreichende Differenzierungen vornehmen. So gibt es schon heute zu der Standardkühlerversion andere »Gesichter«, die man bei Teileherstellern ordern kann (so für fast alle Wagen »mit« Stern eine Version »ohne«). Dies könnte mit typologisch ausgerichteter Marktforschung untersucht und sodann mit vielleicht drei Frontgesichtern realisiert werden.
(c) Die Möglichkeit eines Wechsels vom abnehmbaren Hardtop zum immer stärker gefragten Cabrio wird bei luxuriöseren Wagen bereits praktiziert. Dies – genauso wie (a) und (b) – könnte genutzt werden, um sich den sechs Typen optimal anzunähern.

Natürlich muß jeder Autobauer darauf bedacht sein, daß solche Vielfalt nicht gar zu sehr die Preise nach oben treibt, aber man darf hierbei nicht vergessen, daß eine verstärkte typologische Orientierung stets die Chance für große, zusätzliche Umsätze in sich trägt. Was Daimler hier als einer der ersten vorgemacht hat, muß natürlich keineswegs auf Autos beschränkt bleiben.
Solche Alternativen eines Grundmodells wären in vielen Branchen denkbar und sind reizvolle Möglichkeiten, sich der Persönlichkeit des Käufers anzunähern. Man denke hier nur an Möbel, an Fertighäuser, an einige Elektrogeräte wie Fernseher, Video, Audio und Hausgeräte.
Bei Türgriffen hat die Firma FSB in Brakel ein Programm realisiert, bei dem alle unsere sechs Typen perfekt bedient werden. Ja, man hat den typologischen Ansatz dort sogar zur Werbekonzeption gemacht und lobt die Unterschiedlichkeit der Modelle als Anpassung an den Kundencharakter aus.
Wenn unsere These richtig ist, daß sich die Menschheit in Richtung auf ein immer stärker werdendes *Ausleben der eigenen Persönlichkeit* ent-

wickelt, dann liegt hier ein Konzept vor, das diesem Trend – wie kaum etwas anderes – gerecht wird.

6. Mehrere Sprachen sprechen – aber wie kommunizieren?

Unterstellen wir nun einmal, jemandem sei der mutige Ansatz von Daimler-Benz nicht ganz geheuer, so daß dieser Hersteller es bei einem *uniformen, nicht variierten Produkt* belassen möchte, wie es ja heute bei der überwiegenden Zahl aller Markenartikel üblich und Tradition ist. Wie gehe ich nun vor, wenn ich mich entschlossen habe, für ein einheitliches, nicht untergliedertes Produkt wirklich zwei oder mehr ganz unterschiedliche Botschaften auszusenden, weil ich zwei oder mehr ganz unterschiedliche Typen erreichen will?
Hier kollidiert man leicht mit einer Tradition, die sich seit den 60er Jahren fest etabliert hat: Seit diesen Tagen ist es fast ungeschriebenes Gesetz für Werbeprofis, sich in der Werbung auf *eine einzige Hauptbotschaft* zu konzentrieren und sich nicht zu verzetteln. Dies war angesichts unserer klassischen Markt- und Konsumentenvorstellungen sicherlich so richtig, und unter gestalterischen Gesichtspunkten ist es auch heute noch naheliegend, denn eine mit verschiedenen Argumenten überhäufte, überladene Anzeige ist unbefriedigend. Bis heute. Diese Auffassung könnte jedoch in Zukunft fraglich werden.

7. Selektive Aufnahme – ein neuer Parameter

Die folgenden Überlegungen knüpfen an das eben Gesagte an und stellen viele bisherige Auffassungen über Werbung, Marktforschung und Kommunikation nachhaltig in Frage. Wir haben in einer Experimentalreihe deutliche Hinweise dafür erhalten, daß es durchaus effizient und praktikabel sein kann, *mehrere unterschiedliche* Botschaften in ein *einziges* Werbemedium zu packen.
Wir konnten nachweisen, daß bei kurzzeitiger Vorlage mehrerer, *ganz unterschiedlicher* Botschaften, wenn diese für zwei typologische Gruppen gut geeignet und für dieses Zielpublikum jeweils glaubwürdig waren, sie keineswegs Schaden anrichten. Selbst dann, wenn sie sich widersprechen, wenn sie eigentlich nicht miteinander harmonieren oder sogar einen leichten Mißklang verursachen, entsteht meist *gerade nicht* jenes Chaos, das alle Welt bisher zu befürchten schien. Wie das? Ist die alte Regel: »Eine Botschaft klar und eindeutig präsentieren – und sonst nichts! Keine Verzettelung in der Werbung!« plötzlich obsolet geworden?
Wir bauen auf dem auf, was hundert Jahre psychologischer Forschung

ziemlich einhellig ermittelt haben: Die menschliche Psyche ist ein großartiger *Selektionsapparat,* ein *hervorragender Filter*. Einzig und allein diejenigen Botschaften werden spontan gut, schnell und intensiv aufgenommen, bei denen im Betrachter der meist unbewußte Eindruck entsteht: Hier bekomme ich etwas, das meine Bedürfnisse besonders gut befriedigt. Alles, was dies *nicht* tut, wird weitgehend *ausgefiltert*.

Mit anderen Worten: Bei kurzzeitiger Vorlage[2] einer Kommunikationsbotschaft wird alles, was auf Anhieb den Eindruck erweckt, nur geringe oder gar keine Nützlichkeit zu besitzen, außen vor gelassen und ausgefiltert. Dieses *Ausfiltern* ist eine der ganz wichtigen Leistungen unserer Psyche. Und gerade in unserem Zeitalter, wo wir mit Informationen förmlich »zugeschüttet«, ja überfüttert werden, hat die richtige Selektion eine ungemeine Bedeutung. Wären wir gezwungen, alle einströmenden Reize kritisch und bewußt zu prüfen, so wüßten wir nicht mehr aus noch ein und würden wohl vor lauter Prüfung zu kaum etwas anderem kommen. Aber Gott sei Dank verfügen wir über ein unbewußtes System, das uns dies ziemlich effizient abnimmt.[3]

Doch wie arbeitet nun dieses System?

Um diese Zusammenhänge möglichst »hieb- und stichfest« zu untersuchen, so daß man *praktische* Konsequenzen daraus ziehen kann, haben wir das folgende Experiment mit 167 Verbrauchern und 29 Einkäufern aus der Industrie durchgeführt. Zunächst einmal entwickelten wir für 31 Markenartikel und fünf Industrieprodukte Anzeigen. Mit diesen hatte es eine besondere Bewandtnis. Sie waren so gestaltet, daß jede von diesen Anzeigenvorlagen für *jeden* Typus ein nachweislich besonders *attraktives* Angebot enthielt.

Greifen wir ein konkretes Beispiel heraus, an dem wir den Mechanismus deutlich machen, der die gesamte Experimentalreihe durchzog. Wir gestalteten beispielsweise eine Automobilanzeige. In dieser bekam der #5 nach Sicherheit strebende »Verläßlichkeitssucher« seinen geliebten Airbag. Damit war er gut bedient. Dem #3 »Analysierer«, den stets gute Deals beeindrucken, wurde ein exzellenter Wiederverkaufspreis angedient. Dem #1 »Visionär« wurde eine besonders schicke, stark differenzierende Karosserie angeboten, denn Differenzierung ist für ihn entscheidend. Der nach einfachem Sichdurchlavieren suchende #4 »Moderator« wiederum bekam eine Automatik, die ihm manche depressive Erfahrung ersparte. Und so weiter und so fort. Fazit: *Jeder bekam ein individuell ihn ansprechendes Angebot.*

Was geschah nun, wenn die sechs Typen mit diesen Anzeigen kurzfristig konfrontiert wurden? Wie reagierte der #1 »Visionär« auf das Angebot der

2 Die Kurzzeitigheit entspricht der Begegnung mit Werbung, wie sie in der Realität abläuft, wo ja meist eine flüchtige, überblatternde Begegnung stattfindet und kein Intensivstudium.
3 Hierüber ist sich die Psychologie in seltener Einmütigkeit einig.

Differenzierung, das ihm auf den Leib geschrieben war? Wie reagierte er auf solche Reize, die seinen Bedürfnissen *wenig* oder *gar nicht* entsprachen?

Das Ergebnis war erstaunlich, und es erfordert Umdenken.

Es geschah das, was Sie vermutlich nicht erwartet hätten, obgleich es einfach, logisch und konsequent ist: Jeder sah fast *nur* das, was *seinen* wichtigsten Bedürfnissen gerecht wurde, und filterte aus – nahm also gar nicht oder nur sehr verschwommen wahr –, was ihm wenig oder gar nicht nutzte.

Wir haben durch sorgfältiges Ermitteln der Erinnerung an die Vorlagen den Zusammenhang zwischen

(a) Informationsblockade und fehlendem »Bedürfnisdruck« und
(b) zwischen Reizaufnahme und dem Erkennen eines Nutzens

sehr deutlich und unzweifelhaft nachgewiesen.

Was aber bedeutet dieser Zusammenhang für die Kommunikation, für die Werbewirtschaft, für das Ansprechen der verschiedenen Typen bei *einer* Anzeige, *einer* Politikerrede etc.?

Die Antwort: Man kann getrost *unterschiedliche* oder sogar sich widersprechende Botschaften im *selben* Medium nebeneinanderstellen. Sie »beißen« sich in den seltensten Fällen. Vielmehr sieht der jeweilig angesprochene Adressat fast ausschließlich das ihm Zugedachte – und *nur dieses*.

Führt das alle bisherigen Regeln und Glaubenssätze ad absurdum?

Natürlich nicht. Es gibt zum Beispiel – unabhängig von unseren Ergebnissen – ästhetische Gesichtspunkte, die es verbieten, sechs unterschiedliche Botschaften in eine einzige Anzeige zu zwängen. Was aber vielleicht in Zukunft eher Platz greifen wird, das ist eine Kombination von vielleicht zwei Botschaften, und zwar selbst dann, wenn sich diese ein wenig widersprechen, sich beißen, eine Disharmonie bilden. Wenn ich zwei unterschiedliche Nachrichten halbwegs geschickt zusammenführe, dann verletze ich möglicherweise keine ästhetischen Grundregeln und überfrachte auch das Medium nicht übermäßig. Zwei anstatt einer Botschaft können aber die Erschließung eines *zusätzlichen* Marktes oder gar Umsatzverdoppelung bedeuten.

Das neue Denken widerspricht nicht unbedingt unseren bisherigen Auffassungen, sondern *ergänzt* sie, setzt neue Akzente. Der kluge Marketingmann wird nicht das Kind mit dem Bade ausschütten. Andererseits wird man die *rein monistische Ansprache* kaum noch dulden können, denn sie ist *unökonomisch* geworden. Mehrfachansprache scheint heute leichter möglich als gedacht, und dieses multiple Vorgehen wird in den Strategiegesprächen der Zukunft vermutlich an Bedeutung gewinnen.

VIII. Eine alternative Form der Vertrauensgewinnung

Fassen wir abschließend noch einmal die Hauptaussagen des Buches zusammen:

1. Abkehr von einer unaufrichtigen Scheinwelt

Das neue multiversale Marketing- und Managementdenken ist Ausdruck der Unzufriedenheit mit einer höchst oberflächlichen Kommunikation in allen Bereichen, gleich ob Politik, Marketing oder Werbung. Mit den neuen Techniken wollen wir den *Menschen* wieder in den Mittelpunkt stellen und die Werbung und das Marketing zu jenen Grundanliegen zurückführen, die eine Bewerbung von Schein- und Bagatellbedürfnissen sowie Pseudoerlebnissen nicht mehr duldet und kompromißlos die *wirklich starken* Werte anspricht. Wir glauben, daß das Muttchen, das bei der Benutzung eines Scheuermittels von einer Ekstase in die nächste gerät, oder der Teenager, der einen bestimmten Longdrink nur noch an der Copacabana und auf Segelyachten runterschlucken kann, in der Tat bald der Vergangenheit angehören werden.
Glauben Sie uns: Es wird hier so kommen wie in der Politik: Man kann den Konsumenten nicht ewig »verarschen«, weil man langsam einsieht, daß die Würdelosigkeit der Ansprache zu jener bereits weitverbreiteten *Werbe- und Politikverdrossenheit* führt, die nur bewirkt, daß sich die Wähler und Verbraucher immer mehr der Kommunikation entziehen. Aus dieser Gefahr einer Selbstzerstörung des kommunikativen Geschehens wird schon bald ein drastischer Wandel erwachsen. *Multimarketing* ist ein Teil dieser »Bewegung« eines Zurück-zu-den-wahren-Bedürfnissen.

2. Neu gewonnene Struktur und logische Schlüssigkeit

Ebenfalls relativ schnell wird sich die Erkenntnis durchsetzen, daß die Gruppendynamik anders ist und unser Wissen darüber einer Ergänzung bedarf. Bei der Benutzung adäquater Tests und Selbstzuordnungen, wie wir sie ausführlich in Kapitel 15 »Wer bin ich?« besprochen haben, ergibt sich ein neues Bild der sozialen Wirklichkeit. Sie beinhaltet eine typologisch orientierte Vielfalt von Beziehungen, die uns bislang weitgehend nicht bewußt war. Sie besteht in einer sehr prägnanten Abgrenzung von sechs sozialtypologischen Gruppen, zwischen denen zum geringeren Teil Sympathien bestehen, zwischen denen aber vielfach starke *feindliche Gegensätze* existieren.

Die Welt, die so Gestalt annimmt, ist keine »schöne, neue Welt«. Sie ist einerseits etwas verworrener und unerfreulicher, als wir bisher annahmen, weil der Betrag an feindlichem Gegeneinander sehr hoch ist. Auf der anderen Seite ist es aber eine neue Ordnung, zu der wir vorstoßen. Sie straft all das modische Gerede vom Chaos einer heute angeblich nicht mehr verständlichen Welt Lügen. Im Gegenteil: Während heute viel vom Chaos und nicht mehr möglicher Strukturierung und Erklärbarkeit dahergefaselt wird, konnten wir den Nachweis führen, daß im Gegenteil äußerst klare, übersichtliche Segmentierungen durchaus möglich sind.

3. Neue Methoden in einer sich wandelnden Welt

Nur wenn wir heute nicht mehr zeitgemäße, überholte Werkzeuge in der Marktforschung einsetzen und übersehen, daß sich der Mensch ausdrücken, seine Psyche ausleben will, müssen wir unterstellen, daß sich alles in tausend Cliquen und soziale Mini-Networks aufgelöst hat.
Dieser Zug in Chaos, Unordnung und Zufälligkeit fährt mit uns nicht ab. Diese Tendenz scheint uns nicht mehr zu sein als die Stigmata einer fehlenden Bereitschaft zur Weiterentwicklung unseres Denkens und unserer Methoden. Arbeitet man mit den neuen *quantentheoretischen Ansätzen* aus der Physik, mit dem *Leavittschen Sozialmodell* als Ausdruck einer allgemeinen Relativität des Marktgeschehens und mit der *Paradoxie der Werte*, so ergibt sich ein äußerst geordnetes, klares und in sich schlüssiges Bild vom Markt und seinen Menschen, das sich sogar in einer ganz simplen Formel $E = P \times K$ zusammenfassen und komplett beschreiben läßt.

4. Meilensteine auf der Suche nach Sinn

Obgleich dies nicht unsere Zielsetzung war, bescherte uns unser Vorgehen auch einige Antworten auf die Frage nach dem Sinn unseres Handelns. Dies scheint uns in einer Zeit vergeblicher Sinnsuche und eines wachsenden Hungers nach solcher Sinngebung nicht ohne Bedeutung.
Weil wir die Bedürfnisstrukturen der Menschen nun weit besser erfassen können, eröffnen sich mit einemmal gewaltige Chancen, sich den Wünschen der Bürger und Konsumenten stärker anzunähern, als dies je vorher möglich war. Gleichzeitig gelangten wir zu der »frohen Botschaft«, daß wirtschaftlicher Erfolg sehr viel mit gegenseitigem Verständnis zu tun hat.
Wir haben damit das Instrumentarium für eine etwas glücklichere, friedfertigere Welt in Händen. Unser Modell hilft uns, den Teufelskreis der Animosität und Aggression zu durchbrechen. Wir können uns nicht mehr darum herumdrücken: Wege einer besseren Selbstverwirklichung – und

zwar nicht auf Kosten anderer – liegen betretbar vor uns. Menschen können stärker als je zuvor sich selbst verwirklichen, und die Machbarkeit des Erfolgs hat sich gewaltig verbessert. Nur uns aufraffen, um diese neuen Wege auch zu gehen – das müssen wir noch selber tun. Und zwar lieber heute als morgen.

5. Ein hohes Maß an Voraussagbarkeit

Das Erfreuliche ist – und die großen neuen Möglichkeiten haben damit zu tun –, daß unser Ansatz zu einem sehr hohen Maß an *Voraussagbarkeit* menschlichen Handelns führt. Die Daten, deren Ermittlung wir besprochen haben, versetzen uns in die Lage, die Zukunft ein Stück besser berechnen und vorhersagen zu können, als das bisher möglich war. Die einerseits zwar bedauerliche, typologische Fixierung des Menschen, die seinen Aktionsradius einengt, eröffnet aber eben gerade dadurch ein hohes Maß an Berechenbarkeit. Dies ist unsere Chance.

6. Die Bäume werden nicht in den Himmel wachsen

Trotz allen Fortschritts, der uns ermutigt und glücklich stimmt, haben unsere Überlegungen aber auch die Grenzen aufgezeigt, innerhalb derer wir uns bewegen.

Wir erfuhren, daß wir in einer Welt der paradoxen Gegensätze, der Unvereinbarkeiten leben. Dies führt dazu, daß wir uns darüber klar sein sollten, daß es *keine* wirklich optimalen Entscheidungen gibt, daß die heile Welt *Newtons* »tot« ist. Statt dessen stehen wir zwischen unscharfen Gegensätzen im Sinne *Heisenbergs*: Wir stehen zwischen Individualismus und Teamgeist, zwischen Zentralisation und Dezentralisation, zwischen Planung und Wagnisnotwendigkeit. Beides sind jeweils positive Werte. Wie immer wir uns jedoch entscheiden, was immer wir tun, wir können uns fast immer nur zwischen Widersprüchen entscheiden – wohlwissend, daß beide Vorteile bieten. Man kann aber jeweils nur einen von beiden Vorteilen für sich »einsacken« und Nutzen davon haben. Ergo kamen wir zu dem Schluß: Egal was man wählt – immer zerstört man gleichzeitig wichtige Potentiale! Wie es *Barry Johnson* gesagt hat: »*Newtons* simplistisches Modell der Linearität von Input und konseqentem Output ist tot. Eine sich wandelnde Welt braucht veränderte Denkweisen. Diese weisen uns den Weg, aber sie zeigen auch unsere Grenzen auf.«

7. Nicht bei der Philosophie stehenbleiben

Wenn wir wirkliche Fortschritte erzielt haben, dann soll und darf der Praktiker in der Wirtschaft, der Verwaltungsexperte, der Politiker es nicht bei schöngeistiger Betrachtung und allein einem besseren Verständnis bewenden lassen. Er wird die Frage nach praktischer Realisierbarkeit der hier angedeuteten Möglichkeiten stellen. Um dies voranzutreiben und zu erleichtern, folgt als letztes Kapitel ein »offener Brief« über das »Wie« der Realisierung.

Kapitel 18

Offener Brief an einen progressiven Firmenchef

Die Implementierung des Mind-Profit-Konzeptes

Liebe Firmenchefin, sehr verehrter Herr Vorsitzender,
wenn Sie bereits mehrere meiner Bücher gelesen haben, dann wissen Sie, daß sie alle mit einem »offenen Brief« ausklingen. Aber nicht nur der lieben Tradition willen möchte ich dies auch diesmal tun, sondern weil eine Art *Zwiegespräch* vielleicht gar nicht so ungeeignet ist, um zum Schluß dieser Arbeit ein paar Ratschläge zu geben, wie Sie denn nun die ganze Fülle an Ideen und Konzeptionen praktisch einsetzen und davon wirklich *profitieren* können. Weil uns letzteres am Herzen liegt, haben wir unseren Ansatz *Mind-Profit-Management* getauft, denn nichts wäre schlimmer, als wenn es bei nichts weiter als einem intellektuellen Geplänkel bliebe und der *Gewinn* auf sich warten ließe.
Natürlich ist »Mind«, also das Denken und Umdenken, die Voraussetzung für die angestrebten Effizienzverbesserungen. Das Ziel, beträchtliche Einsparungen und Gewinnverbesserungen zu erzielen, soll aber keinesfalls aus dem Auge verloren werden. Ganz im Gegenteil: Ich möchte Ihnen jetzt einige Maßnahmen nahelegen, für die ganz konkrete »Werkzeuge« erarbeitet wurden, die zur Hoffnung berechtigen, daß Sie einige Zeit danach entsprechende Profite in die Scheuer fahren.

Einführung

Es sind etwas mehr als sechzig Firmen, in denen wir in den letzten vier Jahren versucht haben, das neue Denken zu verankern. Dabei hat sich gezeigt, daß ein *einführender Seminartag* – bei wenig Zeit geht es notfalls auch mit einem halben – ein geeignetes Mittel darstellt, einem Führungsteam das Mind-Profit-Konzept vorzustellen. Es ist der sinnvollste Anfang, um eine *Initialzündung* zu erreichen.
Bei diesen Einführungen – die ich fast alle persönlich durchführe – liegt uns ganz besonders am Herzen, viele Beispiele und Vorbildfirmen zu präsentieren, in denen die hier angestrebten Konzepte bereits eine erfolgreiche *Verwirklichung* erfahren haben.

Wir pflegen eine solche In-house-Veranstaltung[1] meist so durchzuführen, daß wir (a) etwa drei Stunden die Inhalte vortragen, dann (b) einen zweistündigen Workshop über anliegende Probleme und Schwächen des Unternehmens durchführen, um abschließend (c) in einer offenen Diskussion über ein denkbares Maßnahmenpaket zu diskutieren.
Wir bauen in einen solchen Einführungstag gern *zwei Tests* ein, die eine gute Hilfestellung sind: Wir lassen alle Teilnehmer durch einen anonymen *Persönlichkeits-* und einen *Wertetest* gehen, mit deren Hilfe nicht der einzelne, sondern lediglich die *Gruppe als Ganzes* analysiert wird. Die auszufüllenden Fragebögen werden namenlos und lediglich mit einer Codenummer versehen abgegeben und bleiben so anonym. Das Ergebnis ist dann ein *Spiegelbild* des Denkens und der Persönlichkeitsstruktur des Führungsteams. Beides – und da wird es jetzt spannend – kann nun mit den Werteprofilen und Persönlichkeitsstrukturen von (a) erfolgreichen »Vorbildfirmen« und (b) »Versagerunternehmen« *verglichen* werden. Fast immer zeigen sich hierbei – neben Stärken – typische Schwächen des jeweiligen Kunden, über deren Beseitigung man dann detaillierter sprechen kann.[2]

Der Primat der Firmenkultur

Fünfundvierzig Jahre Managementpraxis führen uns zu der Feststellung, daß – wann immer der Markterfolg, die Erneuerungsfähigkeit, die Schlagkraft der Firma oder die Rendite zu wünschen übriglassen – die Ursachen letztlich fast immer in einer fehlenden oder falsch orientierten *Firmenkultur* zu suchen sind.
Dies wird vom Auftraggeber durchaus nicht immer so richtig gesehen, und oft werden organisatorische Mängel, fehlende Qualifikation der Mitarbeiter oder schwierige Marktverhältnisse erkannt, die aber nur vordergründig die Ursache von tiefer in der Corporate culture verwurzelten Mißständen sind.
Was aber – so werden Sie jetzt mit Recht fragen – kann eine »Un-Kultur« überwinden und eine gute, hilfreiche, effizienzverbessernde Firmenkultur etablieren helfen? Womit kann man sie messen? Wie eine neue, verbesserte Kultur definieren und wie sie dann schlußendlich durchsetzen?
Sie haben recht, Frau Vorsitzende, es ist ein komplexes Unterfangen, und darum ist Disziplin im Vorgehen so wichtig. Was läge näher, als sich der

1 Wir deuten Ihnen im folgenden mit einigen Fußnoten an, mit welchen Kosten Sie ungefähr rechnen müssen. Für einen Einführungstag sollten Sie zwischen 9000 und 13 000 Mark veranschlagen.
2 Auf Wunsch kann jeder Teilnehmer – der dies ausdrücklich will – den Code seines Tests dem Berater offenbaren und mit diesem ein Vieraugengespräch über die Ergebnisse und die persönlichen Konsequenzen führen. Bei Durchführung dieser Werte- und Persönlichkeitsanalysen müssen – je nach Größe des Kreises – nochmals 2000–4000 Mark Zusatzkosten veranschlagt werden.

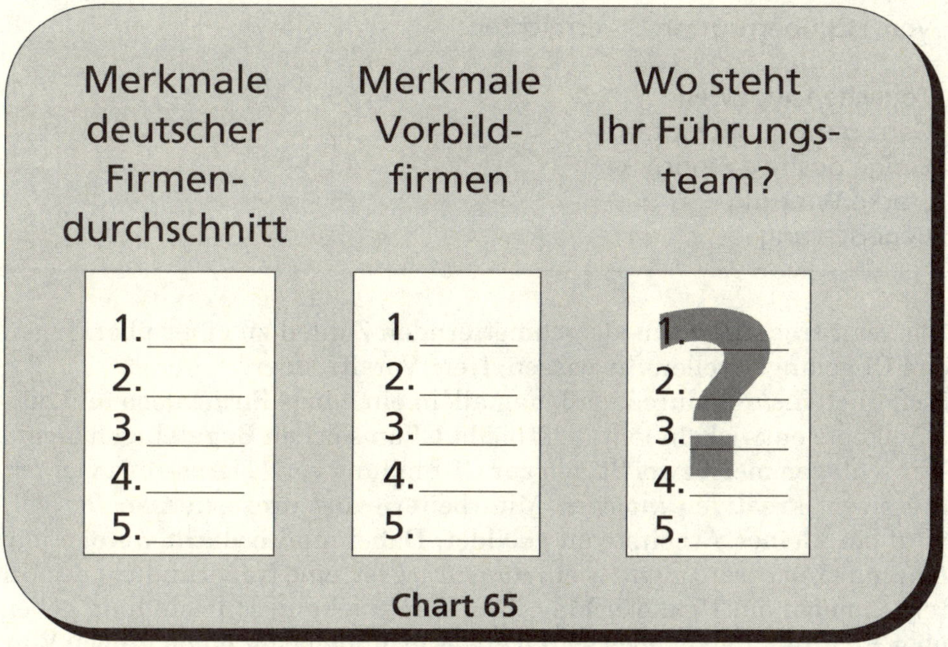

Chart 65

Disziplin unserer Formel $E = P \times K = M$ oder besser noch $E = (W_1 + W_2 + W_3 \dots W_n) \times K = M$ *zu unterwerfen?*
Was das denn bringe, fragen Sie, Herr Vorsitzender. Ganz einfach: Die Summe aus interner Kommunikation (K Intern) und Marktkommunikation (K Markt) *ist* die Firmenkultur.

Firmenkultur braucht Corporate identity (CI)

Sowohl nach innen als nach außen ist eine differenzierende, originelle, *begeisternde Corporate identity* (CI) erforderlich. Sie ist das A und O einer effizienten Firmenkultur und stellt gleichsam die Generallinie hinter dem Faktor »K« aus unserer Formel dar. Über eine solche verfügen nur ganz wenige Unternehmen. Sie zu schaffen ist immer mit Anstrengung, Aufwand, Schweiß und Tränen einer bedeutenden Innovation gleichzusetzen. Wo wir heute in Deutschland mit der Realisierung einer geeigneten Firmen-CI stehen, verdeutlicht die nachfolgende Statistik aus unserer Enquete:

Von 113 überprüften CIs erreichten	%
Tödliche Langeweile	59
Ganz geringe Akzeptanz	20
Einige positive Eindrücke	13
Starke Wirkung	5
Begeisterung	3

Wie man trotz dieser niederschmetternden Zahlen zu einer überzeugenden CI gelangt, wollen Sie wissen, Herr Vorsitzender?
Sicherlich *nicht* dadurch, daß man allein ein neues Firmenlogo und neue Briefköpfe entwickeln läßt. (Oft bleibt CI an solchen Bagatellen hängen.)
Wir schlagen meist zwei Stufen zur CI-Findung vor: (1) Aus etwa vier progressiven, kreativen *internen* Mitarbeitern und drei externen *Beratern* wird ein kleines Arbeitsteam gebildet. Dabei muß bedacht werden, daß eine gute Corporate identity ein *Kunstwerk* ist, eine Neuerfindung des Unternehmens, ein Paukenschlag. Ein Komitee kann Hilfestellung geben, aber Komitees haben noch selten etwas erfunden oder einen großen Wurf zustande bekommen. Es muß ein Paket aus einem Guß sein, und es muß einen Hauch von *Ungewöhnlichkeit* enthalten, sonst ist die kommunikative Kraft nicht gegeben. (2) Deshalb muß *ein* Kreativer die Führung im Team übernehmen. Er soll selbständig einen Entwurf fertigen, ihn im Komitee vordiskutieren, aber dann an die oberste Führung herantreten und dort *seinen* Entwurf, *sein* Gesamtkunstwerk vorstellen und wie ein »Champion« durchboxen.[3]

Soll-Ist-Vergleich

Man tut sich mit CI schwer, wenn man nicht das *gegenwärtige* Denken des Unternehmens und seine Resonanz bei den Kunden untersucht. Dazu muß man nicht unbedingt jedermann im Unternehmen befragen, wohl aber einen durch eine mathematische Zufallsauswahl (Randomverfahren) ausgewählten Kreis unter den leitenden Angestellten, aber sicher auch unter den Arbeitern in der Fertigung.
Wenn man sich nicht schonungslos Rechenschaft darüber ablegt, wie das Denken der Mitarbeiter *vor* der Etablierung einer neuen CI ausschaut,

3 Das komplette Paket »Erarbeitung einer Corporate identity« (ohne Implementierung und bis zur Vorstellung vor dem Vorstand) bewegt sich kostenmäßig zwischen 60 000 und 150 000 Mark. Kleinere Mittelständler sollten mit der niedrigen, vielgestaltige Konzerne mit vielen Divisions sollten mit der höheren Zahl rechnen. Etwa 40 000 Mark für die Marktforschung kommen in der Regel noch hinzu. Diese Kosten sind nur dann zu rechtfertigen, wenn man sich im klaren darüber ist, daß die *Zukunft* eines Unternehmens nicht zuletzt von seiner *Corporate identity* abhängt, und diese Abhängigkeit wird im kommenden Jahrhundert noch stark zunehmen.

also $W_{1\text{-}ante} + W_{2\text{-}ante} + W_{3\text{-}ante} \dots + W_{n\text{-}ante}$ dann unterschätzt man die Schwierigkeit, zu $W_{1\text{-}CI} + W_{2\text{-}CI} + W_{3\text{-}CI} \dots + W_{n\text{-}CI}$ zu gelangen.
Die Skala der Werte, die wir weiter oben, auf S. 139 ff. erarbeitet haben, kann hier erfolgversprechend zur Abfrage a priori eingesetzt werden,[4] denn sie hat sich mittlerweile bei über 10 000 Personen bewährt.

Implementierung einer CI

Ist eine neue CI im Grundsätzlichen verabschiedet, dann hat man – um innerhalb unserer Formel zu bleiben – dem Faktor *K,* und zwar sowohl nach *innen* wie nach *außen,* die Richtung gewiesen.
Dies alles ist aber »für die Katz«, wenn es nicht gelingt, das interne Werteprofil $W_1 + W_2 + W_3 \dots + W_n$ zu verändern und an die Vorstellungen, die in der CI enthalten sind, anzunähern.

Wir gehen hierbei folgenden Weg: Unerläßlich ist, daß ein Vorstandsbriefing erfolgt, denn wenn dort die *Werte der neuen Corporate identity* $W_{1\text{-}CI} + W_{2\text{-}CI} + W_{3\text{-}CI} \dots + W_{n\text{-}CI}$ *nicht vorgelebt* werden, dann sollte man sich die ganze Mühe lieber sparen. Dabei ist es nie mit einem Briefing getan, es muß sich vielmehr ein Coaching aller Vorstände anschließen. Dafür muß man pro Vorstandsmitglied sicherlich zwei bis drei Tage vorsehen.[5]

Firmenkulturimplementierung – Train-the-Trainer

Hat man (a) über entsprechende Analysen und (b) über ein Programm für den Vorstand sozusagen den Weg bereitet, dann muß sich natürlich ein Training anschließen, das man, wenn schon nicht allen, so doch sehr vielen Mitarbeitern angedeihen lassen muß.
Wenn dies erforderlich wird, arbeiten wir mit dem Train-the-Trainer-System, das heißt, interne Kräfte werden ausgebildet, die Botschaft weiterzureichen. Wenn Trainingsprofis vorhanden sind, dann werden diese geschult und tragen dann intern und ohne Kosten für auswärtige Berater die Inhalte weiter.
Noch interessanter und kostensparend und außerdem noch besonders ef-

4 100 Befragte genügen. Die Marktforschungsinstitute, die man zweckmäßig mit der Durchführung der Befragung betraut, verlangen etwa 25 000 Mark einschließlich Endpräsentation. Man kann sich diese Kosten auch leicht sparen, indem man einen eigenen Fragebogen verwendet, der einfach von der Personalabteilung verteilt wird. Es muß dann allerdings sehr überzeugend und durch ein deutliches Versprechen der Anonymität sichergestellt werden, daß jeder seine wahre, ungeschminkte Meinung äußert.

5 Damit wir auch hier gleich Nägel mit Köpfen machen, seien hier kurz unsere *Tagessätze* genannt: für Berater der Spitzenklasse 4500 Mark, für gute, überdurchschnittliche Praktiker, die aber über keine eigene Vorstands- oder Vorsitzendenerfahrung verfügen, 3500 Mark; Juniorberater 2800 Mark.

fizient ist es, nach dem sogenannten »Schneeballsystem« zu arbeiten. Dabei werden im ersten Train-the-Trainer-Schritt grundsätzlich nur *Vorgesetzte* trainiert. Der große Vorteil: Man schult zum Beispiel 10 Vorgesetzte, die wiederum wenden sich ihrerseits an jeweils 10 – also 100 – Unterstellte, die wiederum selber etc. etc. Man kann so schnell einen bestimmten Lerninhalt an 1000 Mitarbeiter herantragen. Man muß hierzu sehr perfekte Lehrmaterialien entwickeln und dem Kurs sehr viel Struktur verleihen, denn man spricht ja hierbei keine lehrerfahrenen Profis an.

Auf den anderen zugehen

Es gibt eine Menge Literatur darüber, was denn für eine Verbesserung des Unternehmensklimas erforderlich ist, das immerhin von 37 Prozent der von uns befragten Firmen als »schlecht« und von 16 Prozent als »sehr schlecht« eingestuft wurde. Firmenkultur und eine visionäre Zielsetzung sind Herzstücke auf diesem Weg einer Verbesserung. Was uns aber immer die meiste Zustimmung gebracht hat und was besser als alles andere angenommen wurde und sich bald in deutlich sinkenden Konflikten niederschlug, das ist das Trainingspaket: *»In Erkenntnis der eigenen Einseitigkeit auf den anderen zugehen, um sich mit ihm zu ergänzen.«*

Zugegebenermaßen ein langer Titel, aber als Leserin oder Leser dieser Arbeit wissen Sie, wovon wir sprechen. Es ist der zweitwichtigste Erfolgsfaktor, über den wir in Kapitel 11 ausführlich gesprochen haben. Wenn er »beherzigt« wird, dürfen Sie davon ausgehen, daß ein *neues Klima* im Vorstand, in den Arbeitsgruppen und ganz generell im Unternehmen Einzug hält.[6]

Arbeit im Detail – Innovation

Soweit ging es um die Frage der Firmenkultur, also sehr breit angelegte, grundsätzliche Probleme. Wir sehen in dieser fundamentalen Arbeit unsere größte Aufgabe, aber das schließt natürlich mehr spezifische, detaillierte Problemstellungen nicht aus.

Wir haben in diesem Buch aus Platzgründen den großen und entscheidend wichtigen Bereich der *Innovation* außen vor gelassen. In unserer

6 Wir gehen hier so vor, daß wir alle Teilnehmer in einer ersten Einführung einen halben Tag ansprechen (bis zu 300 Personen). Dann folgt ein Tag Gruppenarbeit mit Kleingruppen zu nicht mehr als 25, zwei Coachingtage und dann ein gemeinsamer Abschluß im großen Kreis. Wir rechnen hierbei pro Mitarbeiter zwischen 450 und 900 Mark.

nächsten Arbeit (1997) »Das Management der menschlichen Phantasie« werden wir uns konzentriert mit dieser Thematik befassen. Deshalb hier nur in diesem Schlußkapitel einige Hinweise auf die Beratungspakete, die hierfür zur Verfügung stehen.

Management des Innovationsprozesses

Hierbei geht es um eine grundsätzliche Untersuchung der Innovations*tätigkeit* und Innovations*fähigkeit* des Unternehmens. Es werden vergleichend untersucht:

(a) die Innovationsgeschichte der letzten 20 Jahre im Vergleich mit den uns vorliegenden Daten der deutschen Wirtschaft im Durchschnitt und bei vorbildhaften Elitefirmen,
(b) der Prozeß der Innovationsentwicklung bei Ihnen,
(c) Innovationsmotivation und -belohnung in Ihrem Hause,
(d) das Handling von Innovationsentwicklung,
(e) die Formalitäten, Ihre Kontrollmöglichkeiten, aber auch Hemmnisse,
(f) Ihre Pläne für die nächsten fünf Jahre.

Darauf aufbauend, werden eine Innovationsstrategie und eine Taktik des Innovationsprozesses erarbeitet.[7]

Innovationsworkshop: Ein Expertensystem im Dienste Ihrer Produkterneuerung

Diesem Workshop geht ein einstündiger Vortrag zur Einführung in die wesentlichsten Aspekte der »Quantenmechanik des Managements« voraus. Daran schließt sich ein Referat über unsere Enquete an.
Inhalte der Einführung: (a) Die Widerstände gegen Innovation; (b) Die typischen Merkmale späterer Erfolgsprojekte im Frühstadium; (c) Typische Charakteristika von Flops; (d) Erfolgsteams und ihre Zusammensetzung; (e) Timing, Kostensteuerung und Frühwarnzeichen; (f) Kreativitätsmanagement; (g) Interne Kooperation bei Innovationsprojekten; (h) Beurteilungsschema für Marktchancen und Konkurrenz-Timing; (i) Finanzrelationen bei Erfolgsprojekten.
Dann findet ein Workshop über ein konkretes, wichtiges Innovationsprojekt statt.

7 Kostenangaben sind hier nur schwer möglich, weil die Komplexität von Unternehmen zu Unternehmen sehr unterschiedlich ist. Bei mittleren und kleineren Unternehmen kann man mit 45 000 Mark rechnen.

Hierbei spielen die empirisch ermittelten *Innovationserfolgsfaktoren*, die durch die *Akademie Schloß Garath* erarbeitet wurden, eine maßgebliche Rolle. Deren Befolgung reduziert das Innovationsrisiko erheblich.
Erstmalig kommt hier »künstliche Intelligenz« im Dienste der Innovation zum Einsatz. Dieser Siebenmeilenschritt nach vorn wurde möglich, weil wir *2026 Projekte* von der ersten Idee bis zum finanziellen Erfolg (oder Flop) über einen Zeitraum von 20 Jahren beobachten konnten. Da sich Erfolgsprojekte bereits im *Frühstadium* dramatisch von späteren »Versagern« unterscheiden, können *alle bei Ihnen noch in der Entwicklung befindlichen Projekte einem Risikotest* unterzogen werden, der Ihre Erfolgschancen auf empirischer Grundlage abschätzt und damit *Fehlinvestitionen verhindern* kann.[8]

Der »Innovations-Schnell-Audit«

Dieses Standardinstrument wurde für Unternehmen aller Größenordnungen geschaffen, dürfte sich aber ganz besonders für mittlere und kleinere Firmen eignen. Es handelt sich um eine Art »große Checkliste«, mit deren Hilfe man jedes beliebige Innovationsprojekt mit 2026 anderen Projekten vergleichen kann. Der Einsatz ist immer dann möglich, wenn es sich um ein physisch greifbares Produkt handelt. Bei Dienstleistungen oder anderen Innovationen (etwa einer neuen Organisationsstruktur) ist das Instrument meist nicht oder nur bedingt einsetzbar.
Das 160 Seiten starke Dokument steht jedermann für den Betrag von 3900 Mark zum Bezug durch die *Denkfabrik* zur Verfügung.

Was ist ein Innovations-Audit?

Seit Jahren steht amerikanischen Medizinern ein Computerservice zur Verfügung, der ihnen bei der Diagnose und Prognose des Kranheitsverlaufes einzelner Patienten behilflich ist. Man hat dazu viele Millionen von Krankheitsfällen über einen längeren Zeitraum untersucht. Konsultieren Sie einen Arzt, so gibt dieser Ihre wichtigsten Werte und Befunde in das System ein, und der Computer sagt ihm durch Vergleich mit seinen Langzeitdaten, wie sich die Situation des Patienten aller Wahrscheinlichkeit weiterentwickeln wird. Dies nennen wir »Expertensystem« oder »künstliche Intelligenz« im Gegensatz zu der *persönlichen* Erfahrung eines *einzelnen* Arztes.
Die *Akademie Schloß Garath* bietet etwas sehr Ähnliches an: Wir haben

8 Die Untersuchung und Diskussion eines einzelnen Projektes ist für etwa 25 000 Mark (ohne Marktforschung) darstellbar.

2029 Innovationsfälle über 20 Jahre beobachtet. Im Zuge dieser Enquete wurden die *Frühmerkmale* derjenigen Innovationsfälle untersucht, die sich später zu *überdurchschnittlichen Erfolgen* entwickelt haben. Gleichzeitig prüften wir die – völlig andersartigen – Frühmerkmale der Versagerfälle und Flops. Beide unterscheiden sich grundlegend. *Von diesem bei keiner anderen Beratergruppe in dieser Form vorliegenden Wissen können Sie ab sofort Gebrauch machen.* Es wird Sie sicherlich interessieren, daß Firmen wie Daimler-Benz, Siemens, Hoechst und viele andere an unserem Audit teilnahmen.

Was leistet der Innovations-Audit?

Sie prüfen anhand eines Fragenkatalogs die von uns empirisch ermittelten 14 »Erfolgsfaktoren der Innovation« bei Ihrem derzeit anliegenden – und allen zukünftigen – Projekt ab. Sie benötigen hierbei *keine weitere Beraterhilfe*, denn das System führt Sie zu einer Punktebewertung, die Ihnen sagt, ob diese Innovation große, mittlere oder gar keine Erfolgsaussichten hat. Natürlich können wir Ihnen nicht das gesamte Risiko abnehmen, es aber doch so *erheblich begrenzen*.
Der Audit eignet sich für *alle neuen Produkte* von der Frühphase bis kurz vor oder kurz nach der Lancierung.

Multimarketing-Analysen

Gegenstand dieser Untersuchung sind

(a) einzelne Industrieprodukte
(b) einzelne Markenartikel
(c) ganze Produktlinien
(d) Serviceleistungen
(e) jedwede Werbecopy, seien es

- Anzeigen
- Anzeigenserien
- Entwürfe
- Kataloge
- Prospekte
- PR-Broschüren
- Werbefilme, Spots
- Auftritte auf Messen
- Plakate

Das Ergebnis sind komplette Produktbilder, wie wir sie weiter oben in den Fällen Swatch, Licher, IKEA etc. gezeigt haben. Soweit es die Werbung angeht, so wollen wir mit diesem Instrument auch bei Ihnen den *Verschwendungsgrad* der im Durchschnitt, wie bereits mehrfach angesprochen, bei etwa 80 Prozent aller Werbemaßnahmen liegt, stark reduzieren. Aufgrund unserer bisherigen Erfahrungen liegt die Wahrscheinlichkeit, daß wir auch bei Ihnen starke Effizienzverbesserungen erreichen können, außerordentlich hoch.[9]
Die Beantwortung der folgenden Fragen sichern wir Ihnen zu:

(a) *Wer* wird heute durch *was* und *wie* angesprochen?
(b) Sie werden klar erkennen, warum und von welchem Persönlichkeitstypus Ihr Produkt oder Ihre Werbung so und nicht anders aufgenommen wurde.
(c) Wir zeigen Ihnen nicht nur die Gründe für Erfolg oder Ineffizienz, sondern geben Ihnen deutliche Hinweise auf eine Strategie, die die gegenwärtige Situation wesentlich verbessern kann.
(d) Wir sagen Ihnen, *wie* Sie in Zukunft *wen* ansprechen müssen, um eine stärkere Wirkung und verbesserte Akzeptanz zu erzielen.
(e) Wenn Sie es wünschen, so kann unsere Matrixgruppe, die über hervorragende Designer und Graphiker und eine eigene Werbeagentur (Block & Block) verfügt, die von uns entwickelten Anregungen in konkrete Gestaltungsvorschläge umsetzen.
(f) Die so erarbeiteten Entwürfe können dann sofort mit unserem Multimarketingresearch abgetestet werden, so daß die vorgeschlagenen Verbesserungen empirisch abgesichert als die wirklich bessere Lösung realisiert werden können.

So, liebe Firmenchefin, sehr geehrter Herr Vorsitzender, wir sind nun fast am Ende der Auflistung von Maßnahmen, die Sie überdenken sollten. An den Schluß setzen wir nun noch den »Bestseller« unseres Hauses.

Das Training in der Kunst des »Multiselling«

Wie Sie bereits weiter oben in Kapitel 17 über Multiselling gelesen haben, ist diese Technik und die damit erzielten Erfolge das vielleicht frappierendste Resultat unserer Arbeit. Ebenso wie in der werblichen Kommunikation besteht auch im *Verkaufsgeschehen* vielfach eine enorm hohe Ineffizienz: Etwa 70 bis 80 Prozent des Arbeitsaufwands eines Verkäufers sind in der Regel vertane Zeit, weil die Botschaften an der Persönlichkeit des Käufers, an seinem Wertesystem und den persönlichen Neigungen des Kunden *vorbeigehen*.

9 Die Kosten einer Multimarketing-Analyse betragen etwa 55 000 Mark einschließlich Marktforschung.

Mit dem Training in »Multiselling« werden die verkäuferischen Argumente an der Persönlichkeit der Umworbenen ausgerichtet und eine typengerechte Ansprache ermöglicht. Eine Verbesserung der Verkaufszahlen von 50 Prozent ist hier oft keine Seltenheit. (Siehe auch Tabelle S. 306.) Wir schulen auf diesem Sektor Verkaufsteams von bis zu 18 Personen. Man braucht hierbei drei Tage, um Multiselling zu erlernen.[10]
Der gesamte Arbeitsprozeß der Vorbereitung von Multiselling wurde weiter oben bereits in Kapitel 17 detailliert beschrieben, so daß sich hier eine Wiederholung erübrigt.

Eine Nation von Bürgern, Konsumenten und Mitarbeitern, die nach Singebung, nach anspruchsvoller Herausforderung, nach lohnenden Zielen, nach Mission und Vision hungert

Lassen Sie mich, verehrte Frau Vorsitzende oder verehrter Herr Firmenchef, nun zum Schluß kommen und an das Ende eines langen Buches einen Gedanken setzen, der sich als das *wesentlichste Ergebnis* aus 20 Jahren Arbeit herausgeschält hat.
Aus einer fast endlosen Fülle unterschiedlicher Mosaiksteine hat sich unabweislich der Gesamteindruck ergeben, daß die Menschen des ausgehenden 20. Jahrhunderts nach kaum etwas so sehr »hungern« wie nach *Sinn* und *Ziel*, nach *Erfüllung* und *Herausforderung* und nach *Zukunftsvisionen*.

Warum das so ist?
Die Antwort ist einfach: Menschen mit einer Mission und Ziele visionärer Kraft sind zur *Mangelware* geworden. Wo gibt es einen Politiker, einen Manager, einen Bürger, der von der geheimnisvollen Kraft einer Mission getrieben wird? Nennen Sie mir einen einzigen im Deutschen Bundestag, der diese Charakteristik aufzuweisen hat! Wieviel Topmanager können Sie aufzählen, die sich durch eine echte Mission auszeichnen?
Ich für meinen Teil habe Schwierigkeiten, solche Menschen in nennenswerter Zahl zu finden. Vor 30 Jahren hätte ich Ihnen beispielsweise allein im Bundestag mühelos eine ganze Reihe ausfindig gemacht. Heute scheinen sie »aus der Mode« gekommen zu sein. Die »glattgeleckte« Oberflächlichkeit unseres öffentlichen Lebens scheint für solche Gestalten keinen rechten Platz mehr zu haben.

10 Je nach Qualität des Trainers muß hier mit Kosten von 26 000 bis 30 000 Mark gerechnet werden.

Um so mehr suchen die Menschen danach – ohne fündig zu werden. Wir alle – Sie und ich und alle anderen – können etwas dafür tun, daß sie fündig werden!

Aber nicht nur das: Wir können in ungeahnter Fülle Beifall, Zustimmung, Gefolgschaft, Faszination und *Marktmacht* bekommen – und in den Dienst unseres Geschäftes, unserer Behörde oder unserer Partei stellen –, wenn wir diesen latenten Hunger stillen, diese Suche nach Ziel und Sinn befriedigen können.
Sollten wir uns daher nicht dazu aufraffen? Und würde das nicht Ihrem und meinem Leben eine Erfüllung ungeahnter Art bescheren? Würde nicht unser beider Existenz Sinn bekommen, indem wir solchen Sinn für *andere* schaffen?
Vielleicht versuchen wir beide es einfach: Rufen Sie (02 11) 9 70 81 05 an, und wir machen uns schon morgen an die Arbeit!
Denken Sie heute abend im Bett einmal über meinen Vorschlag nach. Aber vermutlich werden wir darüber einschlafen, so wie uns bei vielen Herausforderungen unsere Decke, unser Bett und unser Schlaf wichtiger sind. Aber vielleicht haben wir beide, Sie und ich, auch eine unruhige Nacht.

In diesem Sinne: Wenig Schlaf, viel Unruhe und noch mehr Nachdenklichkeit wünscht Ihnen Ihr

Rolf Berth

Die Struktur der Enquete

Legende: Aktuelle Zahlen vor der Klammer. Zahlen der vorausgegangenen »Kienbaum-Enquete« in Klammern

Es wurden 137 (116) »Strategische Geschäftseinheiten« befragt. Diese teilten sich auf folgende Branchen auf

Kurzlebige Konsumgüter	29 (30)	Chemie	16 (17)
Langlebige Konsumgüter	24 (23)	Regeltechnik	7 (6)
Automobilzulieferer	12 (10)	Maschinenbau	11 (12)
Elektroindustrie	10 (10)	Anlagenbau	7 (8)
Handel	11 (0)	Service	10 (0)

116 Produktionsbetriebe + 21 Dienstleister = Total 137

Wir befragten 463 (437) Manager

Davon	68 (71)	Vorsitzende (Ebene 1)
	97 (102)	Vorstände (Ebene 2; nicht Vors.)
	113 (148)	Direktoren (Ebene 3)
	118 (116)	Abteilungsleiter (Ebene 4)
	67 (0)	Mittleres Management (Prod, Mangr.)

Davon 82 über 60 Jahre
194 zwischen 50 und 59 Jahre
187 unter 50 Jahre

Wir befragten 348 Kosumenten (156 im Studio)

Davon 189 Frauen	Davon 136 über 50 Jahre
159 Männer	142 zwischen 35 u. 49
	36 zwischen 20 u. 34

Wir ermittelten die Erfolgsfaktoren von 2026 Innovationsprojekten

Es wurden untersucht die Kommunikationsinhalte von 852 Angeboten; darunter 112 Markenartikel, 83 Investitionsgüterprodukte, 38 Serviceangebote, 109 Werbespots, 123 Anzeigen, 19 Politikerreden, 17 Presseorgane, 34 Kinofilme, 41 TV-Sendungen, 113 CI-Auftritte und – besonders wichtig – 163 Verkaufsgespräche

Letztes Updating 1995 (Kienbaum-Studie Dezember 91)

Arbeitszeit 11 Jahre – Kosten etwa 1,7 Millionen Mark

Die Ergebnisse sind mit einer maximalen Fehlertoleranz von 6–7 Prozent behaftet. Im Rahmen dieser Einschränkung sind alle Trends verallgemeinerungsfähig.

Personen- und Sachregister